CANGCHU GUANLI YU KUCUN KONGZHI

仓储管理与库存控制

主编 徐国泉 黄文军

江苏大学出版社
JIANGSU UNIVERSITY PRESS
镇 江

图书在版编目(CIP)数据

仓储管理与库存控制 / 徐国泉，黄文军主编. — 镇江 ：江苏大学出版社，2020.9(2024.7 重印)
ISBN 978-7-5684-1387-9

Ⅰ. ①仓… Ⅱ. ①徐… ②黄… Ⅲ. ①仓库管理—高等学校—教材 Ⅳ. ①F253.4

中国版本图书馆 CIP 数据核字(2020)第 111825 号

仓储管理与库存控制

主　　编/徐国泉　黄文军
责任编辑/苏春晶　吴昌兴
出版发行/江苏大学出版社
地　　址/江苏省镇江市京口区学府路 301 号(邮编：212013)
电　　话/0511-84446464(传真)
网　　址/http://press.ujs.edu.cn
排　　版/镇江市江东印刷有限责任公司
印　　刷/镇江文苑制版印刷有限责任公司
开　　本/787 mm×1 092 mm　1/16
印　　张/21.25
字　　数/452 千字
版　　次/2020 年 9 月第 1 版
印　　次/2024 年 7 月第 4 次印刷
书　　号/ISBN 978-7-5684-1387-9
定　　价/64.00 元

如有印装质量问题请与本社营销部联系(电话:0511-84440882)

目　录

开　篇

第一篇　仓储规划与设备管理

第二篇　仓储作业管理

第三篇　仓储业务管理

第四篇　库存管理与控制

第五篇 仓储管理信息技术

开 篇

第1章 仓储管理概述

本章导读

1. 理解仓储的概念、功能、性质和作用。
2. 了解仓储管理的相关知识，包括仓储管理的内容和任务。
3. 基本了解我国仓储业的发展历史、发展现状及发展趋势。

案例导引

世界最大的古代窖藏粮仓——含嘉仓

根据史书记载，隋朝为了储存由全国各地运到东都洛阳的大批粮食，于大业年间（605—618）在宫城东北建含嘉仓。到了唐代，含嘉仓经过不断修筑、扩大，已然成为当时的大型官仓之一。

含嘉仓，全国重点文物保护单位，唐代国家粮仓，位于河南省洛阳市老城北，始建于隋大业元年（605），从唐朝开始大规模存粮并成为国家的大型粮仓，历经唐、北宋500余年，后来废弃。现代考古证实含嘉仓东西长612 m，南北宽710 m，总面积43万平方米，共有圆形仓窖400余个，其中大窖可储粮1万石以上，小窖也可储粮数千石，唐天宝8年总储粮量约583.34万石，被称为中国古代最大的粮仓。2014年6月22日，联合国教科文组织的第38届世界遗产委员会在卡塔尔多哈召开，中国大运河申遗成功，含嘉仓成功入选世界遗产名录。

1971年，河南省考古工作者在紧靠今洛阳老城区的北侧对含嘉仓进行了调查和发掘，发现含嘉仓的北墙与隋、唐故城的北墙正好相吻合。城内粮窖分布相当密集，东西排列成行，行距一般为6～8 m，部分行距仅3 m左右，窖与窖的间距一般为3～5 m。窖都为口大底小的圆缸形，现存窖口直径最大的在18 m左右，深约12 m，最小的口径在5 m左右，深约6 m。在仓城中部发现的一个粮窖（编号为窖160）里面还存留着当时储藏的谷子。

粮窖的形制结构十分科学，既能防潮、防鼠患，又能防盗、防火。在建造时，大体是先从地面向下挖土窖，夯实，再用火烧烤，窖壁下部呈黑红色，相当坚硬，然后铺一层用红烧土碎块和黑灰等拌成的混合物，作为防潮层，在防潮层上再铺一层木板层或木板和草的重叠混合层。以窖50为例，其所铺木板厚2 cm左右，为乳白色，木板上又铺了一层席子。窖底、窖口与窖壁都围上壁板，壁板横行排列，直接镶砌在窖壁上，板的一端平齐，另一端削成尖状，或两端均削成尖状，相互穿插交错，拼在一起。壁板一般长0.7～3 m，中宽0.05～0.4 m，厚2 cm左右。根据窖160现还堆积着较高谷子（已炭化）的现象来看，壁板是随储粮增加而逐步往高处镶砌的。粮窖的顶部结构，是先用木板搭成由中心向周围撑开的木架，架上平铺一层席，席上再用草束（草束中有木棍）聚成圆形草顶。为了坚固或密封，在草顶上又涂有一层很厚的混合泥。至于窖顶的外形和具体的建筑情况，目前还不清楚。考古工作者按照窖160内现存谷子的总储量推算，当年这个窖能储放粮食约25万千克。

含嘉仓的大部分窖内都发现了砖刻铭文，其上记载了窖穴的位置、编号、储粮来源、品种、数量、入窖年月及管理人员的姓名和官职等。这些铭文是谁刻上去的，又是怎么刻的，目前还没有定论，但是有专家估计，粮食每进窖一次，就会在砖上刻一次，作为登记备查之用。含嘉仓的储粮，主要是当时华北运去的税粟和江南地区运去的税糙米。现在的窖建屋已成为我国现存古代最大粮窖的陈列馆。

（资料来源：360常识网）

阅读以上案例，请思考古代粮食仓储为什么喜欢用窖藏方式？它与现代仓储有哪些异同？

1.1 仓储与仓储管理

1.1.1 仓储的产生

商品从生产领域向消费领域转移的过程中，商品生产和商品消费在时间、空间及品种和数量等方面均不同步，这个客观矛盾促使了仓储业的产生。

人类社会自从有了剩余产品以来，就出现了“储备”这个概念。所谓储备，是指将多余的、暂不消费的商品存起来以备再用的活动规范。从宁波余姚河姆渡遗址出土的稻谷可以看出，人类储备的历史已达7 000余年。在原始社会的末期，当某个人或某个部落的生产出现暂时的自给有余时，就把多余的产品储备起来。但是，当时的储备完全是自发的行为，规模小、数量小，以储备自然采集物和猎物为主，人们使用的是石块和木棒做成的粗笨工具，生产力水平极其低下。当时储备的目的，一是为了保存好产品的数量，二是为了保护好产品的所有权。

随着生产力的发展，出现了人类历史上第一次社会大分工，即农业和畜牧业的分离。由于社会分工与技术进步，人类学会了使用畜力，能够制造简单的车船，也开始修路凿河。生产有了剩余，简单的储备方式如烘、焙、熏、腌、悬于壁、藏于窖等保管方法便随之产生，交换储运活动也随之而来，当然这里的储运只是产品的储运。

随着生产力的进一步发展，出现了人类历史上第二次社会大分工，即手工业从农业中分离出来，成为一个独立的生产部门，这是一种以交换为目的的真正的商品生产。随之而来的贸易，不仅有部落内部的贸易和部落边界的贸易，还有海外贸易，交换的范围扩大了。

随着商品生产和商品交换的进一步发展，出现了人类历史上第三次具有决定意义的社会大分工，即工业和商业的分离，它创造了一个不从事生产只从事商品交换的阶级——商人。从此商业开始作为专门从事商品流通的独立经济部门而出现在历史舞台上。

工业革命后，庞大的生产规模和较高的生产能力使越来越多的商品投入流通领域，不断地开辟远方市场成了发展生产的必然，交换的范围更大了。大规模的商品生产和商品交换，客观上要求商品的储备规模要不断扩大，于是，商品储备逐渐从附属于某部门、某企业的状况，逐渐分离为一个独立的行业——仓储业。

1.1.2 仓储和仓储业

仓储是每一个物流系统都不可缺少的组成部分，是生产者与客户之间的一个主要的联系纽带，在物流系统中起包括运输整合、产品组合、物流服务、防范偶发事件、物流过程平稳等一系列增加附加值的作用。

人们经常将仓储解释为储存商品。广义地讲，这种定义包括广域的提供储存功能的特点，它不仅包括露天矿石的储存、生产车间产品的存放，还包括原材料、在制品和转运中的存放。也就是说，每个人工制造、自然生长或捕获得到的产品在其生命周期（从创造到消费）中至少都会被储存一次，这充分说明了仓储在国民经济发展中的重要性。

仓储是指商品从生产地向消费地转移的过程中，在一定地点、一定场所、一定时间的停滞，储存则是物流的一种运动状态，是商品流转的一种作业方式。储存过程包括对物品进行检查、保管、加工、集散、转换运输方式等多种作业。储存是物流的主要职能，也是商品流通不可缺少的环节。现代物流是采购原材料、产品生产及销售过程的统一管理，是促进产品销售和降低物流成本的管理。物流需要经过许多环节，仓储是其中不可缺少的重要环节。仓储从传统的物品存储、流通中心，逐渐发展成为物流产业的重要节点，发挥着协调整体物流的作用，同时仓储也是产品制造过程的一个环节。

在我国，仓储有两个含义。一是微观层面上的，即企业所进行的仓储活动。商品的仓储活动是由商品生产和商品消费之间的客观矛盾所决定的。商品在从生产领域向消费领域转移的过程中，一般都要经过商品的仓储阶段，这主要是由商品生产和商品消费在时间、空间及品种和数量等方面的不同步所导致的，也正是在这些不同步中，仓储活动发挥了重要意义。二是宏观层面上的，指专业从事仓储活动的产业，即仓储业。仓储业是从事仓储活动的经营企业的总称。随着社会主义市场经济的不断发展，仓储业已经成为经济社会发展中不可或缺的力量，在国民经济体系中占有重要的地位。我国的仓储业历史悠久，特别是在改革开放30年以来，形成了较大的规模，以及各种专业化门类齐全的仓储分工，在数量上已经完全能满足我国经济发展的需要。

1.1.3　仓储管理的含义

21世纪以来，以信息技术为基础的电子商务在全球迅猛发展，它对传统的企业运作模式、商品流通方式及人们的购物、消费、生活方式产生了广泛而深远的影响。而保证电子商务交易顺利实现交割，关键在于构建一个与电子商务交易相适应的现代物流系统。因此，物流在现代经济发展中发挥着越来越重要的作用。

未来的市场竞争不仅表现为企业与企业的竞争，更表现为供应链与供应链的竞争，物流管理成为企业管理的关键环节。从未来发展现代物流产业和提升企业竞争力的需求出发，竞争最终体现在现代物流人才的竞争，物流人才的数量和质量，将会影响到我国在未来国际物流市场竞争中的地位。因此，加快培养适应21世纪物流市场竞争需求的复合型人才，是我国企业和教育界面临的重大任务。而人才培养和教育工作，一定要立足于物流科学前沿，注重物流运作，以培养实践操作性强的、高质量的物流规划和设计人才为目的，从战略高度进行统筹规划和组织实施。

仓储管理简单来说就是对仓库及仓库内的货物进行管理，是仓储企业为了充分利用其拥有的仓储资源提供高效的仓储服务所进行的计划、组织、人员配备、领导和控制过程。具体地，仓储管理主要包括仓储资源的获得、仓储商务、进出库作业、货物的保管保养、库存控制及安全管理等一系列管理工作。

1.1.4　仓储管理的内容

所谓仓储管理，是指服务于一切库存物资的经济技术方法与活动。“仓储管理”的定义指明了其所管理的对象是“一切库存物资”，管理的手段既有经济的，又有纯技术的，具体包括如下几个方面。

1. 仓储的设施与设备管理

例如，如何进行仓库的选址，如何进行仓库内功能区的布局，如何进行仓库机械作业的选择与配置，如何对仓储设备进行管理等。

2. 仓库的作业管理

例如，如何组织物资入库前的验收，如何存放入库物资，如何对在库物资进行保管保养、发放出库等。

3. 仓库的业务管理

例如，如何经营仓储业务，如何制定仓储合同，如何控制仓储成本，如何提升仓储绩效等。

4. 仓库的库存管理

例如，如何根据企业生产的需求状况储存合理数量的物资，既不会因为储存过少引起生产中断而造成损失，又不会因为储存过多导致占用过多的流动资金等。

此外，现代仓储新技术、新方法在仓储管理中的运用，仓库安全与消防安全等，都是仓储管理所包含的内容。

在过去很长一个时期内，人们在对企业的管理中，只把组织生产与销售看成企业的主要组织职能，而对保管物料的组织机构——仓储的职能重视不足。在我国，这一情况更为严重。因为在传统的计划经济体制下，绝大部分物资由国家统一管理，国家计划分配给企业物资，企业按计划组织生产，这时的仓储管理在很大程度上仅仅局限于在库物资的一般养护。

20 世纪 50 年代以后，社会分工、专业化程度进一步加深，企业之间的相互依赖性进一步加强，物料成本在企业产品成本中的比重呈上升趋势，人们开始重视仓储这一长期被忽视的组织结构。党的十一届三中全会以后，在逐步放开生产资料市场的同时，企业也被赋予了更多的生产和经营自主权。这时，企业不再享受国家计划分配的价格低廉的投入品，再生产所必需的物资（投入品）得由企业在市场上采购。同时，企业作为独立的商品经济实体，获得利润是其重要目标，这就为仓储管理水平的提高提供了必要的前提条件和驱动力——企业可以根据经济合理的原则自由地组织供应。几乎在同一时期，逐步完善起来的仓储理论和标志现代科学成就的计算机技术也开始运用到仓储管理中，大大推动和促进了仓储管理水平的提高。

1.2 仓储的功能、作用与仓储组织

1.2.1 仓储的功能

仓储主要对流通中的商品进行检验、保管、加工、集散和转换运输方式，并为解决供需之间和不同运输之间的矛盾提供场所价值和时间效益，从而使商品的所有权和使用价值得到保护，加速商品流转，提高物流效率和质量，促进社会效益的提高。概括起来，仓储的功能可以分为基本功能和增值功能，具体如下。

1. 仓储的基本功能

（1）储存功能

储存是仓储的基本功能。在生产过程中，适当的原材料和半成品的储存，可以防

止因缺货造成的生产停顿。而在销售过程中，储存尤其是季节性储存可以为企业的市场营销创造良机。适当的储存是市场营销的一种战略，它能够为市场营销中特别的商品需求提供有效缓冲和有力支持。

（2）整合功能

整合是仓储活动的一个经济功能，通过整合，仓库可以接收来自一系列制造工厂指定送往某一特定顾客的材料，然后把它们拼装成一个物流单元，进行一票装运。这样做的好处是可以实现最低的运输费率，并减少在某收货站台处发生拥塞。图 1-1 为仓储的整合流程。

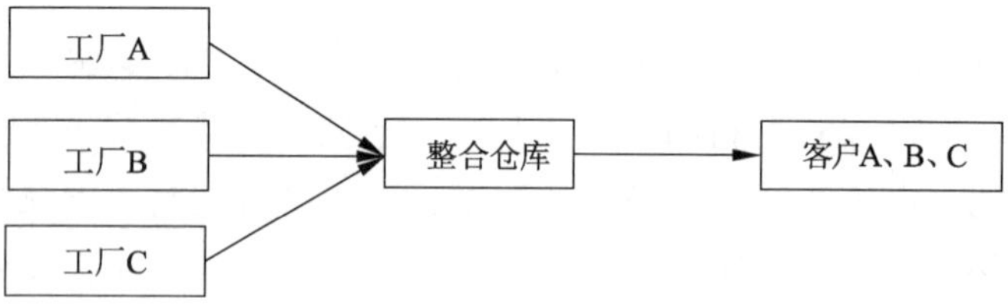

图 1-1　仓储的整合流程

（3）分类与转运功能

分类与转运就是将来自制造商的组合订货分类或者分割成个别的订单，然后安排适当的运力运送到制造商指定的个别客户手中。图 1-2 为零售业对仓储的分类与转运功能的应用。

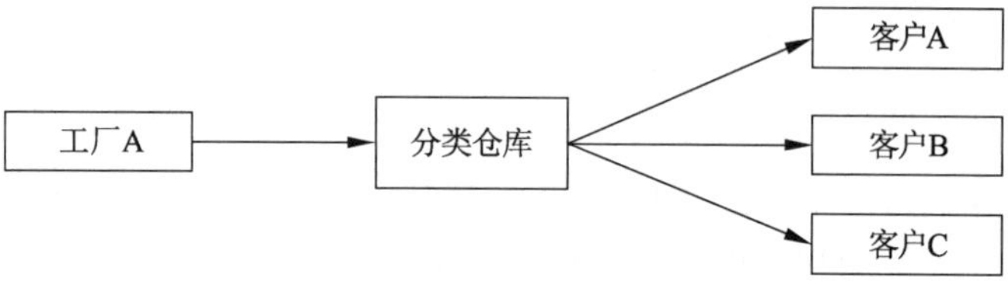

(a) 分类作业

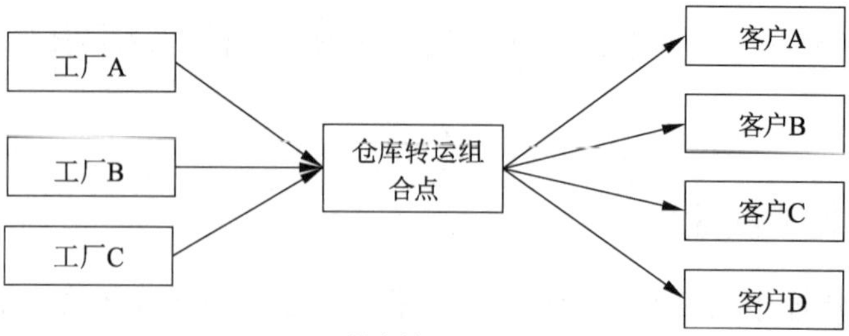

(b) 组合转运

图 1-2　零售业对仓储的分类与转运功能的应用

如图 1-2 所示，仓库从多个制造商处运来整车的货物，在收到货物后，如果货物有标签，就按客户进行分类；如果没有标签，就按地点进行分类，分类后的货物不在仓库停留，而是直接装到运输车辆上，装满后即运往指定的零售商店。仓库和供应商从仓储的分类和转运功能中都得到了各自的经济利益。同时，由于货物不需要在仓库内进行储存，从而降低了仓库的搬运费用，最大限度地发挥了仓库装卸设施的利用率。

（4）支持企业市场形象的功能

尽管支持企业市场形象的功能所带来的利益不像前面几个功能那样明显，但对于企业营销主管来说，仓储活动依然能被其重视起来。因为从满足客户需求的角度看，从一个距离较近的仓库供货远比从生产厂商处供货方便得多，它对于客户需求的反映更为敏捷，同时也能够提供更为快捷的递送服务，从而在供货的方便性和快捷性和对市场需求的反应速度方面，为企业树立一个良好的市场形象。

2. 增值功能

仓储的增值功能是指针对特定的客户或特定的仓储活动，在仓储基本服务的基础上提供定制化的服务。增值服务是竞争力强的企业区别于一般小企业的重要方面。有时，在基本服务的基础上也能够实现增值服务。例如丰田汽车公司提出一个星期的交货期，在基本服务的基础上为客户提供了其他公司无法做到的增值服务；摩托罗拉公司可以根据客户的要求定制产品，这也为客户提供了增值服务。增值服务的特征是，在提供基本服务的基础上，满足顾客的更多期望，为客户提供更多的利益和不同于其他企业的优质服务，它是企业的闪光点。

（1）仓储增值服务的主要形式

1）以顾客为核心的服务

以顾客为核心的增值服务是指由第三方物流服务商提供的、以满足买卖双方对于配送产品的要求为目的的各种可供选择的服务。

例如，美国UPS公司开发的独特服务系统，专门为批发商配送纳贝斯克食品公司的快餐食品，这种配送方式不同于传统的糖烟配送服务，它包括：处理顾客向制造商的订货，直接送货到商店或顾客家，以及按照零售商的需要及时持续地补充送货。这类专门化的增值服务可以被有效地用来支持新产品的引入及基于当地市场的季节性配送。

2）以促销为核心的服务

以促销为核心的增值服务是指为刺激销售而独特配置的销售点展销台及其他各种服务。销售点展销台会将来自不同供应商的多种产品，组合成一个多结点的展销单元。在许多情况下，以促销为核心的增值服务还包括对储备产品提供特别介绍、直接邮寄促销、销售点广告宣传和促销材料的物流支持等服务。

3）以制造为核心的服务

以制造为核心的物流服务是指通过独特的产品分类和递送来支持制造活动的物流服务。每一个客户进行生产的实际设施和制造装备都是独特的，在理想状态下，配送和内向物流的材料和部件应进行顾客定制化。例如，有的厂商将外科手术的成套器具按需要进行装配，以满足特定医师的独特要求。又如，有的仓储公司切割和安装各种长度和尺寸的软管以适合顾客所使用的不同规格的水泵。这些活动在物流系统中都是由专业人员承担的，而这些专业人员之所以能够在客户的订单发生时对产品进行最后定型，是因为利用的就是物流的时间延迟。

4）以时间为核心的服务

以时间为核心的增值服务是指专业人员在递送以前对存货进行分类、组合和排序。以时间为核心的增值服务的一种流行形式就是准时化。在准时化概念下，供应商先把商品送进工厂附近的仓库，当需求产生时，仓库就会对由多家供应商提供的产品进行重新分类、排序，然后送到配送线上。以时间为核心的服务，其主要的一个特征就是排除不必要的仓库设施和重复劳动，以便能最大限度地提高服务速度。基于时间的物流战略是竞争优势的一种主要体现。

（2）仓储增值服务的主要途径

在竞争不断加剧的市场环境下，不但要求物流企业在传统的运输和仓储服务上有更高的服务质量，还要求它们大大拓展物流业务，提供尽可能多的增值服务。

1）增加便利性的服务

一切能够简化手续、简化操作的服务都是增值服务。简化是相对于消费者而言的，并不是说服务的内容简化了，而是指为了获得某种服务，以前需要消费者自己做的一些事情，现在由物流服务提供商以各种方式代替消费者做了，从而使消费者获得这种服务的方式变得更简单方便，这无疑增加了商品或服务的价值。在提供物流服务时，推行的一条龙门到门服务、提供完备的操作或作业提示、免费培训、维护、省力化设计或安装、代办业务、24 小时营业、自动订货、传递信息和转账、物流全过程追踪等都是对客户有用的增值服务。

2）加快反应速度的服务

加快反应速度是指物流企业在面对多品种、小批量的买方市场时，不是要储备“产品”，而是要准备好各种要素，在客户提出要求时，能以最快速度抽取要素，及时“组装”，从而提供所需服务或产品。

加快反应速度已经成为物流发展的动力之一。传统观点中将加快反应速度单纯地作为对快速运输的一种要求，而现代物流的观点认为，可以通过两条途径使过程变快，一是提高运输基础设施和设备的效率，比如修建高速公路、铁路提速、制定新的交通管理办法、提高汽车的行驶速度等，这是一种速度的保障，但在需求方对速度的要求越来越高的情况下，它也变成了一种约束，因此，必须通过其他办法来提高速度。二是一种具有重大推广价值的增值性物流服务方案，即通过优化配送中心和物流中心网络、重新设计适合客户的流通渠道来减少物流环节、简化物流过程、提高物流系统的快速反应能力。

3）降低成本的服务

通过提供增值物流服务，寻找能够降低物流成本的物流解决方案。可以考虑的方案包括：采用第三方物流（Third-Party Logistics，TPL）服务商；采取物流共同化计划；采用比较适用但投资较少的物流技术和设施设备；推行物流管理技术，如运筹学中的管理技术、单品管理技术、条形码技术和信息技术等，以此提高物流的效率和效益，降低物流成本。

4）延伸服务

运用计算机管理的思想，仓储功能向上可以延伸到市场调查与预测、采购及订单处理，向下可以延伸到物流咨询、物流系统设计、物流方案的规划与选择、库存控制决策建议、货款回收与结算、教育与培训等。关于结算功能，物流的结算不只是物流费用的结算，在从事代理、配送的情况下，物流服务商还要替货主向收货人结算货款。关于需求预测功能，物流服务商应该根据物流中心商品进货、出货信息来预测未来一段时间内的商品进出库量，进而预测市场对商品的需求，从而指导订货。关于物流系统设计咨询功能，第三方物流（TPL）服务商要充当客户的物流专家，为客户设计物流系统，代替它选择和评价运输网、仓储网及其他物流服务供应商。关于物流教育与培训功能，物流系统的运作需要客户的支持与理解，通过向客户提供物流培训服务，可以培养其与物流中心经营管理者的认同感，提高客户的物流管理水平，并将物流中心经营管理者的要求传达给客户，也便于确立物流作业标准。

以上这些延伸服务最具有增值性，但也是最难提供的服务。目前，能否提供此类增值服务已成为衡量一个物流企业是否真正具有竞争力的标准。

1.2.2 仓储的作用

1. 仓储的积极作用

（1）仓储是保证社会再生产过程顺利进行的必要条件

货物的仓储不仅是商品流通的必要保证，也是社会再生产过程得以进行的必要条件，缺少了仓储，流通过程便会终止，再生产过程也将停止。

从社会再生产总过程看，专业化和规模化的现代化社会生产，劳动生产率极高、产量巨大。一方面，绝大多数产品因不能被即时消费而需要运用仓储手段进行储存，只有这样才能够避免生产过程被堵塞，保证其舒畅地持续进行；另一方面，生产中使用的原料、燃料和辅助材料等也需要有合理的储备，才能保证及时供应，以满足生产的需要。

从生产过程内部看，生产各环节之间“物”的停滞，构成了上一步和下一步活动的必要条件。例如，在生产过程中，上一道工序生产与下一道工序生产之间，总免不了有一定间隔；上一道工序的半成品，总要达到一定批量之后，才能经济合理地送给下一道工序，而下一道工序为了保证连续生产，也总要有一定的储备保证。因此，这种储备无论对哪一道工序来说，都是使之正常进行的必要条件。

（2）仓储是物流系统中不可缺少的重要环节

从供应链角度看，物流过程由一系列的“供给”和“需求”组成，在供需之间存在物的“流动”，也存在物的“静止”，这种静止是为了更好地使前后两个流动过程衔接，缺少必要的静止，会影响物的有效流动。仓储环节正是起到物流中有效“静止”的作用。

（3）仓储能对商品进入下一环节前的质量起保证作用

仓储能够在货物进入下一环节前对其进行检验，从而防止伪劣商品混入市场。因此，为保证商品的质量，把好仓储管理这一关，以保证商品不变质、不受损、不短缺和有效的使用价值是非常重要的。

（4）仓储是加快商品流通、节约流通费用的重要手段

商品在仓库内的滞留，表面上是流通的停止，实际上恰恰促进了商品流通的畅通。仓储的发展，在调配余缺、减少生产和销售部门的库存积压，以及从总量上减少地区内商品存储量等方面起到非常积极的作用。同时，加快仓储环节的收发和出库前为流通所做的充分准备，将直接影响商品流通的时间。

（5）创造时间效用

时间效用的含义是，同种“物”由于时间状态不同，其使用价值的实现程度可能有所不同，其效益的实现也就会不同。由于改变了时间而最大限度地发挥了使用价值，因此，提高了产出投入之比，这就称为“时间效用”。通过仓储，使“物”在效用最高的时候发挥作用，就能充分发挥“物”的潜力，实现时间上的优化配置。从这个意义上讲，也相当于通过仓储提高了物的使用价值。

（6）收集和传递市场信息

任何产品的生产都必须满足社会的需要，生产者随时都需要把握市场需求动向。社会产品的变化是了解市场需求极为重要的途径。仓储量减少、周转量加大，表明社会需求旺盛；反之，则为需求不足。厂家存货增加表明其对产品的需求减少、竞争力降低或生产规模不合适。仓储环节所获得的市场信息虽然比销售信息滞后，但更为精确和集中，信息反应快捷，且信息成本极低。

（7）提供信用保证

在大批量货物的实物交易中，购买方必需检验货物、确保货物的存在和货物的品质后，方可成交。购买方可以到仓库查验货物。由于仓库保管人出具的货物仓单是实物交易的凭证，仓单本身就可以作为融资工具，因此，可以直接使用仓单进行质押。

2. 仓储的消极作用

仓储是物流系统中的一种必要活动，但也经常存在冲减物流系统效益、恶化物流系统运行的情况。甚至，有人明确提出，仓储中的库存是企业的“癌症”。因为仓储会使企业付出巨大的代价，这些代价包括以下四种。

（1）固定费用和可变费用的支出

仓储使得企业在仓库建设、仓库管理、仓库工作人员工资、福利等方面支出大量的成本费用，开支增高。

（2）机会损失

储存物资会占用资金及资金利息，如果用于其他项目可能会有更高的收益。

（3）陈旧损失和跌价损失

随着储存时间的增加，存货时刻都在发生陈旧变质，严重的会完全丧失其使用价

值。同时，一旦错过有利的销售期，就必须低价贱卖，不可避免地出现跌价损失。

（4）保险费用支出

为了分担风险，很多企业都对储存物进行投保缴纳保险费用，而保险费用的支出在仓储物资总值中占了相当大的比例。

上述各项费用的支出都降低了企业效益，再加上在企业运营的全部过程中，仓储对流动资金的占用达到 4 ~7 成，有的企业库存在某段时间内甚至占用了全部流动资金，导致企业无法正常运转。

由此可见，仓储既有积极的一面也有消极的一面。只有考虑到仓储的两面性，尽量使仓储合理化才能有利于物流业务活动的顺利开展。这也说明，仓储节约的潜力是巨大的，通过仓储组织，实现仓储的合理化，就可以加速物资的流通和资金周转，从而节省费用支出，降低物流成本，开拓“第三利润源泉”。

1.2.3 仓储组织

仓储组织就是按照预定的目标，将仓库作业人员与仓库仓储手段有效地结合起来，履行好仓储作业过程各环节的职责，为商品流通提供良好的仓储服务。

1. 仓储组织的目标

仓储组织的目标是按照仓储活动的客观要求和仓储管理的需要，使与仓储有直接关系的部门、环节尽可能合理地使用人力、物力，以取得最大的经济效益。

总之，合理进行仓储组织的目标就是实现仓储活动的“快进、快出、多储存、好保管、省费用”。

（1）快进——物资在运抵港口、车站或企业专用仓库时，要以最快的速度完成物资的接收、验收和入库作业活动。

（2）快出——物资出库时，要及时、迅速、高效地完成备料、复核、出库和交货清理作业活动。

（3）多储存——在合理规划库存的基础上，最大限度地利用有效的仓储面积和空间，提高单位面积的仓储量和面积利用率。

（4）好保管——按照物资的性质和仓储条件的要求，合理安排仓储场所，采取科学的保管方法，使其在保管期间内质量完好、数量准确。

（5）省费用——在物资输入和输出，即物资吞吐运行过程中的各作业环节，都要努力节省人力、物力和财力消耗，以最低的仓储成本获取最好的经济效果。

争取做到当天到达的物资能当天反映出来，反映的信息包括入库时间、数量、验收结果、仓储位置、仓储数量实时动态等，为库存控制、供应链管理提供依据。

2. 仓储组织的原则

为了实现以上目标，在组织仓储作业过程时，就必须在综合考虑各方面因素的同时，注意以下几个原则：

（1）保证仓储作业过程的连续性。连续性是指仓储物资在仓储作业过程中的流动在时间上应是紧密衔接的、连续的。仓储物资在库期间经常处在运动之中，从物资到库后的卸车、验收、库内搬运、堆码，到出库时的备料、复核、装车等，都是一环紧扣一环互相衔接的。因此，在组织仓储作业过程中，要求仓储物资在各个环节或工序间的流动在时间上尽可能衔接起来，不发生或少发生各种不必要的停顿或等待。

保证作业过程的连续性，可以缩短物资在各个环节的停留时间，加快物资周转和提高劳动生产率。特别是在现代化大生产的条件下，对作业过程的连续性要求越来越高。因此，要想满足现代化大生产的客观要求，就必须从技术上和组织上采取措施，保证仓储作业过程的连续性。同时，仓储作业又是一个统一的过程，组织仓储作业时，要考虑到相互联系的各个环节的作业要求，从整个作业过程出发来评价和选择作业方案，进行作业安排。例如，商品出库的堆放位置和堆放形式，不仅要符合商品入库时的堆放位置和堆放形式的要求，而且要考虑到商品出库的装卸作业和搬运路线。因此，在组织作业时应强调系统观点，从整个系统的作业效率来决定商品的堆放位置和堆放形式。

（2）实现仓储作业过程的比例性。比例性，是指仓储作业过程的各个阶段、各道工序在人力、物力的配备和时间的安排上必须保持适当的比例关系。例如，验收场地和保管场地之间、运输力量和搬运力量之间、验收人员和保管人员之间、验收时间和收发货时间之间等，都要有一个适当的比例。保持作业过程的比例性，可以充分利用人力和设备，减少和避免物资在各个作业阶段和工序的停滞与等待，从而保证作业过程的连续性。

作业过程的比例性，特别是各作业环节之间各种设备能力的比例，在很大程度上取决于仓库的总平面布置，因此，在进行仓库总平面布置时就应该注意这个问题。同时，随着在物资仓储过程中作业技术的改进、工人技术熟练程度的提高和仓储物资品种、规格、数量的变化，作业过程各环节间的比例可能会变得不协调。因此，在组织作业过程中，应充分考虑仓储作业具有不均衡性的特点，要经常了解和掌握各个环节的作业情况，根据具体情况，事先做好各项准备和安排，及时采取措施，调整设备和作业人员，建立新的比例关系，避免某些环节由于缺少人力、设备而延长作业时间，以及在另外一些环节上由于作业的停顿和等待造成人员、设备的空闲。

3. 仓储组织的内容

从宏观角度来看，仓储组织活动包括作业过程的空间组织和时间组织。

（1）空间组织。仓储作业过程的空间组织就是正确确定仓储作业的路线，保证商品在空间上的最短运动路线和仓库空间的有效利用。例如，在安排仓储作业路线时，应避免仓储物资在作业过程中的迂回和往返运动。作业过程的空间组织主要是通过仓储作业场地的合理布置和作业班组的合理划分来实现的，即根据仓储物资的特点，使仓储物资在生产过程中径直前进，避免往返运转。为此，一方面要合理地划分作业班组，另一方面要保证仓储设施的合理布局。作业班组的设置主要应根据仓库的吞吐规模、仓储商品的类别和生产流程的特点等因素建立，一般多按照专业化形式设置班组。例如，装卸搬运队专门负责商品的装卸、搬运、堆码，验收组专门负责商品的验收等。

（2）时间组织。仓储作业过程的时间组织就是通过对各个环节作业时间的合理安排和衔接，以最大限度地节省时间和保证作业的连续进行，尽可能消除或减少作业过程中的停顿或等待时间。商品仓储作业的时间，主要取决于供货合同的规定，但仓储活动的各环节是否合理，同样也影响时间，特别是急需商品，各道工序的结合方式直接影响其作业时间。有的仓库实现一次性作业，卸车验收、搬运等可连续进行，一次进入货位堆码，当然，在工序时间上的结合方式与机械化程度、设备能力、工人技术水平等有关。作业过程的时间组织是一个比较复杂的问题，为此，应综合考虑各方面的条件和可能性。

1.2.4　仓储合理化

合理仓储，就是要保证货畅其流，要以不间断满足市场供应为依据，确定恰当的仓储定额和商品品种结构，实现仓储的合理化。如果仓储过多，就会导致商品积压，增加占用资金，使仓储保管费用增加，造成商品在库损失，形成巨大的浪费。如果仓储过少，又会造成市场脱销，影响社会消费，最终影响国民经济的发展。因此，仓储合理化，具有极其重要的意义。

目前，仓储或配送中心具有许多战略上的方案：

（1）提供本地库存服务。这是为了满足顾客获得全球范围内快速服务的要求，有利于促进本地仓库网络的发展。

（2）为顾客提供附加值服务。例如贴标签、包装等流通加工。

（3）就近选择一些关键供应商作为材料控制中心的供应合作伙伴。

（4）形成订货的最佳结合点，将一次订货的多元部件组合起来送给顾客。

（5）整合外运订单，使运输更加经济化。

（6）防止受到制造交付周期的影响。

（7）处理逆向物流。

（8）进行质量检测。

（9）生产制造经济化。如仓储产品能使生产线在季节性需求波动到来时保持平稳运行。

（10）提高采购效率。如当原材料价格下降时进行大量采购。

对于任何一个物流活动，管理者都必须确保被选择的仓储战略能给物流系统带来整体效益。也就是说，建造和维护仓库的成本必须低于公司获得的收益。如果仓储成本高于节省下来的采购成本，那么就不能储存原材料，而是在需要时用相对较高的价格进行采购。

1.3 仓储管理的任务

仓储管理简单来说就是对仓库及仓库内的物资进行管理，是仓储机构为了充分利用所具有的仓储资源，提供高效的仓储服务所进行的计划、组织、控制和协调的过程。具体来说，仓储管理包括仓储资源的获得、仓库管理、经营决策、商务管理、作业管理、仓储保管安全管理、劳动人事管理、财务管理等一系列管理工作。

1.3.1 仓储管理的基本任务

1. 用市场经济的手段获得最佳的仓储资源配置

市场经济最主要的功能是通过市场的价格杠杆和供求关系调节经济资源的配置。市场配置资源以实现资源最大效益为原则，这也是企业经营的目的，配置仓储资源也应以能获得最大效益为原则。仓储管理需要营造本仓储机构的局部效益空间，吸引资源投入。其具体任务包括根据市场供求关系确定仓储的建设、依据竞争优势选择仓储地址、依据产品差异化决定仓储专业分工和确定仓储功能、以所确定的功能决定仓储布局、根据设备利用率决定设备配置等。

2. 以高效率为原则组织管理机构

仓储管理机构是开展有效仓储管理的基本条件，是一切管理活动的保证和依托。生产要素尤其是人这一要素只有通过良好的组织才能发挥作用，实现整体的力量。仓储组织机构的确定需以实现仓储经营的最终目标为原则，依据管理幅度、因事设岗、责权对等条件，建立结构简单、分工明确、互相合作和促进的管理机构与管理队伍。

仓储管理机构因仓储机构的属性不同分为独立仓储企业的管理组织和附属仓储机构的管理组织。一般都设有内部行政管理机构、商务、库场管理、机械设备管理、安全保卫、财务及其他必要的机构。仓储内部大都实行直线智能管理制或事业部制的管理组织结构。随着计算机网络的应用和普及，管理机构也更加趋向于扁平化发展。

3. 以不断满足社会需要为原则开展商务活动

商务工作是仓储对外的经济联系，包括市场定位、市场营销、交易和合同关系、客户关系管理、争议处理等。仓储商务是仓储经营生存和发展的关键，是经营收入和仓储资源充分利用的保证。从功能来说，商务管理是为了实现收益最大化，而中国特色社会主义的仓储管理，必须遵循不断满足社会生产和人民生活需要的生产原则，最大限度地提供仓储产品，满足市场需要。满足市场需要包括数量上满足和质量上满足两个方面。仓储管理者还要不断把握市场的变化发展，不断创新，提供符合经济发展要求的仓储服务。

4. 以高效率、低成本为原则组织仓储生产

仓储生产包括货物入仓、堆存、保管、出仓的作业，也包括货物验收、理货交接，以及货物在仓储期间的照料保管、质量维护、安全防护等。仓储生产的组织遵循高效、低耗的原则，充分利用先进的机械设备、先进的保管技术、有效的管理手段，以实现仓储快进、快出，提高仓储利用率，降低成本，不发生差、损、错事故，保持连续、稳定的生产。生产管理的核心在于充分利用先进的生产技术和手段，建立科学的生产作业制度和操作规程，实行严格的监督管理和有效的员工激励机制。特别是非独立经营部门的仓储管理，其中心工作就是开展高效率、低成本的仓储生产管理，充分配合企业的生产和经营。

5. 以优质服务和诚信原则树立企业形象

企业形象是指企业展现在社会公众面前的各种感性印象和总体评价的整合，包括企业及产品的知名度、社会的认可程度、美誉度、对企业的忠诚度等方面。企业形象是企业的无形财富，良好的形象能够促进产品的销售，也能为企业的发展提供良好的社会环境。作为为厂商服务的仓储业，其企业形象所面向的对象主要是生产和流通经营者，企业形象主要通过服务质量、产品质量、诚信和友好合作等方式建立，并通过一定的宣传手段在潜在客户中加强。在现代物流管理中，对服务质量的高度要求、对合作伙伴的充分信任使仓储企业形象的树立变得极为必要。只有具有良好形象的仓储经营者才能在物流体系中占有一席之地，适应现代物流的发展。

6. 通过制度化、科学化的先进手段不断提高管理水平

任何企业的管理都不可能一成不变，需要随着形势的发展而不断发展，以适应新的变化，仓储管理也要根据仓储企业经营目的和社会需求的变化而改变。管理不可能一步到位，不可能一开始就设计出一整套完善的管理制度，因为那样不仅教条，而且不可执行。仓储管理要从简单管理到复杂管理，从直观管理到系统管理，在管理实践中不断补充、修正、完善、提高，实现动态的仓储管理。

仓储管理的动态化和管理变革，既可以促进管理水平和仓储效益的提高，也可能因为脱离实际、不同于人们的惯性思维或形而上学，而使管理的变革失败，甚至倒退，从而不利于仓储的发展。因而仓储管理的变革需要制度性的变革管理，通过科学的论证，广泛吸取先进的管理经验，针对本企业的客观实际开展。

7. 从技术层次到精神层次提高员工素质

没有高素质的员工就没有优秀的企业。企业的一切行为都是人的行为，是每一个员工履行职责的行为表现。员工的精神面貌体现了企业形象和企业文化。仓储管理的一项重要工作就是根据企业形象建设的需要不断提高员工的素质及加强对员工的约束和激励。

员工的素质包括员工的技术素质和精神素质。通过不断的、系统的培训和严格的考核，保证每个员工能够熟练掌握所从事劳动岗位应知应会的操作、管理技术和理论知识，做到精益求精，跟得上技术和知识的发展和更新。另外，还要让职工明白岗位的工作制度、操作规程，明确岗位所承担的责任。

良好的精神面貌来自企业和谐的氛围、有效的激励、对劳动成果的肯定及精神文明教育的深入。在仓储管理中要重视员工的地位，而不能仅仅将员工看作生产工具或者一种等价交换的生产要素。要在信赖中约束，在激励中规范，使员工感受到人尽其才、劳有所得、人格尊重，从而形成热爱企业、自觉奉献、积极向上的精神面貌。

1.3.2 仓储管理的基本原则

仓储管理的目标是快进、快出、多储存、好保管和省费用，基于此，其基本原则是保证质量、注重效率、确保安全、讲求效益。

1. 保证质量

仓储管理最基本的原则是保证质量。仓储管理中的一切活动，都必须以保证在库商品的质量为中心。没有质量的数量是无效的，甚至是有害的，因为这些商品依然占用资金和仓库空间，并产生费用。因此，为了完成仓储管理的基本任务，仓储活动中的各项作业必须有质量标准，并严格按标准进行作业。

2. 注重效率

仓储成本是物流成本的重要组成部分，因而仓储的效率关系整个物流系统的效率和成本。在仓储管理过程中要充分发挥仓储设施设备的作用，提高仓库设施和设备的利用率；要充分调动生产人员的积极性，提高劳动生产率；要加速在库商品的周转，缩短商品在库时间，提高库存周转率。

3. 确保安全

仓储活动中不安全因素有很多，有的来自仓储物，有的来自装卸搬运作业过程，还有的来自人为破坏。因此，特别要加强安全教育，提高安全意识，制定安全制度，贯彻执行“安全第一，预防为主”的安全生产方针。

4. 讲求效益

仓储活动中所消耗的物化劳动和活劳动的补偿是由社会必要劳动时间决定的。为实现经济效益目标，必须力争以最少的人力财物消耗，及时准确地完成最多的储存任务。因此，对仓储生产过程进行计划、控制和评价是仓储管理的主要内容。

1.4 我国仓储业发展的历史、现状和趋势

1.4.1 我国仓储业的发展历史

我国仓储业有着悠久的历史，在我国整个经济发展中起重要的作用。从仓储业的

发展来看，可分为古代、近代和中华人民共和国成立后的仓储业三个阶段。

1. 古代仓储业

我国古代商业仓库是随着社会分工和专业化生产的发展而逐渐形成和扩大的。《中国通史》上记载的“邸店”，可以说是商业仓库的最初形式，但由于受当时商品经济的局限，它既有商品寄存性质，又具有旅店性质。随着社会分工的进一步发展和商品交换的不断扩大，专门储存商品的“塌房”从“邸店”中分离出来，成为带有企业性质的商品仓库。

2. 近代仓储业

堆栈业在初期只限于堆存货物，其主要业务是替商人保管货物，物品的所有权属于寄存人。随着堆栈业务的扩大和服务对象的增加，堆栈业逐渐发展出码头堆栈、铁路堆栈、保管堆栈、厂号堆栈、金融堆栈和海关堆栈等多种形式。近代堆栈业的显著特点是明确了业务种类、经营范围和责任、仓租、进出手续等。当时堆栈业大多是私人经营的，为了商业竞争和垄断的需要，往往组成同业会，订立同业堆栈租价价目表等。但是，由于整个社会处于半封建半殖民地的经济状态，民族工业不发达，因此，堆栈业务往往附属于旅馆业，而且随商业交易和交通运输业的盛衰而起落。

3. 中华人民共和国成立后的仓储业

中华人民共和国成立以后，对旧时留下来的仓库采取对口接管改造的政策，即铁路、港口仓库由交通运输部门接管；物资部门的仓库由全国物资清理委员会接管；私营仓库由商业部门对口接管改造；银行仓库，除“中央”“中国”“交通”“农业”等银行所属仓库作为敌伪财产随同银行实行军管外，其余大都归商业部门接管改造；外商仓库，按经营的性质，分别由港务、外贸、商业等有关部门接管改造。其中，对于私营仓库的改造是通过公私合营的方式逐步实现的，政府通过工商联合会加强对私营仓库的领导，限制仓租标准，相继在各地成立国营商业仓库（后改为仓储公司），并加入当地的仓库业同业工会，整顿并建立仓库制度。

随着工农业生产的发展、商品流通的扩大，商品储存量相应增加，但改建和接收的仓库，大多是企业的附属仓库，在数量和经营管理上都不能满足经济发展的需要。为此，政府采取了一系列措施，改革仓储管理工作。在这一阶段，无论是仓库建筑、装备，还是装卸搬运设施，都有很大发展，是旧时商业仓库所无法比拟的。特别是近些年，出现了自动化程度更高、设施设备更先进的自动化仓库。

1.4.2 我国仓储业的发展现状

仓储业随着经济的发展、生产力的提高而不断发展，尤其是经济高速发展的今天，我国正从一个制造大国走向制造强国。在这一过程中，如何实现仓储业的高效化变得越来越重要。但是由于种种原因，我国仓储业总体上还比较落后。我国的物资仓储企业大多是在计划经济时期（主要在 20 世纪 50—70 年代），为实现本系统的物资储存、保管、流通而建立的国有企业。仓储业的落后造成物流的低效率，不再能满足高速经济建设的需要，主要体现在以下几个方面。

1. 企业对现代物流服务的需求不足

有相当数量的企业管理观念陈旧，仍然停留在企业“大而全”和“小而全”的经营组合方式，尽管成本高、效益低，仍选择自己干，不愿业务外包。这种规模小、专业化程度低，以自我服务为主的物流活动模式在很大程度上限制和延迟了高效率、专业化、社会化的现代物流服务的发展。

2. 提供专业的一体化现代物流服务的物流企业数量不多

从目前仓储业来看，绝大多数仓储企业所提供的仓储服务方式和手段比较单一，一般只是提供简单的运输、仓储或货运代理等传统的服务，没有形成物流供应链上的一体化服务。仓储业存在技术装备落后、管理方法不科学、管理人员素质不高等问题。此外，动态管理的响应度不高等因素影响了物流服务的准确性与及时性，从而使企业缺乏竞争力。

3. 现代物流产业的管理体制和法规建设不健全

管理体制和法规建设滞后，对于不能适应物流仓储业发展的各类规定和政策要进行及时清理和修改，努力营造一个公平、公正、合理、有序的竞争环境。

4. 仓储业的标准化程度不高

目前，物流行业的标准尚没有统一，这在一定程度上影响了物流的运行效率，造成成本的提高。

5. 高素质的物流人才匮乏

物流行业的人才匮乏是影响高效率物流的主要原因之一。国内尽管培养了一定数量的物流专业学生，但实乃“杯水车薪”，而且学校的专业学习与实际应用也有一定的距离，高层次的管理人员更是难求。国内物资仓储企业人员基本上由仓管员、装卸工、操作工、行李工和一些后勤人员及管理人员所组成。长期以来，由于仓储企业和这些工种在物资系统中普遍不被看中，因此，仓储企业人员文化低、年龄大、技能不足的特点特别突出。这种结构不仅使仓储企业在激烈的市场竞争中处于劣势，而且在面对有着广阔发展前景的商机时，因无力把握，而常常失去一次又一次的发展机会。

1.4.3 我国仓储业的发展趋势

1. 仓储专业化、社会化——传统仓储业应向综合物流发展

传统仓储业务单一，不能适应现代物流客户的个性化需求，应树立以客户为中心的理念，依据自身的优势和特点充分满足客户需求。发展基于仓储的流通加工等增值业务，满足客户日益提高的个性化和差异化的需求。服务品种多样化、个性化、快速化成为传统仓储企业发展现代物流的主要手段，提升了整个仓储业的水平。有条件的仓储业应向第三方物流或物流中心、配送中心方向发展。

2. 仓储信息化——实现基于高度信息化的仓储物流管理

现代物流管理已经进入集成化的供应链管理时代，要求提供物流服务的企业往往具有很强的整合能力。缺少高度信息化装备的仓储物流管理很难实现集成化的供应链管理，所以，装备先进的基础设施是仓储信息化的必然选择。先进的装备可以集商流、物流、信息流、资金流于一体，能有效支持最优化的物流解决方案，为客户提供动态响应灵敏的高质量服务。

3. 仓储机械化、自动化——强化仓储设备设施的现代化装备配置

传统仓储业的手工操作不能适应现代化物流的需求，仓储现代化是一种必然的趋势。通过配置现代化的装卸搬运设备、检验设备、储存设备、分拣设备、计量设备和流通加工设备等，满足集成化的高效率仓储管理。

4. 仓储标准化——制定相应的物流技术标准

要加快制定物流仓储等技术标准，加快各行业协会的建立，制定各行业的管理规范并进行有效的监督。标准化的制定一定要结合国家标准。

5. 管理科学化——培养满足需求的人才，实现科学化管理

采取人才引进和培养相结合的策略，树立客户第一、为客户创造价值的现代管理理念，营造人才流动的政策环境，推动物流企业、科研机构和院校等资本与技术的合作，充分发挥各自优势，使产学研合作的成果在经济发展中起到积极的作用，提升仓储管理的科学化。

案例分析

重压“618”，苏宁物流为啥不慌?

一场无声的战役已悄然打响。

从2019年6月1日起，一年一度的“618”年中大促让大批电商平台紧张不已，苏宁易购、天猫、京东、拼多多等电商纷纷推出促销活动。消费者们忙着下单抢折扣，剁手剁得不亦乐乎，与之相应的是，整个物流体系承载能力也面临着一次巨大的考验。2019年的“618”，各大零售巨头在拼价格的同时，也在狂拼“服务”，物流作为消费体验最为核心的一环，无疑是兵家必争之地。

1.“618”苏宁物流“不降速”

6月11日，苏宁物流执行总裁姚凯宣布，这个“618”，苏宁物流“不降速”，并直言:“这个‘618’，我们就是要通过时效提升，树立新的服务标杆，让‘有温度的交付’覆盖更多消费者。”苏宁所提出来的“不降速”，就是说不管有多少货物，苏宁物流都能够及时地应付过来。姚凯的表态，无疑引起了业内对今年苏宁“618 不降速”服务的普遍关注。

近年来，物流配送领域的较量已成为各大电商及零售业巨头们最关注的地方。

数年前，每每遇到电商大促，物流爆仓便是常态。虽然从2017年之后，“物流爆仓”这样的说法渐渐消失在大众视野，不过相比平时，物流速度“变慢”却不可避免，所以我们看到很多公司往往会事先声明：“在大促时，物流时效会降低”，以降低消费者的抱怨。

在这样的大背景下，姚凯表明苏宁“618不降速”的态度，引起业内关注也不足为奇。

那么姚凯提出苏宁物流“不降速”的底气究竟在哪？

2. 苏宁物流“不降速”的底气

首先，物流数字化及智能化的投入和应用。

10亿的包裹量，要保证优质的体验及低成本运作，物流行业用实际给出的答案是，物流这个原本属于“劳动密集型”的产业，需要一场“技术密集型”的变革，那就是让物流从传统的运输向智慧化服务过渡。

从数字园区到智慧大脑，从外骨骼机器人到机器人仓，从无人机到无人车，苏宁物流“黑科技”最强阵容已经集结完毕，IOT、人工智能、大数据等技术在仓运配全链路上的应用，大大提升了各环节的作业效率。在苏宁物流的智能仓库里，包裹出库最快只需半小时。

以苏宁云仓南京雨花物流基地为例，2016年11月投产，建筑面积20万平方米，库内应用的货到人拣选系统，人均拣选效率1 200件/小时，10倍于传统人工拣选，日出货能力达28万件，在分拣环节投入的高速分拨系统，有着180万件/日的分拣能力，是行业同类仓库处理能力的4.5倍以上。这也意味着过去消费者从下单到出库数天的时间，能够瞬间缩短在10分钟以内。

其次，基础设施网的持续扩张。

2018年6月，苏宁物流新增南昌、南宁、青岛、长沙、石家庄五大小件物流中心，至此，苏宁物流在全国布局的不同类型智慧仓储达到24座，仓储总面积近1 000万平方米，其中在南京、上海等城市建有“超级云仓”。

翻开苏宁易购的年报还会发现，苏宁的仓储物流面积正在快速增长，不断逼近竞争对手京东。据苏宁易购2018年年报显示，截至2018年12月末，苏宁物流及天天快递拥有仓储及相关配套总面积950万平方米，到了2019年1月，苏宁易购的仓储面积更是达到了964万平方米。目前，苏宁拥有快递网点27 444个，物流网络覆盖全国351个地级城市、2 858个区县城市。正是这些星罗棋布的物流网点设施，保证了这家庞大的零售巨头在配送效率上的大跨步发展。

苏宁虽然在自营物流体系上属于后来者，但苏宁物流作为老牌商超、零售巨头，物流体系一直是其优势所在，眼下更是凭借其在电商、O2O和智慧零售等领域的高速发展，大有后发先至的趋势。

3. 苏宁物流的转型之路

当下中国物流行业所呈现出来的特征是：持续地高速成长，同时与技术的结合日趋紧密。“未来的物流一定是从数字化到数智化，数智世界将是我们共同面临的时代”，阿里巴巴 CEO 兼菜鸟物流董事长张勇曾如此判断未来物流的发展趋势。

再回望苏宁物流的发展历程，从苏宁成立之初，张近东就将物流视为零售发展的根本，多年来持续对物流投资，并不遗余力地对物流体系进行技术升级改造，到 2017 年，苏宁收购天天快递，与阿里、京东三足鼎立，再到当下“618”的“不降速”承诺，苏宁物流完成一次次激动人心的跨越，借助数字化、智慧化手段，推动物流从劳动密集型向技术密集型成功换道。

速度不仅仅是良好的用户体验，更是对客户的标准化承诺。在电子商务战场上，不能存在任何一块短板，因为哪怕是“最后一千米”的缺失，也是用户体验缺失的一万千米。只有那些看得清大趋势与新变化的人，才有机会抓住未来。

（案例来源：搜狐网）

问题讨论

1. 苏宁物流是如何应对“618”年中大促的？
2. 苏宁物流向技术密集型物流转型的驱动因素是什么？

思考题

1. 如何理解仓储的生产性和非生产性？
2. 讨论仓储在物流管理中的地位和作用。
3. 简述仓储管理的基本任务和基本原则。

第一篇　仓储规划与设备管理

第 2 章　仓库布局规划

本章导读

1. 了解仓库的含义、功能及分类；了解自动化立体仓库的组成；理解自动化立体仓库的优势和劣势；了解保税仓库的含义及分类；了解危险品库、冷库、粮库的管理。

2. 掌握仓库选址的技术方法（定性分析和定量分析方法）；理解仓库布局的内涵，以及仓库内部布局的原则和方法。

3. 理解分区分类储存的内涵、作用和原则；了解储位管理的内涵及目标；理解储位管理的要素；掌握储位编码、货物编号的基本方法。

案例导引

天下粮仓

早在西周时期，人们就已经认识到了仓储的重要性，认识到仓储能够应对意外情况的发生。《礼记》中论述：“国无九年之蓄，曰不足；无六年之蓄，曰急；无三年之蓄，曰国非其国也。”几千年以来，各朝各代都建设了大规模的粮仓，对于保证人民安居乐业、国家昌盛起到了巨大的作用。各朝在仓库的规划建设、地址选址、布局设计上都是经过科学合理的规划，符合当时的历史环境、自然和人文环境因素。下面是历史上几个非常著名的粮仓。

1. 西周——陇东粮仓

平凉、庆阳习惯上称为陇东，是我国农业兴起最早的地区之一，也是周朝先人开基立业的肇兴之地。陇东的仓库分为两类，一类建于地面，如方形的仓、圆形的仓；另一类利用窖洞作为粮仓，通过对窖洞进行处理，直接将粮食堆放于地下或在窖洞里用芦苇编成的席囤储粮食。

2. 秦汉——敖仓

秦汉开始实施漕运，当时最主要的问题就是如何运东方的粮食以充实咸阳。从全局来看，最重要的转运中心在中原，因此，秦建成全国最大的粮仓——敖仓于成皋。这个粮仓实行统一配送，已经有了物流中心的影子了。

3. 隋唐——洛口仓和含嘉仓

（1）洛口仓

隋唐时期兴建大运河，使位于大运河庞大水运网三岔口的洛口瞬间有了举足轻重的地位。洛口仓筑有仓城，周围二十余里，“穿三千窖，每窖容八千石”，“置监管并镇兵千人守卫”。全仓储米约有 2 400 万石，是隋朝最大的一个粮仓，也是大运河最大、最重要的物流中心。

（2）含嘉仓

唐朝前期，洛口仓虽然仍是重要粮仓，但其地位逐渐被含嘉仓取代。含嘉仓不仅是洛阳粮仓，还起着关东和关中漕米转运站的作用。唐朝规定东都洛阳以东的税米先集中在含嘉仓，再陆运至陕州，循河、渭入长安。新兴的含嘉仓因此成为全国最大的粮仓。含嘉仓东西长 612 m，南北长约 710 m。仓城内东西成行，密集排列着 400 多个粮窖，含嘉仓是地下仓，是窖藏粮食，位于今洛阳老城区北侧。

（资料来源：张庆英. 物流案例分析与实践［M］. 北京：电子工业出版社，2010）

阅读以上案例，请思考仓库选址的重要性。

仓库既是物流网络的节点，也是物流的节点。仓库坐落的地理位置是否科学、内部空间布局是否合理，对宏观社会的物流效率、微观企业的仓储作业效率和作业质量等，都将产生直接而深远的影响。

2.1 仓库的基本知识

2.1.1 仓库的基本概念

仓库是保管、储存物品的建筑物和场所的总称。从字面理解，仓库似乎只是一个空间概念，但我们这里要讲的仓库并不是单独的建筑物或场所，而是指包括各种设备和设施、能够完成指定任务，并为所有者或客户提供各种综合服务的一个系统，是从事储存、包装、分拣、流通加工、配送等物流作业活动的物流节点。

2.1.2 仓库的功能和分类

1. 仓库的功能

随着社会生产力的发展和人们对物流认识的提高，仓库的功能越来越多，现代仓库具有储存保管、流通加工、中转、信息传递、信用担保、现货交易等功能。

（1）储存保管功能

现代社会生产的一个重要特征就是专业化和规模化生产，劳动生产率极高，产量巨大，绝大多数产品都不能被及时消费，需要经过仓储手段进行储存，这样才能避免生产过程堵塞，保证生产过程继续进行。另一方面，对于生产过程来说，适当的原材料、半成品的储存，可以防止因缺货造成的生产停顿；而对于销售过程来说，储存尤其是季节性储存可以为企业的市场营销创造良机，适当的储存是市场营销的一种战略，能够为特别商品的市场营销需求提供缓冲和有力的支持。

产品在消费前必须保持其使用价值，否则将会被废弃。这项任务就需要由仓库来承担，即在仓储过程中对产品进行保护、管理，防止其损坏而丧失价值。

（2）流通加工功能

保管物在保管期间，保管人根据存货人或客户的需求，一要对保管物的外观、形状、成分构成、尺度等进行加工，如对保鲜、保质要求较高的水产品、肉产品、蛋产品等食品，可进行冷冻、防腐等加工；对金属材料可进行喷漆、涂防锈油等防锈蚀加工。二要为适应多样化进行加工，如对钢材卷板的舒展、剪切加工；对平板玻璃的开片加工；将木材改制成方材、板材等。三要为使消费者方便、省力进行加工，如将木材直接加工成各种型材，可供消费者直接使用；将水泥制成混凝土拌和料，只需稍加搅拌即可使用等。四要为提高产品利用率进行加工，如对钢材、木材集中下料，搭配套材减少边角余料，可节省原材料成本和费用。五要便于衔接不同的运输方式，使物流更加合理进行加工，如散装水泥的中转仓库要担负起散装水泥装袋的流通加工及将大规模散装转化为小规模散装的任务等。六要为实现配送进行流通加工，仓库为实现配送活动，满足客户对物品的供应数量、供应构成的要求，可对配送的物品进行各种加工活动，如拆整为零，定量配备等；把沙子、水泥等各种材料按比例要求装入水泥搅拌车可旋转的罐中，在配送的途中进行搅拌，到达施工现场后，混凝土已经拌好，可直接投入使用。

（3）中转功能

中转功能主要分为整合功能和分类转运功能。

整合是仓储活动的一个经济功能。通过这种安排，仓库可以将来自多个制造企业的产品或原材料整合成一个单元，进行一票装运。其好处是有可能实现最低的运输成本，也可以减少由多个供应商向同一客户进行供货带来的拥挤和不便。为了有效地发挥仓储的整合功能，每一个制造企业都必须把仓库作为货运储备地点，或用作产品分类和组装的设施。这是因为，整合装运的最大好处是能够把来自不同制造商的小批量货物集中起来形成规模运输，使每一个客户都能享受到低于其单独运输成本的服务。

分类转运则是将来自制造商的组合订货分类或分割成个别订货，然后安排适当的运力运送给制造商指定的个别客户。仓库从多个制造商处运来整车的货物，在收到货物后，如果货物有标签，就按客户要求进行分类，如果没有标签，就按品种分类，然后货物不在仓库停留直接装到运输车辆上运往指定零售店。同时，由于货物不要求在仓库内进行储存，从而降低了仓库的搬运费用，最大限度地发挥了仓库装卸设备的功能。

（4）信息传递功能

任何产品的生产都必须满足社会的需要，都需要把握市场需求的动向，社会仓储产品的变化便是了解市场需求极为重要的途径。仓储量减少、周转量加大，表明社会需求旺盛；反之，则需求不足。厂家存货增加表明其产品需求减少、竞争力降低或生产规模不合适。仓储环节所获得的市场信息虽然比销售信息滞后，但更为准确和集中，且信息成本极低。现代企业生产特别重视仓储环节的信息反馈，将仓储量的变化作为决定生产的依据，现代物流管理也特别重视仓储信息的收集和反应。

（5）信用担保功能

尽管生产企业或商业企业的存货也具有一定的价值，理论上也可以进行抵押，但是由于银行难以对存货进行有效的监管，同时缺乏对存货市场价值的评估，因此，银行一般不愿意接受存货抵押借款的方式。这样，对于那些缺乏合适抵押品的企业，尽管其拥有大量的存货，却难以从银行获得贷款支持。大多数中小企业都存在这种尴尬的局面。而由仓库保管人出具的货物仓单是实物交易的凭证，可以作为对购买方提供的保证，仓单本身就可以作为融资工具，可以直接使用仓单进行质押。仓单融资实质是一种存货抵押融资方式，通过银行、仓储公司和企业的三方协议，引入专业仓储公司在融资过程中发挥监督保管抵押物、对抵押物进行价值评估、担保等作用，从而实现以企业存货仓单为抵押的融资方式。仓单融资适用于流通性较高的大宗货物，特别是具有一定国际市场规模的初级产品，如有色金属及原料、黑色金属及原料、煤炭、焦炭、橡胶、纸浆及大豆、玉米等农产品。任何特制的商品、专业机械设备、纺织服装、家电等产品，一般难以取得银行仓单融资的机会。

（6）现货交易功能

存货人要转让在仓库存放的商品时，购买人可以到仓库查验商品、取样化验，双方可以在仓库转让交割。国内诸多的批发交易市场，既是有商品存储功能的交易场所，也是有商品交易功能的仓储场所。众多具有便利交易条件的仓储都提供交易活动服务，甚至部分还会形成有影响的交易市场。近几年来我国大量的仓储式商店，就是仓储交易功能高度发展、仓储与商业密切结合的结果。

2. 仓库的种类

一个国家、一个地区、一个企业的物流系统中需要有各种各样的仓库，它们的结构形态各异，服务范围和对象也有较大的差别，仓库按不同的标准可进行不同的分类，一个企业或部门可根据自身的条件选择建设或租用不同类型的仓库。

（1）按使用范围分类

1）自用仓库，指生产或流通企业为本企业经营需要而修建的附属仓库，完全用于储存本企业的原材料、燃料、产成品等。

2）营业仓库，指一些企业专门为了经营储运业务而修建的仓库。

3）公用仓库，指由国家或某个主管部门修建的为社会服务的仓库，如机场、港口、铁路的货场、库房等仓库。

4）出口监管仓库，指经海关批准，在海关监管下存放按规定领取了出口货物许可证或批件，已对外买断结汇并向海关办完全部出口海关手续的货物专用仓库。

5）保税仓库，指经海关批准，在海关监管下专供存入未办理关税手续而入境或过境货物的场所。

（2）按保管物品的种类多少分类

1）综合库，指用于存入多种不同属性物品的仓库。

2）专业库，指用于存放一种或某一大类物品的仓库。

（3）按仓库保管条件分类

1）普通仓库，也称通用仓库，是指用于存储无特殊保管要求的物品的仓库。普通仓库的设备与库房建造比较简单，适用范围较广，这类仓库备有一般性的保管场所和设施，按照通用的货物装卸和搬运方法进行作业。在物资流通行业的仓库中，这种通用仓库所占的比重是最大的。

2）专用仓库，是指专门用于储存某一类物品的仓库。或因数量较多，或是由于物品本身的特殊性质，如对温度湿度有特殊要求，或易于对与之共同储存的物品产生不良的影响，因此，要专库储存。如金属材料、机电产品、食糖等都需要在专用仓库中储存。

3）特种仓库，是指用以储存具有特殊性能、要求特别保管条件物品的仓库，如危险品、石油、冷藏物品等。这类仓库必须配备防火、防爆、防虫等专门设备，其建筑构造、安全设施都与一般仓库不同。如冷冻货物仓库、石油仓库、化学危险品仓库等均属于特种仓库。

（4）按仓库是否封闭分类

1）封闭式仓库，俗称库房，封闭性强，便于库存物维护和保养，适宜存放对保管条件要求比较高的物品。

2）半封闭式仓库，俗称货棚，其保管条件不如库房，但出入库作业比较方便，且建造成本低，适宜存放对温度、湿度要求不高且出入库频繁的物品。

3）露天式仓库，俗称货场，其最大优点是装卸作业极其方便。

（5）按建筑结构分类

1）平房仓库，其构造比较简单，建筑费用便宜，人工操作比较方便。

2）楼房仓库，是指两层以上的仓库，它可以减少土地占用面积，进出库作业可采用机械化或半机械化。

3）高层货架仓库，在作业方面，此类仓库主要使用电子计算机控制，能实现机械化和自动化操作。

4）罐式仓库，其构造特殊，呈球形或柱形，主要用来储存石油、天然气和液体化工品等。

5）简易仓库，其构造简单、造价低廉，一般是在仓库不足而又不能及时建库的情况下采用的临时代用办法，包括一些固定的或活动的简易货棚等。

（6）按库内形态分类

1）地面型仓库，一般指单层地面库，多使用非货架型的保管设备。

2）货架型仓库，指采用多层货架保管的仓库，在货架上放着货物和托盘，货物和托盘可在货架上滑动。货架可分为固定货架和移动货架。

3）自动化立体仓库，指出入库用运送机械取出，用堆垛机等设备进行机械化自动化作业的高层货架仓库。

（7）按仓库功能分类

现代物流管理力求进货与发货同期化，使仓储管理从静态管理转变为动态管理，仓库功能也随之改变，这些新型仓库包括以下几种：

1）集货中心。将零星货物集中成批量货物称为集货。集货中心可设在生产点数量很多、每个生产点产量有限的地区。只要这一地区某些产品的总量达到一定水平，就可以设置这种有集货作用的物流据点。

2）分货中心。将大批量运到的货物分成批量较小的货物称为分货。分货中心是主要从事分货工作的物流据点。企业可采用大规模包装、集装货散装的方式将货物运到分货中心，然后按企业生产或销售的需要进行分装。利用分货中心可以降低运输费用。

3）转运中心。转运中心的主要工作是承担货物在不同运输方式间的转运。转运中心可以进行两种运输方式的转运，也可以进行多种运输方式的转运，根据运输方式的不同，有的称为卡车转运中心，有的称为火车转运中心，还有的称为综合转运中心。

4）加工中心。加工中心的主要工作是进行流通加工。设置在供应地的加工中心主要进行以物流为目的的加工，设置在消费地的加工中心主要进行以实现销售、强化服务为目的的加工。

5）储调中心。储调中心以储备为主要工作内容，其功能与传统仓库基本一致。

6）配送中心。配送中心是从事配送业务的物流场所或组织，它基本符合下列要求：主要面向社会服务，物流功能健全，信息网络完善，辐射范围大，少品种、大批量，存储、吞吐能力强，统一经营管理物流业务。

2.1.3 保税仓库

保税仓库是经海关批准，在海关监督下专供存放未办理关税手续而入境或过境货物的场所。保税仓库根据其在全国的发展情况不同，具体形式也有所不同，我国具体有以下几种形式的保税仓库：

（1）公共保税仓库。公共保税仓库是由国家财政部门审批，为了满足海关的监管要求而建立的，仓库的选址、建筑形式及经营管理都必须经过海关批准。它面向公众开放，任何人均有权使用，是最普遍的保税仓库的形式。

（2）专用保税仓库。专用保税仓库是由从事国际贸易的企业经海关批准后，自行建立的自营自用性质的保税仓库，仅限于储存本企业经营的保税货物，并大多设在其所属的区域内，海关监管比较宽松，手续简便。

（3）保税工厂。保税工厂是将整个工厂或部分车间置于海关的监管之下，专门从事来料加工装配、复出口等业务，海关对于这类生产性的保税工厂审批比较严格，对加工项目有严格的规定。

（4）海关监管仓库。海关监管仓库主要存放已经入境而无人提取的货物，或无证到货、单证不全、手续不齐，或违反海关规定，海关不予放行，需要监管保存、等候处理的货物，也可以储存已对外结汇成交，经海关批准暂不出境的货物。

保税仓库的储存范围主要包括：

（1）缓办纳税手续的进出口货物。主要包括为满足进口国工程、生产等需要预进口的货物，这些货物储存在保税仓库内，即需即提，并办理通关手续，剩余货物免税退回；也包括因市场变化，暂时无法决定去向的货物。

（2）需要做进口处理的货物。主要是指不适合在进口国销售，需要再包装或做其他加工处理，如符合要求即进行内销完税，否则退回或销往其他国家的货物。

（3）来料加工后复出口的货物。主要是指“两头在外”的公司实施的，将后期加工的货物放在保税仓库内进行，然后再出口的货物。

（4）不内销而过境转口的货物。若货物内销无望需转口，或在该地存放有利于转口，或无法直销往第三国需转口，便可存放于保税仓库内。

2.1.4　自动化立体仓库

自动化立体仓库是指采用高层货架存放货物，以巷道式堆垛起重机和出入库机械设备进行作业，由自动控制系统进行操纵的现代化仓库。

1. 自动化立体仓库的产生与发展

自动化立体仓库（AS/RS）最早应用于军事后勤领域，受到传统军事思想的影响，多采用平库。近几年随着信息技术的迅速发展，军事领域开始注重利用最新物流技术提高军事保障的速度和准确性，新建或改造的用于存储军需物资的仓库基本都采用自动化立体仓库。自动化立体仓库的范围逐步扩大，并得到传统优势行业的青睐。

1956年，美国建立了第一座自动化立体仓库，目的是为在军事上实现自动化搬运弹药，之后又成功运用在航空母舰上完成舰载机的换装，由于自动化立体仓库具有占地面积少、差错少、节省人力等优点，因此，大大提升了航空母舰战斗机群轮番战斗的能力。之后的50年里，随着冷战结束，东西方对立情绪减弱、国际贸易增加和全球化浪潮兴起，自动化立体仓库技术逐步有了民用化的趋势。整个20世纪60年代，美国建造了1 836座自动化立体仓库，其中大部分分布在以五大湖为核心的工业地带上。自动化立体仓库可靠性高，节省劳动力，零件容易维修更换，操作简单方便，工业生产中的生产物流成本下降，建设费用和土地资源得到了有效节约。因此，在美国各个地区都掀起了自动化立体仓库的热潮。

进入20世纪70年代以后，日本通过采用自动化立体仓库的建筑技术，首先在多火山地震地带建立起第一幢60层以上的高楼。之后，整个70年代，日本人在自动化技术和机器人技术的帮助下，先后建立了2 000多座自动化立体仓库，数量和整个欧洲的自动化立体仓库相当。这一举措有效节约了整个日本国内的劳动力和土地资源，为日本国内的物流系统现代化奠定了基础。

自动化立体仓库的出现是物流技术一个划时代的革新。它不仅彻底改变了仓储行业劳动密集型、效率低下的局面，而且大大扩展了仓库功能，使之从单纯的保管型向综合的流通型方向发展。自动化立体仓库使用高层货架储备货物，以巷道式堆垛起重机存取货物，并通过装卸搬运设备，自动进入仓库作业，具有普通仓库无可比拟的优越性。

2. 自动化立体仓库的组成

自动化立体仓库主要由高层货架、巷道式堆垛起重机、装卸堆垛机器人、电器与电子设备等组成，如图2-1所示。

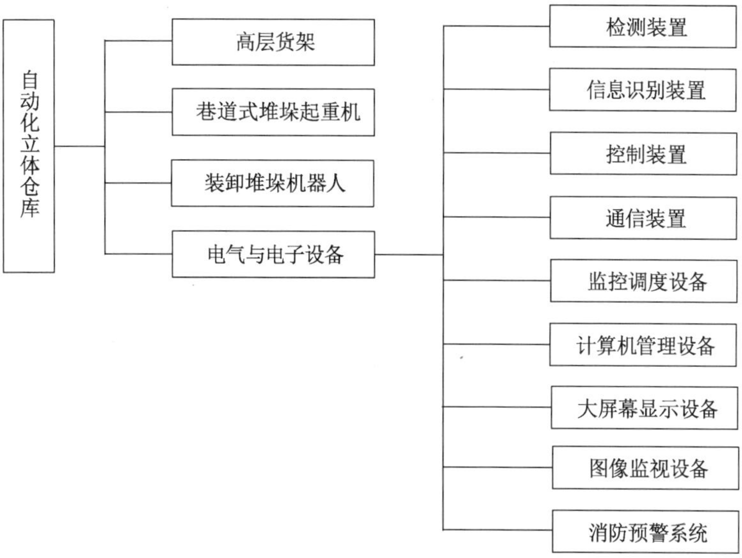

图2-1　自动化立体仓库的组成

（1）高层货架

高层货架是立体仓库的主要构筑物。货架的高度是自动化立体仓库的主要参数，直接决定了仓库的运营成本。自动化立体仓库的主要特征是货架密度高，高度和长度较大，排列较多，巷道较窄。典型的自动化立体仓库的高度多为10～30 m，少数会超过30 m，最高达40 m。按照高度可将仓库分为低层立体仓库（≤5 m）、中层立体仓库（5～12 m）和高层立体仓库（≥12 m）。国内现有的高层货架的高度多数为15～20 m，一般认为这一高度是比较经济的。

（2）巷道式堆垛起重机

巷道式堆垛起重机是立体仓库中最重要的运输设备。它是随着立体仓库的出现而发展起来的专用起重机，主要用途是在高层货架的巷道内来回穿梭运行，将位于巷道口的货物存入货格，或者取出货格内的货物运送到巷道口。

（3）装卸堆垛机器人

工业机器人是典型的机电一体化高科技产品，自从20世纪50年代美国制造出第一台机器人以来，机器人技术及其产品快速发展，它对于提高生产自动化水平、劳动生产率和经济效益及保证产品质量、改善劳动条件等方面的作用日益显著。

（4）电气与电子设备

自动化仓库中的电气与电子设备主要是检测装置、信息识别装置、控制装置、通信装置、监控调度设备、计算机管理设备、大屏幕显示设备、图像监视设备及消防预警系统。

此外，还有一些特殊要求的自动化仓库。比如，储存冷冻食品的立体仓库中，环境温度要进行检测和控制；储存感光材料的立体仓库，要使整个仓库内部完全黑暗，以免感光材料失效而造成产品报废；储存某些食品的立体仓库，对仓库的温度、气压等均有一定要求，因此，需特殊处理。

3. 自动化立体仓库的功能

自动化立体仓库的功能一般包括自动收货、存货、取货、发货和信息处理等。

（1）收货

收货是指仓库从供应方接收各种产品、材料、半成品，收存入库的过程。收货时需要站台或场地供运输车辆停靠，需要升降平台作为站台和载货车辆之间的过桥，需要装卸机械完成装卸作业。卸货时需要检查货物的品质和数量及货物的完好状态，确认完好后方能入库存放。一般的自动化立体仓库从货物卸载经查验进入自动系统的接货设备开始，其信息便已输入计算机，生成管理信息，由自动控制系统进行货物入库的自动操作。

（2）存货

存货是指自动化系统将货物存放到规定的位置，一般是放在高层货架上。存货之前首先要确定存货的位置。某些情况下可以采取分区固定存放的原则，即按货物的种类、大小、包装形式来实行分区存放。随着移动货架和自动识别技术的发展，已经可以做到随意存放，既能提高仓库的利用率，又可以节约存取时间。

（3）取货

取货是指自动化系统根据需求从库房货架上取出所需货物。取货可以有不同的取货原则，通常采用的是先进先出原则，即在出库时，先存入的货物先被取出。对某些自动化立体仓库来说，必须能够随时存取任意货位的货物，这种存取货物要求搬运设备和地点频繁更换。

（4）发货

发货是指取出的货物按照严格的要求发往用户。根据服务对象不同，有的仓库只向单一用户发货，有的则需要向多个用户发货。发货时需要配货，即根据使用要求对货物进行配套供应。

（5）信息处理

信息处理是指能随时查询仓库的有关信息和伴随各种作业产生的信息报表单据。在自动化立体仓库中可以随时查询库存信息、作业信息及其他相关信息。这种查询有的可以在仓库内进行，有的可以在其他部门或分厂进行。

4. 自动化立体仓库的优势与劣势

（1）自动化立体仓库的优势

1）节约空间和劳动力。采用自动化的立体仓库，可以充分利用空间。自动化立体仓库是现代仓储的一个重要组成部分，采用多层存放货物的高架仓库系统，与平库相比可以节约将近70%的占地面积。据国际仓库自动化会议资料，以库存1万托盘、月吞吐1万托盘的冷库为例，自动化立体仓库与普通仓库相比：用地面积节约13%、工作人员减少21.9%、单位面积储量为普通仓库的4~7倍。

2）提高仓储管理水平，减少货损，优化、降低库存，缩短周转期和节约资金。自动化立体仓库系统由货架、堆垛机、出入库输送机、自动控制系统与管理信息系统等构成，能按照指令自动完成货物的存取作业，并对仓库的货物进行自动化管理，使物料搬运更加合理。采用货架存储，结合计算机管理，能够实现先入先出、发陈储新的出入库原则，防止货物自然老化、变质、生锈等现象的出现，从而实现机械化、自动化，并提高仓库的管理水平。

3）降低对人工的依赖，特别是降低特殊仓储环境中的人力资源成本。由于采用了自动化技术，自动化仓储能适应黑暗、有毒、低温等特殊场合的需要。

（2）自动化立体仓库的劣势

自动化立体仓库也有其固有的劣势，使得自动化立体仓库的应用受到一定的限制。

1）投资较大，建设周期长。自动化立体仓库需要很高的资金投入和安装建设费用。这就要求对过去和未来3~5年中仓库的吞吐量、仓库容量、订单货物的类别等要素进行分析，还要对设备进行性能评估和选择，这些都需要很长的时间周期和很大的人力、物力、时间投入。

2）物资吞吐量和种类固定。当一个自动化的仓库按照计划建设完成之后，仓库的类型、物资的吞吐量和仓库的容量就固定了下来，这时如果外部的因素突然发生变化，仓库则会缺乏相应的应变能力。

2.1.5 特种仓库

1. 危险品库

（1）危险品的概念

危险品是指在流通中，由于本身具有的燃烧、爆炸、腐蚀、毒性及放射性等特性，或因摩擦、振动、撞击、曝晒、温度和湿度等外界因素的影响，能够发生燃烧、爆炸或使人中毒、表皮灼伤，以及危及生命、造成财产损失等危险性的商品。由于危险品在运输、装卸和储存过程中容易造成人身伤亡和财产损失，因此，需要特别防护。

危险品根据其特性可分为爆炸品、压缩气体和液化气体、易燃液体、易燃固体、自燃物品、遇湿易燃物品、氧化剂和有机过氧化剂、有毒品、放射性物品，以及未经彻底清洗的装过危险品的容器和包装物。

（2）危险品库及分类

危险品库是指储存和保管危险品的场所。根据隶属和使用性质可将危险品库分为甲、乙两类，甲类是商业仓储业、交通运输业、物资管理部门的危险品库；乙类为企业自用的危险品库。其中甲类危险品库储量大、品种多，所以危险性更大。根据规模可将危险品库分为三类：面积大于9 000 m^2 的为大型危险品库；面积550～9 000 m^2 的为中型危险品库；550 m^2 以下的为小型危险品库。根据危险品库的结构形式又可将其分为地上危险品库、地下危险品库和半地下危险品库。

（3）危险品库的选址和结构

危险品库根据其危险性，在选址时应依据政府的总体市政布局，选择合适的建设地点，一般选择较为空旷的地区，远离居民区、供水地、主要交通干线、农田、河流、湖泊等，处于当地长年主风向的下风位。如必须建在市区内，大、中型的甲类仓库和大型乙类仓库与居民区和公共设施的间距应大于150 m，与企业、铁路干线的间距应大于100 m，与公路距离应大于50 m。库区大型库房间距应为20～40 m，小型库房间距应为10～40 m。易燃商品应放置在地势低洼处，桶装易燃液体应放在库内。

危险品库应根据危险品的种类、特性，采用妥善的建筑结构，并取得相应的许可，同时设置相应的监测、通风、防晒、调温、防火、灭火、防爆、泄压、防毒、中和、防潮、防雷、防静电、防腐、防渗漏和隔离等安全设施和设备。

（4）危险品库的管理

1）建立严格完善的管理制度

为保证危险品仓储的安全，仓库需要依据危险品管理的相关法律和法规，根据仓库的具体情况和所储存的危险品的特性，制定严格的危险品仓储管理制度和安全操作规程，并具体落实到责任人。仓库还要根据法规规定和管理部门的要求，履行登记、备案、报告的法律和行政义务。

2）严格出入库制度

危险品在入库时，仓库管理人员要严格把关，认真核查品名、标志，检查包装，清点数目，细致地做好登记，重点危险品要实行双人收发制度。而危险品在出库时，仓库管理人员除要认真核对品名、标志、数目外，还要认真登记提货人资料，详细记录危险品的流向。

3）恰当选择货位和堆垛

危险品的储存方式、数量必须符合国家的有关规定，选择合适的存放位置，妥善安排相应的通风、遮阳、防水、防湿、温控条件，根据危险品的性质和包装合理地确定堆放垛型和垛的大小，要有合理的间距，消防器材和配电箱周围禁止堆货或放置其他物品。

4）确保保管和装卸作业安全

在保管和装卸作业过程中，要严格遵守有关规定和操作规程，合理选用装卸器具，对包装不符合作业要求的要妥善处理再进行作业。保管人员要定期检查危险品品种、数量和相关设施，及时清扫库场，进行必要的消毒处理，严格限制闲杂人员进库。

5）要有周密的应急处理和废弃物处理措施

当危险品库遇到紧急情况时，要有应急处理措施和应急处理指挥人员，包括汇报情况、现场紧急处理、人员疏散、封锁现场、人员分工等。应急处理指挥人员要有相关的专业知识，能熟练掌握操作技能。仓库要定期组织员工开展应急情况演习，新员工上岗前要培训。

对于废弃的危险品及包装容器等，要有妥善的处置措施，如封存、销毁、中和、掩埋等无害化处理，不得遗留隐患。处置方案要到相关部门备案，并接受监督。剧毒危险品被盗、丢失、误用时，要立即向公安部门报告。

2. 冷库

冷库是指以机械制冷的方式，使库内保持一定的温度和湿度，以储存食品、工业原料、生物制品和药品等对温度和湿度有特殊要求的商品的仓库。

（1）冷库的分类

1）按储量和库容大小分类

① 大型冷库：储量在 1 000 t、库容在 1 000 m^3 以上。

② 中型冷库：储量为 500 ~ 1 000 t、库容为 500 ~ 1 000 m^3。

③ 小型冷库：储量在 500 t、库容在 500 m^3 以下。

2）按用途分类

① 生产性冷库。生产性冷库是生产企业在产品生产过程中的一个环节，冷库设在企业内部，用于储存半成品或成品，如肉类生产企业、制药企业内设置的冷库。这类冷库只对产品或半成品作短期储存，就进入下一工序或出厂，储存的对象一般是零进整出。仓库的规模要结合生产能力和运输能力来确定。生产性冷库应建在货源地。

② 流通性冷库。在商品流通过程中，为了保持市场供应的连续性或降低成本，往往需要将商品冷却或冷冻保存一段时间，为此要建立能使商品保持一定温度和湿度的冷库。这类仓库一般建在大中型城市、交通枢纽、人口众多和商品集中的地区，仓库的储量比较大，当商品从生产企业出来后，运抵仓库进行储存，然后以批发的形式进入市场。

③ 综合性冷库。综合性冷库是企业将生产和流通连在一起，当产品生产出来之后，通过冷库进行冷却或冷冻，然后进行流通。商品的进出比较频繁，适用于在当地生产、

当地消费的商品，如冷饮等。

3）按温度分类

① 结冻冷库：温度控制在 -25 ℃以下，主要用于鲜品冷藏前的快速冻结。

② 低温冷库：温度控制在 -20 ~ -10 ℃左右，主要适用于冻结后的水产、肉类食品的冷藏。

③ 中温冷库：温度控制在 -10 ~ -5 ℃左右，主要适用于冻结后的食品冷藏。

④ 高温冷库：温度控制在 -5 ~5 ℃左右，主要适用于水果蔬菜类的保存。

（2）冷库的结构

冷库主要由以下几个部分组成：

1）冷却间。冷却间是商品的预冷加工车间，可以避免高温货物吸冷造成冷冻或令冷藏库房温度升高，影响其他冷货。

2）结冻间。结冻间是对商品（如肉类、禽类）进行冷冻加工的车间，冷却商品经冷冻后才可进入冷冻库房，进行储存。

3）冷藏库房。冷藏库房用于储存冷却商品（如水果、蔬菜等），温度一般保持在0℃左右，不允许温湿度有太大幅度的波动，同时为满足果菜类商品的呼吸要求，还应安装换气装置。

4）冷冻库房。冷冻库房用于储存冻结的商品，储存时间较长，温度一般在 -20℃以下，湿度在95%左右，同时保持微风循环，以减少含水商品的失水。

5）压缩机房和配电室。压缩机房是冷库的制冷中心，在选择压缩机时，小型冷库应选择全封闭压缩机，功率小，价格便宜；中型冷库一般选择半封闭压缩机；大型冷库可选择半封闭压缩机，也可选择氨制冷压缩机，因其功率大，可一机多用，但安装和管理比较麻烦。配电室是整个冷库的动力中心，应有较好的通风条件，以保证设备能及时散热，保证冷库正常运行。

（3）冷库的管理

1）冷库使用中应注意的事项

① 冷库应保证清洁、干燥，要责任到人，及时清除库内的冰、霜、水，库内严禁带水作业，没经过冷却的商品，不能直接进入冷冻库房。

② 冷库因其工作性质，要求保持制冷状态，否则就会造成损失，所以对其制冷系统（压缩机、冷凝器、节流阀、蒸发管等设备）要加强护养管理，保证完好率。同时，因其具有高压、易爆、有毒的特点，还应确保安全生产。

③ 要合理利用冷库的空间，合理设计商品的堆存方式，提高储存能力。商品应分类分区存放，防止相互污染变质。

④ 冷库要定时通风，对于不同的商品，要保证合适的温度和湿度。

2）建立严格的商品出入库制度

在商品出入库时，要认真清点商品的数量、品种，记录商品的生产日期、卫生状况、规格等，合理安排储存位置，先出库的要安排在库门附近以便减少出库时间，防止因开门时间过长，而使库内温度、湿度变化过大。在冷库内，商品要与地面、墙面隔离，防止因结冰使商品粘在地面或墙上。库区及搬运和称量工具要定期消毒，保管人员身体条件要符合卫生、防疫要求。

3）冷库安全

冷库保管人员要严格遵守冷库操作规程，防止冻伤；不能在库内工作太长时间，防止人员缺氧窒息，避免人员被封闭于库内；妥善使用设备，防止碰撞，以免降低保温、隔热性能，甚至造成容器、管道局部开裂、折断、跑氨等事故。

3. 粮库

粮食作为仓库最早的储存对象，因为关系国计民生，所以在封建社会，各朝各代都把粮食放到极其重要的位置，粮库建设和粮食储存都由专门的部门管理。粮库在社会发展中发挥着平抑粮价、赈灾备荒、战略储备等重要的职能。

（1）粮食储存的特性

1）呼吸性

农作物都有后熟的特性，成熟后呼吸作用仍在继续，新陈代谢旺盛，易发热、生霉。后熟完成后，可改善原粮品质，提高储藏的稳定性。

2）吸附性和吸湿性

粮粒是一个具有多孔毛细管的胶体。实验表明，粮粒内部的大、小毛细管的内壁都是吸附蒸汽或气体的有效表面，这种有效表面的总和，大约是粮粒外部表面总和的20万倍，经测定，每克粮食的活性表面为200～500 m^2，由此可见，粮食吸附气体和蒸汽的能力是很强的。粮食对气体和蒸汽的这种吸附作用称为粮食的吸附性，粮食从空气中吸附水蒸气的作用就称为吸湿性。原粮在入库时皮薄，无外壳保护，组织松软，吸水能力强，易引起发热、霉变或生芽。遇高温收获季节，虽有利于干燥入库，但易吸湿，因此，应做好入库前和储藏期的防潮工作。

3）易受虫害

粮食在离开农作物之后，没有外壳保护，皮层较薄，组织松软，抗虫性差、染虫率高。比如，小麦在成熟、收获、入库时正值高温、高湿季节，非常适合害虫繁殖和生长。这时，从田间到晒场及仓库的各个环节中，都有感染害虫的可能，一旦感染，害虫就会很快繁殖蔓延，使小麦遭受重大损失。

4）散落流动性

粮食呈颗粒状，且形状不规则，比重较大，颗粒群体构成的粮堆具有流动性，容易变形，这种特性叫作散落流动性。

5）粉尘爆炸性

粮食在清理与输送过程中产生的粉尘与空气混合，形成混合气体，遇火时容易发生爆炸，这种性质就是粉尘爆炸性。爆炸点取决于粉尘与空气的混合比例、颗粒大小、空气温度和粮食的品种等因素。

（2）粮库的分类

1）根据储藏方式分类

① 散装粮库。粮食堆存仓内，不需用装具，可直接靠墙堆放，此种墙能承受一定的粮食侧压力，较为厚实坚固，可兼做包装储粮用。

② 包装粮库。粮食堆存在仓内时，必须利用装具，成为包装形式，堆垛与墙身不直接接触，在设计时不考虑粮食对墙身的侧压力，不能做散装之用。

2）根据粮库用途分类

① 储备型粮库。这是我国于1999年由国务院对粮食储备制度进行改革而设置的，对储备粮库实行中央垂直管理，以应付严重自然灾害、战争等特殊情况，储备量、流通量都有严格的比例，品种结构和吞吐量亦有科学的标准，从而进一步完善了储备粮的吞吐调节机制。粮食的储量比较大，但流通性不强，储粮资金全部由国家拨付。此类粮库大多建在粮食主产区。

② 流通型粮库。为建立完善的粮食市场体系，我国在改革粮食供销体制后，严格区分了粮库的职能，将流通型粮库完全放到市场之中，成为粮食流通中的一个环节。粮库本身就是粮食加工企业，同时为适应市场，也会起到市场调控功能。粮食储量依据企业的储存加工能力和市场情况来定，这类粮库多建在粮食集散地或大中型城市。

③ 自用粮库或中转粮库。这类粮库主要设在以粮食为原料的企业，如酿酒、饲料等企业，通常储量不大，粮食在库内只作短期储存，然后就进入加工车间；或者粮食在此进行短期储存后就进入储备粮库或粮食加工企业。

3）其他分类方式

根据结构形式的不同可分为房式仓、楼房仓、立筒仓（包括钢筋混凝土筒仓、钢板仓和砖筒仓）和地下仓等。

根据仓内能保持的温度分为低温仓（15 ℃以下）、准低温仓（16～20 ℃）、准常温仓（21～25 ℃）及常温仓（25 ℃以上）。

（3）粮库的管理

1）保持干净无污染。在入库前，应对仓库、工具、器材等进行清洗、消毒、预热。粮库要保持干净、无污染，并定期进行消毒处理。

2）控制水分，保持干燥。为了对粮食进行长期储藏，提高贮粮的稳定性，必须控制粮食的含水量，维持低氧状态，保持库内干燥、通风。在储存粮种时应按品种、质量等分类，挂牌进行堆放，建立档案资料，不允许与其他物品混放。

3）控制温度，防止霉变。粮食入库后要经常检查温度和湿度，对水源要专门管理，防止跑、冒、滴、漏。对出现的问题要及时处理，以免湿度过高发生霉变。对储存时间较长的粮食要定期翻晒。

4）防止虫鼠害。粮食干燥后，要趁热入仓库，及时覆盖密闭，防吸湿散热、害虫复苏等。维持一段时间的高温，可杀死幼虫、成虫及其蛹、卵。粮库封闭要严，防止鼠害。

5）粮库设备要经常维护，以免在使用时出现故障，影响储存工作正常进行。

2.2 仓库的选址

仓库的选址是指运用科学的方法决定仓库的地理位置，使之与企业的整体经营运作系统有机结合，以便有效、经济地达到企业的经营目的。

仓库选址包括两个层次：一是选位，即选择什么地区，沿海还是内地，南方还是北方等；二是定址，地区选定以后，具体选择在该地区的什么位置设置仓库，在已选定的地区内选定一片土地作为仓库的具体位置。仓库选址还要考虑以下两类情况：一是选择单一仓库的位置，二是选择多个仓库的位置。

对企业来说，仓库选址对企业的采购成本、服务成本、服务质量都有极大而长久的影响，其重要性显而易见。一旦选择不当，它所带来的不良后果不是通过建成后的加强和完善管理等其他措施可以弥补的。因此，在进行仓库选址时必须综合考虑多方因素的影响，慎重决策。

2.2.1 仓库选址的原则

仓库的最优选址与该仓库所属的企业类型有很大的关系。附属于工业企业的仓库的选址主要是为了追求成本最小化，而附属于物流企业的仓库一般都追求收益最大化或服务水平最优化。

大量成功的案例证明，在选址问题上，定性分析必须遵循以下原则。

1. 经济性原则

仓库选址时要充分考虑到经济因素的影响，建设初期的固定费用、投入运营后的变动费用都与选址有关。

2. 接近用户的原则

对于服务业，几乎无一例外都要遵循这一原则，许多企业将仓库建到服务区域附近，以降低运费、提高对客户需求的反应速度。

3. 协调性原则

仓库的选址要与该地区的整个物流网络系统相协调，否则将造成资源的浪费和设施的重复建设。

4. 战略性原则

仓库选址是一项战略性的经营管理活动，因此，要有战略意识。选址工作要考虑到企业服务对象的分布状况及未来发展，要考虑到市场的开拓。

2.2.2 仓库选址的因素

进行仓库选址决策时，需要考虑各种影响因素，在此基础上预选确定仓库地址，列出几个可供选择的可行方案，再利用某种评价方法，从这几个可行方案中确定最理想的仓库地址。影响仓库选址的因素主要有经济、环境和竞争因素等。

1. 经济因素

（1）宏观经济政策

在进行选址决策时，要充分考虑当地政府的政策法规等因素。有些地区的政府采取比较积极的政策，鼓励在经济开发区进行仓库建设，并在税收、资本等方面提供比较优惠的政策，这些地区的交通、通信、能源等方面的基础设施建设也比较便利。

（2）建设和运营成本

在进行选址决策时，还要仔细计算成本，成本的构成如下：

1）运输成本。合理选址，使运输距离最短，尽量减少运输过程的中间环节，可以使运输成本最低、服务最好。

2）原材料供应成本。企业对原材料的供应要求一般都比较严格，将仓库地址定位在原材料附近，不仅能够保证原材料的安全供应，而且能够降低运输费用，减少时间延迟，获得较低的采购成本。

3）劳工成本。无论是手工密集型还是技术密集型的仓库作业，都需要一定素质的人才。不同地区的劳资水平不尽相同，这些都是仓库选址决策时要考虑的因素。

4）建筑成本和土地成本。不同的仓库选址方案，在对土地的征用、建筑等方面的要求是不相同的，从而会产生不同的成本开支。因此，在仓库的选址过程中，应尽量避免占用农业用地和环保用地。

2. 环境因素

（1）地理因素

1）地质条件。根据仓库对地基的一般要求，应选择地基坚实、平坦、干燥的地点，其用地应选择承载力较高的地基。因此，仓库地点的选择必须远离有不良地质现象或地质构造不稳定的地段。

2）水文地质条件。在沿江河地区选择仓库建筑地址时，要调查和掌握有关的水文资料，特别是汛期洪水最高水位等情况，防止洪水侵害。同时，在水文地质条件方面还要考虑地下水位的情况，水位过高的地方不宜作为工程基地。

3）气候因素。在仓库选址前应详细了解当地的自然气候环境条件，例如自然环境中的湿度、盐分、降雨量、风向、风力等。

（2）配套设施

1）交通运输条件。仓库应具有良好的交通运输条件，库址应选择靠近现有的水陆空交通运输线，对于大型仓库还应考虑铺设铁路专用线或建设专用水运码头。

2）水电供应条件。仓库应选择靠近水源、电源的地方，以保证方便和可靠的水电供应。要了解和掌握仓库供水系统及周围用水单位的情况，调查用水高峰期消防水源的保障程度，以防紧急情况下供水不足。

3. 竞争因素

（1）竞争对手因素

竞争对手的仓库选址对企业的选址工作也有一定的影响。竞争对手的竞争策略、竞争对手的实力、与竞争对手的差异等，都是企业在选址时要综合考虑的因素。

（2）服务水平

为了能够更好地服务客户，提高对客户需求的反应速度，许多企业都选择将仓库建立在服务区域附近。

2.2.3 仓库选址的步骤与方法

仓库的选址可分为两个步骤进行：第一步为分析阶段，具体包括需求分析、费用分析、约束条件分析；第二步为筛选及评价阶段，根据分析的情况，选定具体地点，并对所选地点进行评价。

1. 分析阶段

（1）需求分析

需求分析是指根据物流产业的发展战略和产业布局，对某一地区的顾客及潜在客户和供应商的分布情况进行分析，具体包括以下内容：

1）工厂到仓库的运输量。

2）向顾客配送的货物数量（客户需求）。

3）仓库预计的最大容量。

4）运输路线的最大业务量。

（2）费用分析

费用主要包括工厂到仓库之间的运输费、仓库到顾客之间的配送费、设施和土地有关的费用及人工费等。运输费和配送费一般会随着距离的变化而变动，设施费用、土地费用则是固定的，人工费根据业务量的大小而确定的。以上费用必须综合考虑，进行成本分析。

（3）约束条件分析

1）地理位置是否合适，是否靠近铁路货运站、港口、公路主干道，道路是否通畅，是否符合城市或地区的规划。

2）是否符合政府的产业布局，是否有法律制度约束。

3）地价情况。

2. 筛选及评价阶段

分析活动结束后，得出综合报告，根据分析结果在本地区内初选几个仓库地址，然后在初选的几个地址中进行评价，从而确定一个可行的地址，编写选址报告。

评价方法主要有量本利分析法、加权评分法和重心法三种。

（1）量本利分析法

任何选址方案都有一定的固定成本和可变成本，不同选址方案的成本和收入都会随仓库储量的变化而变化。利用量本利分析法，选择盈亏平衡时储量最小的方案为最优方案。

【例 2.1】 有一仓库初选址有 A，B，C 三个，A 址的固定成本为 500 万元，单位变动成本为 2.6 元，每储存一单位的货物收入为 3.8 元；B 址的固定成本为 450 万元，单位变动成本为 2.8 元，每储存一单位的货物收入为 3.8 元；C 址的固定成本为 560 万元，单位变动成本为 2.5 元，每储存一单位货物的收入为 4.0 元。试用量本利分析法进行选址。

解： A 址的总成本 = 500 + 2.6Q；A 址的总收入 = 3.8Q。

当盈亏平衡时，总成本 = 总收入，即

$$500 + 2.6Q = 3.8Q$$

求得 Q≈416.7，即 A 址盈亏平衡时的储量约为 416.7 万单位。

同理求得 B 址盈亏平衡时的储量约为 450 万单位；C 址盈亏平衡时的储量约为 373.3 万单位。所以应选择 C 址进行仓库建设。

（2）加权评分法

对影响选址的因素进行评分，把每一地址各因素的得分按权重累计，比较各地址的累计得分来判断各地址的优劣。步骤是：确定每一因素的权重；为每一因素确定统一的数值范围，并确定每一地址各因素的得分；累计各地址每一因素与权重相乘的和，得到各地址的总评分；选择总评分值最大的方案为最优方案。

【例 2.2】 某仓储企业需要确定新建仓库的具体位置，经初步比较，共有初选址 A，B，C 三个，进行选址时的影响因素有投资、交通便利性和能源供给等，对 3 个方案各因素目标值的满足程度进行评分如下：A 址投资为 90%，交通便利性为 60%，能源供给为 50%；B 址投资为 80%，交通便利性为 70%，能源供给为 60%；C 址投资为 50%，交通便利性为 90%，能源供给为 90%。由专家对各因素的重要性确定的加权系数（专家人数为 4 人，加权系数为 0～9）如表 2-1 所示。

表 2-1　专家对各要素的打分

	专家 1	专家 2	专家 3	专家 4
投资	5	8	2	7
交通便利性	6	6	9	7
能源供给	9	7	5	6

解： 投资目标值权重 = （5 + 8 + 2 + 7）/4 = 5.5

交通便利性目标值权重 = （6 + 6 + 9 + 7）/4 = 7

能源供给目标值权重 = （9 + 7 + 5 + 6）/4 = 6.75

各地址的总评分计算如下：

A 址总评分 =5.5 ×0.9 +7 ×0.6 +6.75 ×0.5 =12.525

B 址总评分 =5.5 ×0.8 +7 ×0.7 +6.75 ×0.6 =13.35

C 址总评分 =5.5 ×0.5 +7 ×0.9 +6.75 ×0.9 =15.125

所以方案 C 是最优的，即仓库建设的选址应该选择 C 址。

（3）重心法

重心法是一种建设单个仓库的方法，这种方法要考虑现有设施之间的距离和要运输的货运量。它经常用于中间仓库的选择。此方法利用地图确定仓库各点的位置，并将坐标重叠在地图上确定各点的位置。坐标设定后，计算重心。

选址确定后，还要撰写选址报告，选址报告的主要内容包括：

1）选址概述。扼要叙述选址的依据、原则，制订几个方案，选出一个最优方案。

2）选址要求及主要指标。应说明仓库作业的特点，完成仓储作业应满足的要求，列出主要指标，如库区占地面积、库区内各种建筑物的总面积、年仓储量和费用总量等。

3）仓库位置说明及平面图。说明库区的具体方位、外部环境，并画出区域位置图。

4）介绍地质、水文、气象情况，以及交通与通信条件。

5）介绍政府对物流产业的扶持力度。

2.3 仓库的布局

2.3.1 仓库布局的内涵

仓库布局的主要任务就是在保证货物储存要求的前提下合理地利用库房面积。在库房内不但要储存商品，还要能进行收货、分拣、补货、出货等其他作业。为了提高库房的储存能力，就必须尽可能增加储存空间和面积，而为了方便库内作业，又必须规划出适当的作业面积来满足作业要求。在库房面积有限的情况下，由于作业场地和作业通道占用，因此，就必须减少储存面积。在如何安排库房面积的问题上，商品储存与库内作业往往产生相互矛盾的要求。设法协调这两种不同的需要，保证库房面积得到充分的利用，成为库房合理布局所要解决的核心问题。

仓库布局要能够根据库区场地条件、仓库的作业性质和规模、商品储存要求及技术设备的使用性能和特点等因素，对仓库的建筑物、站台、货架、通道等设施和库内运输线路进行合理安排和配置，最大限度地提高仓库的储存和作业能力，并降低各项仓储作业费用。仓库布局是仓储业务和仓储管理的客观需要，其合理与否直接影响到仓库各项工作的效率和商品储存的安全。

仓库的布局主要包括仓库总平面布局、仓库作业区布局和仓库内部布局。

2.3.2 仓库总平面布局

仓库总平面布局包括：

（1）库区的总体布局，建筑物平面位置的确定；

（2）库区内运输线路规划；

（3）库区安全防护及保安；

（4）库区的绿化及环境保护；

（5）仓库内部的功能区域划分。

仓库总平面一般可以划分为仓储作业区、辅助作业区、行政生活区、库内道路、停车场和绿化区等。仓储作业区是仓库的主体，仓库的主要业务和商品的保管、检验、包装、分类、整理等都在这个区域里进行。仓储作业区的主要建筑物和构筑物包括库房、货场、站台及加工、整理、包装场所等。图 2-2 所示为一个简单的仓库平面布局图。

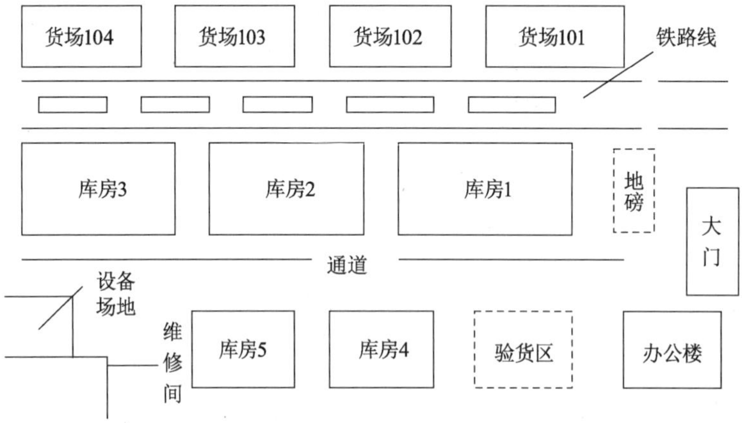

图 2-2 仓库平面布局图

在辅助作业区内进行的活动是为主要业务提供各项服务的，例如设备维修、充电、加工制造、各种物料和机械的存放、垃圾处理等。辅助作业区的主要建筑物包括维修加工及动力车间、车库、工具设备库、物料库等。

行政生活区由办公室和生活场所组成，具体包括办公楼、警卫室、化验室、宿舍和食堂等。行政生活区一般规划在仓库的主要出入口处并与作业区用隔墙隔开，这样既方便工作人员与作业区联系，又能避免非作业人员对仓库生产作业的影响和干扰。另外，如果作业区内来往人员过杂也不利于仓库的安全保卫工作。

在布局各区域时，要遵照相应的法律法规并使不同区域所占面积与仓库总面积保持适当的比例。商品储存的规模决定了主要作业场所规模的大小，同时，仓库的主要作业的规模又决定了各种辅助设施和行政生活场所的大小。各区域的比例必须与仓库的基本职能相适应，以保证商品的接收、发运和储存。保管场所尽可能占最大比例，进而提高仓库的利用率。

在仓库总平面中需要规划有库内运输道路。商品出入库和库内搬运要求与库内外交通运输线相衔接，并与库内各个区域有效连接。仓库内交通运输网布置得是否合理，对于仓库组织仓储作业和有效利用仓库面积都有着很大的影响。

道路运输的配置应符合仓库各项业务的要求，方便商品入库储存和出库发运，还应适应仓库各种机械设备的使用特点，方便装卸、装运运输等作业操作。库内道路的规划必须与库房、货场和其他作业场地的配置相互配合，减少各个作业环节之间的重复装卸、搬运，避免库内迂回运输。各个库房、货场要标有明确的进出、往返路线，避免作业过程中相互干扰和交叉，防止因交通堵塞影响仓库作业。

在进行仓库总平面布局时应满足如下要求：

（1）遵守各种建筑及设施规划的法律法规；

（2）满足仓库作业流畅性要求，避免重复搬运和迂回运输；

（3）保证商品的储存安全；

（4）保证作业安全；

（5）最大限度地利用仓库面积；

（6）最大限度地利用仓库设施和机械设备；

（7）符合安全保卫和消防工作的要求；

（8）考虑仓库扩建的要求。

2.3.3　仓库作业区布局

仓库中的作业包括从入库到出库要经过的一系列业务环节。在这个过程中，仓库的每项业务都有其不同的内容，各项仓储作业都要按一定的程序进行。为了保证仓库各个作业环节形成合理的相互联系，使商品有次序地经过装卸、搬运、检验、储存保管、拣选、包装、加工、运输等环节而完成整个仓储过程，就必须进行仓库作业区的合理布局。

1. 仓库作业区布局应考虑的因素

1）仓库特性。不同类型的仓库对作业区布局有不同的要求。例如，冷库要求作业区要紧凑，制冷机房与库房间要有一定的距离；化工品库房要求要有严格的隔离区，对通风、防潮、防火有严格的规定。

2）商品吞吐量。在仓储作业区内，各个库房、货场储存的商品品种和数量不同，且不同商品的周转速度也不同，这些都直接影响库房的出入库作业量。在进行作业区布局时应根据各个库房和货场的吞吐量确定它们在作业区内的位置。对于吞吐量较大的库房，应使它们尽可能靠近铁路专用线或库内运输干线，以缩短搬运和运输距离。

3）库内道路。库内道路的配置与仓库主要建筑设施的规划是相互联系、相互影响的。在进行库房、货场和其他作业场地布局时就应该考虑作业场地和道路的配置，尽可能减少运输作业的混杂、交叉和迂回。另外，在布置时还应根据具体要求合理确定干、支线的配置，确定道路的宽度，最大限度减少道路的占地面积。

4）仓库作业流程。仓库作业流程是布局库房的重要考虑因素。简单的储存型库房，布局起来比较简单；综合性的物流中心则需要完成繁杂的库房作业，包括接货、检验、分拣、再包装、简单加工、配货、出库等作业环节。为了以最少的人力、物力和最短的时间完成各项作业，就必须按照各个环节之间的内在联系对作业场地进行合理布局，使作业环节之间密切衔接、环环相扣。

2. 仓库作业区布局的基本任务

1）减少运输和搬运的距离，力求使用最短的作业路线。由于整个仓库业务过程始终贯穿着商品、设备和人员的运动，因此，合理布置作业场地可以减少设备和人员在各个设施之间的运动距离，节省作业费用。

2）有效利用时间。不合理的布局必然造成人员设备的无效作业，增加额外的工作量，从而延长作业时间。合理的布局可以避免阻塞等原因造成的作业中断，并且方便作业，减少各个环节中人员和设备的闲置时间。这些都有利于缩短作业时间，提高作业效率。

3）充分利用仓库面积。通过对不同布局方案进行比较和选择，减少仓库面积的浪费，使仓库布局紧凑、合理。

3. 仓库作业区布局的形式

在物流系统中，仓库的作用由储存朝着周转的方向变化。仓库中的主要作业成本也由储存发生成本向货品移动发生成本变化。因此，如何加快货品在仓库中的流动速度，减少流动环节，缩短移动距离，成为仓储管理努力的方向。

在仓库布局中优先考虑的原则是货品的快速移动原则。货品在仓库中移动时，要经过收货、批量存货（储存）、拣货和批量配货、出货（发货）四个步骤。

货品在仓库中的自然流动过程体现了以上四个步骤，在仓库布局时必须尽量缩短每个步骤之间的移动距离，使移动过程尽可能通畅连续。通常货品在仓库中的流动有直线型流动、U 型流动和 T 型流动三种方式，如图 2-3 至图 2-5 所示。

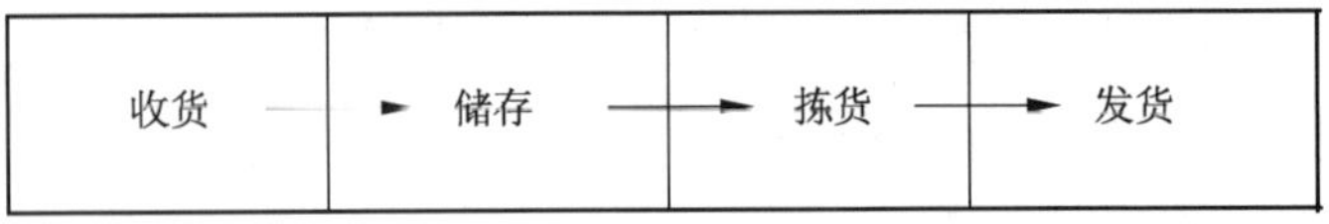

图 2-3　直线型流动

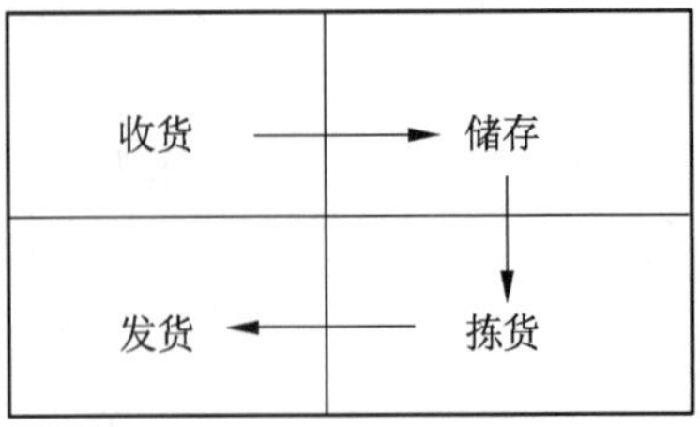

图 2-4　U 型流动

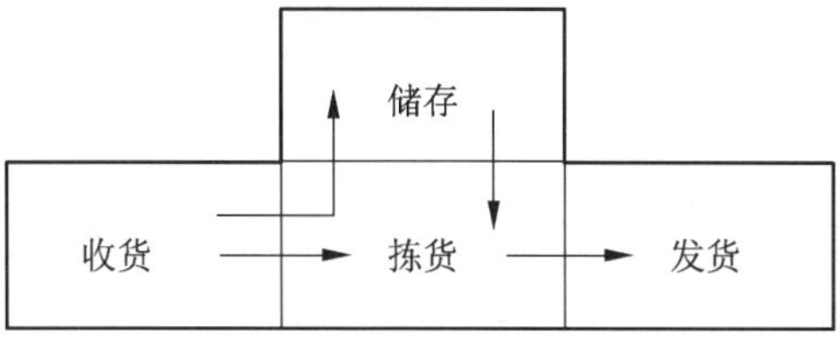

图 2-5　T 型流动

直线型流动的收货和发货区域建筑物的方向不同。它往往用于接收相邻近工厂的货物，或用不同类型的车辆来发货。直线型布局受环境和作业特性限制，比如中国北方不适于直线型库房，因为冬季容易形成穿堂风，影响作业。

U 型流动在建筑物一侧有相邻的收货站台和发货站台，并且具有以下特点：

1）站台可以根据需要作为收货站台或发货站台；

2）如有必要可以在建筑物的两个方向发展；

3）使用同一个通道供车辆出入；

4）易于控制和安全防范；

5）环境保护问题较小。

T 型流动是在直线型流动的基础上增加了存货区域的功能，它具有以下特点：

1）可以满足快速流转和储存功能；

2）可以根据需求增加储存面积；

3）仓库适用的范围更广。

4. 货品流动的原则

为了降低单件货品的流动距离，提高流动效率，一般会采取批量操作的做法，不到最后关头不拆散货物。因为整托盘操作比拆成单箱操作在成本上更加节省，更具有经济意义。在所有物货都必须频繁移动的仓库中，批量储存能使货物快速移动，也能减少库位不足的矛盾。

在仓库中，劳动力适用最多的地方是拣货作业区域，那里最容易出错，最容易影响服务水平，人员也最集中，所以关注货品流动速度时应该把重点放在那里。因此，仓库作业区布局时应注意以下几点：

1）快速流动的物品靠近拣货区；

2）拣货区域按货品流动速度区分；

3）拣货区域按货品订货发生频率区分。

2.3.4　仓库内部布局

仓库内部布局包括库房布局和通道布局。

1. 库房布局

一般库房布局是指仓库内库房和货场的设计。库房布局具体包括：

1）确定仓库形式和作业形式；

2）确定货位尺寸和库房总体尺寸；

3）物资堆码设计；

4）设备配置；

5）设计存取模式和管理模式；

6）建筑和公用工程设计。

2. 通道布局

通道布局是仓库布局中一项很重要的内容，通道的布局合理与否，将影响仓库作业和物流是否合理化，以及生产率能否提高。通道布局主要有仓库通道和库房通道布局。

（1）仓库通道

仓库通道是指出入库区的通道及库区内连接各库房、货场之间的通道。

1）有铁路专线的入库区。铁路专线的长度应根据出入库物资的数量和频度来确定，线路的宽度及两边的留量应根据铁路有关规定执行。

2）汽车通道。汽车通道应根据运输量、日出入库的车辆数量、机动车辆的载重量、车辆型号等布局道路的宽度、地面承载能力等。库区的出入口应按作业流程设置，以实现物流合理化。

（2）库房通道

库房一般都应设有纵向（或横向）进、出库的通道，大型库房还应同时设纵向和横向进、出库通道。在库房内，货位之间还应留有作业通道。通道的宽窄应根据装卸搬运机械的类型确定，同时应考虑对于库房面积的充分利用和各种作业的方便、安全。

汽车进库房，其通道宽度不应小于4 m，并应同时设有进、出口（不同道）通道。

叉车作业时，其最小作业宽度分别为：直叉平衡重式叉车为3.6 m，前移式叉车为2.7 m，插腿式叉车为2.1 m。

2.4 仓库仓储规划

2.4.1 仓库商品分区分类储存

1. 分区分类储存和专仓专储

分区分类储存商品，是仓库进行科学管理的一种方法。所谓分区，就是根据仓库的建筑、设备等条件把仓库划分为若干保管区，以满足商品分类储存的需要，即在一定的区域内合理储存一定种类的商品，以便集中保管和养护。所谓分类，就是根据仓储商品的自然属性、养护措施、消防方法等，将商品划分为若干类别，以便分门别类地将商品相对固定储存在某一货区内。仓库商品的分区分类储存是根据“四一致”的原则（性能一致、养护措施一致、作业手段一致、消防方法一致），把仓库划分为若干保管区域，把储存商品划分为若干类别，以便统一规划储存和保管。

商品的专仓专储，则是按储存商品的性能分类，一个库房专门储存一类商品，例如粮仓，是专门用于储存粮食的仓库；卷烟仓库，是专门储存各种卷烟的仓库；弹药库，是专门储存部队用的枪弹、炸药等军用危险品的仓库。这些商品本身具有特殊性质，不宜与其他商品混存，如危险品、毒品等一般要求专仓专储。此外，贵重商品，如照相机、电脑、金银饰品等，不仅要专储，还要指定专人保管。

2. 分区分类与专仓专储的区别

1）仓库的性质不同。采用分区分类储存商品的仓库，常为通用性仓库，其设施和设备适用于一般商品的储存、保养；而专仓专储的仓库，常为专用性仓库，其设施和设备往往只适用于某类商品的储存、保养，专用性较强。

2）储存商品的种类不同。采用分区分类储存方法的仓库，一般一个仓库内可同时储存若干类商品，其中大多数仓库是采用分类同区储存，即将仓库分成若干个储货区，而在同一储货区内，同时集中储存多种同类商品或性能互不影响、互不抵触的商品，如纺织品分类中的服装、床单、台布等；家电分类中的电视机、收音机、洗衣机、空调、微波炉等，可同时储存在一个货区内，便于分类集中保管和养护。而专仓专储则是一库只储存一类商品。

3）储存商品的数量不同。一般而言，分区分类方法适宜于多品种、小批量的商品储存，而专仓专储的方法适宜于少品种、大批量的商品储存。就同类同种商品的数量而言，分区分类储存商品的数量比用专仓专储方法储存的数量相对要少得多，因为专仓专储的商品往往都是大批量的。

4）储存商品的性质不同。分区分类储存的商品，特别是分类同区储存的商品，往往具有互容性，即同储在一个货区内，这些商品互相不会影响；而专仓专储商品的性质往往较为特殊，不宜与其他商品混存，否则将会产生不良影响，如串味、变质、失量等，卷烟、茶叶、酒、食糖、香料等一般不宜同存一库。

3. 分区分类储存的原则

（1）商品的自然属性、性能应一致

所谓商品的性能一致，是指不同商品之间具有互容性，即同储一个库区，不同商品间不会互相影响、互相串味、互相作用，以确保商品的储存环境和条件安全。凡同类商品，性质相近，又有连带消费性的，应尽量安排在同一库区、库位进行储存，如床上用品和睡衣、拖鞋可存放在同一库区。按照商品的自然属性，可把怕热、怕光、怕潮、怕冻、怕风等具有不同自然属性的商品分区分类储存。而对性质完全不同且互有影响、互不相容、不宜混存的商品，则必须严格分库存放，如化学危险品和一般商品、毒品和食品、互相串味的商品（茶叶和肥皂、酒和香烟）等，绝不能混杂存放在同一库房或同一库区内，必须采用分区分类的方法，将它们分开存放。固体精萘会升华成气体，能防虫、杀虫，但不宜与饼干、糕点等食品同储一库，会污染食品，但可与毛皮、毛料服装同存一个库区。羊毛等蛋白质纤维怕碱不怕酸，而棉纤维则怕酸不怕碱，在分区分类储存时，应注意将碱性商品与羊毛制品分开储存，将酸性商品同棉制品分开储存。碳化钙、磷化锌、碳化金属等一级遇水燃烧的商品，不能与酸、氧化剂同储一库，因为一旦相遇，即会发生燃烧或爆炸，后果不堪设想。

（2）商品的养护措施应一致

为了防止商品在储存期间发生物理机械变化、化学变化、生理生化变化及某些生物引起的变化，仓库保管人员必须采取一定的养护措施，如低温储藏养护、加热灭菌储藏养护、气调储存养护等。然而，不同的商品常因其性质各不相同，采用的养护方法也各不相同，如冻猪肉、冻鸡、冻鸭等商品，需要在低温冷藏（－15～－18℃）仓库内储藏养护，而苹果、生梨、蔬菜等商品，则需在常温冷藏（－2～5 ℃）仓库内储藏养护，因为这两类商品的养护措施各不相同，所以不能同储一个库区，必须分区分类储存。而对于养护措施相同的商品，则可以同储一个库区，如棉布与棉衣、被单、被套等。

（3）商品的作业手段应一致

同储一个库区的商品，如果体积大小相差悬殊，单位重量相差很大，则需要用不同的装卸搬运手段，所以不宜在同一库区存放。如海绵、泡沫塑料与大型重型机床不宜同库存放。为便于实现装卸搬运作业的专业化、机械化，应尽可能将作业手段相同的商品同储一库。

（4）商品的消防方法应一致

防火灭火方法不同的商品不应同库储存，必须分开，如油漆、橡胶制品燃烧时，需要用泡沫灭火器灭火；而精密仪器失火时，则用二氧化碳灭火器灭火，这两类商品就不宜混存在同一库区。爆炸品引起的火灾，主要用水扑救；而遇水分解的多卤化合物、氯磺酸、发烟硫酸等，绝不能用水灭火，只能用二氧化碳灭火器或干沙灭火器，因而灭火方式不同的商品，不能同储一个库区。对于消防方法相同的商品，则可以储存在同一库区，如小麦和玉米，灭火时主要用水，因此，可以同储一个库区。

仓库的分区分类必须遵循以上“四一致”的原则，统筹规划，把仓库划分为若干保管区域，把储存商品划分为若干类别，以便安全地、保质保量地分区分类储存和保管库存商品。

4. 仓库分区分类储存的方法

由于仓库的类型、规模、经营范围、用途各不相同，各种仓储商品的性质、养护方法也迥然不同，因此，分区分类储存的方法也有多种，需统筹兼顾，科学规划。

（1）按商品的种类和性质分区分类储存

按照商品的自然属性，把怕热、怕光、怕潮、怕冻、怕风等具有不同自然属性的商品分区分类储存。凡同类商品，性质相近，又有连带消费性的，可尽量安排在同一库区、库位进行储存，如床上用品和睡衣、拖鞋可存放在同一库区。性质完全不同且互有影响、互不相容、不宜混存的商品则必须严格分库存放。

(2) 按商品的危险性质分区分类储存

商品的危险性质主要是指易燃、易爆、易氧化、腐蚀性、毒害性、放射性等。仓库应根据商品的危险特性进行分区分类储存，以免发生相互接触，产生燃烧、爆炸、腐蚀、毒害等严重恶性事故。如化学危险品和一般商品、毒品和食品决不能混杂存放在同一库房或同一库区，必须严格分区分类存放。这种方法主要适用于特种仓库。

(3) 按商品的发运地分区分类储存

商品的储存期较短，并且吞吐量较大的中转仓库或待运仓库，可按商品的发往地区、运输方式、货主，进行分区分类储存。通常可先按运输方式分为公路、铁路、水路、航空，再按到达站、点、港的线路划分，最后按货主划分。这种分区分类方法虽不分商品的种类，但性能不相容、运价不同的商品，仍应分开存放。

(4) 按仓储作业的特点分区分类储存

超长的、较大的、笨重的商品，应与易碎的、易变形的商品分区存放；进出库频繁的商品，应存放在车辆进出方便、装卸搬运容易的近库门的库区，而储存期较长的商品，则应储存在库房深处或多层仓库的楼上。

(5) 按仓库的条件及商品的特性分区分类储存

一般情况下，怕热的商品应存放在地下室、低温仓库或阴凉通风的货棚内；负荷量较小的、轻型商品，可存放在楼上库房；负荷量较大、笨重的商品，应存放在底楼库房内；价值高的贵金属，如金银饰品等，须存放在顶楼库房；价值较低的一般金属制品，可存放在下层库房内。

2.4.2 储位的规划布局

1. 储位规划的必要性

物流配送中心的作业是一连串的“存”“取”动作的组合。随着需求向着小批量、多品种和时效性方向发展，储存作业中的货物流动频率、货物品种和数量迅速增加。据统计，仓库中的卸货、取货、分拣和装车环节的作业一般约占整个配送中心总作业时间的40%，而其余约60%的作业时间都是作业人员的行走耗时。考虑到劳动力成本在仓库的成本中占比较高及许多行走耗时是因为储位规划不合理，那么如何使“存”和“取”的动作快速而有效，做到“好存好取”，对储位进行有效的管理就非常必要。

储位规划管理是研究如何将仓库储位合理地安排以便最快地存放、提取货物，从而实现仓库货物搬运时间的最优化和空间利用率的最大化。

从上面的定义可以看出，优化货物搬运时间包括两个部分：最小化行走距离和最小化存放、提取货物时间。前者与货物在仓库中存放的位置有关，后者与货物存放在储位上的高低位置有关。优化仓库的储位规划方案，可以同时节约入库时的搬运时间和出库时的提货运送时间。合理的储位摆放方法是一种既能节省投资，又能理想地提高仓库效率的有效手段。

不但在仓库投入使用的初期需要进行储位规划，日常运作中也要经常性地再规划。储位调整是一种日常性的工作，仓储中心应当在问题积累严重之前就进行储位优化调整，避免陷入仓库空间不足的窘境。

2. 储位规划的基本原则

（1）储位明确化

每一种在仓储中心储放的货物都必须有明确的存放位置。因此，对货物储存区必须进行详细的规划区分，每一个储位都要编码。

（2）货物存放有效合理

把货物有效合理地存放至指定储位要经过精细的安排，储位安排常见的原则包括：

1）存取频率高的货物对应的存放储位要离收货区、发货区或仓库出口的距离尽量短，即考虑横向距离。

2）存取频率越低的货物存放的纵向相对位置越高；相反地，存取频率越高的货物存放的纵向相对位置越低，但最接近于最佳的纵向存放位置，一般是不需弯腰或上架的存取高度。

3）重量大的货物存放的储位纵向相对位置一般较低；相反地，重量小而体积大的货物存放的纵向相对位置要高一些。

4）需要专门存储环境的货物，要放在指定的库区，冷冻品要存于冷库，易燃易爆品要存于防爆库。

5）必须考虑到货物相关性，即一起出库的可能性较高的货物，最好置于相邻储位。

6）必须考虑货物的相容性。相容性低的货物绝不能储存在一起，以免损害品质，如烟、香皂和茶叶绝对不能放在一起。

7）对寿命周期短的产品，要遵循先入先出原则，即先入库的货物应先出库。比如，感光纸、胶卷、食品、药品等。

（3）储位上货物存放状况明了

当货物放入储位后，要对货物的数量、品种、存放位置、拣货取出、淘汰更新和损耗损伤情况进行详细的登记建账，做到货物与账务完全吻合。

3. 储位布局的主要形式

储存场所布局是将各种物资合理地布局到库房、物料棚或货场的某个具体位置。储存场所的合理布局对提高物资保管质量、充分利用仓储能力、加速物资收发、降低仓储费用等具有重要意义。储存场所布局分为平面布局和空间布局。

（1）平面布局

储存场所的平面布局是指在有效的平面上，对库房、物料棚、货场内的货垛、货架、通道、收发料区、垛间距、墙间距等进行合理的安排布局。在平面布局过程中，要注意正确处理相互之间的位置关系，必须考虑仓储业务的顺利进行，同时要确保最大限度地利用仓库面积。平面布局常见的形式有以下几种：

1）横列式。横列式是指货位、货架或货垛与库房的宽向平行排列布局。其特点是货垛整齐美观、存取盘点方便、通风采光良好，但仓容利用率较低。

2）纵列式。纵列式是指货位、货架或货垛与库房的宽向垂直排列布局。其特点是仓容利用率较高，主干道货位利于存放周转期短的物品，支干道货位则存放周转期长的物品。但不利于通风采光及机械化作业。

3）混合式。混合式是指使用横列式和纵列式在同一库房内混合布局货位或货架的一种形式。其兼有上述两种方式的特点，是最常用的一种方式。

4）倾斜式。倾斜式即货垛的长度方向与运输通道成一锐角（30°、45°或60°），具体可分为货垛倾斜和通道倾斜两种情况。倾斜式布局有一定的优点，但有较大的局限性，仅适用于单一品种、大批量、集装单元堆垛和利用叉车作业的场合。

露天货场货位的布局形式一般采取与货场的主作业通道成垂直方向排列，以便于装卸和搬运。

（2）空间布局

从有效利用仓储空间的角度出发，必须综合考虑储存场所的平面和高度两方面的因素，才能使仓储空间得到充分利用。储存场所的空间布局，就是库存物资在库房、物料棚和货场高度方向上的布局。空间布局通常有以下几种形式：

1）物资堆垛。物资堆垛是大批量物资的垂直布局形式，它是将物资的单位包装直接堆码到垛基上，层层堆码到一定高度。可利用原包装堆码或托盘和集装箱堆码。

2）利用货架。物资进行竖向布局的主要手段是利用各种货架，货架的类型和高度决定了竖向布局的形式和高度。有的物品利用原包装直接存入货架，有的可装入货箱或码到托盘上再存入货架，这样可以充分利用仓储空间，并利于迅速发货。

3）采用架上平台。在库房净空比较高、货架比较矮的情况下，可以采用架上平台的方式充分利用空间，在货架的顶部铺设一层承压板构成两层平台，这样可以在平台上直接堆放货物，也可排布货架。

4. 储位存储策略

良好的储存策略，可以减少出入库的移动距离，缩短作业时间，充分利用储存空间。常见的储存方法有以下几种：

1）定位储存。定位储存指每一项货物都有固定的储位。例如，有的货物要求控制温度储存条件，易燃易爆物必须存于一定高度并满足安全标准及防火条件的储位，按照管理要求某些货物必须分开存储，一般化学原料和药品必须分开存储，重要保护物品要有专门的储位。定位储存易于管理，搬运时间较少，但是需要较多的储存空间。

2）随机储存。随机储存是指每一个货物的储位不是固定的，而是随机产生的。这种方法的优点在于可以共同使用储位，最大限度地提高了储区空间的利用率。但是对货物的出入库管理及盘点工作带来了困难，特别是周转率高的货物可能被置于离出入口较远的储位，从而增加了出入库的搬运距离。

一个良好的储位系统中，采用随机储存能有效利用货架空间。通过模拟实验发现，随机储存比定位储存能节约35%的移动储存空间及增加30%的储存空间。随机储存适用于空间有限、货物品种少且体积小的情况。

3）分类储存。分类储存通常按照产品的相关性、流动性、尺寸和重量及产品特性来储存货物。

4）分类随机储存。这种方法是每一货物有固定的存放储区，在各类储区中，每个储位的指定是随机的。其优点在于吸收分类储存的部分优点，又可节省储位数量，提高储区利用率。

5）共同储存。这种方法是当确切知道各货物进出库的时间时，对于不同货物，只要相容，就可以共用相同的储位。这虽然在管理上会带来一定的困难，但是减少占用储位空间，缩短搬运时间，有一定的经济性。

2.4.3 仓库的储位管理

1. 储位管理的内涵及目标

现代仓储管理与传统仓储管理相比，更注重仓储的时效性，是一种动态的管理，更重视商品在拣货出库时的数量和位置变化，从而配合其他仓储作业。储位管理就是利用储位来使商品处于"被保管状态"并且能够明确显示所储存的位置，同时当商品的位置发生变化时能够准确记录，使管理者能够随时掌握商品的数量、位置和去向。仓储储位存在的意义是保证管理者可以随时控制货物的"状态"，即通过对储位的管理实现对物品的跟踪和控制，以达到在高效率高质量地保管货品的基础上有效掌握货品的去向及数量。

储位管理的重点已经从静态存储作业的"保管"向配送作业的"动管"转移。储位管理的目的就是辅助其他作业顺利进行，方便存取作业并掌握货品库存，提供其他作业进标的判断依据，而其最主要的辅助作业对象就是拣货作业。

一般而言，储位管理必须达到以下目标：

1）空间的最大化使用。

2）动力及设备的有效使用。

3）存货品特性的全盘考虑。即对储存货物的体积、重量、包装单位等品项规格及腐蚀性、温湿度条件、气味影响等物性要彻底了解，对货物按特性恰当储放。

4）做到所有品项皆能随时准备存取。

5）货品的有效移动。这一点尤其要注意，有效移动不光要有工作效率和经济效益，还在于对货品物理位置和时间位置的有效把握。在储区内进行的大部分活动是货品的搬运，需要多数的人力及设备来进行物品的搬进与搬出，因此人力与机械设备操作应达到经济和安全的程度。

6）货品品质的确保。因为储存的目的是保存货物直到被要求出货的时刻，所以在储存时必须保持在良好条件下，以确保货物品质。

2. 储位管理的要素

（1）储位空间

不同形态的仓储中心，其所重视的功能也不同，有的重视保管功能，有的重视分类配送功能。故在储位空间的考虑上，重视保管功能的主要考虑仓库保管空间的储位分配，重视分类配送的则主要考虑拣货动管及补货的储位配置。而在储位配置规划时，需要先确定储位空间，这就必须考虑到空间大小、柱子排列、梁下高度、走道、机器回旋半径等基本因素，再配合其他外在因素，方可做出完善的配置。

（2）物品

如何管理放置在储位空间中的物品？

1）必须考虑物品的影响因素。常见的物品影响因素包括以下几个方面：

① 供应商：即商品是别处供应而来，还是自己生产而来，有无自身的行业特性。

② 商品特性：即商品的体积大小、重量、单位、包装、周转率快慢、季节性分布、物理化学性质（腐蚀或溶化等）、温湿度要求、气味影响等。

③ 量的影响：如生产量、进货量、库存决策、安全库存量等。

④ 进货时效：如采购前置时间、采购作业特殊要求等。

⑤ 品项：如种类类别、规格大小等。

2）必须考虑如何摆放商品，摆放时要考虑的因素主要包括：

① 储位单位：储位的单位是单品、箱、还是栈板，且其有什么商品特性。

② 储位策略的决定：是定位储存、随机储存、分类储存，还是分类随机储存，或其他的分级、分区储存。

③ 储位指派原则的运用：靠近出口，以周转率为基础。

④ 商品相依需求性。

⑤ 商品特性。

⑥ 补货的方便性。

⑦ 单位在库时间。

⑧ 以订购概率为基础。

3）商品摆放好后，做好有效的在库管理，随时掌握库存状况，了解其品项、数量、位置、入出库状况等所有资料。

（3）人员

人员包括仓管人员、搬运人员、拣货和补货人员等。仓管人员负责管理及盘点作业，拣货人员负责拣货作业，补货人员负责补货作业，搬运人员负责入库、出库作业、翻堆作业。为实现商品先进先出、通风、避免气味混合等目的，存取搬运商品时，讲的是省时、有效率；而在照顾员工的条件下，讲的是省力。因此，要想达成存取效率高、省时、省力的目的，作业流程方面就必须合理化；储位配置及标示要简单、清楚，一目了然，且要好放、好拿、好找；作业流程中使用的表单要简单、统一且标准化。

（4）储放、搬运与输送设备

储放设备、搬运与输送设备，指若物品储放不是直接堆叠在地板上，则必须考虑相关的栈板、料架等；人员不是以手抱、捧物品时，则必须考虑使用输送机、笼车、堆高机等输送与搬运进备。

1）储放设备。储放设备应考虑商品特性、物品的单位、容器、栈板等商品的基本条件，再选择适当的设备配合使用。例如自动仓库设备，或固定料架等的选择使用。有了料架设备时，必须将其做标示、区隔，或颜色辨识管理等。若是在拣货作业，则应考虑电子辅助标签的应用。而出货、点货时，可考虑无线电传输设备的导入等。而后，将各储位及料架等做统一编码，以方便管理，编码原则必须简明易懂，容易作业。

2）搬运与输送设备。同储放设备相同，在选择搬运与输送设备时，应考虑商品特性、物品的单位、容器、栈板等因素，以及人员作业时的流程与状况，储位空间的配置等。当然还要考虑设备成本与人员使用操作的方便性。

（5）作业目标

作业目标是决策时的指导原则。常见的作业目标主要包括：

1）空间使用率高。

2）作业方便。

3）进出货效率高。

4）先进先出。

5）商品好管理。

6）盘点容易。

7）库存掌握无浪费。

8）配送快，无缺货。

（6）资金

所有考虑规划，最后仍需要归结到花费多少，是否超出预算能力。因此，投入成本及经济效益具有决定性的影响，不可不慎重。

综上所述，做储位管理时，要面面俱到，方能做到有效的管理。

3. 储位编号

储存定位就是对储物位置的确定，储存定性管理的前提条件是储位编号。所谓储位编号，就是按照一定的排列规则，采用统一标记对仓库储位编上顺序号码，并做出明显标志。如果定位系统有效，能大大节约寻找、存放、取出的时间，节约不少物化劳动及活劳动，而且能防止差错。储存定位既可以采取先进的计算机管理，也可采取一般的人工管理。

（1）储位编号的要求

在品种、数量很多且进出库频繁的仓库里，保管员必须准确掌握每批货物的存放位置。货位编号就好比货物在库的“住址”，在货位编号时，应根据不同仓库条件、货物类别和批量整零情况，做好货位划分及编号，以符合“标志明显易找、编排循规有序”的要求。

1）标志设置。货位编号的标志设置，要因地制定，采取适当方法，选择适当位置。例如：仓库标志，可在库门外挂牌；多层建筑库房的走道、支道、段位的标志，一般都放置在水泥或木板地坪上；存放粉末类、软性笨重类货物的库房，其标志也有印制在天花板上的；泥土地坪的简易货棚内的货位标志，可利用柱、墙、顶、梁刷置或悬挂标牌。

2）标志制作。目前，仓库货位编号的标志制作很不规范、统一，可谓五花八门。储位编号所用的代号和连接符号必须一致，每种代号的先后顺序必须固定，每个代号必须代表特定的位置。根据仓库的规模和经营状况，储位编号方法可以有所不同。例如有以甲、乙、丙、丁为标志的；有以 A、B、C、D 为标志的；也有以东、西、南、北为标志的。这样，很容易造成单据串库、货物错收、错发事故。若统一使用阿拉伯数字和字母制作货位编号标志，则可以有效避免以上弊端。

另外，制作库房、走道和支道的标志时，可在阿拉伯数字和字母外，辅以圆圈标示。可用不同直径的圆标示不同处的标志。例如，库房标志圆的直径为 24 cm；走道、支道标志圆的直径为 6 cm。走道、支道的标志还可以在圆圈上附加箭头指示标志。

3）编号顺序。仓库范围的库房、货棚、货场及库房内的走道、支道、段位的编号，基本上都以进门的方向按照左单右双或自左而右的规则进行。

4）段位间隔。段位间隔的宽窄，取决于储存货物批量的大小。

（2）储位编号的方法

储位编号应按照统一的规则和方法进行，根据仓库货位的多少、储存条件等具体情况和使用习惯而加以区别。

1）库房、货棚储位编号。对库房、货棚储位在编号时，应有明显区别，可加注“库”“棚”等字样，或加注“K”“P”等字样。若库房是多层的，首先要对多层库房进行编号，可采用三个数字号码表示，个位数表示仓间编号，十位数表示楼层编号，百位数表示仓库的编号，例如：352 号楼库，代表 3 号库、第 5 层、第 2 号仓间。库房或货棚内的储位编号，一般采用“四号定位”法，就是一个储位用 4 位号码表示。从左到右分别为：“库房和货棚”编号，用油漆写在库房或货棚大门口和货物入口处；“货区或货架”位置编号，顺序数码写在货位上方顶梁上或悬挂在顶梁上；“货区排次或货架层次”编号，写在货架或货垛上；“商品具体位置、顺序”编号，写在地面上或货架的货格上，或用标签插在商品的包装上。例如，有一商品存放在第 4 号库房、第 7 货区、第 5 排、第 6 货位上，它的储位编号就可写成 4－7－5－6。

储位编号要记入保管账、卡的“储位号”栏中，如果商品调整储位，账、卡号的储位号要同时调整，这样可以做到“见账知物”和“见物知账”。

2）货架货位编号。在以整件货物进出的仓库里，货架的作用主要是提高库房的高度利用率。货架的货位编号一般都是从属于段位编号，只需在段位末尾加注“上”字样，即可按位找货。

4. 商品编码

（1）商品编码的概念

商品编码，是指用一组有序的符号来表示分类体系中不同类商品的过程。在进货时，商品本身大部分已有商品代码及条码，但有时为了物流及存货管理，配合自身的物流作业信息系统，而将商品重新编一个商品代号及物流条码，以方便储存管理和系统运作，以及掌握商品的动向。

（2）商品编码的作用

1）增加商品资料的正确性，提高商品存储活动的工作效率；

2）可以利用电脑整理分析，节省人力、减少开支、降低成本；

3）记录正确可提供储存或拣取商品的核对，便于拣货及送货；

4）因统一编码，可以防止重复订购相同的商品，并能够削减存货；

5）可考虑选择作业的优先性，并达到商品先进先出的目的。

（3）商品编码的原则

1）唯一性。虽然同一个编码对象可以有很多不同的名称，也可以按不同的方式对其进行描述，但在一个分类编码标准体系中，每个编码对象只有一个代码，一个代码也只表示一个编码对象，即一个代码只代表一项商品。

2）简易性。代码结构应尽量简单，长度尽量短，以便于记忆，同时有利于节省机器存储空间、减少代码处理中的差错、提高信息处理效率。

3）完全性。每一种货物都用一种代码来表示，而且必须统一，有连贯性。

4）可扩充性。为将来可能增加的商品留有扩充编号的余地。

5）适应性。代码要尽可能反映商品的特点，易于记忆、暗示和联想。此外，代码还必须适应管理工作的具体需要。

（4）商品编码的方法

代码的种类很多，常见的有无含义代码和有含义代码。无含义代码通常可以采用顺序码和无序码来编排；有含义代码则通常是在对商品进行分类的基础上，采用序列顺序码、数值化字母顺序码、层次码、特征组合码及复合码等编排。不同的代码，其编码方法也不一样，在商品编码中，常见的方法有以下三种：

1）顺序码。顺序码又称流水编码法，即将阿拉伯数字或英文字母按顺序往下编码。其优点是代码简单，使用方便，易于延伸，对编码对象的顺序无任何特殊规定和要求。缺点是代码本身不会给出任何有关编码对象的其他信息。在物流管理中，顺序码常用于账号及发票编号等。也可用于少品种多批量配送中心的商品编码，但为使用方便，必须配合编号索引。

2）层次码。层次码是以编码对象的从属层次关系为排列顺序组成的代码。编码时，将代码分成若干层次，并与分类对象的分类层级相对应，代码自左至右表示的层级由高到低，代码的左端为最高位层级代码，右端为最低位层级代码，每个层级的代码可采用顺序或系列顺序码。层次码的优点是能明确表明分类对象的类别，有严格的隶属关系，代码结构简单，容量大，便于计算机统计。但其层次较多，代码位数较长。以层次码 1010050312 为例，其具体含义如表 2-2 所示。

表 2-2　1010050312 层次码

层级	大类	小类	品名	形状	规格
编码	1	01	005	03	12
含义	饮料	果汁类	汇源	瓶装	12 瓶装

3）实际意义编码。根据商品的名称、重量、尺寸及分区、储位、保存期限或其他特性的实际情况来考虑编码。这种方法的特点在于通过编码即可了解商品的内容及相关信息。以实际意义编码 YL4915B01 为例，其含义如表 2-3 所示。

表 2-3　YL4915B01 实际意义编码

编　码		含义
YL4915B01	YL	饮料
	4915	表示 4×9×15，尺寸大小
	B	表示 B 区，货物储存区号
	01	表示第一排货架

4）暗示编码。暗示编码是数字与字母的组合编码，其中包含货物的内容和有关信息。以暗示编码 BY05WB10 为例，其含义如表 2-4 所示。

表 2-4　BY05WB10 暗示编码

属性	货物名称	尺寸	颜色与形式	供应商
编码	BY	05	WB	10
含义	自行车	大小为 5 号	白色、小孩型	供应商号码

2.4.4　储位指派

在库管中心的保管空间、储位设备、储位编码等一切工作完成后，系统就可以实现储位的指派。

1. 储位指派的方式

储位的指派可以分成人工指派、计算机辅助指派、计算机自动指派三种。

（1）人工指派

人工指派是指完全由管理人员的人脑来安排储位的方式，受管理者本身对储位管理的相关经验与应用程度的影响较大。优点是电脑及相关事务机器投入少，费用不必投入太多；以人脑来调配储位，弹性大。缺点是过分依赖管理者的经验，执行效率差。在执行过程中要求做好以下要点工作：

1）要求仓管人员必须熟记储位指派原则，并能灵活应用。例如，通过 ABC 分析来排列货架，因为从货架上存取货物以腰部的高度最容易取出货品，在人体工程学上也认为此高度最适合存取作业，所以若将货架分成三段，把经常存取的 A 类商品放在中段，下段则放置出货量仅次于 A 类商品的 B 类商品，而进出货频率不高的 C 类商品则放在上段。

2）仓储人员必须按指派单证把商品放在指定储位上，并做好详细记录。

（2）计算机辅助指派

计算机辅助指派是利用图形监控系统，收集储位信息，并显示储位的使用情况，并以此作为人工指派储位的依据进行储位指派作业。计算机辅助指派是在做进货批次作业时，管理者通过计算机查询出库存储位状况，指示进货人员摆放货品，且在货品摆放后，使用读取条形码的掌上型终端机做储位变动记录。

（3）计算机自动指派

计算机自动指派是指储位指派全通过计算机运算后，指示进货人员，进货人员从无线电传输终端机接收储位摆放指示并将货品上架，同时将储位变动信息输入无线电传输终端机中传入计算机主机计算，以便进行下一次进货作业指派。

后两种方式由于其资料的输入/输出均通过条形码读取机扫入，故错误率低，且其一切控制均为实时控制。资料扫读后，即刻通过无线电或网络传回，其中储位的搬移布置又用软件明确设立，绝不会有人为的主观影响，其效率远胜人工指派方式。但其缺点是设备费用高，维护困难。

2. 储位单元与指派方式的选择

（1）储位单元

货品指派储位单元是指每一次指派时的计算管理单位，其进货量的大小不同，或储存设备种类的不同，使得指派货品上架时会有大小数量不同的指派单元，其大致可分为三种：

1）个别储位单元，表示每一个储位的储存状况均列入管理状态。

2）纵深储位单元，表示以每道纵深的储位为一个管理单元，每个单元以放置一种货品为原则，其储存状况均列入管理状态，主要储放设备为后推式料架、驶入式料架、流动式栈板料架。

3）区域储位单元，表示以客户单一货品的最常进货批量、最适宜进货批量或最小进货批量为公倍数，设置一个储区作为管理单元，例如十个栈板所占的区域为一单元，每区域单元储位以放置一种货品为原则，其储存状况均列入管理状态。

个别储位单元作业繁杂，故在管理上必须较为严密；而由于区域储位单位作业单纯，管理上较不严密，且各区域货品存量多，因此，存量掌握不易精确。

（2）指派方式的选择

对于不同的仓储中心的管理模式，可以采用不同的储位指派模式，并不是全由计算机来自动指派储位就是最佳的储位指派方式，必须因地制宜，配合物料的储存单元来选择。具体如表 2-5 所示。

表 2-5　储位单元与指派方式的选择

计算机化程度储位储存单元	个别储位单元	纵深储位单元	区域储位单元
未应用计算机，以人工管理指派储位	×	×	○
应用计算机建立货品储位管理文件，以人工管理指派储位	×	△	○
应用计算机辅助人工管理指派储位	△	○	○
计算机全自动管理指派储位	○	○	○

注：×代表不适合，△代表勉强可用，○代表适合

案例分析

精心选址为联邦快运赢得了竞争优势

联邦快运公司的创立者、总裁福瑞德·史密斯先生在大学期间曾经写过一篇论文，建议在小件包裹运输上采纳“轴心概念”，然而这篇论文只得了 C。但是，他后来的实践证明，“轴心概念”的确能为小件包裹运输提供一个独一无二的、有效的、辐射状的配送系统。

史密斯选择了田纳西州的孟菲斯作为公司运输的中央轴心所在。孟菲斯为联邦快运公司提供了一个不拥挤、快捷畅通的机场，它坐落在美国中部地区，气候条件优越，机场很少关闭。正是由于摆脱了气候对飞行的限制，因此，联邦快运的竞争潜力才能得以充分发挥。成功的选址对其安全运输有着重大贡献。

除了星期天外，每天晚上联邦快运的飞机将世界各地的包裹运往孟菲斯，然后再运往与联邦快运没有直接国际航班的各大城市。虽然这个中央轴心的位置只能容纳少量的飞机，但他们能够为之服务的航空网点要比传统的 A 城到 D 城的航空系统多很多。另外，这种轴心安排使得联邦快运每天晚上的飞机航次与包裹量一致，并且可以应航线容量的要求而随时改道飞行，从而节省了一笔巨大的费用。另外，联邦快运相信，中央轴心系统也有助于减少运输上的误导和延误，因此，从起点开始，包裹在整个运输过程中都有一个整体控制。

世界上许多事情都很难做到绝对精确，选址也不例外。由于选址决策涉及很多因素，其中一些因素又是相互矛盾的，因此，造成了选址决策的困难。对一个特定的企业来说，其最优的选址应取决于该企业的类型。工业选址决策主要是为了追求成本最小化；而零售业或专注性服务组织机构一般都追求收益最大化；至于仓库选址，可能要综合考虑成本及运输速度问题。总之，选址战略的目标是使之能给企业带来最大化的收益。

（案例来源：李联卫. 物流管理案例及解析［M］. 北京：化学工业出版社，2015）

问题讨论

联邦快运是怎样在选址上赢得竞争优势的?

思考题

1. 简述自动化立体仓库的组成及其优势和劣势。
2. 仓库选址的原则是什么?
3. 仓库选址时要考虑的因素有哪些?
4. 简述仓库选址的步骤和方法。
5. 简述仓库布局的主要内容。
6. 简述储位管理的含义、目标及原则。

第3章 仓储设备管理

本章导读

1. 了解仓储设备的种类和特点，重点掌握仓储设备的选用原则。

2. 了解搬运设备、装卸设备、堆码设备的性能和原理；了解包装、分拣和拣送设备的功能；了解各类货架系统性能及其适用场合。

3. 了解仓储设备的基础管理、仓储设备的运行管理和仓储设备的维修管理，提高仓储设备的管理水平。

案例导引

仓储物流自动化智能解决方案——德马泰克

“智慧物流”是目前仓储业关注的热点，也是未来物流装备领域的重要发展方向。越来越多的企业对高效、快捷的自动化物流提出强烈需求，这需要一体化的物流系统来支撑，需要用供应链思维解决问题。随着市场的不断变化和发展，物流业面临许多问题，如订单特性越来越多样化，产品交货期大大缩短，人力成本越来越高等。为了解决这些问题，帮助客户更好更快地发展，德马泰克不断创新产品适应市场的变化发展。

自2016年德马泰克被凯傲集团收购后，两者联合成为内部物流4.0的全球领导者。2017年，德马泰克将英杰明自动化和NDC自动化整合到其组织当中，使德马泰克成为世界上最大的自动导引车（AGV）供应商。

德马泰克是世界领先的自动化物料处理系统提供商，为全球主要市场提供全系列的堆垛机、输送机、分拣机、多层穿梭车、货到人系统、AGV、地链及ASRS等核心产品和技术及系统。德马泰克凭借超过75年的经营发展，为电商、服装、食品饮料、快递包裹、第三方仓储、烟草、医药、金融及制造等多种行业提供自动物料输送分拣产品及自动化立体仓库解决方案；为世界上超过40%的零售企业实施过零售订单履行系统。德马泰克拥有雄厚的技术力量，合理的内部流程，将客户的业务提升到一个新的高度。

多年以来，德马泰克一直致力于物流领域的系统集成解决方案。科技创新永远是社会第一生产力，先进的科技能带来行业颠覆性的改革。20 世纪 50 年代，世界第一台堆垛机诞生于德马泰克，它引领了整个自动化立体库的革命创新，为物流行业的蓬勃发展做出了卓越的贡献。如今，定制化生产不断兴起，德马泰克顺应市场需求，摒弃了单一设备供应者的身份，逐步成为高效全面解决方案的供应商。在全球，德马泰克有超过 6 000 个不同行业的成功应用案例。自 1996 年以来，经过近 20 年的探索和思考，德马泰克已经逐渐形成了自己在中国市场的经营模式，并拥有了一批中国本土的著名企业作为合作伙伴。在中国，德马泰克以苏州工厂为依托，拥有自己本土化的工程设计师团队，根据本地化生产需求，因地制宜，打造最优方案，利用中国人口红利的优势，将成本降到最低，最终为用户企业提供最有力的竞争优势。

（资料来源：中国叉车网）

阅读以上案例，请思考德马泰克是怎样顺应市场需求，在智慧物流领域占有一席之地的？

物流仓储设备是现代化企业的主要作业工具之一，是合理组织批量生产和机械化流水作业的基础。对第三方物流企业来说，物流仓储设备又是组织仓储物流活动的物质技术基础，体现着企业的物流能力大小。物流仓储设备是物流系统中的物质基础，伴随着物流的发展与进步，物流仓储设备不断得到提升与发展。物流仓储设备领域中许多新的设备不断涌现，如四向托盘、高架叉车、自动分拣机、自动引导搬运车（AGV）、集装箱等，极大地减轻了人们的劳动强度，提高了仓储物流运作效率和服务质量，降低了物流成本，在物流仓储作业中起重要作用，极大地促进了物流仓储的快速发展。

3.1 仓储设备的种类、特点及选择原则

3.1.1 仓储设备的种类

仓储工作中所使用的设备按其用途和特征可以分为装卸搬运设备、保管设备、计量设备、养护检验设备、通风保暖照明设备、消防安全设备、劳动防护用品及其他用品和用具等。

1. 装卸搬运设备

装卸搬运设备是用于商品的出入库、库内堆码及翻垛作业的设备。这类设备对改进仓储管理、减轻劳动强度、提高收发货效率具有重要作用。

2. 保管设备

保管设备是用于保护仓储商品质量的设备。包括苫垫用品和各种类型的货架、

货橱。

3. 计量设备

计量设备是用于商品进出时的计量、点数，以及货存期间的盘点、检查等的设备。如：地磅、轨道秤、电子秤、电子计数器、流量仪、皮带秤、天平仪及较原始的磅秤、卷尺等。随着仓储管理现代化水平的提高，现代化的自动计量设备将会更多地得到应用。

4. 养护检验设备

养护检验设备是指商品进入仓库验收和在库内保管测试、化验及防止商品变质、失效的机具和仪器。如：温度仪、测潮仪、吸潮器、烘干箱、风幕（设在库门处，以隔内外温差）、空气调节器、商品质量化验仪器等。这类设备在规模较大的仓库中使用较多。

5. 通风保暖照明设备

通风保暖照明设备根据商品保管和仓储作业的需要而设。

6. 消防安全设备

消防安全设备是仓库必不可少的设备。它包括报警器、消防车、手动抽水器、水枪、消防水源、砂土箱、消防云梯等。

7. 劳动防护用品

劳动防护用品主要用于确保仓库职工在作业中的人身安全。

8. 其他用品和用具

3.1.2 仓储设备的特点

仓储设备是构成仓储系统的重要组成因素，担负着仓储作业的各项任务，影响着仓储活动的每一个环节，在仓储活动中处于十分重要的地位。离开仓储设备，仓储系统就无法运行或服务水平及运行效率可能变得极其低下。

物流仓储设备是物流技术水平高低的主要标志，现代物流仓储设备体现了现代物流仓储技术的发展。近年来，我国的物流仓储设备现代化、自动化程度较高，其特点主要表现在：

（1）设备的社会化程度越来越高，设备结构越来越复杂，并且从研究、设计、生产到报废的各环节之间相互依赖、相互制约。

（2）设备出现了“四化”趋势，即连续化、大型化、高速化、电子化，提高了生产率。

（3）能源密集型的设备居多，能源消耗大，同时现代设备的投资和使用费用十分昂贵，是资金密集型的，因而提高管理的经济效益对物流企业来说非常重要。

3.1.3 仓储设备的选择原则

选择物流设备，要保证其技术上先进、经济上合理、生产作业上安全适用、无污染或污染小。

1. 作业方式与作业量协同原则

仓储设备的选择应配合仓库的经营目标和服务方式，与作业流程、作业方式和作业量相配合。作业量如果大，设备的自动化程度就可以配置得高一些；作业量小的情况下，通常可选用人力和省力设备协同作业的方式来完成仓储作业。

2. 作业对象和环境决定原则

仓储设备性能参数的确定要考虑库存货物单元重量、货架高度、仓库地面承载能力、货架通道宽度等。

3. 工作能力均衡原则

为提高搬运效率，避免人员和设备的闲置、等待和空载，仓储设备之间的工作能力要协调，要与仓库系统的出入库系统布置，以及分拣系统的能力协调，以保证仓储系统能维持在一个合理的速度下运行。

4. 最小成本原则

最小成本原则主要指的是设备的使用费用低，整个寿命周期的成本低。有时候，先进的设备或自动化程度高的设备的使用会与低成本发生冲突，这就需要在充分考虑适用性的基础上，进行权衡，做出合理的选择。

5. 环境条件原则

仓储设备在高温或低温下作业时，要选用相应的传输带、轴承、驱动装置和润滑系统。自动化设备的选用还必须考虑其作业环境的清洁、干爽，且作业环境的温度要控制在一定的范围之内。

6. 系统可靠性和安全性原则

仓储设备能否安全可靠地作业，将直接影响仓库的服务水平和服务质量。为提高仓储机械系统的可靠性，在系统构造时，要储备必要的设备能力，设计必要的冗余环节，防止仓储机械系统完全失效，以及保障设备功能在时间上的稳定性和持续性。安全性要求设备在使用过程中保证人身及货物的安全，并且尽可能地不危害到环境，选择符合环保要求、噪音少、污染小的仓储设备进行作业是比较理想的。

7. 维修性和可操作性原则

维修性是指当仓储设备发生故障时，通过维修手段使其恢复功能的难易程度。一般指以下三个方面：

（1）设备的技术图纸、资料齐全，便于维修人员了解设备的结构，易于拆装和检查。

（2）设备设计应合理。在达到使用要求的前提下，设备的结构应力求简单，零部件组合应该标准化，有较高的互换性，在设计上能够考虑到现场检测的问题，使检查和拆卸较为容易。

（3）能为设备提供适量的备件，或者有方便的备件供应渠道。

此外，维修技术要尽量符合设备所在区域的情况。设备操作性的总要求是方便、安全、可靠，符合人机工程学原理。

8. 物流和信息流的统一原则

由于现代仓储系统是集信息、管理和机电一体化的复杂系统，仓储机械系统作业时要求输入各种作业和管理的指令，因此，在设备配置时，要兼顾机械系统的控制与信息管理和状态监控的需要。

3.2 货物装卸搬运设备

为了满足仓储管理的需要，提高仓储作业的机械化和自动化水平，减轻作业人员的劳动强度，促进企业效益和顾客服务水平的提升，仓库必须配置一定的硬件设施和设备。

3.2.1 搬运车辆

搬运车辆作业的目的是为了改变货物的存放状态和空间位置。

1. 手推车

手推车是一种以人力驱动为主，一般为不带动力、在路面上水平运输货物的小型搬运车辆的总称。其搬运作业距离一般不大于 25 m，承载能力一般在 500 kg 以下。其特点是轻巧灵活、易操作、转弯半径小，是短距离输送较小、较轻物品的一种方便而经济的运输工具。

由于输送货物的种类、性质、重量、形状、道路条件等的不同，因此，手推车的构造形式也是多种多样的，如图 3-1 所示。

手推车的选择首先应该考虑货物的形状及性质，当搬运多品种的货物时，应考虑采用具有通用性的手推车，对单一品种的货物，则应选用专用性的手推车，以提高搬运效率。

图 3-1 常见的手推车形式

2. 牵引车

牵引车俗称拖车，其特点是没有承载货物的平台，只能作为牵引工具，用来牵引挂车，不能单独运输货物。牵引车只在牵引时才和挂车连在一起，当挂车被拖到指定地点进行装卸货物后，牵引车就可脱开和挂车的连接，再去牵引其他挂车，从而提高设备的利用率。采用牵引车-挂车的方式搬运货物，在一定条件下比采用平板搬运车能获得更好的经济效果。牵引车的主要性能参数是其牵引力，一般的蓄电池驱动的牵引车牵引力可达 15 t，柴油发动机驱动的牵引车牵引力可达 75 t，如图 3-2 和图 3-3 所示。

图 3-2　蓄电池驱动的牵引车

图 3-3　柴油发动机驱动的牵引车

3. 手动搬运车

手动搬运车（见图 3-4）是一种轻小型的利用人力提升货叉进行装卸和搬运的设备，用于搬运装载于托盘上的货物。其货叉可以和滚轮做成一体，也可以和滚轮分开。工作时，货叉插入托盘，上下摇动手柄，使液压千斤顶提升货叉，托盘或容器随之离地，然后用手动或电力驱动使之移动，待货物运到目的地后，踩动踏板，货叉落下，放下托盘。这种搬运车多用于仓库首发站台的装卸或车间内各工序间不需堆垛的场合。

手动搬运车的转弯半径较小，其值取决于手柄的转动中心到车头外缘的最大距离，载重量一般为 1 500 ~ 3 000 kg，当使用双面托盘时，货叉长度应大于托盘长度。手动搬运车的运行道路平整度应较好，否则会影响安全提升高度、搬运效率和可操作性。

图 3-4　手动搬运车

4. 电瓶搬运车

电瓶搬运车（见图 3-5）有一个固定的承载平台，可载重运输，也可以作牵引。由于蓄电池不能经受强烈震动，因此，要求在平坦的路面上行驶，行驶速度一般为 10 km/h。

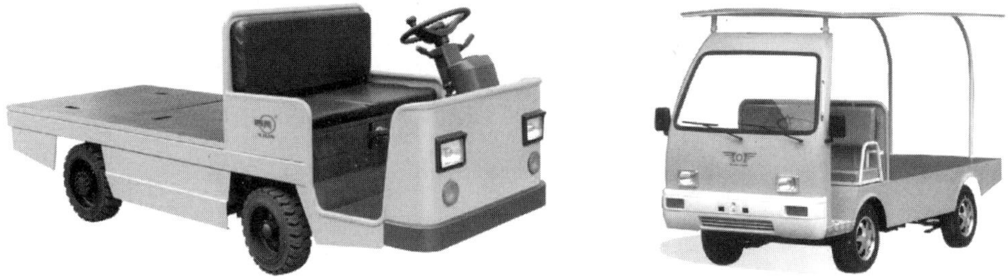

图 3-5　电瓶搬运车

5. 叉车

叉车是车站、码头、仓库和货场广泛用来承担装卸、搬运、堆码作业的一种搬运车辆。它具有适应性强、机动灵活、效率高等优点。它不仅可以将货物叉起进行水平运输，还可以叉取货物进行垂直堆码。叉车的基本构造如图 3-6 所示。

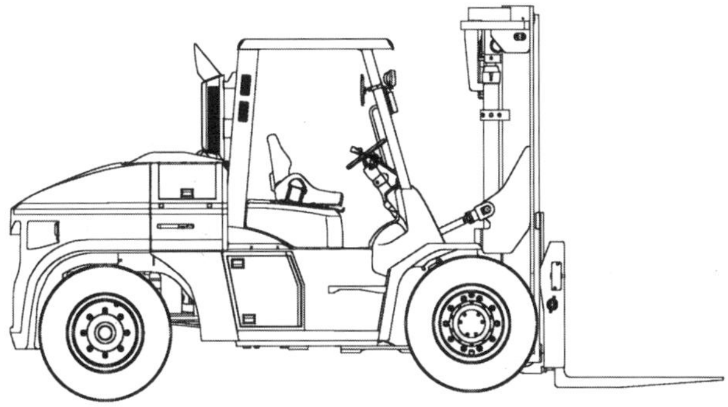

图 3-6　叉车的基本构造

叉车的种类很多，可以从不同的角度分类。按构造的不同，可以分为正面式叉车、侧面式叉车、转叉式叉车（高架叉车）和转柱式叉车；按动力的不同，可以分为内燃式、蓄电池式和无动力叉车。

（1）正面式叉车

正面式叉车的特点是货叉朝向叉车正前方向。正面式叉车根据结构的不同可分为五种：手推液压叉车、平衡重式叉车、插腿式叉车、前移式叉车和四向行走叉车。

1）手推液压叉车（见图 3-7）。手推液压叉车是利用人力推拉运行的简易插腿式叉车，有手摇机械式、手动液压式和电动液压式三种，用于工厂车间、仓库内要求不高，需要有一定堆垛作业、装卸高度不大且单向搬运距离在 100 m 以内的场合。其起重能力为 500 ~ 1 000 kg，起升高度为 1 ~ 3 m，货叉最低离地高度≤10 cm。

图 3-7　手推液压叉车

2）平衡重式叉车（见图 3-8）。平衡重式叉车是使用最为广泛的叉车，这种叉车的货叉在前轮中心线以外。为了克服货物产生的倾覆力矩，在叉车的尾部装有平衡重。车轮采用的是充气轮胎或实心轮胎，运行速度比较快，而且有较好的爬坡能力。取货和卸货时，门架前倾，前倾角度一般为 3°，便于货叉插入或抽出，取货后门架后倾，后倾角度一般在 8°～10°之间，以便在行驶中保持货物的稳定。这种叉车可根据作业对象和作业方式的不同在叉车的叉架上增设叉车属具，实现“无托盘”搬运需要。

图 3-8　平衡重式叉车

平衡重式叉车可以是内燃式的，也可以是蓄电池式的。内燃式叉车噪声大，且会产生有害气体，适用于露天货场作业；蓄电池式叉车则适合在室内或环境条件要求较高的场所作业。

平衡重式叉车主要由发动机、底盘、门架、叉架、液压系统、电气系统及平衡重等部分组成。主要性能参数有起重量、最大起升高度、货叉长度、最小转弯半径、最大起升速度、最大运行速度等，可根据作业对象和作业要求进行选择。

平衡重式叉车的起重量是货物重心至货叉前壁的距离不大于载荷重心距时，允许起升的货物最大重量，它取决于叉车的稳定性要求。

3）插腿式叉车（见图 3-9）。由于插腿式叉车结构非常紧凑，货叉在两个支腿之间，因此，无论是取货、卸货，还是在运行过程中，都不会失去稳定。因为结构紧凑，叉车尺寸小，转弯半径也小，所以插腿式叉车适于库内作业。这种叉车一般采用蓄电池为动力，不会污染环境。

因为插腿式叉车的座椅采用的是侧向布置方式，操作人员在叉车两侧，叉车进出的视野良好，所以工作时，一般都采用倒车行走方式。由于叉车在叉取货物时，支腿和货叉都必须插入货物底部，因此，要求叉取的货物底部一般要高出地面 20 cm 左右。

图 3-9　插腿式叉车

4）前移式叉车（见图 3-10）。前移式叉车的结构与插腿式叉车类似，但取货和卸货时，门架可由液压系统推动，移到前轮之外；运行时，门架又缩回车体内。前轮的直径大约为 30 cm，因此，要收回货叉，必须先将货物升至一定高度。

图 3-10　前移式叉车

5）四向行走叉车（见图 3-11）。四向行走叉车是在前移式叉车的基础上进行改造的，专门用于长大件货物作业。不同之处在于它的四个车轮能在 90°范围内转动任意角度，这样叉车既可向前、向后行驶，也可向左、向右行驶，能在原地对运行方向进行调整。因此，叉车工作时所需的货架通道宽度很小。

图 3-11　四向行走叉车

(2) 侧面式叉车

侧面式叉车（见图 3-12）的货叉装在车身侧面，是平板运输车和前移式叉车的结合。门架可以伸出取货，然后缩回车体内将货物放在平台上即可行走，适合装卸运输钢管、型材、木材、电线杆、水泥管等细长货物。

图 3-12　侧面式叉车

(3) 高架叉车

高架叉车（见图 3-13）也称转叉式堆高机、转叉式叉车、三向堆垛叉车，是专门用于仓库的无轨堆垛机的一种叉车。其货叉有一个回转机构，还有一个侧移机构，两个机构协调动作，即叉车向运动方向两侧进行堆垛作业时，车体无须作直角转向，就可使前部的门架或货叉作直角转向及侧移，这样作业通道就可大大减少，提高了面积利用率；此外，高架叉车的起升高度比普通叉车要高，一般在 6 m 左右，最高可达 13 m，提高了空间利用率。

图 3-13　高架叉车

（4）转柱式叉车

转柱式叉车（见图 3-14）的特点是转弯半径小，作业所需的货架通道窄，门架可实现 90°正反转。

图 3-14　转柱式叉车

6. 无人搬运车

无人搬运车（Automated Guided Vehicle，AGV）作为一种无人驾驶的工业搬运车辆（见图 3-15），在 20 世纪 50 年代即得到了应用。一般用蓄电池作为动力，载重量从几千克到上百吨。现代的 AGV 都是由计算机控制的，车上装有微处理器并配有系统集中控制与管理计算机，用于对 AGV 的作业过程进行优化，发出搬运指令，跟踪传送中的构件及控制 AGV 的路线。它与集装单元运输结合，可方便构成由计算机控制的自动仓库或全自动物流系统。

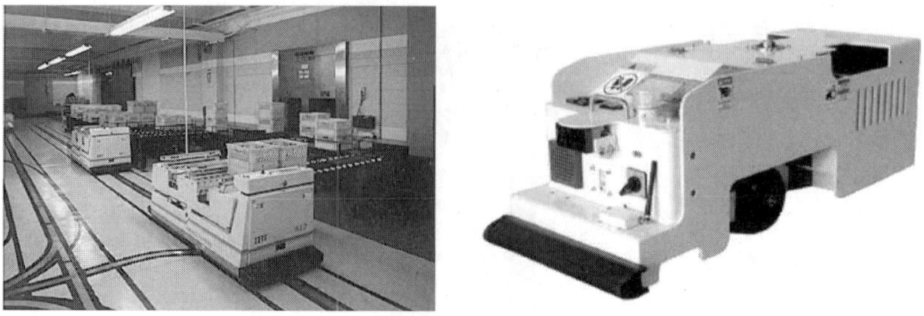

图 3-15　无人搬运车

这种系统具有服务面广、运输线路长、运输线路灵活多变、运输费用低、系统安全可靠及无人操作等特点。因此，AGV 及其运输系统广泛使用于厂内运输、装配生产线、仓库、车站等场所，特别适用于有噪声、有污染、有放射性等有害人体健康的地方及通道狭窄、光线较暗等不适合驾驶车辆的场合。在货运量大时，因为没有机械轨道限制，所以可方便地重新布置或扩大预定运行路径和运行范围及增减运行的车辆数量。所以，使用 AGV 既可解决运输货物混乱的情况，又可提高运输的能力，是一种既先进又实用的方案。

3.2.2　单元负载式输送机

在仓储系统中，搬运作业以集装单元化搬运最为普遍，因此，所有的输送机也以单元负载式输送机为主。单元负载式输送机主要用于输送托盘、箱包件或其他有固定尺寸的集装单元货物。根据有无动力源，输送机可分为重力式和动力式两类。

1. 重力式输送机

重力式输送机是以输送物品本身的重量为动力，在一倾斜的输送机上由上往下滑动。输送机倾斜的坡度为 2°～5°，坡度的大小与滚动体转动的摩擦力、货物和滚动体的惯性及滑行速度的控制，特别与货物的重量、包装材料和包装物底面的平整度有关。为了控制倾斜式输送机上货物的速度不要太快，大倾角的输送机一般都装有制动辊子。重力式输送机因滚动体的不同可分为滚筒式、滚轮式和滚珠式三种。

（1）重力式滚筒输送机

重力式滚筒输送机的特点是其应用范围远远大于滚轮式，一般不适合滚轮式的负载，如塑料篮、容器、桶形物等均适合于滚筒式。滚筒支撑数与物品稳定性的关系如图 3-16 所示，从图中可以看出，硬底物品最少要有 3 个滚筒支撑，柔性物品需要 4 个以上滚筒支撑，才能保证输送机正常的输送工作。这种输送机由于滚筒支撑密封较好，因此，对环境的适应性较强。

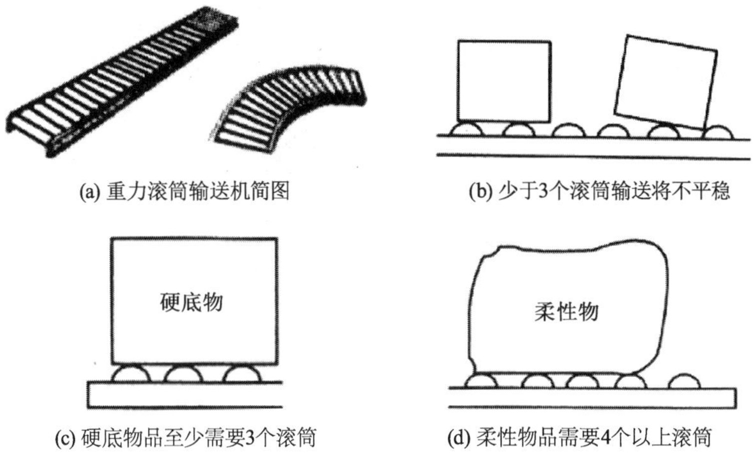

图 3-16　重力式滚筒输送机

（2）重力式滚轮输送机

重力式滚轮输送机（见图 3-17）通过支撑轴安装于输送机框架上，相邻支撑轴上的滚轮交错排列，灵活转动。对于表面较软的物品，如布袋之类，滚轮式较滚筒式而言有较好的输送性，但对于底部有挖空的容器，则不宜使用滚轮输送机。为使物品输送平稳，任何时候一个物品最少由分布在 3 根轴上的 5 个轮子支撑。这种输送机的特点是维修容易，它的滚轮支撑在钢板上，排列较密，适于输送大小不同的货物。

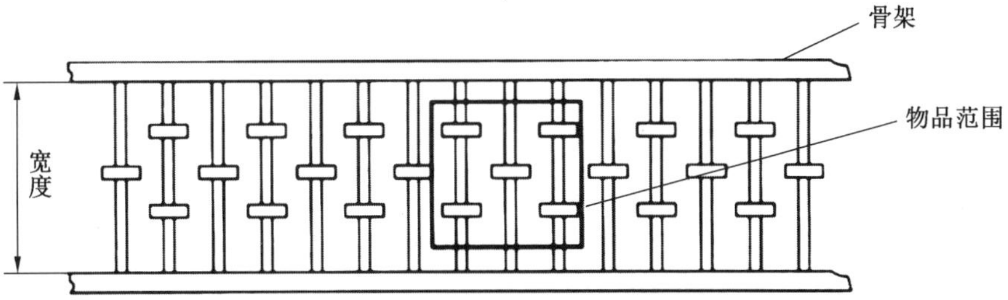

图 3-17　重力式滚轮输送机

（3）重力式滚珠输送机

重力式滚珠输送机（见图 3-18）是货物在其上可以自由沿任意方向运动的输送机，它广泛用于需要输送底部较硬的货物的场所。这种输送机使用时不需要润滑，但不能用于有灰尘的环境。

图 3-18　重力式滚珠输送机

2. 动力式输送机

动力式输送机主要用于物流自动化程度较高的场合，是物流自动化、机械化作业的重要组成部分。动力式输送机根据驱动介质的不同，可分为辊子式输送机、链条式输送机、平带式输送机和悬挂式输送机，主要介绍辊子式输送机与链条式输送机。如果货物有不规则的表面，例如，各种形状的邮包等，可选用平带式输送机；对于形状规则的货物，例如纸箱托盘等，选用辊子式输送机或链条式输送机；有些情况下需要控制货物的间隔或进行精确定位，也可选用平带式输送机；对于重量较大的货物，则应选用辊子式输送机；如果要求节省占地面积，缩短输送距离，提高储存空间的利用率，可采用悬挂式输送机。

（1）辊子式输送机

辊子式输送机由一系列等间距排列的辊子组成，辊子转动呈主动状，可以严格控制物品的运行状态，按规定的速度精确、平稳、可靠地输送物品。其对货物支撑面的要求与重力式滚筒输送机相同。辊子式输送机的价格较高，所以一般用于有储积、分流、合流和分类等要求的场合。按传统方式分类，辊子式输送机可分为齿轮传动、电动滚筒传动（见图 3-19）和带传动。

图 3-19　电动滚筒式辊子输送机

（2）链条式输送机

链条式输送机（见图3-20）以链条作为牵引和承载体输送物料，链条可以采用普通的套筒辊子输送链，也可采用其他各种特种链条（如积放链、倍速链）。

与带传动相比，链条输送机的传动承载能力和输送能力大，通用性好，输送也方便，对环境适应性较强，可以在经常接触油、水，以及温度较高的地方工作，主要输送托盘、大型周转箱等。物流中心常见的有滑动式和滚动式链条输送机。

图3-20　链条式输送机

3.2.3　垂直输送机

1. 垂直升降输送机

在物流中心各楼层之间进行物品搬运时，除了通常的电梯之外，还必须有专门的垂直运输设备，以充分利用空间。垂直输送机运动平稳，不会使物品因震动而损坏。

（1）连续式提升机

连续式提升机（见图3-21）为楼层间或一定高度内的垂直输送设备。只能输送件货，且物料有最小尺寸的限制。这种设备工作起来节奏快，输送效率高，且不受输送高度的影响。工作时采用单向运行方式，一般不能进行往复输送物料，不能多出入口输送。

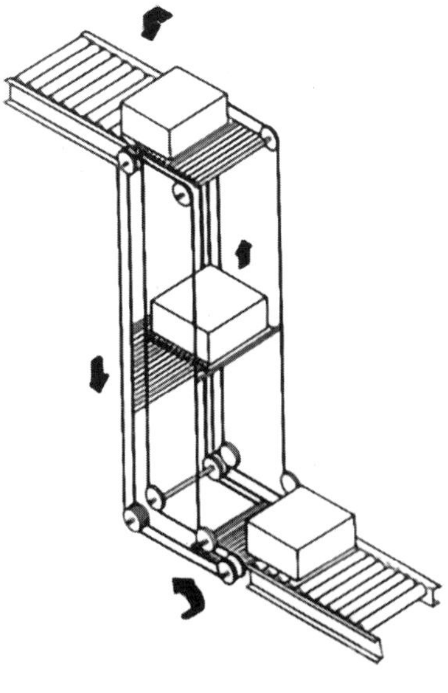

图3-21　连续式提升机

（2）往复式提升机

往复式提升机（见图3-22）利用升降平台的上下往复运动来实现物料的垂直输送。升降平台上可装上不同种类的输送设备，并与出入口输送设备相配合，使输送过程实现完全自动化。升降平台的上下行程均可输送物料，在升降平台的一个循环过程中可使物料同时双向流动；提升行程大，但输送量会随着行程的增加而减少。往复式升降机采用托盘在上下楼层间来回提升货物，占地面积较小，工艺较连续式升降机简单，适合于对速度要求不高的用户。

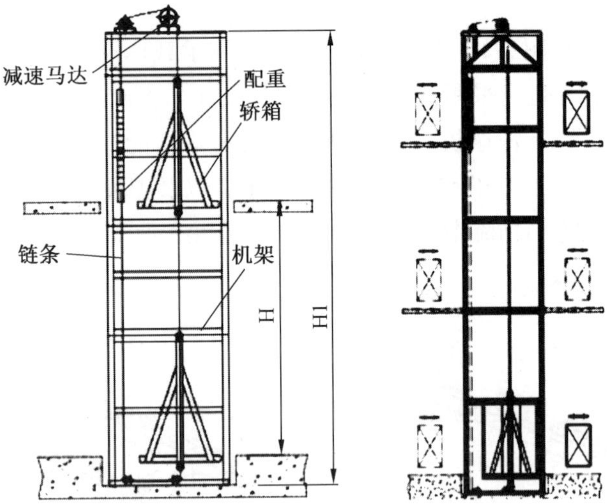

图 3-22　往复式提升机

（3）步进式升降机

货物在步进式升降机（见图 3-23）中分层摆放，有节奏地一步一步垂直上升或下降，进出口同时进出货物，适合于高度（厚度）较小，数量较多的货物输送，可连续地实现货物在垂直方向上的输送。步进式升降机采用带刹车的电机或步进电机作为驱动装置，支架材料采用冷轧板折弯成形，表面经过静电喷塑处理或采用不锈钢材料。

（4）斗式提升机

斗式提升机（见图 3-24）提升范围广，不仅能提升粉状、颗粒和块状普通物料，而且可提升磨琢性较强的物料，可广泛用于矿山、冶金、化工、建材等行业，适用于向上输送粉状、粒状等无磨琢性物料。

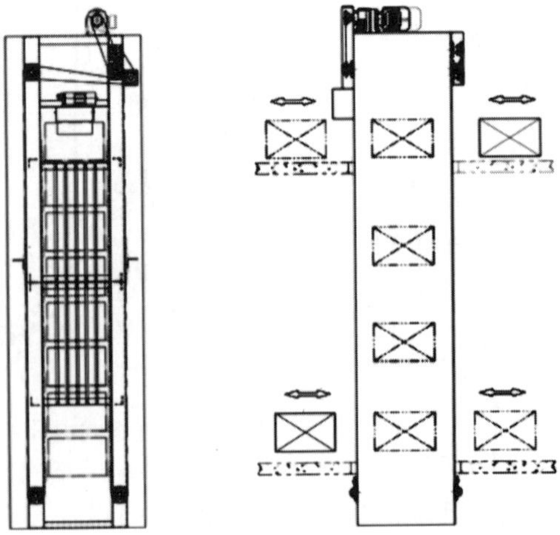

图 3-23　步进式升降机

图 3-24　斗式提升机

2. 液压升降平台

液压升降平台是一种相对简单，且适应能力很强的起重机械，与其他起重设备相比，液压升降平台速度慢，但能精确定位在各种高度，适合于不需要经常性提升货物的场所。

液压升降平台按功能可分为起重平台和维修安装工作平台（见图3-25），新式液压升降平台增加了行走机构，可在轨道上行驶，在仓库中被广泛用于拣货。

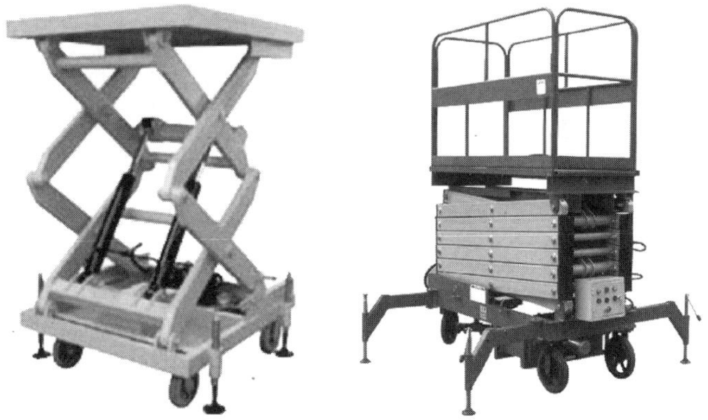

图3-25 室内作业移动式液压升降平台

3.2.4 专用工属具

为了提高仓储机械设备的利用率，人们研制了多种专用工属具，用于与仓储装卸作业机具配合使用，这类工具主要满足以下三方面的需要：

第一，提高生产率。主要满足减轻自重、缩短装卸时间的需求。

第二，减轻体力劳动。使用自动装卸的工属具，可以减轻装卸作业劳动的强度，并能够尽量减少辅助人员的数量。

第三，安全作业。自动装卸工属具的使用，既要防止作业人员使用时发生人身伤亡事故，又要防止货物本身的坠落或其他损伤事件的发生。

1. 主动工属具

主动工属具即自动化的工属具，仓储作业中，装卸货物常用的工属具有起重磁铁和真空吸盘。其中使用电磁铁和真空吸盘吸取及放下货物的作业均自动进行，不需要辅助劳动力的帮助，因而，采用这类取物装置可以大大提高货物装卸作业的效率。

（1）起重磁铁

起重磁铁用于搬运磁性物料，例如钢板、型钢等。起重磁铁分为电磁铁式（见图3-26）、永磁式和电控水磁式。采用电磁铁时，要采取措施防止断电时物件脱落发生严重事故，所以，在进行作业时，起重电磁铁不能在人上方运行，也不能在设备上方运行。通常，需备蓄电池作为辅助电源，一旦断电可由蓄电池供电，其容量应能保证将物件放到地面。永磁式的起重磁铁（见图3-27）没有断电物料脱落的危险，但磁铁磁力小，价格较高。采用电控永磁式磁铁作业时，磁铁的剩磁足以紧紧吸住物件，安全可靠，当卸放物件时，需要反向通以适量的消磁直流电。

图 3-26　起重电磁铁

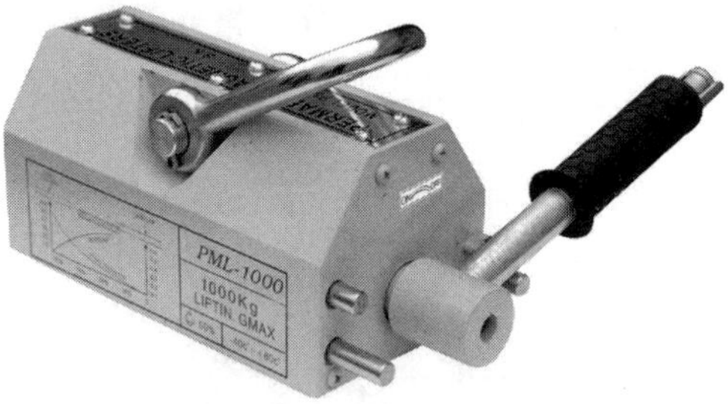

图 3-27　永磁起重器

（2）真空吸盘

真空吸盘（见图 3-28）利用真空将物品吸起，吸取方式包括水平吸取和垂直吸取，对于货物的物质特性没有要求，特别适合于木板、钢板、纸板之类的板状物件和袋装物件的搬运作业。

图 3-28　真空吸盘

真空吸盘分为有泵真空吸盘和无泵真空吸盘。无泵真空吸盘靠提起吊环及与之相连的活塞，使室内产生真空。吸盘落下时，活塞落下，真空室通过活塞杆与活塞环间的间隙与大气相通，从而卸载货物，所以，其安全性取决于货物表面是否平整和吸盘的真空水平。真空吸盘具有结构简单、操作和维修方便的特点，因而被广泛使用。

2. 单元货物吊具

吊具是起重机械中吊取重物的装置。吊取成件物品最常用的吊具是吊钩，其他还有吊环、起重吸盘、夹钳和货叉等。在仓储作业中，托盘的搬运作业一般是通过叉车进行的，但在有些场合，需要吊运作业才能解决问题。

此外，物流中心及仓储作业中还有一些特殊用途的物件搬运作业吊具，例如钢卷吊具、吊网、卷纸吊具、铁桶鹰嘴钩、钢坯吊具、成套索具等。

3.3 存储与分拣设备

3.3.1 包装设备及系统配置

物流包装设备是用来盛放小型物料，以供人工或机具搬运的常见器具，这里主要介绍常见的包装容器和包装机械。

1. 常见的包装容器

物流包装容器使用范围广、需用量大，广泛使用于车间内部的工序间或工序内，以及储存和运输的过程中。这些容器通常由人工或配以重力式输送机进行搬运，可以单个贮存于仓库货架上，也可以堆码在工序间临时贮存。对于运输来说，容器需要通过各种包装机械进行封装，然后运输。

（1）托盘

托盘是为了进行集中装载，便于物品的运输、装卸和保管，用于储运一定数量物品的工具。它是由两层面板中间夹以纵梁（或柱脚）或单层面板下设纵梁（垫板或柱脚）组成的一种平面结构（见图3-29）。

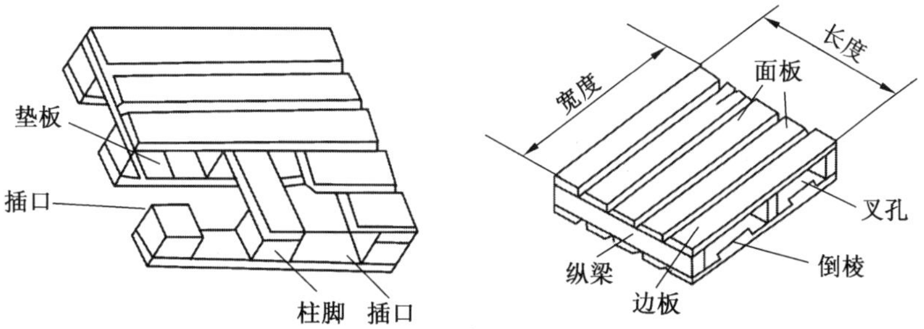

图3-29 托盘各部分名称

托盘通常是作为叉车的附属搬运工具来使用的，因而托盘都有两向进叉或四向进叉的插口。托盘可分为平托盘、柱式托盘、箱式托盘、轮式托盘，以及一些特种专用托盘。

1）平托盘。平托盘品种繁多，用途十分广泛。各种平托盘的特征如图3-30所示。

平托盘通常有木制、金属制、塑料制、塑木制、纸制等。木制的平托盘本体比较轻，被广泛使用；金属托盘是以钢、铝合金、不锈钢等材料为原材料加工制造的托盘；塑料制平托盘与传统木制托盘相比，有质轻、耐水、防潮、整洁、硬度高、可回收性强等特点；塑木托盘是通过塑木型材组装而成的一种新型的复合材料托盘，它综合了木制托盘的韧性、塑料托盘的清洁和钢制托盘的硬度等优点，由于它优良的物性并且符合环保要求，因此，在欧美已被广泛使用于出口、存储、周转等领域，为企业降低了物流成本；纸制托盘是以纸浆、纸板为原料加工制造的托盘。

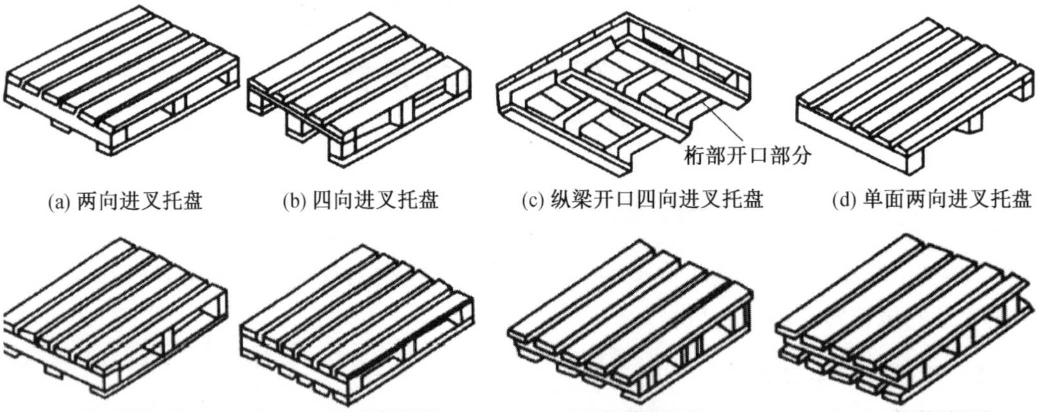

(a) 两向进叉托盘　(b) 四向进叉托盘　(c) 纵梁开口四向进叉托盘　(d) 单面两向进叉托盘

(e) 双面两向进叉托盘　(f) 双面使用托盘　(g) 单翼型托盘　(h) 复翼型托盘

图 3-30　各种平托盘

2）柱式托盘。柱式托盘分为固定式和可卸式两种，其基本结构是托盘的四个角有钢制立柱，柱子上端可用横梁连接，形成框架形。柱式托盘的主要作用为：一是利用立柱支撑重物，向上叠放；二是可防止托盘上放置的货物在运输和装卸过程中发生塌垛情况。柱式托盘多用于包装物料、棒料管材等的集装；不用时，还可套叠存放，节约空间。

3）箱式托盘。箱式托盘是四面有侧板的托盘，有的箱体上有顶板，有的没有顶板。箱板有固定式、折叠式和可卸式三种。四周栏板有板式、网式和栅栏式，因而，通常也将四周栏板为栅栏式的箱式托盘称为笼式托盘或仓储笼。箱式托盘防护能力较强，可防止塌垛和货损现象；在运输过程中可装载异形不易堆码或稳定性较差的货物。箱式托盘多用于散件或散状物料的集装，金属箱式托盘还用于热加工车间集装热料。一般下部可叉装，上部可吊装，并可进行码垛。仓储笼用于存放形状不规则的物料，可使用托盘搬运车、叉车、起重机等作业，可相互堆叠放置，通常空箱可折叠。

4）轮式托盘。轮式托盘（有时也称物流台车）与柱式托盘和箱式托盘相比，多了下部的小型轮子，因而轮式托盘具有短距离移动的功能，也有自行搬运或滚上滚下式的装卸等优势。

5）特种专用托盘。具体包括以下几种：

① 平板玻璃集装托盘。这种托盘用于运输平板玻璃，在运输过程中，托盘的作用是支撑和固定平板玻璃，平板玻璃一般都放在托盘上，并且玻璃还要顺着车辆前进的方向，以保持托盘和玻璃的稳固。

② 油桶专用托盘。专门用于贮存和运输标准油桶的托盘，托盘双面均有波形沟槽或侧板，以稳定油桶，防止脱落。这种托盘可多层堆码，从而提高仓储和运输能力。

③ 轮胎专用托盘。轮胎怕挤压，利用轮胎专用托盘可多层码放，不易挤压，大大提高装卸和储存的效率与质量。

（2）集装箱

根据国际标准化组织（International Organization for Standardization，ISO）TC/04 委员会的定义，凡具有下列条件的运输容器，即可称为集装箱：

① 具有足够的强度，能长期反复使用；

② 中途转运时，不用搬动箱内的货物，可整体转载；

③ 备有便于装卸的特点，能进行快速装卸；

④ 便于货物的装入和卸出；

⑤ 具有 1 m^3 以上的内部容积。

由此可知，集装箱是指具有一定强度、刚度和规格，专供周转使用的大型装货容器。使用集装箱转运货物，可直接在发货人的仓库装货，运到收货人的仓库卸货，中途更换车、船时，无须将货物从箱内取出换装。按所装货物种类分，有杂货集装箱、散货集装箱、牲畜集装箱、液体集装箱、冷藏集装箱、保温集装箱、挂衣集装箱、特种深冷集装箱等；按制造材料分，有木集装箱、钢集装箱、铝合金集装箱、玻璃钢集装箱、不锈钢集装箱等；按结构分，有折叠式集装箱、固定式集装箱等，固定式集装箱又可分为密闭集装箱、开顶集装箱、板架集装箱等；按总重分，有 30 t 集装箱、20 t 集装箱、10 t 集装箱、5 t 集装箱、2. 5 t 集装箱等。

按所装货物种类，将集装箱分为以下几类：

1）杂货集装箱（见图 3-31），又称普通集装箱，以装运杂物为主，通常用来装运文化用品、日用百货、医药、纺织品、工艺品、化工制品、五金交电、电子机械、仪器及机器零件等。这种集装箱占集装箱总数的 70% ~80% 。

2）散货集装箱（见图 3-32），一般在顶部设有 2 ~3 个小舱口，以便装货。底部有升降架，可升高成 40°的倾斜角，以便卸货。这种箱子适宜装粮食、水泥等散货。如果需要进行植物检疫，还可在箱内熏舱蒸洗。

3）牲畜集装箱，其箱子侧面采用金属网，通风条件良好，且便于喂食，是专门用于装运牛、马等活动物的特殊集装箱。

4）液体集装箱，是为运输食品、药品、化工品等液体货物而制造的特殊集装箱，其结构是在一个金属框架内固定一个液罐而成。

5）冷藏集装箱（见图 3-33），通常可分外置式和内置式两种，温度可在 -28 ~ 26℃调整。内置式集装箱在运输过程中可随意启动冷冻机，使集装箱保持指定温度；而外置式则必须依靠集装箱专用车、船和专用堆场、车站上配备的冷冻机来制冷。这种集装箱适合在夏天运输黄油、巧克力、冷冻鱼肉、炼乳、人造奶油等物品。

6）保温集装箱，其箱内有隔热层，箱顶又有能调节角度的进出风口，可利用外界空气和风向来调节箱内温度，紧闭时能在一定时间内不受外界气温影响。这种集装箱适宜装运对温度和湿度敏感的货物。

7）挂衣集装箱，是指适合装运服装类商品的集装箱。

8）特种深冷集装箱，常用于装运需超低温冷冻运输的货物，箱内温度可达 -70℃。

图 3-31　杂货集装箱

图 3-32　散货集装箱

图 3-33　冷藏集装箱

（3）集装袋

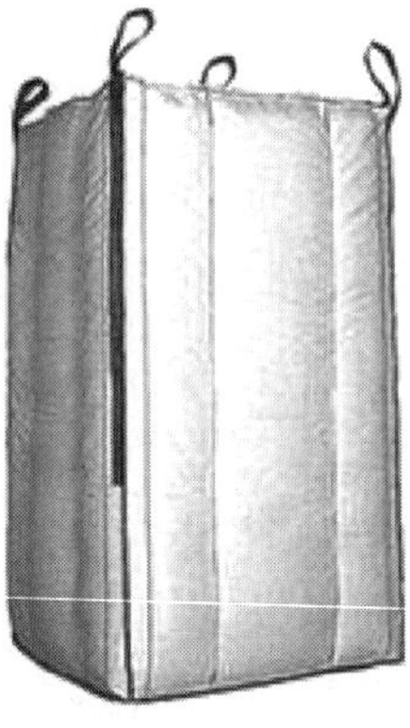

图 3-34　集装袋

集装袋（见图 3-34）又称柔性集装箱，是集装单元器具的一种，配以起重机或叉车，就可以实现集装单元化运输。它适用于装运大宗散状、粉粒状物料。

它的特点是结构简单、自重轻、可以折叠、回空所占空间小、价格低廉。

依据货物特征及对所需集装袋的要求，可将集装袋分为普通集装袋、导电集装袋、立方集装袋、透气集装袋等。

1）普通集装袋通常以聚丙烯、聚乙烯为原料，经拉丝、编织、裁剪、缝制而成，具有无毒、无味、防尘、耐酸、耐碱、安全牢固、操作方便的特点，可广泛用于农副产品、五金矿产、水泥等粉粒状物品包装。这种集装袋可一次性使用，也可回空周转使用，运输中成本较低、效率高。

2）导电集装袋通过编织在袋体布料和吊带中的导电丝的接地起导电作用，能够有效地去除装料和卸料时产生的静电，防止燃烧和爆炸，主要用于化工、医药等行业危险物品的包装。

3）立方集装袋是袋中有隔片结构的袋子，灌装物品后能保持立方体的形状，不外扩变形，比普通集装袋节省储存空间，可降低运输成本。

4）透气集装袋采用特别设计编织的透气布缝制而成，有良好的透气性，特别适用于农副产品的包装。

5）成型内袋与外袋相缝后使用，可用于食品及高档化工品包装，能在装卸过程中使灌装更加充分，方便快捷，加强了货物的防潮、防污功能。

（4）周转箱

周转箱也称为物流箱，广泛用于机械、汽车、家电、轻工、电子等行业，能耐酸、耐碱、耐油污，无毒无味，可用于盛放食品，清洁方便，零件周转便捷、堆放整齐，便于管理。各类周转箱的合理设计和优良品质，为工厂物流中的运输、配送、储存、流通加工等环节带来了极大的方便。

周转箱可与多种物流容器和工位器配合，适用于各类仓库、生产现场等多种场合，在物流管理越来越被广大企业重视的今天，周转箱帮助企业实现了物流容器的通用化、一体化管理，已成为生产及流通企业进行现代化物流管理的必备品。

周转箱从外观上可分为标准周转箱、折叠周转箱和防盗周转箱，如图 3-35 所示。

(a) 标准周转箱

(b) 折叠周转箱

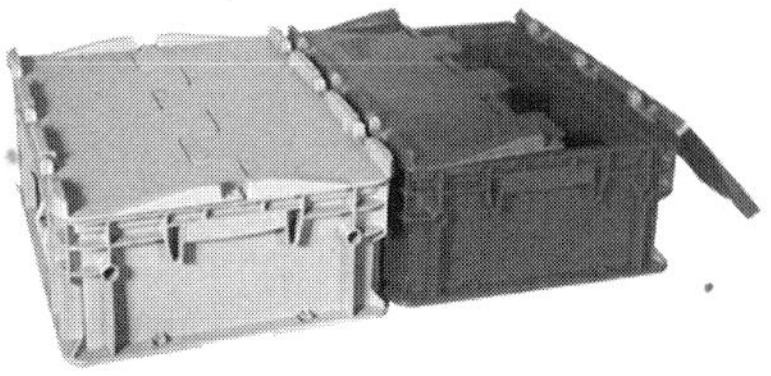

(c) 防盗周转箱

图 3-35　周转箱

2. 包装机械

包装机械是指能完成全部或部分产品和商品包装过程的机械。包装过程包括充填、裹包、封口等主要工序，以及与其相关的前后工序，如清洗、堆码和拆卸等。此外，包装还包括计量或在包装件上盖印等工序。使用机械包装产品可以提高生产率，减轻劳动强度，适应大规模生产的需要，并满足清洁卫生的要求。包装机械的种类繁多，从不同的观点出发可有多种分类，按产品状态分，有液体、块状、散粒体包装机；按包装作用分，有内包装机外包装机；按包装行业分，有食品、日用化工、纺织品等包装机；按包装工位分，有单工位、多工位包装机；按自动化程度分，有半自动、全自动包装机等。

包装机械还有许多其他的分类方法，各种分类方法各有其特点及适用范围，但也均有其局限性。从国际上包装机械总的情况来看，比较科学的分类方法是按其主要功能进行分类，其基本分类为：充填机、封口机、裹包机、捆扎机和多功能包装机。

（1）充填机

充填机是将精确数量的包装品装入各种容器内的包装机，主要种类有：

1）容积式充填机（见图 3-36），包括量杯式、插管式、柱塞式、料位式、螺杆式、定时式充填机。

2）称重式充填机（见图 3-37），包括间歇称重式、连续称重式、称重-离心等分式充填机。

3）计数式充填机。包括单件计数式、多件计数式充填机。

图 3-36　容积式充填机

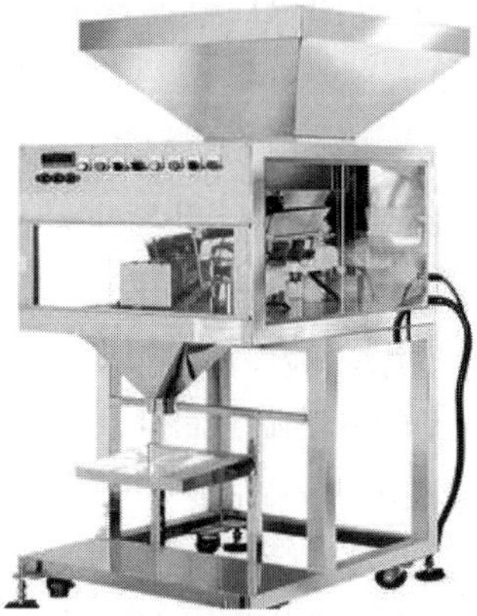

图 3-37　称重式充填机

（2）封口机

封口机是将充填有包装物的容器进行封口的机械，其主要种类有：

1）无封口材料封口机，包括热压式、冷压式、熔焊式、插合式、折叠式等封口机。

2）有封口材料封口机，包括旋合式、滚纹式、卷边式、压合式等封口机。

3）有辅助封口材料封口机，包括胶带式、黏结式、钉合式、结扎式、缝合式等封口机。

（3）裹包机

特种包装的裹包机技术有以下几种：

1）热收缩包装技术。热收缩包装机有的采用石英远红外管加热，收缩温度和输送速度是稳定可调的；也可通过不锈钢灯管加热，采用变频或电子调速，内循环型，温度由固态调压器或温控仪器控制等多种不同工作原理进行包装作业。包装之后的产品，能密封、防潮、防撞击，适用于多件物品裹紧包装和托盘包装，并通过收缩提高包装的可展示性。

2）真空包装技术。使用真空包装机可按设定的程序完成抽真空或抽真空后充入惰性气体的功能，然后进行封口、印字、冷却、排气的完整过程。经抽真空包装后的物品可防止氧化、霉变、虫蛀、受潮，可以延长产品储存期限。

真空包装技术通常适宜于包装以下食品：

① 腌腊制品：香肠、火腿、腊肉、板鸭等。

② 酱腌菜：榨菜、萝卜干、泡菜等。

③ 豆制品：豆腐干、素鸡等。

④ 熟食制品：烧鸡、烤鸭、酱牛肉等。

⑤ 方便食品：即食湿面、熟菜等。

⑥ 软罐头：糖水桃、八宝粥、清水笋等。

3）充气包装技术。在商品的储存、运输中，除去人为破坏和机械损伤之外，商品的腐败变质或霉烂损坏都是由微生物的作用而引起的。例如，粮食、水果的变质、变味及腐烂，皮革、毛棉丝绒等天然纤维纺织品的霉烂，金属制品的锈蚀等，关系最为密切的当属生熟食品。微生物按其对氧气的亲密性可分为嗜氧菌、厌氧菌和兼性厌氧菌三大类，而大多数致腐性菌都属嗜氧微生物，例如霉菌、酵母、细菌等。前面介绍的真空包装技术虽可有效地阻止嗜氧菌的繁殖，但却不能阻止厌氧和兼性厌氧菌的繁殖。充气包装技术利用充气包装机充入一种或两种混合气体置换包装袋中的气体，从而对上述三种微生物同时起到抑制或杀灭作用。常用的包装气体有二氧化碳、氮气、氧气、乙醇氧化硫、一氧化碳。

（4）捆扎机

捆扎机的作用是为了使众多的箱包货物捆成一个整体或使货物与托盘捆扎成一个整体，以利于货物的运输和装卸。

捆扎机通常用于纸箱、塑料箱、书刊、软硬包及方形、筒状、环状等各种物件的捆扎包装，广泛应用在轻工、食品、外贸、印刷、医药、邮政等行业。

台式捆扎机主要用于纸币、票据、邮包、印刷品、礼品等各种小型物件的捆扎包装，广泛应用于邮局、办公室、银行、书店等场所。

自动捆扎机广泛用于各行业进行各类包件的捆扎，可单机捆扎，亦可多机安装在包装流水线上使用。

（5）多功能包装机

多功能包装机通常具有两种或两种以上的功能，其主要种类有：

1）充填封口机。具有充填、封口两种功能。

2）成型充填封口机。具有成型、充填、封口三种功能，成型的种类有袋成型、瓶成型、箱盒成型、泡罩成型、熔融成型等。

3）定型充填封口机。具有定型、充填、封口功能。

4）双面封箱机。能同时封上盖和下底两个面，封箱时，箱子可侧放或立放。

3.3.2 分拣设备及系统配置

1. 分拣方法

传统的分拣系统由三个基本元素构成：分拣货架、集货货架和分拣人员。将其中一个元素静止不动，再和其他两个元素组合；或将其中两个元素静止不动，与其他一个元素组合，可形成五种不同的操作分拣方法，即“人到货”分拣方法、分布式的“人到货”分拣方法、“货到人”分拣方法、闭环“货到人”分拣方法和活动的“人到货”分拣方法。

（1）“人到货”分拣方法

这是一种传统的分拣方法，分拣货架静止不动，通过人力拣取货物。在这种分拣方式中，分拣货架是静止的，而分拣人员带着流动的集货货架或容器到分拣货架，即拣货区拣货，然后将货物送到静止的集货货架（集货点）处，如图 3-38 所示（图中，A 代表空托盘，B 代表分拣货架，K 代表分拣人员）。

（2）分布式的“人到货”分拣方法

这种分拣作业系统的分拣货架也是静止不动的，但分拣作业区被输送机分开（见图 3-39），分拣工作在输送机两边进行，拣选出的货物可由人直接送到输送机（集货点），或用载物器具集中后送到输送机（集货点），再由输送机送到集货中心。输送机的帮助，使得分拣人员的行走距离缩短了，劳动强度降低了，拣货效率有所提高。不足之处在于：由于输送机将拣货作业区分成两个部分，若分拣任务不是均匀分布在两边的货架，就不能调节两旁分拣人员的工作节奏，同时也会产生系统的柔性差、补货困难、所需的作业面变大等问题。

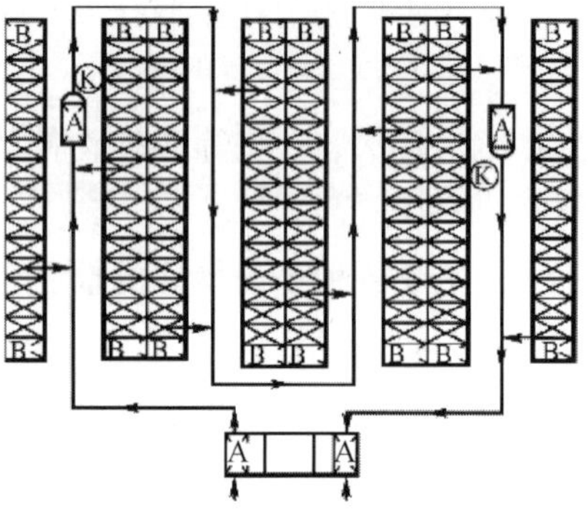

图 3-38　“人到货”分拣方法

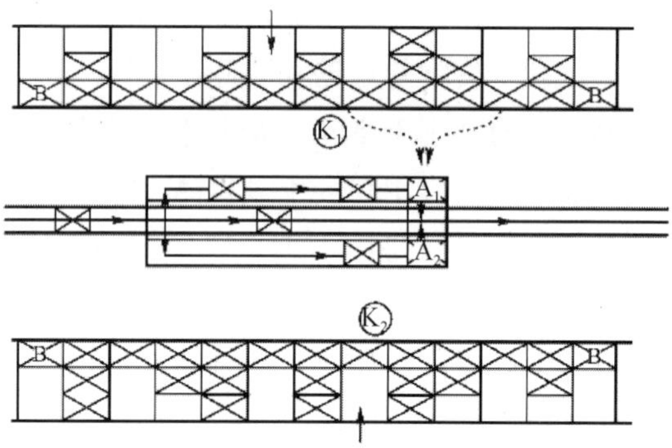

图 3-39　分布式的“人到货”分拣方法

（3）“货到人”分拣方法

这种作业方法是人不动，托盘（或分拣货架）带着货物来到分拣人员面前，再由不同的分拣人员拣选，拣出的货物集中在集货点的托盘上，然后由搬运车辆送走（见图 3-40）。

采用这种方法，分拣人员不用行走，分拣效率高、工作面积紧凑、容易补货、空箱和空托盘的清理也容易进行，优化了分拣人员的作业条件。不足之处在于：投资大，分拣周期长，这种分拣方法的应用系统称为小容量自动化仓储系统（见图 3-41）。

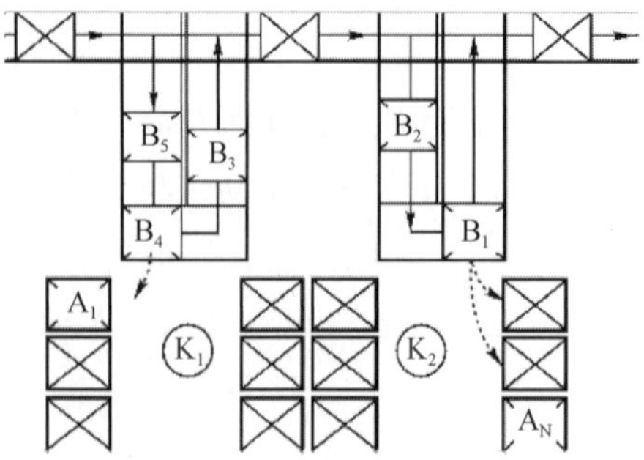

图 3-40　“货到人”分拣方法

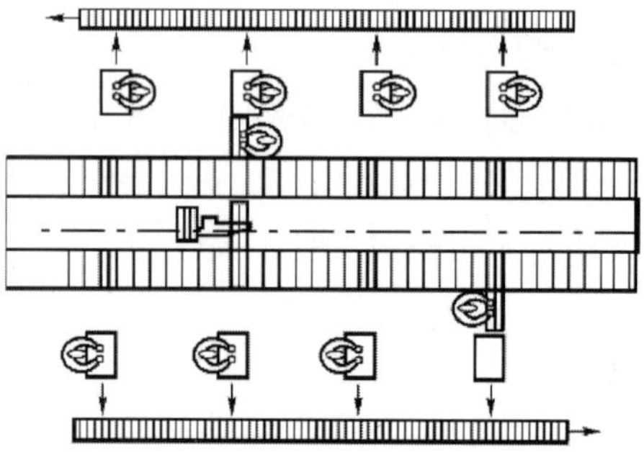

图 3-41　小容量自动化仓储系统

（4）闭环“货到人”分拣方法

这种分拣方法的载货托盘（即集货点）总是有序地放在地上或搁架上，处在固定位置。输送机将分拣货架（或托盘）送到集货区，拣货人员根据拣货单拣选货架中的货物，放到载货托盘上，然后移动分拣货架，再由其他分拣人员拣选，最后通过另一条输送机将拣空后的分拣货架（拣选货架）送回（见图3-42）。

这种方法拣选路径短、拣选效率高、系统柔性好、空箱和无货托盘的清理容易、所需作业面积小、劳动组织简单。不足之处在于：为了解决分拣货架的出货和返回问题，仓库、输送机和控制系统的投资大，同时，由于是顺序作业，因此，作业时间较长。

（5）活动的“人到货”分拣方法

这种分拣方法是分拣人员（或分拣机器人、高架堆垛机）带着集货容器（集货点）在搬运机械的帮助下，按照订货单的要求，到分拣货架拣货，当集货容器装满后，到集货点卸下所拣货物（见图3-43）。

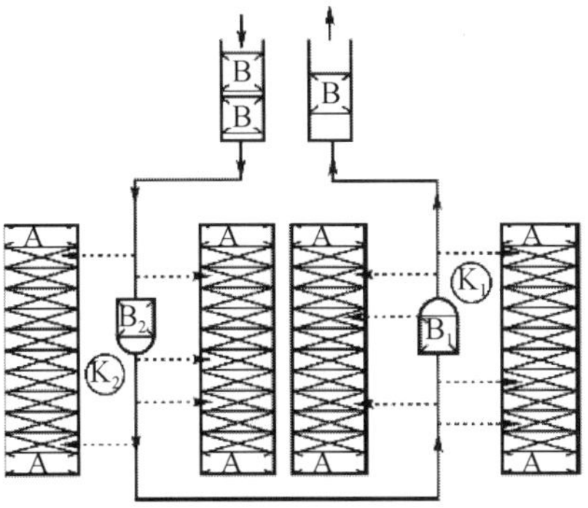

图3-42　闭环“货到人”分拣方法

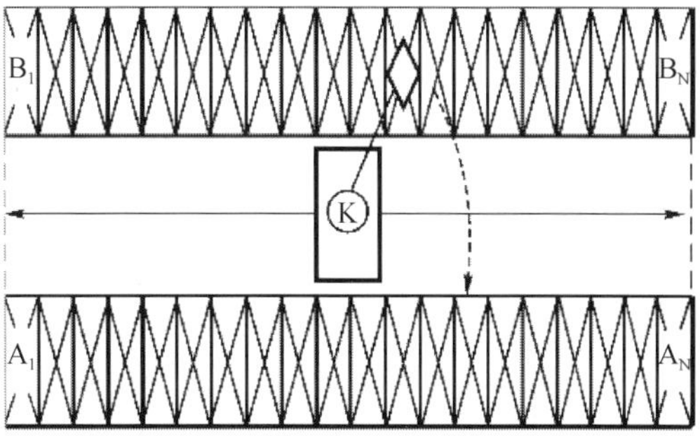

图3-43　活动的“人到货”分拣方法

由于此系统一般是由机器人拣货，但是受机器人取物装置的柔性所限，不能同时满足箱状货物、球状货物、柱状货物的拣取，其应用作业局限性较大，因此，这种分拣方法适宜出库频率很高、货种单一的场合。

2. 分拣装置

（1）横向货物分拣装置

横向货物分拣装置（见图3-44）由多条短平带输送机并联组成，皮带机的运动方向与分拣装置的运动方向垂直，每条皮带机的驱动装置都是独立的，可分别驱动，整套装置由牵引链拖动。这种装置对一般货物的分拣具有良好的适应性，但如果货物的重心较高、底面不平整，就会对装置的正常运行产生影响。

（2）翻盘式分拣装置

翻盘式分拣装置（见图3-45）由牵引链牵引，翻盘到达指定的分岔道口时，向左或向右倾斜，被拣货物靠重力滑入分岔道口。这种分拣装置的牵引链能在水平和垂直两个平面转向；工作时，由于被拣货物通过喂料输送机送入托盘，送入角度是斜角或直角，因此，翻盘式分拣装置的布置十分灵活，或水平，或倾斜，或隔层布置，组成一个变化多样的空间分拣系统。此类装置的翻盘一般都做成马鞍形，所以对底面不平整的软包装货物有良好的适应性。

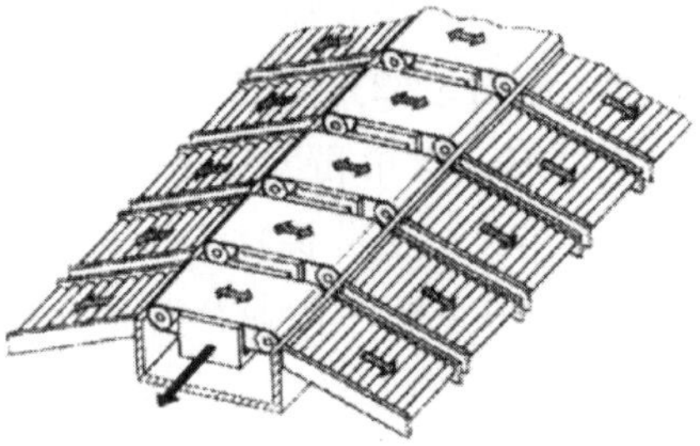

图 3-44　横向货物分拣装置

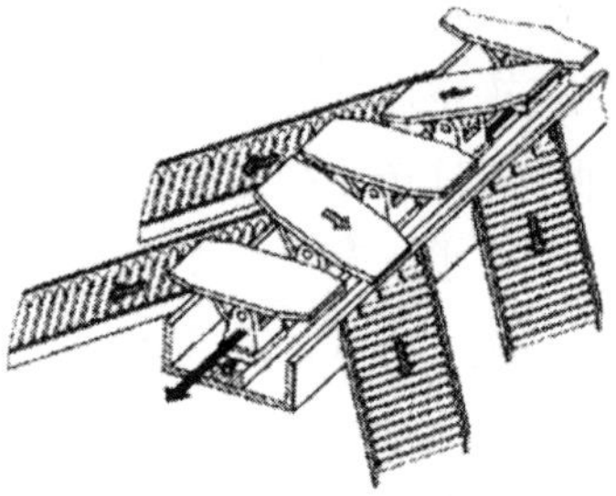

图 3-45　翻盘式分拣装置

（3）活动货盘分拣装置

活动货盘分拣装置（见图 3-46）由圆管或金属板条组成，每块板条或管子上都有一个活动的货物托盘做横向运动，当货物到达分拣装置出口时，将货物分到指定的岔道实现分拣。这种分拣装置的分拣效率很高，但仅适用于轻小型货物的分拣作业。

（4）直落式分拣装置

直落式分拣装置（见图 3-47）是通过牵引链驱动的，所输送的待分拣货物放在一些底部有活门的托盘上，当托盘到达预定位置后，由分拣系统发出信号，活门打开，货物落入指定容器。采用这种装置不需要辅助作业就可较为容易地实现分拣货物的集中，此类装置一般用来对扁平状的货物进行分拣，例如书籍、扁平包裹等。

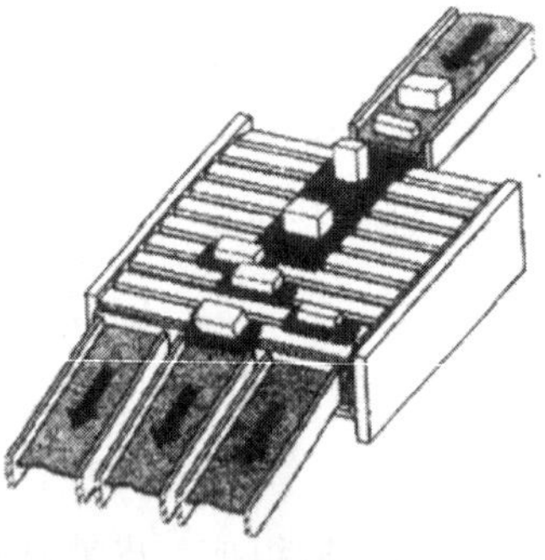

图 3-46　活动货盘分拣装置

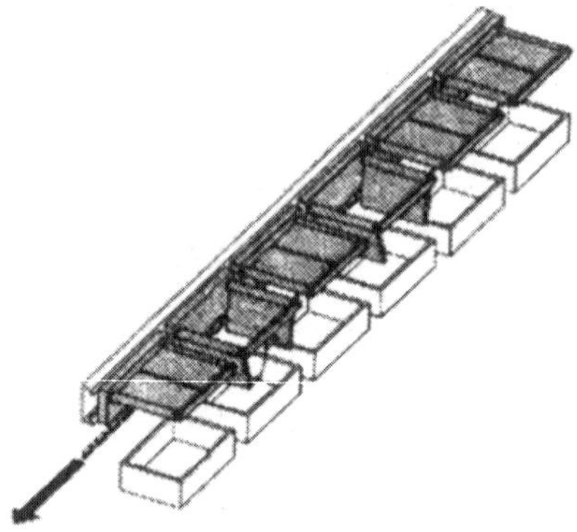

图 3-47　直落式分拣装置

（5）滑块式分拣装置

滑块式分拣装置（见图 3-48）是一种特殊的板式输送机，它是通过货物分流来实现货物分拣的。板面由金属板或管子组成；每块板条或管子上各有一块能做横向运动的导向块，导向块靠在输送机的侧边上，当分拣货物到达指定道口时，控制器发出指令使导向滑块顺序地向道口方向滑动，把货物推入指定的分岔道口。由于导向滑块可以朝两侧滑动，因此，可在输送机两侧设置分拣道口，以节约场地。

这种分拣装置适宜于各种形状、体积和重量在 1～90 kg 的货物。分拣能力可达 12 000 件/小时，准确率为 99.9%。

（6）摇臂式分拣装置

摇臂式分拣装置（见图 3-49）是通过对货物的流向进行控制来实现分拣的，同时可以提高系统的分拣效率，可达 2 500 件/小时。这种分拣装置在主道上安装一根摇臂，对货物的流向进行控制来实现货物的分拣，装置的摇臂上安装的齿形皮带可使分流速度更快更准确。

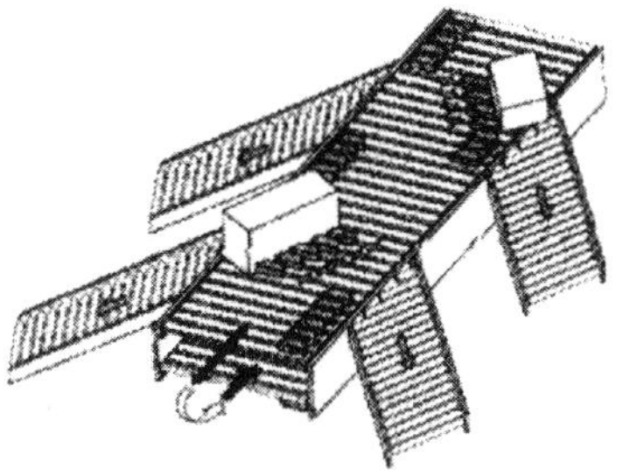

图 3-48　滑块式分拣装置

图 3-49　摇臂式分拣装置

（7）皮带浮出式分拣装置

皮带浮出式分拣装置（见图 3-50）在主滚道中设置一条宽度较窄的皮带机，皮带宽、又有花纹、摩擦力大，因而使货物改向更加容易，也使分流速度更快、更准确。这种装置多用于输送线的分流和分拣中。

（8）辊子浮出式分拣装置

辊子浮出式分拣装置（见图 3-51）与辊子输送机、平带输送机融为一体，放在输送系统的岔口处，可看作一种分流装置。在没有分拣作业时，可作为输送机输送货物。该装置是在对应岔口的入口处设置了一排短辊子，这些短辊子与主滚道上表面水平，可通过气动元件向两侧摆动和浮出主滚道的上面，这些短辊子通过表面上胶或采用聚氨酯材料，增大摩擦力，从而带动货物转向。如果岔道上的辊子是主动辊且上了胶，加上采用上述变向措施，就很容易达到较高的效率。采用这种装置，岔道方向可与主滚道成 45°～90°，在岔道方向与主道成 90°时，要在岔道前加一个转速较快的变向辊子来支持输送货物的变向。这种分拣装置的分拣速度可达 2～2.5 m/s，分流能力可达 7 000 件/小时。

图 3-50　皮带浮出式分拣装置

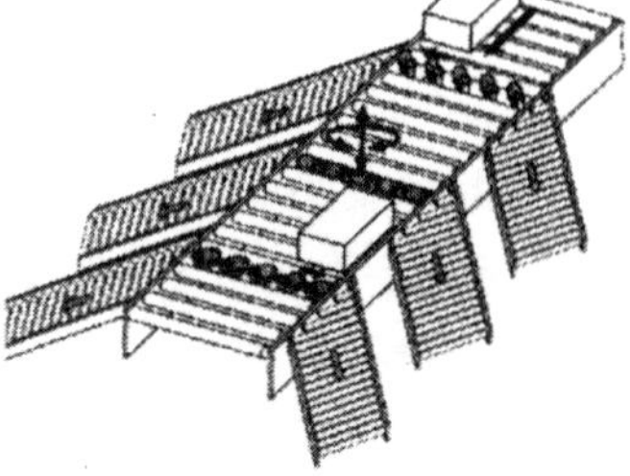

图 3-51　辊子浮出式分拣装置

（9）推出式分拣装置

推出式分拣装置（见图3-52）是附在输送机上的一类分拣装置，是通过90°分流来实现分拣的。分流可采用气缸侧推方式，也可采用摇臂推出方式和辊道侧翻推出方式。推出式分拣装置简单，价格不高，货物流向精确、可靠，不足之处在于货物及货物的包装必须结实，否则分拣作业将损坏货物，或使货物四处散开，另外，货物的运行速度也不能太大，货物的包装，特别是包装物的底面一定要平。

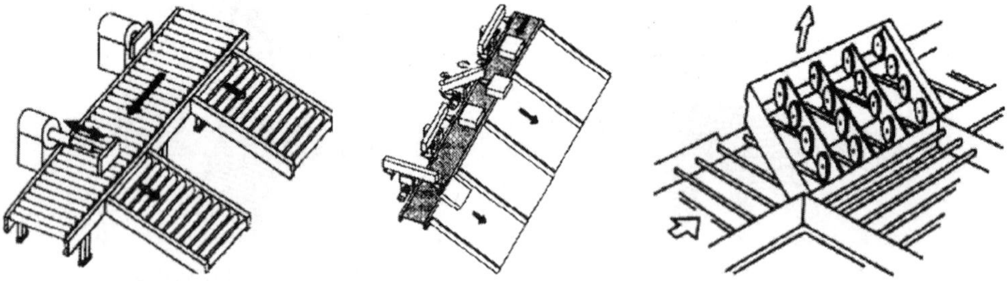

(a) 气缸侧推方式　　(b) 摇臂推出方式　　(c) 辊道侧翻推出方式

图3-52　推出式分拣装置

3.3.3　货架系统

1. 流利架

流利架（见图3-53）又称滑移式货架，是将货物置于滚轮上，利用一边通道存货，另一边通道取货。料架朝出货方向向下倾斜，货物在重力作用下向下滑动，由此可实现先进先出，并可实现一次补货、多次拣货，存储效率高，适合大量货物的短期存放和拣选。流利架广泛应用于配送中心、装配车间及出货频率较高的仓库。

流利架上的常用容器有周转箱、零件盒及纸箱。其中，周转箱和零件盒是两种标准容器，周转箱更常使用。故在制定流利架标准规格时，以可堆式周转箱为参照。

2. 后推式货架

后推式货架是为提高保管效率而设计的形式，其原理是在前后梁间以多层台车重叠相接，在货架前端将货物置于台车上，后储存货物时叉车同时会将原先货物推向里面。台车通过轴承跨于倾斜轨道上，当外侧货物被取走时，里面的台车会自动滑向外侧。

后推式货架适用于先进后出的作业方式，具有储存量大、空间利用率高的特点，适合多品种、大批量物品的储存，例如冷冻库等需要较大提高空间利用率的场合。

图3-54所示的后推式货架组件，每个台车有四个滚动轴承及四个导向轴承，台车以颜色区分，方便储位管理，这种后推式货架具有良好的滑动性。

图 3-53　流利架

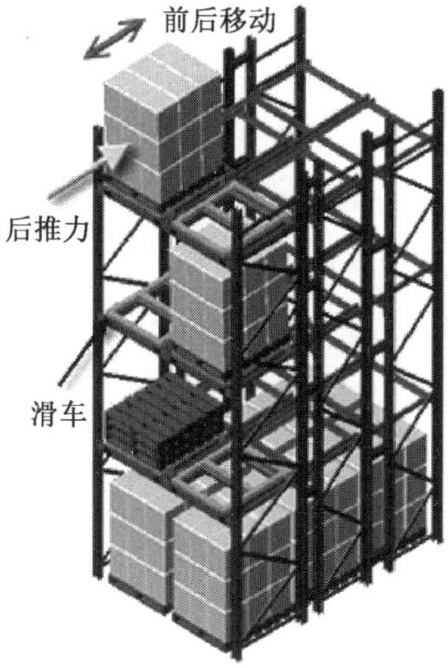

图 3-54　后推式货架

3. 贯通式货架

贯通式货架（见图 3-55）又称通廊式货架、驶入式货架。贯通式货架是通过取消位于各排货架之间的巷道，将货架合并在一起，使同一层、同一列的货物互相贯通而形成的货架形式。因而，在同样的空间内比通常的托盘货架几乎多一倍的储存能力。

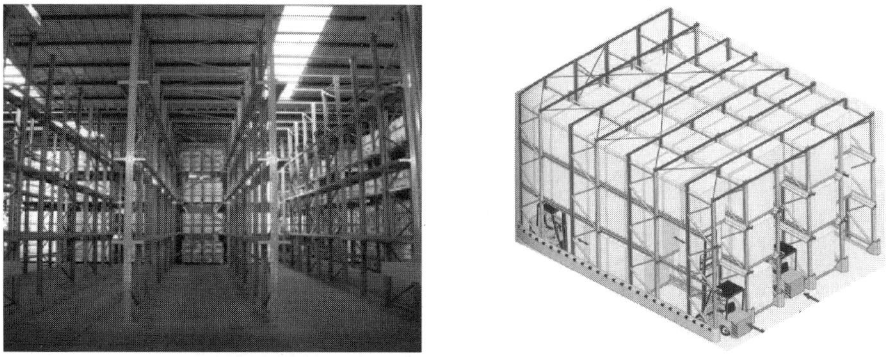

图 3-55　贯通式货架

贯通式货架在存放时先由内部存放，再依序向外存放，而出货时先将外部货物取出，再向内依序取货，所以，其存取方式为先进后出，不能先进先出。就物品存储而言，这种货架的储存密度非常好，可以大幅度提高空间利用率，同时，叉车可以开入巷道内存放托盘，因而，贯通式货架采用托盘存取模式，适用于品种少、批量大的货物储存，适合周期性批量作业及存取物料频率高的原料仓库或转运仓库。

贯通式货架还可根据实际需要选择配置导向轨道，被广泛应用于冷库及食品、烟草行业的库房。

4. 悬臂式货架

悬臂式货架是在传统式货架支柱上装设外悬臂而成，是一种长形物专用的货架。

适合钢管、型钢、塑料管、长箱体等长形物品的存放。因而，管料生产工厂或长形产品制造商、长形产品物流商等需要利用悬臂式货架进行食物的存放。

可根据用户现场使用状况将悬臂式货架设计成单面悬臂或双面悬臂，悬臂末端可安装挡块以防止货物滚落。同时，需配以叉距较宽的搬运设备进行装卸作业。

5. 重型移动式货架

重型移动式货架将重量型货架装置于电动驱动台架上，台架在固定空间内可以做横向移动，其目的在于节省通道空间，从而有效地发挥空间效用，增加空间储存量。货架的移动管理由控制面板操作控制，可以是手控，也可以是遥控打开所要存取的储位通道，使搬运机具进入通道存取货物。

6. 阁楼式货架

阁楼式货架（见图3-56）是用货架做楼面支撑，设置有楼梯、扶栏和升降机等的一种货架，通常可设计成多层楼层（通常2～3层）。因而，阁楼式货架是一种充分利用空间的简易货架，可在已有的货架或工作场地上建造一个中间阁楼以增加储存面积。阁楼楼板上一般可放轻泡及中小件货物或储存期长的货物，可用叉车、输送带、提升机、电动葫芦或升降台提升货物。

阁楼式货架适用于库房较高、货物较小、人工存取、储物量大的情况。楼面支撑货架可以设计多种规格，阁楼楼面可以用平板、花纹板、钢铬板、木板等不同种类的材料进行设计。阁楼上一般采用轻型小车或托盘牵引小车作业。

图3-56　阁楼式货架

3.4　仓储设备的管理

依照设备综合管理的理论，企业应实行设备全过程管理，即实行从设备的规划工作起直至报废的整个过程的管理，这个过程一般可分为前期管理和使用期管理两个阶段。就仓储设备的管理而言，同样可分为前期和使用期两个管理阶段，本节主要论述使用期仓储设备的管理。主要包括仓储设备的基础管理、运行管理和维修管理。

3.4.1 仓储设备的基础管理

仓储设备的基础管理主要包括设备的凭证管理、档案与资料管理和资产管理。

1. 仓储设备的凭证管理

仓储设备的管理凭证是企业进行仓储设备管理活动的依据。因此，搞好仓储设备的凭证管理是企业进行正常仓储作业和设备维修的重要前提和保证。

凭证的内容主要包括两个方面：一是实质内容，例如设备名称、规格、型号、数量及与其相关的使用单位等，或者是精度检测和相关的精度值等设备管理活动项目；二是格式内容，包括标题、表头、单位负责人、填表人、填表日期、凭证号码及文字注释等。

仓储设备的凭证管理可归纳为以下六个方面。

（1）明确管理部门

由于凭证具有记录原始数据、明确责任的作用，因此，要求记录仓储设备的凭证真实、准确，要有明确的主管部门来负责凭证的设置、修改、审核及使用监督。

（2）凭证设置程序

仓储设备凭证的设置，由主管部门专业管理人员拟出草稿，经部门负责人审批后，由相关处室（如计划处、财务处等）会签，并经企业领导批准，定稿实行。

（3）凭证的启用

经批准的凭证，视使用范围，由主管部门通过厂部文件或会议纪要等形式下达到有关部门落实实施，并纳入有关制度中，制定相关的检查监督办法。

（4）凭证的填写

仓储设备管理凭证由使用凭证的相关人员负责填写，凭证的填写应书写认真、整洁、数据准确，并须单位负责人签字方才有效。

（5）凭证的审核

取得凭证的主管人员，要审核凭证的内容，发现问题要及时查清，涉及实物管理的要经常和实物核对；设备维修等费用凭证，应按规定期限和财务部门对账，以免发生差错和漏洞。

（6）凭证的传递和保存

凭证的传递要有固定的传递路线，有相关的制度保证；凭证由联次注明的相关部门主管人员保存，如购置合同由设备采购员保管、设备入库单由仓库保管员保存，并根据重要程度确定其保存年限。

2. 仓储设备的档案与资料管理

叉车、货架、登高设备、托盘等许多仓储设备均有技术档案，这些设备的技术档案是在设备管理过程中形成的，经整理归档保存，包括图纸、文字说明、计算资料、图表、录像、图片（照片）等。

仓储设备资料通常包括设备选型安装、调试、使用、维护、修理和改造所需要的产品样本、图纸、技术标准、技术手册、规程，以及设备管理的法规、制度等。

这些档案和资料是管理和修理过程中不可缺少的基本资料，需要妥善保管，例如，一些重要设备的档案可能仅供查询或复制，但不出借，以防丢失。

3. 仓储设备的资产管理

仓储设备是企业固定资产的组成部分，是企业进行仓储作业的物质技术基础，新购置的设备经过验收后要列入企业的固定资产再交付使用，直到报废。可以运用ABC分析法，根据设备发生故障后和修理停机对生产、质量、成本、安全、维修等方面的影响程度和造成损失大小等综合因素，将其划分为三类：A类为重点设备，B类为主要设备，C类为一般设备。对重点设备的管理要求做到以下几点：

1）建立重点设备台账及技术档案，内容必须齐全，并有专人管理。

2）重点设备上应有标志，可在编号前加符号A。

3）重点设备的操作人员必须严格选拔，能正确操作和做好维护保养，人机要相对稳定。

4）明确专职维修人员，逐台落实定期点检（保养）内容。

5）对重点设备优先采用监测诊断技术，组织好重点设备的故障分析和管理。

6）重点设备的配件应优先储备。

此外，仓储设备都要进行编号，较为普遍的是三段编号法，如图3-57所示。

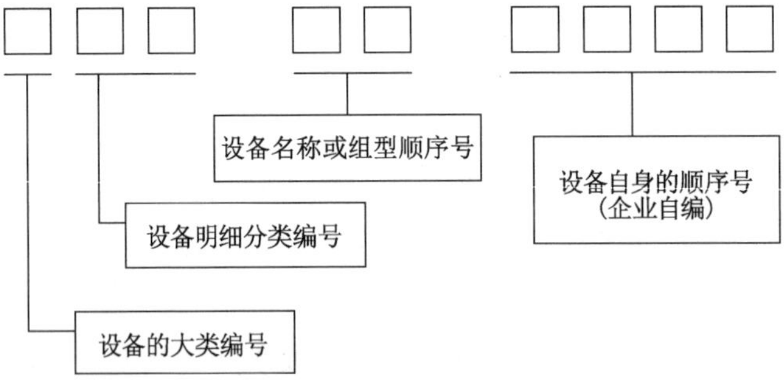

图3-57　设备三段编号法及代表的意义

第一段以三位数字为代号，表示固定资产的大类和明细分类；第二段以两位数字为代号，表示该设备的名称或组型的顺序号；第三段以四位数字为代号，表示该设备自身的顺序号。

根据上述编号规则，一辆运输车（自卸车）的编号如图3-58所示。

3 0 2　　0 2　　0 1 0 7

图3-58　某运输车的设备编号

第一段数字302表示运输车（自卸车）属运输设备，属固定资产第三大类，故本段第一位为表示大类的数字3；自卸车是无轨运输设备，在第三大类固定资产中属第二明细分类，故本段后两位表示明细分类的数字为02。

第二段的两位数字02表示自卸车的名称序号为2。

第三段的四位数字0107表示挂此牌号的自卸车是第107辆车。

3.4.2 仓储设备的运行管理

1. 设备正确使用的标志

仓储设备使用管理中，必须正确使用设备，尤其是对于重点设备、主要设备的使用，一定要掌握其机械性能，按照使用说明书、操作规程及各种条件下对设备机械使用性能的要求进行作业。要考虑经济合理和技术合理两个方面。正确使用的标志有三个方面：

1）高效率。设备使用必须使其作业性能得以充分发挥，如果设备长期处于一种低效运行的状态，就是一种不合理使用。

2）经济性。经济性要求在可能的条件下使单位实物作业量的设备使用费成本最低。

3）设备非正常损耗防护。即使设备的操作、保养、修理、管理都很好，也不能避免正常磨损及油耗。因此，使用中应杜绝或避免非正常的损耗现象。例如，早期磨损、过度磨损、事故损坏，以及其他各种使设备技术性能受到损害或缩短使用寿命的情况都应避免。

2. 大型或重要仓储设备使用程序

1）对操作人员进行教育培训。组织操作人员学习有关设备的结构、性能、操作维护、故障排除和技术安全等方面的业务知识，并掌握设备的实际操作方法。

2）技术考核。通过学习和技术培训后，要进行技术知识、使用维护知识、操作规程和技能、排除故障和保养等方面的考核。一般是现场实际操作和理论考核相结合。

3）发放设备操作证。设备操作证代表设备操作者的身份，是操作人员独立使用和操作设备的证明文件，也是设备操作人员通过技术基础理论和实际操作技能培训、经考试合格后取得的一种资格证书，凭证操作是保证正确使用设备的基本要求，对于重点仓储设备、主要仓储设备的操作使用，凭证上岗尤为必要。

4）设备委托书。大型重点和主要仓储设备价格昂贵，为了增加操作人员的责任心，在操作人员接管设备前，应由设备管理部门和使用部门发给操作人员设备委托书。

3. 设备使用规程

仓储设备，尤其是大型、重点、主要设备的使用，应该按操作规程进行作业。操作者在使用设备过程中要掌握“三好”“四会”，并严格执行“五项纪律”。

“三好”要求包括：

1）管好设备。自觉遵守定人、定机制度和凭证使用设备，设备必须保持完整，未经允许，不得借与他人使用。

2）用好设备。设备不带病运转，不超负荷使用，不大机小用和精机粗用，细心爱护设备，防止事故发生。

3）修好设备。按规定的检修时间停机检修设备，操作人员要配合维修人员修好设备，并做好日常维护工作。

“四会”包括：

1）会使用。操作人员应熟悉设备性能、结构、传动原理及操作规程，正确使用设备。

2）会保养。执行设备有关的维护、润滑规定，保持设备清洁，及时润滑，发现异常情况时能够及时正确处理。

3）会检查。操作人员应熟悉设备开动前及使用后的检查项目内容。

4）会排除故障。操作人员应熟悉所用设备的特点，会排除运行过程中的简单故障，排除不了的要及时报告，配合维修人员加以排除。

“五项纪律”包括：

1）实行定人定机，凭操作证操作设备。

2）经常保持设备整洁，按规定加油，确保设备润滑良好。

3）遵守安全操作规程和交接班制度。

4）管理好设备附件和工具，不损坏、不丢失。

5）发现异常即刻停机检查。

3.4.3 仓储设备的维修管理

1. 设备的三级保养制

（1）日常维护保养

设备的日常维护保养包括日保养和周保养。

日保养由设备操作人员当班进行，主要是检查交接班记录、擦拭设备、检查手柄位置和手动运转部位是否正确灵活、安全装置是否可靠、低速运转传动是否正常、润滑和冷却是否畅通等；还要注意设备运转的声音是否正常，设备的温度、压力、液位、电气、气压系统、仪表信号、安全保险等是否正常；离岗时要关闭开关，所有手柄放到零位；填写交接班记录和运输台时记录。

周保养应擦净设备导轨、各传动部位及外露部分；检查各部位的技术状况，紧固松动部位，调整配合间隙；擦拭电动机，检查绝缘、接地情况，做到完整、清洁、可靠。

（2）一级保养

以操作人员为主，维修人员协助，按计划对设备局部拆卸和检查，清洗规定的部位，调整设备各部位的配合间隙，疏通油路、管道，更换或清洗油线、毛毡、滤油器等，紧固设备的各个部位，一级保养所用的时间大约为 4 ~ 8 小时，一级保养完成后应做记录并注明尚未清除的缺陷。一级保养的范围应该包括所有仓储在用设备，对重点设备和主要设备应严格执行，一级保养的主要目的是减少设备磨损，消除隐患，延长设备使用寿命。

（3）二级保养

以维修人员为主，设备操作人员参加协助完成。二级保养列入设备的检修计划，对设备进行部分解体检查和修理，更换或修复磨损件，清洗、换油、检查修理电气部分，使设备的技术状况全面达到规定标准的要求。

2. 精密、大型、稀有、关键仓储设备的维护要求

这类设备是实现企业仓储正常运作的重点设备，使用时应严格执行以下要求：

1）实行定使用人员、定检修人员、定专用操作维护规程、定维修方式和备配件的“四定”做法。

2）必须严格按说明书安装设备，按不同设备的年检要求，进行定期检查、调整安装水平和精度，并做出详细记录，存档备查。

3）对环境有特殊要求的设备，例如，防震、防尘的设备，管理和操作时要采取相应措施，确保设备的性能不受影响。

4）对于一些精密、稀有、关键设备，在日常维护中要注意一般不要拆卸零件，必须拆卸时，应由专门的维修人员进行。一旦在操作运行中发现设备异常，应立即停止。

5）严格按照设备使用说明书规定的加工范围进行操作，不允许超规格、超重量、超负荷、超压力使用设备。

6）设备的润滑油料、清洗剂要严格按照说明书的规定使用，不得随意用代用品。

7）精密、稀有设备在非工作时间要加防护罩。

8）设备的附件和专用工具应有专用柜架搁置，防锈蚀，不得外借或做他用。

案例分析

耐克的绝密仓库

雄心万丈的本土体育用品品牌李宁、安踏等一直梦想着在中国市场超越耐克，现在，耐克为这项挑战赛又增加了一个新难度。2 月 23 日，耐克中国物流中心（CLC）在江苏太仓启用，这也是其全球第七个、第二大物流中心。当耐克在大中国区的年销售额达到18.64 亿美元（财报披露2009 年12 月至2010 年11 月的数字）时，什么是它现在最优先和最重要的应该做的事？不是品牌，不是营销，而是一个能够高效管理库存和快速补货的强大的物流支持系统。

以下数字，足以让李宁、安踏艳羡。这个巨型方盒的建筑面积达 20 万平方米，拥有超过 10 万个货品托盘，年吞吐能力超过 2.4 亿个件次，同时可满足 79 个集装箱货车装卸货。更重要的是，耐克将以此缩短 15% 的交货时间——一件货品从门店下单到发货将只需要数小时。

这里就像一个巨型的中央处理器。所有商品分拣和管理的基础都依赖于强大的数字化采集和处理能力。所有货品都嵌入了电子标签，并逐一扫描，工人们根据电子显示屏上的信息来分拣配送货品，其信息通过专门的数据端口与耐克实现全球连接，每天都会有完整的共享数据反馈给相关部门。信息如此之多，以至于计算机所需要的编码数量几乎与全球最大的购物网站亚马逊一样多——这里是物流专家们把对数字和技术的热爱转化为成果的乐园。

“这座全球顶级水准的物流仓库采用了业内最领先的技术，很多技术是耐克首创并独有的。”耐克全球营运技术副总裁汉斯·范·阿尔比克对《环球企业家》说。总长达 9 km 的传送带、顺序拣货机、无线射频扫描仪、自动化仓库管理系统等诸多物流技术与装备，让这座仓库在分配效率、吞吐力、弹性力三项指标上均达到了全球最高水准。

这座耐克在中国的第一家大型物流中心有两幢建筑，分别储存鞋类和服装类货品，两者之间通过传送带装置接驳。仓储区被分为整箱区和托盘区两大单元，散装托盘区分布其间。如果有大订单到来，整箱区即可直接配送；小订单补货则可以直接从托盘区内的散装货品中抽取。根据配送分拣需求，服装配送楼层被分割为三层：顶层是拥有 4.5 万个设置了独立编码的货架区，二层则是两套自动分拣系统，一层为打包和装车配送区。

出人意料的是，拥有 4.5 万个独立编码的顶层货架区的编码其实并无规律可言，这主要是为了避免操作员因频繁操作会熟记下编码，从而产生误操作。取货操作员运用机器语音系统与计算机对话，核对存货信息——取货前自动控制系统会告知操作员取货区域，操作员到达后，通过麦克风和耳机先向电脑系统报告货架区编码及取货数量进行确认。这套语音识别系统由耐克独立研发完成，它可以识别各国语言，甚至包括方言，系统会事先采集记录每一个操作员的音频信息。为以防万一，耐克另配备了一套应急装置，一旦语音识别系统发生故障，取货员可以用手持扫描设备救急，这也是货架编码的另一用途。

同时，这些货架安放的角度依据人体工程学设计，最大限度地避免了员工腰肌劳损。耐克规定，在货架充裕的情况下货品必须先存在中间层，方便员工取货。在货架最下端，底层货架与地板的间隙可以容纳临时扩充的货架，便于其在发货高峰期存放物料。

CLC 三楼顶层的仓储区高达 10 多米，为了最大限度地提高空间使用率、增加货品容纳量，耐克采用了窄巷道系统，货架之间的巷道宽度也被压缩到最小，与叉车的宽度相差无几。耐克在地板下方安装了用于叉车牵引的特殊磁力导线系统。这套智能引导系统可以令驾驶员在磁力线的自动引导下，以最精确的行车姿态进入取货巷道，完全避免任何碰撞。在自动引导取货时，叉车只能沿着磁导线的分布直来直往，而不会左右摇摆；取货小车装运完毕，关掉磁导线开关后，货车方可左右拐弯。

CLC 配送货品的一般流程是：接到订单，区分订单大小，仓储区取货。仓储区整箱订单货品通过传送带运至二楼分拣区，操作员和传送带会进行两次核对分拣；订单货品的余额件数由三楼操作员人工补货、自动分拣机验货、装箱后，再运至一楼，进行扫描核对、装车及发运。

作业过程中，最关键的要素是精确。以服装分拣为例，当三楼仓储区的整箱货品通过传送装置送到二楼时，操作员会通过手持扫描设备进行标签扫描。所有货品标签的贴放位置和高度都有严格规定，以提高核对效率。核对无误后，再通过传送带送至一楼的过程中，沿途每隔数米均有扫描设备对包装箱条码进行扫描，记录下位置信息。这些信息又与分布于物流中心各功能区的自动化分拣设备相连，使产品可以快速被传送至不同的操作区。一旦分拣有误，传动带会自动将错误货品甩出，进入特殊通道交由专人处理。

当货品经过层层校验，从分拣来到打包环节时，CLC 的系统会自动打印一张货品标签单，清楚地标明货品编号和件数。电脑还能估算出货物体积，并提示操作员大概选用何种型号的包装箱最为合适。

装箱操作员除了核对货品件数和编码外，另一重要工作就是要把货品发货标签贴到规定位置，便于下一个环节的机器或人工再次抽查核对。在装车发货之前，仓储管理系统会再次进行信息甄别，根据订单的时间配送要求，采用不同的交通工具和多级物流网络，确保产品高效、准确、及时、最低成本送达。

发生火灾怎么办？CLC 在设计之初就避免了这一切。这里一共安装了超过 220 个空气探测器，一旦失火，自动报警系统会响应，并打开喷水灭火系统。在仓储区之外，耐克还设立了“防火墙”，即便发生火灾，楼层只会朝着特定方向倒塌，保证另一个独立区域安然无恙。在两道墙壁中央，CLC 专门设置了消防人员救援通道和避难走道，后者还有特制的正压送风系统，只会依照特定风道排放烟雾，不会伤害人身安全。

（案例来源：中国物流与采购网）

问题讨论

1. 耐克仓库“绝密”在何处？耐克仓库里的仓储机械设备有哪些？
2. 阅读此案例，你获得哪些启示？

思考题

1. 简述各类搬运车辆的适用场合。
2. 简述各类托盘的适用场合。
3. 简述各类集装袋的适用场合。
4. 简述不同类型货架的用途。
5. 试比较各种分拣方法的适用环境。
6. 举例说明各种包装技术和包装设备的使用。

第二篇　仓储作业管理

第4章　仓储作业流程管理

本章导读

1. 了解入库作业的影响因素，掌握商品入库的作业流程，理解商品在入库过程中可能出现的问题及处理方法。

2. 熟悉商品堆码的要求与方法和商品苫垫的方法；掌握商品盘点的工作程序，理解盘点差异的处理办法，了解盘点作业的类型；了解订单处理作业的程序；了解拣选作业的策略；了解流通加工的含义；理解包装的功能。

3. 了解商品的出库管理，掌握商品出库的形式，熟悉商品出库管理的流程，理解商品出库过程可能出现的问题及处理方法。

案例导引

仓储管理八部曲关键管理模式

随着制造环境的改变，产品周期越来越短，多样少量的生产方式，对库存限制的要求越来越高，因而必须建立及执行供应链管理系统，借助电脑化、信息化将供应商、制造商、客户三者紧密联合，共担库存风险。仓储管理可以简单概括为八部曲关键管理模式。

第一部曲：追。仓储管理应具备资讯追溯能力，前伸至物流运输与供应商生产出货状况，与供应商生产排配和实际出货状况相衔接。同时，仓储管理必须与物流商进行ETD/ETA连线追溯，其中，ETD（Estimated to Departure）——离开供应商工厂出货的码头多少量？离开供应商外包仓库的码头多少量？第三方物流与第四方物流载具离开出发地多少量？ETA（Estimated to Arrival）——第三方物流与第四方物流载具抵达目的地多少量？抵达公司工厂的码头多少量？抵达公司生产线边仓多少量？与VMI Min/Max库存系统连线补货状况。

第二部曲：收。仓库在收货时应采用条码或更先进的RFID扫描来确认进料状况，关键点包括：在给供应商送货时，送货资料没有采购 VPO 号，仓库应及时找相关部门查明原因，确认此货物是否今日此时该收进；在清点物料时如有物料没有达到最小包装量的散数箱，应开箱仔细清点，确认无误后，方可收进；收货扫描确认时，如系统不接受，应及时找相关部门查明原因，确认此货物是否收进。

第三部曲：查。仓库应具备货物的查验能力，对于甲级物料（只有几家供应商可供选择的有限竞争市场和垄断货源的独家供应市场的 A 类物料）特别管制，严控数量，独立仓库，24 小时保安监控；建立包材耗材免检制度，要求供应商对于线边不良包材耗材无条件及时补货退换；对于物料储存时限进行分析并设定不良物料处理时限。

第四部曲：储。物料进仓做到不落地或至少做到（储放在栈板上，可随时移动），每一种物料只能有一个散数箱或散数箱集中在一个栈板上，暂存时限自动警示，尽量做到储位（Bin - Location）管制，做到工令备拣，不随意移动！

第五部曲：拣。拣料依据工令消耗顺序来做，能做到依灯号指示拣料则属上乘（又称 Pick to Light），拣料时最好做到自动扫描到扣账动作，及时变更库存信息告知中央调度补货。

第六部曲：发。仓库依据工令备拣单发料，工令、备料单与拣料单三合一为佳，做到现场工令耗用一目了然，使用自动扫描系统配合信息传递运作。

第七部曲：盘。整理打盘始终遵循散板散箱散数原则。例如 1 种物料总数 103 个，是 10 箱（每箱 10 个）加 3 个零数，在盘点单上盘点数数方法应写成 10 箱 ×10 个 +3 个 =103 个。对于物料要进行分级分类，从而确定各类物料盘点时间，定期盘点可分为日盘、周盘、月盘，其中日盘点搭配 Move List（库存移动单）盘点，每月 1 号中午 12 点设定本月要完成的目标。

第八部曲：退。以整包装退换为处理原则，处理时限与处理数量应达到整包装即退或每周五下午 3 点整批退光，做到 Force Parts（线边仓自动补换货）制度取代 RMA（Return Material Authorization，退料确认）做法，与 VMI Hub 退货暂存区共享原则，要求供应商做免费包装箱供应。

（资料来源：好运物流网）

阅读以上案例，请思考仓储管理的出入库流程。

4.1 入库作业管理

4.1.1 影响入库作业的因素

在进行入库作业组织与计划时，我们首先必须了解以下影响入库作业的主要因素：

1）供应商的送货方式。供应商的送货方式将直接影响入库作业的组织和计划。供应商的以下信息会对仓库的接货作业产生影响：每天平均及最多送货的供应数量，送货的车型及车辆台数，每台车平均卸货时间，货物到达的高峰时间，货物的装车方式，中转运输的转运方式。

2）商品的种类、特性与数量。商品的种类、特性与数量是入库作业的重要影响因素之一。其影响入库作业的因素主要包括：每天平均送达的商品品种数，商品的尺寸及重量，商品的包装形态，商品的保质期，装卸搬运方式。

3）仓库设备及存储方式。仓库设备是影响入库作业的另一主要因素，叉车、传送带、货架储位的可用性，以及人工装卸，无货架堆码等都要加以综合考虑。

4.1.2 入库作业流程

商品入库作业的基本流程如图4-1所示。

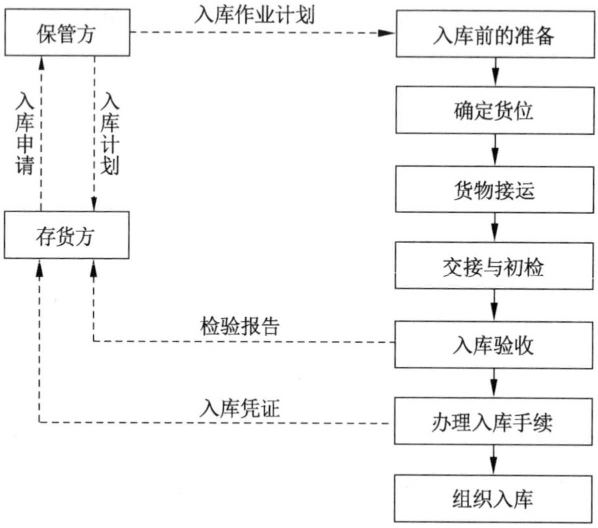

图4-1 商品入库作业的基本流程

1. 入库前的准备

仓库应根据仓储合同或者入库单、入库计划，及时进库场准备，以便货物能按时入库，保证入库过程的顺利进行。仓储管理者应定期同货主、生产厂家及运输部门联系，了解将要入库的货物情况，如货物的品种、类别、数量和到库时间，从而做好货物的入库准备工作。入库准备需要由仓库的业务部门、仓储管理部门、设备作业部门分工合作，共同完成，主要的工作有以下几个方面：

1）熟悉入库货物。仓库业务、管理人员应认真查阅入库货物资料，掌握入库货物的品种、规格、数量、包装状态、单件体积、到库确切时间、货物存期、货物的物理化学特性、保管的要求等，根据这些信息做好库场安排和准备。

2）掌握仓库库场情况。要了解货物入库期间及保管期间仓库的库容、设备和人员的变动，以便安排工作。必要时对仓库进行清查，清理归位，以便腾出仓容。

3）制订仓储计划。仓库业务部门根据货物情况、仓库情况及设备情况，制订出仓储计划，并将任务下达到各相应的作业单位、管理部门。

4）妥善安排仓库库位。仓库部门根据入库货物的性能、数量、类别，结合仓库分区分类保管的要求，核算货位的大小，根据货位使用原则，妥善安排货位、验收场地，确定堆垛方法、苫垫方案等准备工作。

5）准备货位。仓管员要及时进行货位准备，彻底清洁货位，清除残留物，清理排水管道或排水沟，必要时安排消毒除虫、铺地，检查照明、通风设备，发现损坏要及时通知修理。

6）准备苫垫材料、作业用具。在货物入库前，根据所确定的苫垫方案，准备相应的材料，并组织苫垫铺设作业。对作业所需的用具，准备妥当，以便能及时使用。

7）验收准备。仓库理货人员根据货物情况和仓储管理制度，确定验收方法，准备验收所需要的点数、称量、测试、开箱、装箱、丈量、移动照明等工具。

8）装卸搬运工艺设定。根据货物、货位、设备条件、人员等情况，合理科学地制定卸车搬运工艺，保证作业效率。

9）准备文件单证。仓管员对货物入库所需的各种报表、单证、账簿要准备好，以备使用。

在实际操作中，不同仓库、不同货物的业务性质不同，入库准备工作也有所区别，需要根据具体情况和仓储管理制度做好充分准备。

2. 确定货位

货位是指仓库中实际可用于堆放商品的一定面积。货位选择要充分满足货物的保管要求，确保作业方便。确切地来说，货位选择时要注意以下原则。

（1）根据货物的存量、尺度、特性、保管要求选择货位

应根据储存物品存量的多少，尽量准确地确定每种物品所需的货位大小及数量。若储存货位超过实际需要，则不利于仓容的充分利用；货位尺度与货物尺度要匹配，特别是大件、长件、不规则货物要能存入所选货位；为了避免物品在储存过程中相互影响，性质相同或者保管条件相近的物品可以集中存放；货位的通风、光照、温度、湿度、排水、防风、防雨等条件应该满足货物保管的需要。

（2）根据物品周转情况安排货位

“先进先出”是仓储保管的重要原则。在安排货位时，要尽量避免后进货物围堵先进货物、存期长的货物围堵存期短的货物；出入库频繁的物品应尽可能安排在靠近出入口或专用线的位置，以加速作业和缩短搬运距离。

（3）根据存储物品的作业要求合理选择货位

对于体大笨重的物品，应考虑装卸机械的作业是否方便。使用货架时，重货放在货架下层，需要人力搬运的重货，存放在腰部高度的货位。总之，安排的货位应该尽可能地保证搬运、堆垛、上架的作业方便。要有足够的作业场地，能使用机械进行直达作业。

（4）作业分布均匀

所安排的货位应尽可能避免仓库内或同一作业线路上多项作业同时进行，以免互

相妨碍。要尽量实现各货位的同时装卸作业，以提高效率。

（5）保留机动货位

在规划货位时，应该注意保留一定的机动货位，以便当物品大量入库时可以调剂货位，避免打乱货位安排。

3. 货物接运

（1）货物接运管理

由于货物到达仓库的形式不同，因此，除了一小部分货物由供货单位直接运到仓库交货外，大部分货物都要经过铁路、公路、海运、空运和短途运输等运输工具转运。凡经过交通运输部门转运的货物，均需经过仓库接运后，才能进行入库验收。

货物接运的主要任务是向托运者或承运者办清业务交接手续，要求手续清楚、责任分明，及时将货物安全接运回仓库，为仓库验收工作创造条件。接运工作是仓库业务活动的开始，是货物入库和保管的前提，接运工作直接影响到仓库的后期活动。因此，接运人员接运转运货物时，必须认真检查、分清责任，取得必要的单证，避免将一些在运输过程中或运输前就已经损坏的货物带入仓库，给后期的验收和保管工作带来困难和损失。

货物接运人员要熟悉各交通运输部门及有关供货单位的制度和要求，根据不同的接运方式，处理接运中的各种问题。

（2）货物接运方式

入库货物的接运主要有以下几种方式。

1）专用线接运。专用线接运是铁路部门将转运商品直接运送到仓库内部专用线的一种接运方式。仓库接到车站通知后，就确定卸车货位，力求缩短场内搬运距离，准备好卸车所需的人力和机具。车辆到达后，要引导对位。在卸车过程中应注意以下几点：

① 卸车前进行检查。主要内容包括：核对车号，检查货封是否脱落、破损或印纹不清、不符，校验商品名称、箱件数与商品运单上填写的名称、箱件数是否相符等。

② 卸车过程中正确操作。要按车号、品名、规格分别堆放，按外包装的指示标志，正确勾挂、铲兜、升起、轻放，防止包装和商品损坏；妥善处理苫盖，防止受潮和污损；品名不符、包装损坏或商品损坏，应另外堆放，写明标志，并会同承运部门进行检查，编制记录；正确使用装卸机具、工具和安全防护用具，确保人身和商品安全等。

2）车站、码头提货。凭提货单到车站、码头提货时，应根据运单和有关资料认真核对商品的名称、规格、数量、收货单位等。货到库后，接运人员应及时将运单连同提取回的商品向保管人员当面清点，然后由双方办理交接手续。

3）到供货单位提货。仓库接受货主委托直接到供货单位提货时，应根据提货通知，了解所提货物的性能、规格、数量，准备好提货所需的机械、工具、人员，配备保管员在供方当场检验质量、清点数量，并做好验收记录，接货与验收合并为一次完成。

4）供货单位送货到库。供货单位或存货单位将商品直接运送到仓库储存时，应由保管员或验收人员直接与送货人员办理交接手续，当面验收并做好记录。若有差错，应填写记录，由送货人员签字证明，据此向有关部门索赔。

5）承运单位送货到库。交通运输等承运部门受供货单位或货主委托送货到仓库，接货要求与供货单位送货到库的要求基本相同。所不同的是发现错、缺、损等问题后，除了要送货人员当场出具书面证明、签章确认外，还要及时向供货单位和承运单位发出查询函电，并做好有关记录。

6）过户。过户是指对已入库的货物通过购销业务使货物所有权发生转移，但仍储存于原处的一种入库业务。此类过户入库手续，只要收下双方下达的调拨单和入库单，更换户名就可以了。

7）转库。转库是因故需要出库，但未发生购销业务的一种入库形式，仓库凭转库单办理入库手续。

8）零担到货。各种形式的零担到货应由零担运输员负责填写零担到货台账，并填发到货通知单。

4. 交接与初检

接货人员或运输单位送货到仓库与理货员办理内部交接时，理货员须根据到货凭证，对货物进行初检，初检内容如下。

（1）核对凭证

货物运抵仓库后，理货员首先要检验商品入库凭证，然后按商品入库凭证所列的收货单位、货物名称、规格及数量等具体内容，与商品一一核对。经复核复查无误后，即可进行下一道程序。通常入库商品应该具备下列证件：存货单位提供的入库通知书、订货合同等；存货单位提供的质量证明书或合格证、装箱单、磅码单、发货明细等；运输单位提供的运单，如入库前在运输途中发生残损，应有相关笔录内容。验收时若发现问题，应根据具体情况做具体分析，采取相应措施。

（2）大数点收

大数点收是按照商品的大件包装（即运输包装）进行数量清点。点收的方法有两种：一是逐件点数计总，二是集中堆码点数。

对于花色品种单一，包装大小一致，数量大或体积小的商品，适于用集中堆码点数法，即将入库的商品堆成固定的垛形（或置于固定容量的货架），排列整齐，每层、每行件数一致，商品进库完毕后，货位每层（横列）的件数乘以层数可得出每垛总数，再乘以总垛数即可得出商品总数。最后一垛其顶层的件数往往是零头，与以下各层的件数不一样。

（3）检查货物的表面状态

在大数点收的同时，对每件货物的外表状态要认真进行查验。如发现包装破损、内容外泄、油污、散落、标志不当等不良质量状况，必须单独存放，并详细检查内部有无短缺、破损和变质。逐一查看包装标志，目的在于防止不同商品混入，避免差错，并根据标志指示操作确保入库储存安全。

（4）办理交接手续

入库货物经过上述工序检查完毕后，就可以与接货人员办理货物交接手续。交接手续通常是仓库保管员在送货回单上签名盖章表示货物收讫。如果上述程序中发现差错、破损等情形，必须在送货单上详细注明或由接货人员出具差错、异状记录，详细写明差错数量、破损情况等，以便与运输部门分清责任，作为查询处理的依据。

货物入库交接除了要履行规范的手续外，还要进行卸车作业。如果把入库卸车、验收和堆码作业连续一次性完成，即一次性作业，对于减少入库环节，提高作业效率，降低成本有十分重要的意义。

5. 入库验收

货物的入库验收，是仓储工作的起点，是分清仓库与货主或运输部门责任的界线，并为保管养护打下基础。商品入库的验收工作，主要包括数量验收、质量验收和包装验收三个方面。在数量和质量验收方面应分别按商品的性质、到货情况，来确定验收的标准和方法。

（1）商品验收的基本要求

1）及时。到库商品必须在规定的期限内完成入库验收工作。这是因为商品虽然到库，但未经过验收的商品没有入账，不算入库，不能供应给用料单位。只有及时验收，尽快做出验收报告才能保证商品尽快入库入账，以满足用料单位需求，加快商品和资金的周转。同时商品的托收承付和索赔都有一定的期限，如果验收时发现商品不合规定要求，要提出退货、换货或赔偿等要求，必须在规定的期限内提出，否则，供方或责任方不再承担责任，银行也将办理拒付手续。

2）准确。以商品入库凭证为依据，准确查验入库货物的实际数量和质量状况，并通过书面材料准确地反映出来。做到货、账、卡相符，提高账货相符率，降低收货差错率，提高企业的经济效益。

3）严格。仓库的各方都要严肃认真地对待商品验收工作。验收工作的好坏直接关系各方的利益，也关系以后各项仓储业务能否顺利开展。因此，仓库领导应高度重视验收工作，直接参与的验收人员要以高度负责的精神来对待这项工作，明确每批商品验收的要求和方法，并严格按照仓库验收入库的业务操作程序办事。

4）经济。商品在验收时，多数情况下，不但需要检验设备和验收人员，还需要装卸搬运机具和设备及相应工种工人的配合。这就要求各项工作密切协作，合理组织调配人员、设备，以节省作业费用。此外，在验收工作中，应尽可能保护原包装，减少或避免破坏性试验，这也是提高作业经济性的有效手段。

（2）验收准备

验收准备是货物入库验收的第一道程序。仓库接到到货通知后，应根据商品的性质和批量提前做好验收的准备工作，具体包括以下五个方面的内容：

1）人员准备。安排好负责质量验收的技术人员和用料单位的专业技术人员及配合数量验收的装卸搬运人员。

2）资料准备。收集、整理并熟悉待验商品的验收凭证、资料和有关验收要求，如技术标准、订货合同等。

3）器具准备。准备好验收用的计量器具、卡量工具和检测仪器仪表等，并检验好准确性。

4）货位准备。落实入库货物的存放货位，选择合理的堆码垛型和保管方法，准备所需的苫垫堆码物料。

5）设备准备。大批量商品的数量验收，必须有装卸搬运机械的配合，应做好设备的申请调用。此外，对特殊商品的验收，如毒害品、腐蚀品、放射品等，还须配备相应的防护用品，采取必要的应急防护措施，以防万一。进口货物或存货单位要求对货物进行内在质量检测时，要预先联系商检部门或检验部门到库进行检验或质量检测。

（3）核对凭证

核对凭证应从下列三个方面的内容进行：

1）审核验收依据，包括业务主管部门或货主提供的入库通知单、订货合同、协议书等。

2）核对供货单位提供的验收凭证，包括质量保证书、装箱单、码单、说明书和保修卡及合格证等。

3）核对承运单位提供的运输单证，包括提货通知单和货物残损情况的货运记录、普通记录和公路运输交接单等。

在整理、核实、查对以上凭证时，如果发现证件不齐或不符等情况，要与货主、供货单位、承运单位和有关业务部门及时联系解决。

（4）确定验收比例

由于受仓库条件和人力的限制，因此，对某些大批量且在短时间内难以全部验收，或全部打开包装会影响商品的储存和销售，或流水线生产的产品质量有代表性无须全部验收的情况，可采用抽验方法。抽验比例应首先以合同规定为准，合同没有规定时，确定抽验的比例一般应考虑以下因素：

1）商品的价值。商品价值高的，抽验比例大，反之则小，有些价值特别大的商品应全验。

2）商品的性质。商品性质不稳定或质量易变化的，验收比例大，反之则小。

3）气候条件。在雨季或黄梅季节，怕潮商品抽验比例大，在冬季怕冻商品抽验比例大，反之则小。

4）运输方式和运输工具。对采用容易影响商品质量的运输方式和运输工具运输的商品，抽验比例大，反之则小。

5）厂商信誉。厂商信誉好，抽验比例小，反之则大。

6）生产技术。生产技术水平高或流水线生产的商品，产品质量较稳定，抽验比例小，反之则大。

7）储存时间。入库前，储存时间长的商品，抽验比例大，反之则小。

在按比例抽验时，若发现商品有变质、短缺、残损等情况，应考虑适当增大验收比例，甚至全验，彻底验清商品的情况。

（5）实物验收

实物验收包括内在质量、外观质量、数量、重量和精度验收。当商品入库交接后，应将商品置于待检区域，仓储管理员及时进行外观质量、数量、重量及精度验收，并进行质量送检。

1）外观质量验收。外观质量验收主要采用看、听、摸和嗅等感官检验方法。要准确进行外观质量检验，就要求保管员拥有丰富的识货能力和判断经验。外观质量验收的内容包括：外包装完好情况、外观质量缺陷、外观质量受损情况及受潮、霉变和锈蚀情况等。

2）数量验收。数量验收主要包括以下三种方法：

① 点数法，指逐件清点，一般适用于散装的或非定量包装的商品。

② 抽验法，指按一定比例开箱点件的验收方法，适合批量大、定量包装的商品。

③ 检斤换算法，指通过重量过磅换算商品的数量，适合商品标准和包装标准的情况。

3）重量验收。商品的重量一般有毛重、皮重、净重之分。人们通常所说的商品重量是指商品的净重。重量验收是否合格，是根据验收的磅差率与允许镑差率的比较判断的，若验收的磅差率未超出允许镑差率的范围，说明该批商品合格，若验收的磅差率超出允许磅差率的范围，则说明该批商品不合格。磅差是指由于不同地区的地心引力差异、镑的精度差异及运输装卸损耗等因素造成重量过磅数值上的差异。表 4-1 为金属允许的磅差率范围。

表 4-1　金属允许的磅差率范围

品种	有色金属	钢铁制品	钢材	生铁、废钢	贵金属
允许磅差	±1‰	±2‰	±3‰	±5‰	±0‰

重量验收方法包括以下几种：

① 检斤验收法，是指对于非定量包装的、无码单的商品，进行打捆、编号、过磅和填制码单的一种验收方法。磅码单如表 4-2 所示。

表 4-2　磅码单

供货单位________________　　　　　　　　　　品　　名________________

合同编号________________　　　　　　　　　　型号规格________________

序号	重量	序号	重量	序号	重量
1		6		11	
2		7		12	
3		8		13	
4		9		14	
5		10		15	

$$实际磅差率 =（实际重量 - 应收重量）/应收重量 \times 1000‰$$

$$索赔重量 = 应收重量 - 实收重量$$

② 抄码复衡抽验法，是指对定量包装的、附有码单的商品，按合同规定的比例抽取一定数量商品过磅的验收方法。

$$抽验磅差率 =（\Sigma 抽验重量 - \Sigma 抄码重量）/\Sigma 抄码重量 \times 1000‰$$

$$索赔重量 = 抽验磅差率 \times 应收总重量$$

③ 平均扣除皮重法，是指按一定比例将包装拆下过磅，求得包装物的平均重量，然后再将未拆除包装的商品过磅，从而求得该批货物的全部皮重和毛重。在使用这种方法时，一定要合理选择应拆包装物数量，使净重更趋准确。

④ 除皮核实法，是指选择部分商品拆开过磅，分别求得商品的毛重和净重，再与包装上标记的重量进行核对。核对结果未超过允许差率，即可依其数值计算净重。

⑤ 约定重量法，是指存货单位和保管单位在签订仓储保管合同时，双方对商品的皮重已按习惯数值有所约定，则可遵从其约定净重。

⑥ 整车复衡方法，是指大宗无包装的商品，如生铁、煤、砂石等，检验时要将整车引入专用地磅，然后扣除空车重量，即可求得商品的净重。这种方法适合散装的块状、粒状或粉状商品。

⑦ 理论换算法，适合于定尺长度的金属材料、塑料管材等。仓库在重量验收过程中，要根据合同规定的方法进行。为防止人为因素造成磅差，一旦验收方法确定后，出库时必须用同样的方法检验商品，这就是进出库商品检验方法的一致性原则。

4）精度验收。精度验收主要包括仪器仪表精度检验和金属材料尺寸精度检验两个方面。

① 仪器仪表精度检验。对仪器、仪表精度检验时，除简易的指标是在仓库验收时检验外，一般专门由质检部门或厂方负责质量检验，仓库免检。

② 金属材料尺寸精度检验。金属材料的尺寸精度检验是仓库的一项十分重要的工作。金属材料的尺寸，分公称尺寸和实际尺寸两种：公称尺寸是指国际标准和国家标准中规定的名义尺寸，即在生产过程中希望得到的理想尺寸，是生产、储运和使用的

依据；实际尺寸是指验收中直接测得的长、宽和直径的尺寸。在实际生产中，产品的实际尺寸与理想尺寸总存在一定的差距。

尺寸精度是用公称尺寸与实际尺寸的差异范围来表示的，包括偏差和公差。偏差是实际尺寸与公称尺寸之间的差数。实际尺寸小于公称尺寸，两者差数为负数，则称负偏差；实际尺寸大于公称尺寸，两者差数为正数，则称正偏差。公差是指尺寸允许的误差。

金属材料在交货时，都有一定的正负偏差范围。在偏差范围内，则符合尺寸检验要求。

（6）对商品验收过程中发现问题的处理

在商品验收中，可能会发现一些问题，验收人员应根据不同情况，在有效期内进行处理。处理问题要做到及时、准确，并要认真填写商品验收记录。在问题未解决之前，有问题的商品应分开存放，妥善保管，尽量保持原包原捆，不得发放出库。

1）证件未到或不齐全时，应及时向供货单位或存货单位索取，到库商品应作为待检验商品堆放在待检区，妥善保管，待证件到齐后再进行验收。证件未到之前，不能验收入库，更不能发货。

2）凡质量不符合规定的，验收人员应如实慎重填写商品验收记录，并及时通知存货单位，由存货单位向供货单位交涉处理。

3）数量、型号、规格不符合规定，主要有以下几种原因：供货单位少发、错发；承运部门错装、错运、错送或者在运输过程中造成货损、货差；提货人员在车站、码头等错提、少提、多提、串提或在途中造成货物丢失、被盗等。遇到这种情况时，提货人员应积极查询，追回少提部分，退回多提部分，换回错提、串提部分，无法追回的部分则由仓库处理，并负责赔偿。

4）入库通知单或其他证件已到，但在规定的时间内商品未到库，此时应及时向存货单位反映，以便存货单位向供货单位或承运部门查询。

5）价格不符时，供方多收部分应予拒付，少收部分经检验核对后，应主动及时更正。如果总额计算错误，应通知供货单位及时更正。

6）对无存货单位的无主商品，仓库收货后应及时查找该批货物的产权部门，主动与发货人联系了解货物的来龙去脉，并作为待处理商品，不得动用，依其现状做好记录，待查清后再作处理。

7）发现货物出现残损、潮湿、短件等情况时，必须取得承运部门的货运记录和普通记录。验收人员应将残损、潮湿、短件等详细情况记入商品验收记录，并和承运部门的记录一并交回存货单位处理。如属供货单位或承运部门的责任，由存货单位与供货单位或承运部门交涉处理；如属仓库责任（在提、接、运过程中发生的），则由仓库与存货单位协商处理或赔偿。

4.1.3 商品入库手续

商品检验合格，即应办理入库手续，这是商品验收入库的最后环节，也是一项严肃的基础工作。

1. 搬运

经过充分的入库准备及货位安排后，搬运人员就可把验收场地上经过点验合格的待入库货物，按每批入库单开制的数量，将相同的品种集中起来，分批送到预先安排的货位，做到进一批、清一批，严格防止品种互串和数量溢缺。分类工作应力争送货单位的配合，在装车起运前，就做到数量准、批次清。对于批次多和批量小的入库货物，分类工作一般可由保管收货人员在单货核对、清点件数过程中同时进行，也可将分类工作结合在搬运时一起进行。

在搬运过程中，要尽量做到"一次连续搬运到位"，力求避免入库货物在搬运途中的停顿和重复劳动。对有些批量大、包装整齐的货物，仓库具备机械操作能力，应尽量采用机械搬运方式。

2. 堆码

货物堆码是指货物入库存放的操作方法和方式。堆码时要保证人身和货物的安全、清点数量的便利及仓库容量利用率的提高。

3. 登账

商品入库登账，除仓库的财务部门有商品账凭用于结算外，保管业务部门则要建立详细反映库存商品进、出和结存的保管明细账，现一般用库存管理系统来记录库存商品动态，并为对账提供主要依据。登账必须以正式合法的凭证为依据，如商品入库单、出库单和领料单等。

4. 立卡

"卡"又称"料卡"或"商品验收明细卡"，能够直接反映该垛商品品名、型号、规格、数量、单位及进出动态和积存数，一般挂在上架货物的下方或堆垛商品的正面。货卡按其作用不同可分为货物状态卡、商品保管卡。商品保管卡包括标识卡和储存卡等。商品保管卡的形式，应根据仓储业务需要来确定。图 4-2 所示为不同形式的货卡。

待　检	待　处　理	合　　格
供应商名称________	供应商名称________	供应商名称________
商品名称________	商品名称________	商品名称________
进货日期/批号/生产日期	进货日期/批号/生产日期	进货日期/批号/生产日期
____________________	____________________	____________________
标记日期___年___月__日	标记日期___年___月__日	标记日期___年___月__日
标记人______________	标记人______________	标记人______________
备注______________	备注______________	备注______________

图 4-2　不同形式的货卡

1）货物状态卡是用于表明货物所处业务状态或阶段的标识。根据 ISO9000 国际质量体系认证的要求，在仓库中应根据货物的状态，按可追溯性要求，分别设置待检、待处理、不合格和合格等状态标识。

2）货物标识卡用于表明货物的名称、规格、供应商和批次等。根据 ZSOSOOO 质量体系认证的要求，在仓库中应根据货物的不同供应商和不同入库批次，按可追溯性要求，分别设置标识卡。

3）储存卡是用于表明货物的入库、出库与库存动态的标识。卡片应按“入库通知单”所列内容逐项填写。商品入库堆码完毕，应立即建立卡片，一垛一卡。对于卡片的处理，通常有两种方式。一是由保管员集中保存管理。这种方法有利于责任制的贯彻，即专人专责管理，但是如果有进出业务而该保管员缺勤时就难以及时进行。二是将填制的料卡直接挂在物资垛位上，挂放位置要明显、牢固。这种方法的优点是便于随时与实物核对，有利于物资进、出业务的及时进行，可以提高保管人员作业活动的工作效率。

5. 建立商品档案

建立商品档案是将物资入库业务全过程的有关资料证件进行整理、核对，建立资料档案，以便货物管理和保持客户联系，为将来发生争议时提供依据，同时也有利于总结和积累仓储管理经验，为物资的保管、出库业务创造良好的条件。

（1）档案资料的范围

1）货物出厂时的各种凭证、技术资料。

2）货物到达仓库前的各种凭证、运输资料。

3）货物入库验收时的各种凭证、资料。

4）货物保管期间的各种业务技术资料。

5）货物出库和托运时的各种业务凭证、资料。

（2）建档工作的具体要求

1）一物一档。建立商品档案应该是一物（一票）一档。

2）统一编号。商品档案应进行统一编号，并在档案上注明货位号，“实物保管明细账”上注明档案号，以便查阅。

3）妥善保管。商品档案应存放在专用的柜子里，由专人负责保管。

6. 签单

商品入库后，应及时按照“仓库商品验收记录”要求签回单据，以便向供货单位和货主表明收到商品的情况。另外，如果出现短少等情况，也可作为货主向供货方交涉的依据，所以签单必须准确无误。

4.1.4　商品入库单证流转

货物验收工作由理货员、计量员、复核员、业务受理员分工负责。理货员负责作业的组织与货物的数量和外观质量的验收、计量、堆码、记录等，并向业务受理员提交货物验收的结果和记录。具体步骤如下：

1）业务受理员接收存货人的“验收通知”（也可由存货人委托仓库开具）、货物资料（如质保书、码单、装箱单、说明书和合格证等），登建货物档案，并将存货人验收通知单作为《货物储存保管合同》附件的形式进行管理，将其信息录入计算机中生成验收通知单。然后将存货人验收通知单作为验收资料和“收货单”及其他验收资料一并交给理货员。

2）理货员根据业务受理员提供的收货单、验收资料、计量方式等确定验收方案、储存货位、堆码方式、所需人力、设备等，做好验收准备工作。

3）由理货员开具作业通知单，进行验收入库作业，做好有关记录和标识。

4）货物验收完毕后，理货员手工出具“验收单”，一式一联，一并交给复核员。同时负责作业现场与货位的清理和货牌的制作、悬挂。

5）复核员依据收货单、验收单对实物的品名、规格、件数、数量、存放货位等逐项核对，签字确认后返回给理货员。

6）理货员在经复核员签字的收货单、验收码单诸联加盖“货物验收专用章”后，将验收码单录入到计算机中，据此生成仓单附属码单，再根据验收结果填写存货人验收通知和收货单，并与其他验收资料一并转回业务受理员处。

7）业务受理员对理货员返回的单据和验收资料审核无误后，打印仓单附属码单，一式两联，以及有关验收资料、记录，报经主管领导或授权人签字后，连同存货人验收通知、收货单、仓单附属码单一式两联一同转给收费员。

8）收费员依据仓单及《货物储存保管合同》约定的收费标准，结算有关入库费用并出具收费发票。

9）业务受理员将仓单正联、存货人验收通知、仓单附属码单一联及收费单据等一并转交（寄）给存货人，其余单证资料留存并归档管理。

4.2 商品在库管理

4.2.1 堆存与苫垫

1. 货物堆码的要求

商品堆码是根据商品的特性、形状、规格、重量及包装质量等情况，同时综合考虑地面负荷、储存等要求，将商品分别叠堆成各种码垛。科学的商品堆码技术，合理的码垛，对提高入库商品的储存保管质量，提高仓容利用率，提高收发作业及养护工作的效率，都有不可低估的重要作用。因此，商品堆码应注意以下几个方面的要求。

（1）对堆码场地的要求

堆码场地可分为三种：库房内堆码场地、货棚内堆码场地、露天堆码场地。在不同类型的堆码场地进行堆码作业时，会有不同的要求。

1）库房内堆码场地：用于承受商品堆码的库房地坪，要求平坦、坚固、耐摩擦，一般要求每平方米的地面承载能力为 5 ~ 10 t。堆码时货垛应在墙基线和柱基线以外，垛底须适当垫高。

2）货棚内堆码场地：货棚是一种半封闭式的建筑，为防止雨雪渗漏、积聚，货棚堆码场地四周必须有良好的排水系统，如排水沟、排水管道等。货棚内堆码场地的地坪应高于棚外场地，并做到平整、坚实。堆码时，货垛一般应垫高 20 ~ 40 cm。

3）露天堆码场地：露天货场的地坪材料可根据堆存货物对地面的承载要求，采用夯实泥地、铺沙石、块石地或钢筋水泥地等。应坚实、平坦、干燥、无积水、无杂草，四周同样应有排水设施，堆码场地必须高于四周地面，货垛必须垫高 40 cm。

（2）对堆码商品的要求

商品在正式堆码前，应达到以下要求：

1）商品的名称、规格、数量、质量已全查清；

2）商品已根据物流的需要进行编码；

3）商品外包装完好、清洁、标志清楚；

4）部分受潮、锈蚀及发生质量变化的不合格商品，已加工恢复或已剔除；

5）为便于机械化作业，准备堆码的商品已进行集装单元化。

（3）堆码操作的要求

1）合理。合理是指不同性质、品种、规格、等级、批次和客户的物品，应分开堆放。货垛形式适应物品的性质，有利于物品的保管，能充分利用仓容和空间；货垛间距符合作业要求及防火安全要求；大不压小，重不压轻，缓不压急，不会围堵物品，特别是后进物品不能堵住先进物品，确保先进先出。

2）牢固。牢固是指堆放稳定结实，货垛稳定牢固，不偏不斜，必要时采用衬垫物固定，不压坏底层物品或包装，不超过库场地坪承载能力。货垛较高时，上部适当向内收小，易滚动的物品，使用木楔或三角木固定，必要时使用绳索、绳网对货垛进行绑扎固定。

3）定量。定量是指每一货垛的物品要保持数量一致，采用固定长度和宽度，且为整数，每层货量相同或成固定比例递减，做到过目成数。每垛的数字标记清楚，货垛牌或料卡填写完整，摆放在明显位置。

4）整齐。整齐是指货垛堆放整齐，垛形、垛高、垛距做到标准化和统一化，货垛上每件物品都摆放整齐，垛边横竖成列，垛不压线。物品外包装的标记和标志一律朝垛外。

5）节约。节约则是指尽可能地堆高，避免少量物品占用一个货位，以节约仓容，提高仓库利用率。妥善组织安排，做到一次作业到位，避免重复搬运，节约劳动消耗。

合理使用苫垫材料，避免浪费。

6）方便。方便是指选用的垛形、高度、堆垛方法应方便堆垛、搬运、装卸作业，提高作业效率。垛形方便理数、查验物品，方便通风、苫盖等保管作业。

2. 堆码的技术和方法

（1）堆码的基本原则

1）分类存放。分类存放是仓储规划的基本要求，是保证物品质量的重要手段，也是堆码需要遵循的基本原则。其内容包括：不同类别的物品分类存放，甚至需要分区分库存放；不同规格、不同批次的物品也要分位、分堆存放；残损物品要与原货分开；对于需要分拣的物品，在分拣之后，应分位存放，以免混串。此外，分类存放还包括不同流向物品、不同经营方式物品的分类分存。

2）选择适当的搬运活性。为了减少作业时间和次数，提高仓库物流速度，应根据物品作业的要求，合理选择物品的搬运活性。对于搬运活性高的入库物品，应注意摆放整齐，以免堵塞通道，浪费仓容。

3）面向通道，不围不堵。物品正面应尽可能面向通道，以便查看。所有物品的货垛、货位都应有一面与通道相连，处在通道旁，以便能对物品进行直接作业。只有在所有的货位都与通道相通时，才能保证不围不堵。

（2）货垛的规范要求

货垛的规范要求主要是指“五距”，即垛距、墙距、柱距、顶距和灯距。叠垛时，不能依墙、靠柱、碰顶、贴灯；不能紧挨旁边的货垛，必须留有一定的间距。

1）垛距。货垛与货垛之间的必要距离，称为垛距，常以支道作为垛距。垛距能方便存取作业，起通风、散热的作用，方便消防工作。库房垛距一般为0.5～1 m，货场垛距一般不小于1.5 m。

2）墙距。为了防止库房墙壁和货场围墙上的潮气对商品的影响，也为了开窗通风、消防工作、建筑安全、收发作业，货垛必须留有墙距。墙距分为库房墙距和货场墙距，其中，库房墙距又分为内墙距和外墙距。内墙是指墙外还有建筑物相连，因而潮气相对少些；外墙则是指墙外没有建筑物相连，所以墙上的湿度相对大些。库房的外墙距为0.3～0.5 m，内墙距为0.1～0.2 m；货场只有外墙距，一般为0.8～3 m。

3）柱距。为了防止库房柱子的潮气影响货物，也为了保护仓库建筑物的安全，必须留有柱距，一般为0.1～0.3 m。

4）顶距。货垛堆放的最大高度与库房、货棚屋顶间的距离，称为顶距。顶距能便于搬运作业，通风散热，有利于消防工作，有利于收发、查点。顶距的一般规定是：平库房为0.2～0.5 m；人字形库房以屋架下弦底为货垛的可堆高度；多层库房的底层与中层为0.2～0.5 m，顶层须大于等于0.5 m。

5）灯距。货垛与照明灯之间的必要距离，称为灯距。为了确保储存商品的安全，防止照明灯发出的热量引起靠近商品的燃烧而发生火灾，货垛必须留有灯距。灯距严格规定不小于0.5 m。

（3）堆码前的准备工作

堆码前，必须先做好堆垛的准备工作，然后才能进行堆垛。

1）计算货垛的占地面积、垛高，计划垛形

① 货垛层数

确定货垛层数时必须要考虑上层商品的重量不超过最底层商品或其容器可负担的压力，整个货垛的重量不能超过地坪容许载荷量。

仅考虑地坪容许载荷量时货垛层数的计算公式为

$$堆高 = 可堆垛层数 \times 每件货物的高度$$

$$可堆垛层数 = \frac{单位面积最大负荷量}{每件货物重量} \times 每件货物的地面积$$

② 货垛底层排列

货垛底层排列要先测算可堆高层数，再进行底层排列。货垛底层排列主要有两个内容，一是货垛底层数安排，二是货垛底形排列。对于规格整齐的商品，货垛底层数的计算公式为

$$底层数 = \frac{总件数}{总层数}$$

货垛底形的安排可以根据商品实际占地面积与货位的深度和宽度综合考虑排列。底形排列关系货垛的稳固、点数和发货的方便，应予以重视。

③ 货垛占地面积

对于箱装、规格整齐划一、计件的商品，计算公式为

$$占地面积 = \frac{总件数}{总层数} \times 每件商品的底面积$$

对于计重商品，计算公式为

$$底层数 = \frac{总重量 \times 每件商品的底面积}{总层数 \times 每件商品毛重}$$

2）做好机械、人力、材料准备

安排堆码作业人员、调用装卸搬运设备、准备苫垫材料。垛底应该打扫干净，放上必备的衬垫，如需密封保管，还需要准备密封货垛材料等。

3）准备堆码场地

库内堆码，垛底要隔潮；货棚内堆码必须有排水沟或管道，堆码时一般要垫垛 30 ~ 40 cm；露天堆码场地要高于四周且必须排水畅通。

4）货物堆码前的处理工作

数量、质量查清，包装完好、无污染，剔除不合格品，可集中装箱的装入包装箱。

（4）货物堆码的类型

货物在仓库内的存入和堆码方式一般有自身堆码、托盘堆码和货架存放三种方式。

1）自身堆码

自身堆码就是将同一种货物，按其形式、质量、数量和性能等特点，码垛成一个

个货堆。在货堆与货堆之间留有供人员或搬运设备出入的通道。常见的堆码方法有以下几种。

① 重叠式

重叠式堆码的各层码放方式相同，上下对应，如图 4-3 所示。这种方式的优点是，工人操作速度快，包装货物的四个角和边重叠垂直，承载能力大；缺点是各层之间缺少咬合作用，容易发生塌垛。在货物底面积较大的情况下，采用这种方法具有足够的稳定性，如果再配上相应的紧固方式，则不但能保持稳定，还可以保留装卸操作省力的优点。

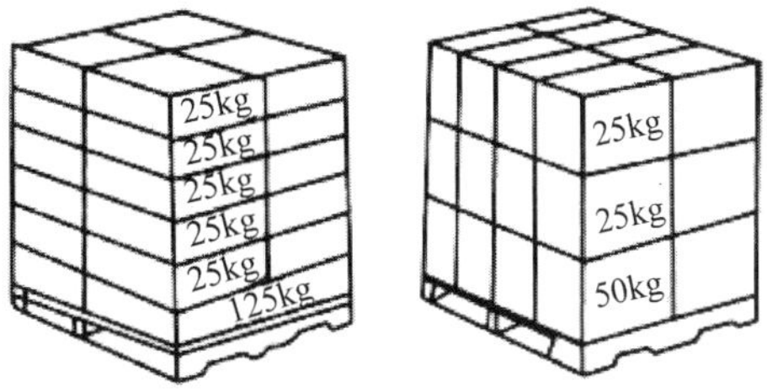

图 4-3 重叠式堆码

② 纵横交错式

纵横交错式堆码即相邻两层货物的摆放旋转 90°，一层横向放置，另一层纵向放置，如图 4-4 所示。每层间有一定的咬合效果，但咬合强度不高。适用于管材、捆装、长箱装等物品。

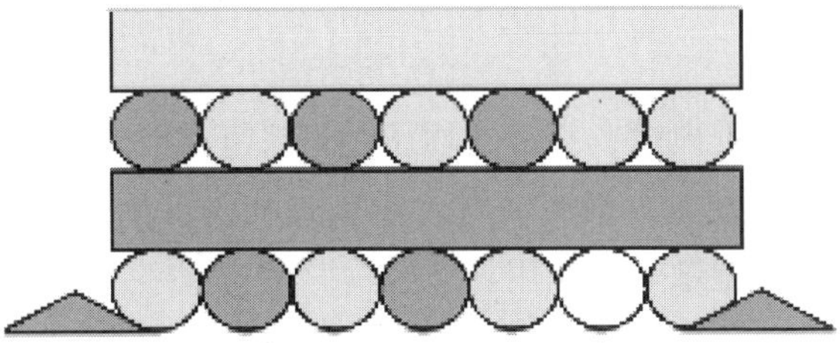

图 4-4 纵横交错式堆码

③ 仰伏相间式

仰伏相间式堆码即对上下两面有大小差别或凹凸的物品，如槽钢、钢轨等，将物品仰放一层，再反一面伏放一层，仰伏相间相扣，如图 4-5 所示。该垛极为稳定，但操作不便。

图 4-5　仰伏相间式堆码

④ 压缝式

压缝式堆码即将底层并排摆放，上层放在下层两件物品之间，如图 4-6 所示。如果每层物品都不改变方向，则形成梯形形状。如果每层都改变方向，则类似于纵横交错式。

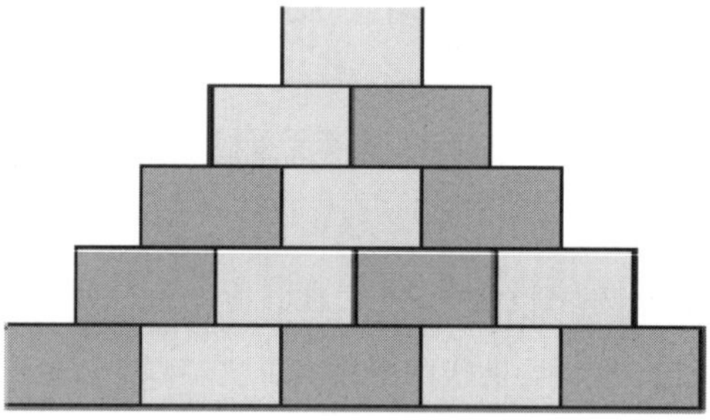

图 4-6　压缝式堆码

⑤ 通风式

通风式堆码即物品在堆码时，相邻的物品之间都留有空隙，以便通风，如图 4-7 所示。层与层之间采用压缝式或纵横交叉式。通风式堆码可用于所有箱装、桶装及裸装物品，起到通风防潮、散湿散热的作用。

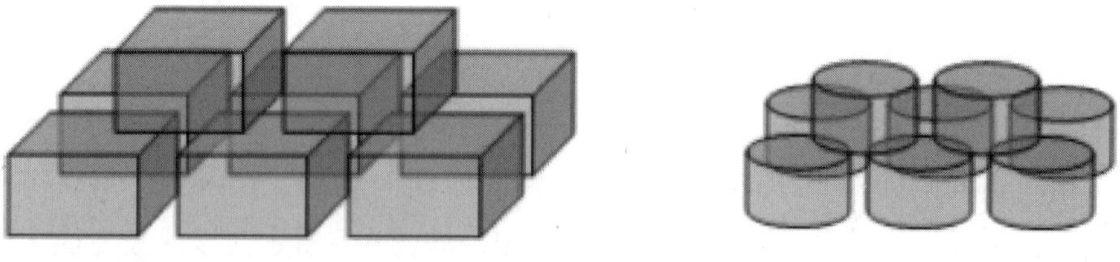

图 4-7　通风式堆码

⑥ 栽柱式

栽柱式堆码即码放物品前在货垛两侧栽上木桩或者钢棒，然后将物品平码在桩柱之间，几层后用铁丝将相对两边的桩柱栓连，再往上摆放物品，如图 4-8 所示。此方法适用于棒材、管材等长条状物品。

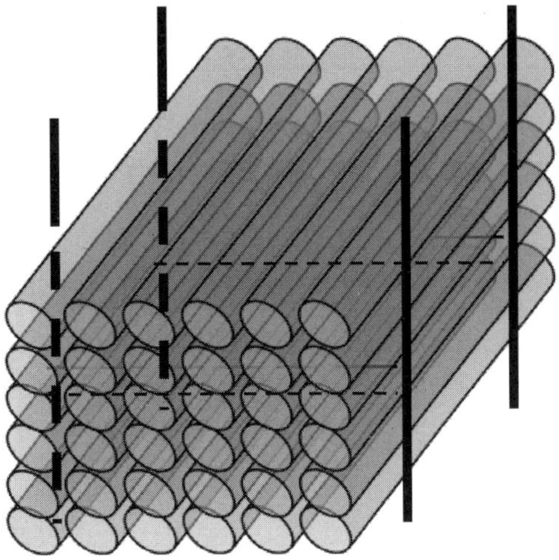

图 4-8　栽柱式堆码

⑦ 衬垫式

衬垫式即码垛时隔层或隔几层铺放衬垫物，平整牢靠后，再往上码。适用于不规则且较重的物品，如无包装电机、水泵等。

采用自身堆码时，货堆的高度受货物强度的制约，一般以最低层货物不被压坏为前提，另外货堆的高度还受堆垛设备（如叉车）提升高度的限制，故货堆的高度一般小于4 m。这种堆码方式是一种最简单、最原始的堆码方式。

如果货物的包装比较规整，而且有足够的强度，则可采用无托盘的自身堆码方式。在叉车上装一些属具，如纸箱夹、推出器等进行作业。

2）托盘堆码

托盘堆码即将货物码在托盘上，货物在托盘上的码放方式可采用自身堆码采用的码放形式，然后用叉车将托盘货一层层堆码起来。对于一些怕挤压或形状不规则的货物，可将货物装在货箱内或带立柱的托盘上。由于货物堆码时，是由货箱或托盘立柱承受货垛的重量，因此，这种托盘应具有较高的强度和刚度。

采用托盘堆码时，因为其堆码和出入库作业常采用叉车或其他堆垛机械完成，采用桥式堆垛机时，堆垛高度可达 8 m 以上，所以其仓库容积利用率和机械化程度比自身堆码方式有较大提高。

3）货架存放

在仓库内设置货架，将货物或托盘放在货架上。货架存放最大的优点是：货物的重量由货架支撑，互相之间不会产生挤压，可实现有选择地取货或先进先出的出库原则。总之，货架存放形式为仓库的机械作业和计算机管理提供了必要的条件。

3. 垫垛的基本要求

垫垛是指在商品堆垛前，在预定的货位地面位置上，使用各种衬垫材料进行铺垫。其主要目的是隔离地面的潮气和积水的侵蚀，并便于通风透气，防止商品受潮、霉变、残损，避免重物损坏地坪。常见的衬垫材料有废钢轨、钢板、枕木、木板、水泥墩、垫石、货板架、油毡、帆布、芦席、塑料薄膜等。

商品如何垫底，取决于所存商品的性能和库场的现实情况。具体垫垛要求如下：

（1）所选衬垫物不会影响待存商品的品质。堆存商品时，要选择坚固耐压的衬垫物。

（2）堆场在使用前，必须平整夯实，衬垫物要铺平放正，保持同一方向，露天堆场要布置畅通的排水系统。

（3）衬垫物不能露在货垛外面，以防遇水顺着衬垫物内流浸湿商品。

（4）垫底高度应视商品特性、气候条件、库场地理位置等具体情况而定，无通风要求的商品可存放在地面干燥的库房内，在垛底铺层油毡或帆布、芦席即可。

一般情况下，露天货场垫高不低于 30 cm，库房内垫高不低于 20 cm。

4. 苫盖的方法和要求

苫盖是指为了减少日晒雨淋、扬尘湿气、风雪冰冻等自然环境对商品的直接侵蚀，利用专门的遮盖材料对货垛采取的保护性措施。常用的苫盖材料有苫布（包括各种篷布、塑料布、帆布等）、塑料薄膜、油毡纸、芦席、竹席、玻璃钢瓦、铁皮等。

（1）苫盖的方法

1）就垛苫盖法。即直接使用苫盖物覆盖在货垛上。该方法虽操作方便，但不具备通风条件，适用于大件商品的苫盖。可用帆布、油布或塑料布作为苫盖物。

2）鱼鳞式苫盖法。将苫盖材料从货垛底部开始，自下而上呈鱼鳞式逐层交叠围盖，每件苫盖材料都需要固定，可在苫盖材料下端处加隔离板或向内反卷以达到通风透气的效果。该方法虽通风条件较好，但操作比较烦琐。

3）隔离苫盖法。苫盖材料与商品货垛不直接接触，用竹竿、木条、隔离板等架空苫盖物，使之与货垛间留有一定空隙。该方法既有利于隔热，又便于排水通风。

4）活动棚苫盖法。将苫盖物制成一定形状的棚架，棚架支脚装有滑轮，可整体推动到达或退出货位。该方法操作方便，具有良好的通风条件。

（2）苫盖的要求

苫盖的目的是为了防晒、防雨、防风、防尘。为了实现这个目的，苫盖必须具备下列基本要求：

1）选料合理。苫盖材料的选用应符合“防火、安全、经济、耐用”的要求。还要结合商品对苫盖物的要求，如在易燃易爆品仓库，不得使用芦席、油毡纸等易燃苫盖物。

2）符合苫盖的技术规范。无论采用何种苫盖方法，苫盖材料都应该加以固定，确保风刮不开。苫盖的接口要有一定程度的叠盖，不能留有空隙。苫盖材料表面要平整没有凹陷，避免雨雪后积水渗入货垛。苫盖的底部与垫垛平齐，不腾空或拖地，一般离开地面 10 cm 以上，既防雨水渗入，又利于垛底通风。

4.2.2　盘点作业

商品在仓储过程中因不断的搬运和进出库，容易产生库存账面数量与实际数量不符的现象。有些物品因存放时间过久、储存措施不恰当而变质、丢失等，造成损失。为了有效地掌握商品在库数量，需要对在库商品的数量进行清点，即盘点工作。商品盘点是保证储存货物达到账、货、卡完全相符的重要措施之一。仓库的盘点能够确保商品在库数量的真实性及各种商品的完整性。

1. 盘点的目的和工作程序

（1）商品盘点的目的

1）确定实际的库存数量

通过盘点工作的开展可以查清实际库存数量，并确认库存商品实际数量与库存账面数量的差异情况。账面库存数量与实际库存数量不符的主要原因通常是手法作业中产生的误差，如记录库存数量时多记、误记、漏记；作业中导致的商品损坏、遗失；验收与出库时清点有误；盘点时误盘、重盘、漏盘等。如发现盘点的实际库存数量与账面库存数量不符，应及时查清原因，并做出适当处理。

2）确认企业损益

库存商品的总金额直接反映企业库存资产的使用情况，库存量过大，将增加企业的库存成本，减少流动资金的比例，使企业无法正常运转。对制造企业来说，库存金额与库存量及单价成正比，为了能准确地计算企业的实际损益情况，必须通过盘点来搞清楚企业的损益情况，并分析产生的原因，从而提出改进库存管理的措施。

3）发现库存管理中存在的问题

通过盘点查明盈亏原因，可发现作业或者管理中存在的问题，通过解决问题来改善作业流程和作业方式，提高管理人员的素质和管理水平。

（2）盘点的工作程序

一般情况下，盘点工作可按图4-9所示的程序进行。

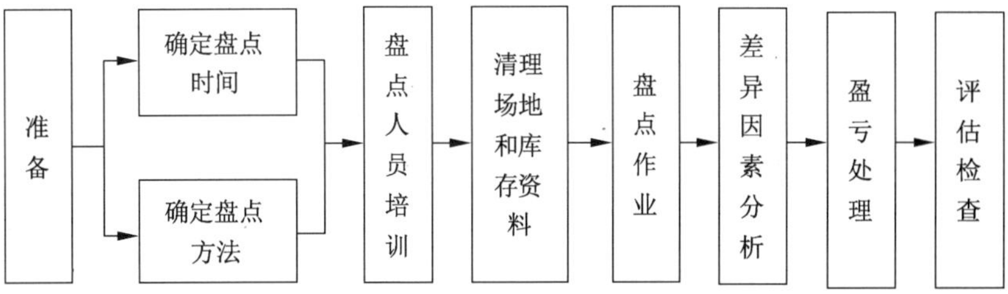

图4-9　盘点的基本程序

1）盘点前的准备工作

盘点前的准备工作是否充分，关系盘点作业能否顺利进行。事先对可能出现的问题和易出现的差错，进行周密的研究和准备是相当重要的。准备工作主要包括：

① 确定盘点的程序和具体方法；

② 配合会计人员做好盘点准备；

③ 设计、印制盘点用的各种表格，表 4-3 所示即为盘点表单；

④ 准备盘点使用的基本器具。

表 4-3　盘点表单

盘点日期：　　　　　　　　　　　　　　　　　　　　　　编号：

序号	名　称	规格型号	存放位置	盘点数量	复查数量	盘点人	复查人

2）确定盘点时间

一般情况下，盘点的时间选择在月末或财务决算前。从理论上讲，在条件允许的情况下，盘点的次数越多越好。但每一次盘点，都要耗费大量的人力、物力和财力。因此，应根据实际情况确定盘点时间。存货周转率比较低的企业，可以半年或一年进行一次货物的盘点。存货周转量大的企业及库存品种比较多的企业，可以根据商品的性质、价值大小、流动速度、重要程度来分别确定不同的盘点时间。盘点时间可以是每天、每周、每月、每季、每年盘点一次不等。如按 ABC 分类法将货物分为 A，B，C 类，分别制定相应的盘点周期，重点的 A 类商品，每天或每周盘点一次，一般的 B 类商品每两周或三周盘点一次，重要性最低的 C 类商品可以每个月甚至更长时间盘点一次。

3）确定盘点方法

不同的储存场所对盘点的要求不尽相同，盘点方法也会有所差异，为尽可能快速、准确地完成盘点作业，必须根据实际需要确定盘点的方法。

4）培训盘点人员

盘点的结果如何取决于作业人员的认真程度和程序的合理性。为保证盘点作业顺利进行，必须对参与盘点的所有人员进行集中培训。培训的主要内容是盘点的方法及盘点作业的基本流程和要求。通过培训可使盘点工作人员掌握盘点的基本要领、表格及单据的填写。

5）清理储存场所

盘点工作开始时，首先要对储存场所及库存商品进行一次清理。清理工作主要包括：

① 对尚未办理入库手续的商品，应予以表明，不在盘点之列；

② 对已办理出库手续的商品，要提前通知有关部门，运到相应的配送区域；

③ 账卡、单据、资料均应整理后统一结清；

④ 整理商品堆垛、货架等，使其整齐有序，便于清点计数；

⑤ 检查计量器具，使其误差符合规定要求；

⑥ 确定在途运输商品是否属于盘点范围。

盘点人员按照盘点单到指定库位清点商品，并且将数量填入盘点单中实盘数量处。使用盘点机进行盘点，可以采用以下两种方式：一是输入商品编码及数量；二是逐个扫描商品条码。

6）盘点作业

由于盘点作业比较单调，在进行盘点时一方面要注意加强领导，另一方面要注意劳逸结合，活跃工作气氛。

7）差异因素分析

当盘点结束后，会将一段时间以来积累的作业误差及其他原因引起的账物不符暴露出来。发现账物不符且差异超过容许误差时，应立即追查产生差异的主要原因。盘点差异的原因通常可能来自以下方面：

① 记账员素质不高。登录数据时发生错登、漏登等情况。

② 账务处理系统因管理制度和流程不完善，数据出错。

③ 盘点时发生漏盘、重盘、错盘现象，盘点结果出现错误。

④ 盘点前数据资料未结清，使账面数据不准确。

⑤ 出入库作业时产生误差。

⑥ 货物损坏、丢失等。

8）盘点盈亏处理

差异原因查明后，应针对主要原因进行恰当的调整与处理，至于呆滞品、废品、不良品减价的部分需与盘亏一并处理。货品除了盘点时产生的盈亏外，有些货品价格上会产生增减，这些变更经主管审核后必须利用货品盘点盈亏及价目增减更正修改表。

9）盘点结果的评估检查

进行盘点的目的主要是希望能借助盘点来检查货品出入库及保管状况，从而了解问题所在。例如：在这次盘点中，实际存量与账面存量的差异是多少；这些差异发生在哪些品项上；平均每一差异量对公司损益造成多大的影响；每次循环盘点中，有几次确实存在误差，平均每项货品发生误差的次数又是多少。

盘点的结果经常会出现较大的盈亏，因此，通过盘点可以查出作业和管理中存在的问题，并通过解决问题提高管理水平，减少损失。

盘点结果的主要评价指标是：盘点数量差错、盘点数量差错率、盘点品项误差率、平均每件盘差品金额、盘差次数比率、平均每品项盘差次数比率。

2. 盘点的工作组织

（1）盘点作业的内容

1）查数量

通过盘点查明库存商品的实际数量，核对库存账面数量与库存实际数量是否一致，这是盘点的主要内容。

2）查质量

检查在库商品质量有无变化，包括是否有受潮、锈蚀、发霉、干裂、鼠咬，甚至变质的情况；检查有无超过保管期限和长期积压的现象；检查技术证件是否齐全，是否证物相符；必要时，还要进行技术检验。

3）查保管条件

检查保管条件是否与商品要求的保管条件相一致，比如说检查库房内外储存空间与场所利用是否恰当；储存区域划分是否明确，是否符合作业情况；货架布置是否合理；商品进出是否方便、简单、快速；工作联系是否便利；搬运是否方便；传递距离是否太长；通道是否宽敞；储区标志是否清楚、正确，有无脱落或不明显；有无废弃物堆置区；温湿度是否控制良好。

4）查安全

检查各种安全措施和消防设备、器材是否符合安全要求；检查使用工具是否齐备、安全；药剂是否有效；检查建筑物是否损坏而影响商品储存；对于地震、水灾、台风等自然灾害有无紧急处理对策等。

（2）商品盘点

1）商品盘点的种类

商品盘点分为账面盘点与现货盘点两种。

① 账面盘点，就是把每种商品分别设立“存货账卡”（见表4-4），将每天出入库商品的数量及单价记录在电脑或者账簿的“存货账卡”上，连续计算出账面上的库存结余数量及库存金额。

表4-4　存货账卡

商品名称：				储位号：				
订货点：				经济订货量：				
日期	凭证及号码	订购数量	入库数量	单价	金额	出库数量	金额	
							数量	金额

② 现货盘点，又称实地盘点，也就是实地点数，是通过调查仓库内商品的库存数，再以商品单价计算出库存金额的方法。

因而如要得到最正确的库存情况并确保盘点无误，最直接的方法是确保账面盘点与现货盘点的结果完全一致。如存在差异，即产生账货不符的现象，就应分析寻找错误原因，弄清究竟是账面盘点记错还是现货盘点点错，划清责任归属。

2）商品盘点的方法

① 动态盘点法，又叫永续盘点，是指对有动态变化的商品即发生过收、发的商品，即时核对其余额是否与账、卡相符的一种盘点方法。动态盘点法有利于及时发现差错

和及时处理。

② 重点盘点法，是指对进出动态频率高的商品，或易损耗商品，或昂贵商品的一种盘点方法。

③ 全面盘点法，是指对在库商品进行全面的盘点清查的一种方法。通常多用于清仓查库或年终盘点。盘点的工作量大，检查的内容多，把数量盘点、质量检查、安全检查结合在一起进行。

④ 循环盘点法，是指在每天、每周按顺序一部分一部分地进行盘点，到了月末或期末则每项商品至少完成一次盘点的方法。即按照商品入库的前后顺序，不论是否发生过进出业务，都有计划地循环进行盘点的方法。

⑤ 定期盘点法，又称期末盘点，是指在期末一起清点所有商品数量的方法。

期末盘点必须关闭仓库做全面的商品清点，能够提高商品核对的便利性和准确性，可减少盘点中不少错误，简化存货的日常核算工作。缺点是关闭仓库，停止业务会造成损失，并且动员大批员工从事盘点工作，加大了期末的工作量；不能随时反映存货收入、发出和结存的动态，不便于管理人员掌握情况；容易掩盖存货管理中存在的自然和人为的损失；不能随时结转成本。

采用循环盘点法时，日常业务照常进行，按照顺序每天盘点一部分，所需的时间和人员都比较少，发现差错也可及时分析和修正。其优点是对盘点结果出现的差错，很容易及时查明原因，且不用加班，可以节约经费。

期末盘点法与循环盘点法的差异比较如表 4-5 所示。

表 4-5　期末盘点与循环盘点的差异比较

比较内容	期末盘点	循环盘点
盘点时间	期末、每年仅数次	每天或每周一次
所需时间	长	短
所需人员	全体动员（或临时雇用）	专门人员
盘点差错情况	多且发现很晚	少且发现很早
对营运的影响	须停止作业数天	无
对商品的管理	平等	A 类重要商品：仔细管理 C 类不重要商品：稍微管理
盘点差错原因追究	不易	容易

（3）仓储货物盘点

1）日常盘点

日常盘点一般指当每日工作结束时，库房保管员所进行的账、物的自我确认。其目的是确认每一天工作的结果（收发账目的平衡），并关注每天的重要事项。

日常盘点的工作主要包括：

① 盘点计划。盘点计划要符合企业作业的规定，不需要单独计划。

② 盘点责任者。盘点责任者一般是库房管理者。

③ 盘点内容。盘点内容仅限于当日接发和移动的货物。

④ 盘点时间。盘点一般应该在每天工作结束后进行。

⑤ 盘点方式。盘点的方式一般没有严格限制，可根据实际情况进行。

⑥ 盘点速度。盘点速度要快，时间的长度不宜超过 10 分钟。

⑦ 盘点确认者。盘点确认者应该是仓库当班保管组长。

⑧ 盘点记录。日常盘点一般不需要做盘点记录。

2）月度盘点

月度盘点是指当月工作结束时所进行的账、物检查和确认。其目的是对当月的工作结果进行一次全面检查，及时发现问题并及时纠正。与月度盘点类似的还有周盘点、旬盘点、季盘点等，它们的区别只是盘点周期有所差异，性质则基本相同。

月度盘点的工作主要包括：

① 盘点计划。盘点计划是根据仓库货物管理制度实施的月度盘点计划。

② 盘点责任者。盘点责任者由库房保管员担任。

③ 盘点内容。盘点内容的重点是当月接收、发货和移动（转库）的货物，但须兼顾全面。

④ 盘点时间。盘点应该选择在当月月末适当的时间，一般选择在夜班进行。

⑤ 盘点方式。盘点方式一般分为封闭盘点和半封闭盘点两种。

⑥ 盘点确认者。盘点确认者一般由仓库主任担任。

⑦ 盘点记录。盘点记录按表单格式记录。

月度盘点的工作内容如图 4-10 所示。

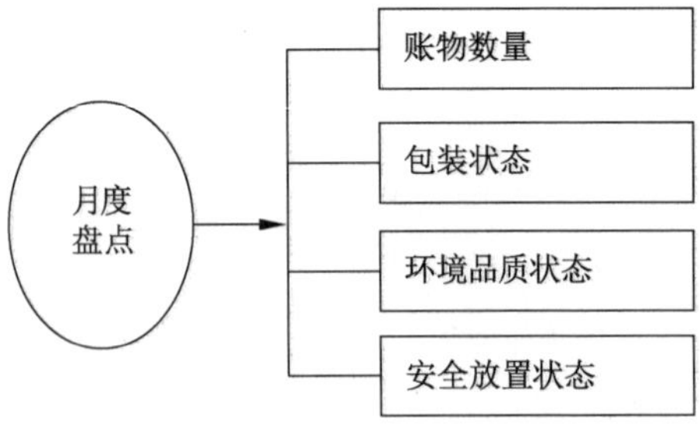

图 4-10　月度盘点工作内容示意图

3）年度盘点

年度盘点是指当每年工作结束时所进行的账、物的全面检查和确认。其目的是对全年度的工作结果进行一次全面的检查，以便及时发现问题，实施预防和纠正措施，并为决策提供依据。

年度盘点的工作主要包括：

① 盘点计划。仓库货物管理部门必须明确盘点目标，制订详细的盘点计划，在盘点计划中应该将盘点工作的重点一一列举清楚，按计划进行。

② 盘点责任者。盘点责任者由库房保管员担任。

③ 盘点内容。盘点内容包括当年在库货物的总数目和所处状态。

④ 盘点时间。盘点时间一般选择当年年底适当的时间，一般选择在年末一周内进行，并与企业财务扎账同步进行。

⑤ 盘点方式。采用封闭式盘点。

⑥ 盘点确认者。盘点确认者由仓库主管担任。

⑦ 盘点记录。盘点记录要按表单格式记录。

⑧ 年度盘点参与者。库房保管员、货物接运员、货物部主管、仓库财务人员和仓库主任等均需要参加在库货物的年度盘点。

年度盘点的工作内容如图 4-11 所示。

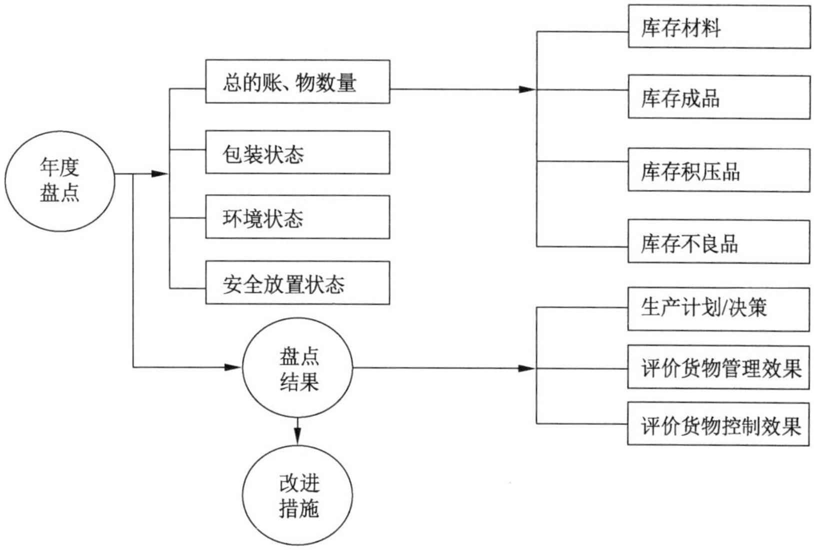

图 4-11　年度盘点工作内容示意图

年度盘点记录表格式如表 4-6 所示。

表 4-6　年度盘点记录表

盘点周期：　　　　　　盘点日期：　　　　　　页数：

序号	品名	规格	编号	账数	实数	差异数	状态	备注
主要事项说明：					盘点结果评价：			
负责人：			核对人：			确认：		

（4）盘点计划表

表 4-7 是某电子公司的盘点计划表示例。

表 4-7　某电子公司盘点计划表

序号	物料类别	盘点内容	兼顾项目	盘点周期			备注
				日常	月度	年度	
1	IC 类	检件	包装	√	√	√	
2	贵重类	检件、斤	包装	√	√	√	
3	PCB 类	检件	有效期	√	√	√	
4	线材类	检包	包装	√	○	√	
5	电池类	检粒	有效期	√	○	√	
6	电器类	检件	包装	○	○	√	
7	电子元件	检件	包装	○	○	√	
8	机芯类	检件	包装	√	√	√	
9	五金件	检件	包装	√	○	√	

注：√表示必须实施；X 表示可以选择实施；○表示可以不实施

4.2.3　订单处理作业

仓库与其他经济实体一样，具有明确的经营目标和服务对象。因此，在仓库规划建设、开展配送活动之前，必须根据订单信息，对顾客分布、物品特性及品种数量、送货频率等资料进行分析，以此确定未来所要配送的货物种类、规格、数量和配送时间等。订单处理是仓库组织、调度的前提和依据，是其他各项作业的基础。

订单处理是配送服务的第一个环节，也是配送服务质量得以保证的根本。其中，订单的分拣和集合是订单处理过程中的重要环节。

订单处理是实现企业顾客服务目标最重要的影响因素。改善订单处理过程，缩短订单处理周期，提高订单满足率和供货的准确率，完善订单处理全程跟踪信息，可以大大提高服务水平与顾客满意度，同时也能够降低库存水平和物流成本，从而使企业获得竞争优势。

一般的订单处理过程主要包括五个部分，即订单准备、订单传递、订单登录、按订单供货、订单处理状态追踪，如图 4-12 所示。

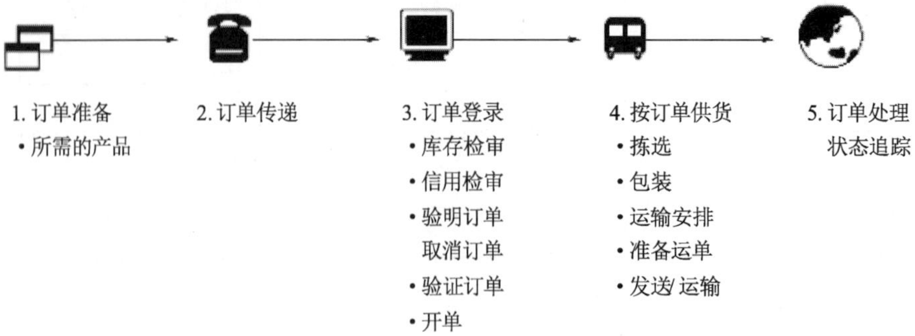

图 4-12　订单处理过程

1. 订单准备并汇总订单

订单准备是指顾客寻找所需产品或服务的相关信息并做出具体的订货决定。具体内容包括选择合适的厂商和品牌，了解产品的价格、功能、售后服务及厂商的库存可供水平等信息。减少顾客订单准备的时间，降低顾客的搜寻成本，能够显著地增加企业产品的市场份额。

仓库在接收到订货通知后，要在规定的送货截止时间之前将各个用户的订货单进行汇总，以此来确定所要配送的货物的种类、规格、数量和配送时间等。

2. 订货方式与订单传递

接受客户订单的方式分为传统订货方式和电子订货方式两种。

（1）传统订货方式

传统订货方式包括以下几种：

1）厂商铺货。供应商直接将物品放在货车上，一家家去送货，缺多少补多少，适用于周转率快的物品或新上市的物品。

2）厂商巡货、隔天送货。供应商派巡货人员前一天先到各客户处查询需补充的物品，隔天再予以补货。巡货人员可以为商店整理货架、贴标签或提供经营管理意见、市场信息等，也可促销新品。传统的供应商采用这种方式，但成本较高，可能造成零售业者难以管理。

3）电话口头订货。订货人员通过电话口述的方式向厂商订货。由于每天需向许多供应商要货，且需订货的品项可能达数十种，因此，花费时间长，错误率高。

4）传真订货。客户将缺货信息整理成文，利用传真机传给供应商。传真机虽然可以快速地传递订货信息，但传送资料的品质不良难以确认。

5）客户自行取货。客户自行到供应商处看货、补货，此种方式多为传统杂货店因地缘较近而采用。客户自行取货可省去物流中心的配送作业，但个别取货可能影响物流作业的连贯性。

6）业务员跑单接单。业务员到各客户处去推销产品，而后将订单带回或紧急时用电话先与公司联系、通知客户订单。

上述几种订货方式都需人工输入资料，易出现重复输入、传票重复填写等问题，并且在输入输出间常耽误时间或产生错误。

随着市场竞争的日趋加剧，传统的订货方式已无法应付订货的高频率和快速响应的需求。于是，新的订货方式便应运而生，这就是电子订货。

（2）电子订货方式

电子订货是借助计算机信息处理，取代传统人工书写、输入、传送的订货方式，将订货信息转为电子信息由通信网络传送，故称电子订货系统（EOS）。

电子订货系统的实现方式具体有以下三种：

1）订货簿或货架标签配合手持终端机及扫描器。订货人员携带订货簿及手持终端机巡视货架，若发现物品缺货就用扫描器扫描订货簿或货架上的物品条形码标签，再输入订货数量，当所有订货资料皆输入完毕后，利用数据机将订货信息传给供应商或总公司。

2）POS 系统。客户若有 POS 收银机，则可在物品库存档内设定安全存量。每销售一笔物品，电脑就会自动扣除该物品库存。当库存低于安全存量时，便自动生成订单，经确认后通过通信网络传给总公司或供应商。

3）订货应用系统。客户的计算机信息系统里有订单处理系统，可将订货信息通过与供应商约定的共同格式，在约定的时间内将订货信息传送出去。

订单传递就是把订货信息从顾客传递到产品的供应商处。传递方式包括手工传输、电话或传真传输、网络传输三种。一般而言，通过电脑直接连线的方式最快也最准确，而手工传输、电话或传真传输的方式较慢。由于订单传递时间是订货前置时间的重要组成，其可经由存货水准的调整来影响客户服务及存货成本，因而传递速度快、可靠性及正确性高的订单处理方式，不仅可大幅提升客户服务水准，对存货相关的成本费用也能有效地缩减。网络传输方式因其速度快，运行成本低，可靠性好，准确性高，已逐渐成为最重要的订货信息传输方式。

3. 订单内容的确认

接受订单后应对订单的内容进行确认，主要包括以下几个方面。

（1）需求品项数量及日期的确认

此项为对订货资料项目的基本检查，即检查品名、数量、送货日期等是否有遗漏、笔误或不符合公司要求的情形。尤其当要求送货时间有问题或出货时间延迟的时候，更需要与客户再次确认一遍订单内容或更正期望运送时间。若采用电子订货方式接单，也需要对订货资料加以检查和确认。

（2）客户信用的确认

不论订单以何种方式传至公司，配销系统的第一步就是核查客户的财务状况，以确定其是否有能力支付该批订单的账款，多检查客户的应收账款是否已超过其信用额度。一般可以通过两个途径来核查客户的信用状况：

1）客户代号或客户名称输入：当输入客户代号、名称等资料后，系统即加以审核客户的信用状况，当客户应收账款已超过其信用额度时，系统就加以警示，以便输入人员决定继续输入其订货资料或拒绝其订货。

2）订购品项资料输入：若客户此次的订购金额加上以前累计的应收账款，超过信用额度，系统将锁定此笔订单资料，以便主管来审核。

原则上顾客的信用调查由销售部门来负责，但有时销售部门往往为了争取订单并不太重视该项核查工作，因而有些公司会授权运销部门来负责客户的信用核查，一旦发现有问题，将订单送回销售部门处理。

（3）订单形态的确认

物流中心虽有整合传统批发商的功能及物流、信息处理功能，但在面对众多的交易对象时，仍需针对不同的客户需求采取不同的做法。反映到接受订单业务上，可看出其具有多种订单交易形态。常见的订单形态有一般交易订单、现销式交易订单、间接交易订单、合约式交易订单、寄库式交易和兑换券交易。不同的订单交易形态亦有不同的订货处理方式，因而接单后必须再对客户订单或订单上的订货品项进行其交易形态的确认，以便让系统针对不同形态的订单提供不同的处理功能。

(4) 订单价格的确认

不同的客户（大盘、中盘、零售）、不同的订购量，可能有不同的售价，输入价格时系统应对其加以检查。若输入的价格不符（输入错误或因业务员降价强接单等），系统应加以锁定，以便主管审核。

(5) 加工包装的确认

客户对于订购的商品是否有特殊的包装、分装或贴标等要求，或需要赠品的包装等资料需要详加确认后记录。

(6) 设定订单号码

每一笔订单都要有其单独的订单号码，此号码由控制单位或成本单位来指定，除了便于计算成本外，还可用于制造、配送等一切相关工作，且所有工作说明及进度报告均应附此号码。

(7) 建立客户档案

将客户状况详细登记，以利于日后合作。客户档案的内容应包括客户名称、客户代号、客户等级、客户信用额度、客户销售付款及折扣率的条件、开发或负责此客户的业务员资料、客户配送区域、客户收账地址、客户点配送路径顺序、客户点适合的送货车辆形态、客户点卸货特性、客户配送要求、延迟订单（过了订货时间的订单）的处理方式等。

(8) 存货查询及按订单分配存货的方式

包括确认库存能否满足客户需求，订单分配存货的方式及优先分配权问题等。优先分配通常需掌握以下原则：

1）具有优先权者优先分配。

2）依客户等级来取舍，将客户重要性程度高的做优先分配。

3）依订单交易量或交易金额来取舍，将对公司贡献度大的订单优先处理。

4）依客户信用状况，将信用较好的客户订单优先处理。

(9) 计算拣取的标准时间

由于要有计划地安排出货时间，因而对于每一订单或每批订单可能花费的拣取时间应事先掌握，因此，要计算订单拣取的标准时间：

1）首先，计算每一单元（一栈板、一纸箱、一件）的拣取标准时间，且将之设定于电脑记录标准时间档，并将单元拣取时间记录下来，则不论数量多少，都很容易推导出整个标准时间。

2）其次，有了单元的拣取标准时间后，即可依每品项订购数量（多少单元）配合每品项的寻找时间，来计算出每品项拣取的标准时间。

3）最后，根据每一订单或每批订单的订货品项，同时考虑纸上作业的时间，计算出整张或整批订单的拣取标准时间。

（10）排定出货时间及拣货顺序

前面根据存货状况进行了存货的分配，但对于这些已分配存货的订单，应如何安排其出货时间及拣货先后顺序，通常会再依客户需求、拣取标准时间及内部工作负荷来拟定。

（11）分配后存货不足的处理

若现有存货数量无法满足客户需求，且客户又不愿以替代品替代时，则应依客户意愿与公司政策来决定应对方式，可采取重新调拨、补送、延迟交货、取消订单等方式。

（12）订单资料处理输出

订单资料经由上述处理后，即可开始打印一些出货单据，以展开后续的物流作业。

1）拣货单（出库单）。拣货单据的产生，在于提供商品出库指示资料作为拣货的依据。拣货资料的形式需配合物流中心的拣货策略及拣货作业方式来加以设计，以提供详细且有效率的拣货信息，便于拣货的进行，比如可以考虑打印商品储位、拣货数量等。

2）送货单。物品交货配送时，通常附上送货单据给客户清点签收。因为送货单主要用于给客户签收、确认出货资料，其正确性及明确性很重要。要确保送货单上的资料与实际送货资料相符，除了出货前的清点外，出货单据的打印时间及修改也须注意。

3）缺货信息。待配货完毕后，对于缺货的物品或缺货的订单资料，系统应提供查询或报表，以便采购人员紧急采购。

4.2.4 拣货作业

每张客户的订单中都包含至少一种的商品，将这些不同种类数量的商品由仓储中心取出并集中在一起，即为拣货作业。

1. 拣货作业的目的及功能

在仓储中心内部所涵盖的作业范围中，拣货作业是其中十分重要的一环，拣货作业的目的是正确且迅速地集合顾客所订购的商品。从成本分析的角度来看，物流成本约占商品最终销售价格的30%，一般而言，拣货成本占物流搬运成本的绝大部分。因此，若要降低物流搬运成本，从拣货作业上着手改进，可达事半功倍的效果。

从人力需求的角度来看，目前大多数的仓储中心仍属劳动密集型产业，其中拣货作业直接相关的人力成本更占50%以上，且拣货作业的时间投入占整个物流中心的30%～40%。由此可见，规划合理的拣货作业方法，对于日后物流中心的运作效率具有决定性的影响。

2. 拣货单位

拣货单位可分成栈板、箱及单品三种。一般而言，以栈板为拣货单位的体积及重量最大，其次为箱，单品最小。为了能够做出明确的判别，对拣货单位进一步做以下划分：

1）栈板：由箱堆叠而成，无法用人手直接搬运，必须利用堆高机或拖板车等机械设备。

2）箱：由单品组成，可由栈板上取出，必须用双手拣取。

3）单品：拣货的最小单位，单品可由箱中取出，可以由人工单手拣取。

4）特殊品：体积大、形状特殊，无法按栈板、箱归类，或必须在特殊条件下作业的商品，如大型家具、桶装油料、长杆形货物、冷冻货品等，都属于具有特殊商品特性的物品，拣货系统的设计将严格受限。

拣货单位是根据订单分析出来的结果而决定的，如果订货的最小单位是箱，则不能以单品为拣货单位。库存的每一品项都需要做以上分析，判断出拣货单位，但一些品项可能有两种以上的拣货单位，在设计时要针对每一种情况区分考虑。

3. 拣货策略

拣货策略的决定是影响日后拣货效率的重要因素，因而在决定拣货作业方式前，必须先对常见的基本拣货策略有所了解，一般可做如下划分。

（1）按订单拣取（single-order-pick）

这种作业方式是针对每一张订单，作业员巡回在仓库内，将客户所订购的商品逐一从仓储中挑出进行集中的方式，是较传统的拣货方式。

其优点包括：作业方法单纯；前置时间短；导入容易且弹性大；作业员责任明确，派工容易、公平；拣货后不用再进行分类作业，适用于大量订单的处理。

缺点包括：商品品项多时，拣货行走路径加长，拣取效率降低；拣货区域大时，搬运系统设计困难。

（2）批量拣取（batch pick）

把多张订单集合成一批，依商品类别将数量加总后再进行拣取，之后依客户订单做分类处理的拣货策略。

其优点包括：适合订单数量庞大的系统；可以缩短拣取时行走搬运的距离，增加单位时间的拣货量。

缺点包括：由于对订单的到来无法做即时的反应，必须等订单累积到一定数量时才能做处理，因此，会有停滞的时间产生。只有根据订单到达的状况做等候分析，决定批量大小，才能将停滞时间缩到最短。

订单拣取和批量拣取是两种最基本的拣货策略，比较而言，订单拣取弹性较大，临时性的产能调整较为容易，适合客户少样多量订货，订货大小差异较大，订单数量变化频繁，有季节性趋势，且货品外形体积变化较大，货品特性差异较大，分类作业较难进行的物流中心。批量拣取的作业方式通常在系统化、自动化后产能调整能力较小，适用于订单大小变化小，订单数量稳定，且货品外形体积较规则固定的物流中心。

（3）引申的拣货策略

除上述两项基本的拣货策略外，引申出的拣货策略还包括以下五项：

1）复合拣取（composite pick）。复合拣取为订单拣取与批量拣取的组合，可依订单品项、数量决定哪些订单适于订单拣取，哪些适合批量拣取。

2）分类式拣取（sort-While-pick）。一次处理多张订单，且在拣取各种商品的同时，把商品按照客户订单分类放置的策略。举例来说，一次拣取五张订单时，每次拣取用台车或笼车带上五家客户的篮子，边拣取边按客户放置在相应的篮子中。如此可减轻事后分类的麻烦，有利于提升拣货效率，适合每张订单量不大的情况。

3）分区、不分区拣取（zoning or no zoning pick）。不论是采用订单拣取还是批量拣取，从效率上考虑皆可配合采用分区或不分区的作业策略。所谓分区作业，就是将拣取作业场地作区域划分，每一个作业员负责拣取固定区域内的商品。而其分区方式又可分为拣货单位分区、拣货方式分区及工作分区。事实上在进行拣货分区时亦要考虑到储存分区的部分，必须先针对储存分区进行了解、规划，才能使得系统整体的配合趋于完善。

4）接力拣取（relay pick）。此种方法与分区拣取类似，先决定拣货员各自分担的产品项目或料架的责任范围，各个拣货员只拣取拣货单中自己所负责的部分，然后以接力的方式交给下一位拣货员。

5）订单分割拣取。当一张订单所订购的商品项目较多，或欲设计一个要求及时快速处理的拣货系统时，为了使其能在短时间内完成拣货处理，故利用此策略将订单切分成若干子订单，交给不同的拣货人员同时进行拣货作业，以提高拣货的效率。订单分割策略必须与分区策略联合运用才能有效发挥长处。

4.2.5 仓储加工和包装作业

1. 仓储加工

（1）仓储加工的概念

仓储加工是流通加工的一种，通过加工，可以大大提高客户的满意程度，提高配送质量，增加配送效益，减轻生产企业的负担，提高配送的总体经济效益。

仓储加工是仓储企业在进行配送作业时，按用户要求，改变或部分改变商品的形态和包装形式的一种生产性辅助加工活动。如根据用户的需求对物品进行套裁、简单组装、分装、贴标、包装等加工活动，以及卷板展平、开片、下料，原木锯材，型煤加工，玻璃集中套裁等。

仓储企业必须按照所配送物品的特点和用户的基本要求来确定其加工内容，并设置加工设备，配备一定的加工及技术管理人才，按生产加工程序组织生产，努力提高劳动生产率和加工质量，降低劳动消耗，提高配送加工的经济效益。

仓库所进行的加工作业在整个物流配送作业系统中处于可选择性的附带货物作业，

它是一项可提高服务水平、增加附加价值的作业。

（2）仓储加工的方式

一般较常见的仓储加工主要有几种：初级加工活动，如按照用户的要求下料、套裁、改制等；辅助性加工活动，如给物品加贴条码、贴标签、简单包装等；深加工活动，如对蔬菜、水果等食品进行冲洗、切割、过秤、分级和装袋，把不同品种的煤炭混合在一起，加工成“配煤”等。加工作业不仅是一种增值性经济活动，而且完善了仓库的服务功能。具体的仓储加工方式包括以下几种：

1）贴标签作业。贴标签作业大致可分为贴中文说明标签和贴价格标签。贴中文说明标签大部分是以进口物品为主，物品入库前就开始进行作业，标签贴完后再入库，这主要是针对贸易进口商的一种物流服务项目。贴价格标签是针对零售店的要求所进行的流通加工，其作业大部分是在拣货完成后进行的。

2）热缩包装。在流通加工作业中，热缩包装作业也是一种比较常见的加工方式，主要是针对超市或大卖场的需求，把某些物品按促销要求组合用热收缩塑料包装材料固定在一起。常用的薄膜收缩温度范围为 88～149 ℃，受热时变软，冷却后收缩，收缩强度相当大，可承受较大、较重的物品。

3）礼品包装。主要是针对逢年过节时，有部分物品必须组合成礼品销售盒，如礼酒、礼盒、南北货礼盒、食品礼盒等。

4）小包装分装。主要是针对国内外厂商的大包装物品或散装物品，以计量（或计重）包装方式改为物品的销售包装。

5）钢板剪切。汽车、冰箱、冰柜、洗衣机等生产制造企业每天需要大量的钢板，除了大型汽车制造企业外，一般规模的生产企业如若自己单独剪切，难以解决因用料高峰和低谷的差异引起的设备忙闲不均和人员浪费。如果委托专业钢板剪切加工企业，则可以解决这个问题。这类专业加工企业不仅提供剪切加工服务和配送服务，还出售加工原材料和加工后的成品。

6）水泥加工。在水泥流通服务中心，将水泥、砂石、水及添加剂按比例进行初步搅拌，然后装进水泥搅拌车，事先计算好时间，水泥搅拌车一边行走，一边搅拌，到达工地后，搅拌均匀的混凝土可直接进行浇注。

7）玻璃加工。平板玻璃的运输货损率较高，玻璃运输的难度比较大。在消费比较集中的地区，建立玻璃流通加工中心，按照用户的需要对平板玻璃进行套裁和开片，可使玻璃的利用率从62%～65%，提高到90%，大大降低玻璃破损率，增加玻璃的附加价值。

8）自行车、助力车加工。自行车和助力车整车运输、保管和包装费用多、难度大、装载率低，但这类产品装配简单，不必进行精密调试和检测，所以，可以将同类部件装箱、批量运输和存放，在商店出售前现场组装。这样做可以大大提高运载率，有效衔接批量生产和分散消费。这是一种只改变物品状态、不改变物品功能和性质的流通加工形式。

9）水产品、肉类、蔬菜、水果等食品加工。鱼等水产品的开膛、去鳞，猪肉、鸡肉等肉类食品的分割、去骨，常常在运到商店后进行并分类出售。超市货架上摆放的各类洗净的蔬菜、水果、肉末等无一不是配送加工的产物。

2. 包装作业

在国家标准《包装流通术语》（CB/T18354—2001）中对包装所下的定义是："所谓包装是指为在流通过程中保护商品、方便运输、促进销售，按照一定技术方法而采用的容器、材料及辅助物等的总体名称，也指为了达到上述目的而采用容器、材料和辅助物的过程中施加一定技术方法等的操作活动。"现代物流观认为，包装是生产的终点、物流的始点，包装贯穿于整个物流活动的始终，可以说，没有完善的包装，就没有现代化的物流。

（1）包装的作用

1）保护功能

包装的第一项功能，便是对于物品的保护作用。如避免搬运过程中的脱落、运输过程中的震动或冲击、保管过程中由于承受重物压力所造成的破损、异物的混入和污染，防湿、防水、防锈、防光，防止因化学或细菌的污染而出现的腐烂变质，防霉变、防虫害等。

2）便利功能

恰当的包装有利于运输和使用（消费），有利于物流各个环节衔接作业。如对运输环节来说，包装尺寸、重量和形状最好能配合运输和搬运设备的尺寸、重量，以便于搬运和保管；对仓储环节来说，包装则应方便保管、移动简单、标志鲜明、容易识别、具有充分的强度。

3）促销功能

包装的商品功能是因为包装能够创造商品形象、促进商品销售。对于以大量销售方式为特征的商品，如超市、便利店销售的由顾客在购物架上自由选择的商品，大都采用预先包装（Prepackaging）的方式，使顾客通过包装就能选购自己所需的商品，因此，包装具有连接商品与消费者的作用。商品包装外部的文字图画有利于对商品的介绍，美观的商品包装可以通过文字、图案和色彩效果引起顾客的购买欲，起到商品促销的作用。

4）其他功能

包装在物流中比较重要的其他功能主要有以下三点：

① 成组化功能。为了材料搬运或运输的需要而将物品整理成适合搬动、运输的单元，如使用托盘包装，将托盘上的货物与托盘一起构成一个物流运作的单元。

② 效率功能。恰当的包装设计充分考虑到物流系统各环节处理的需要，对提高物流系统各环节的作业效率都有重要的影响。一方面，多数货物经过成组包装后进行运输，以便于运输过程中的搬运和装卸，缩短作业时间，减轻劳动强度，提高机械化作业的效率。另一方面，一类货物的统一包装能使货物堆放、清点变得更加容易，从而

提高仓储工作的效率。

③ 跟踪功能。良好的货物包装能使物流系统在收货、储存、取货、出运的各个过程中跟踪商品，如将印有时间、品种、货号、编组号等信息的条形码标签贴在物品上供电子仪器识别，能使生产厂家、批发商和仓储企业迅速准确地采集、处理和交换有关信息，从而加强对货物的控制，减少物品在流通过程中的货损货差，提高跟踪管理的能力和效率。

（2）包装容器

1）包装袋

包装袋是柔性包装中的重要技术，包装袋材料是柔性材料，有较高的韧性、抗拉强度和耐磨性。一般包装袋的结构是筒管状结构，一端预先封死，在包装结束后再封装另一端，包装操作一般采用充填操作。包装袋适用于运输包装、商业包装、内装、外装，因而使用较为广泛。包装袋一般分成集装袋、一般运输包装袋和小型包装袋（普通包装袋）三种类型。集装袋适于运输包装，一般运输包装袋适于外包装及运输包装，小型包装袋适于内装、个装及商业包装。

2）包装盒

包装盒是介于刚性和柔性包装之间的包装技术。包装材料有一定柔性，不易变形，有较高的抗压强度，刚性高于包装袋。包装结构是规则几何形状的立方体，也可裁制成其他形状，如圆盒状、尖角状，一般容量较小，有开闭装置。包装操作一般采用码入或装填，然后将开闭装置闭合。包装盒整体强度不大，包装量也不大，不适合做运输包装，适合作商业包装、内包装，适合包装块状及各种异形物品。

3）包装箱

包装箱是刚性包装技术中重要的一类。包装材料为刚性或半刚性材料，有较高强度且不易变形。包装结构和包装盒相同，只是容积、外形都大于包装盒，两者通常以 10 L 为分界。包装操作主要为码放，然后将开闭装置闭合或将一端固定封死。包装箱整体强度较高，抗变形能力强，包装量也较大，适合作运输包装、外包装，包装范围较广，主要用于固体杂货包装。主要包装箱有瓦楞纸箱、木箱、塑料箱、集装箱。

4）包装瓶

包装瓶是瓶颈尺寸有较大差别的小型容器，是刚性包装的一种，包装材料有较高的抗变形能力，刚性、韧性要求一般也较高，个别包装瓶介于刚性与柔性材料之间，瓶的形状在受外力影响时虽可发生一定程度变形，外力一旦撤除，仍可恢复原来瓶形。包装瓶结构是瓶颈口径远小于瓶身，且在瓶颈顶部开口；包装操作是填灌操作，然后将瓶口用瓶盖封闭。包装瓶包装量一般不大，适合美化装潢，主要作商业包装、内包装使用，包装液体、粉状货。包装瓶按外形可分为圆瓶、方瓶、高瓶、矮瓶、异形瓶等若干种，瓶口与瓶盖的封盖方式有螺纹式、凸耳式、齿冠式、包封式等。

5）包装罐（筒）

包装罐（筒）是罐身各处横截面形状大致相同，罐颈短，罐颈内径比罐身内颈稍小或无罐颈的一种包装容器，是刚性包装的一种。包装材料强度较高，罐体抗变形能力强。包装操作是装填操作，然后将罐口封闭，可作运输包装、外包装，也可作商业包装、内包装用。包装罐（筒）主要有小型包装罐、中型包装罐、集装罐等。

（3）包装的保护技术

1）防震保护技术。防震包装又称缓冲包装，在各种包装方法中占有重要的地位。产品从生产出来到开始使用要经过一系列的运输、保管、堆码和装卸过程，置于不同的环境之中。在任何环境中都会有力作用在产品之上，并使产品发生机械性损坏。为了防止产品遭受损坏，就要设法减小外力的影响，所谓防震包装就是指为减缓内装物受到冲击和震动，保护其免受损坏所采取的一定防护措施的包装。防震包装主要有全面防震包装方法、部分防震包装方法、悬浮式防震包装方法三种。

2）防破损保护技术。由于缓冲包装有较强的防破损能力，因而是防破损包装技术中有效的一类。此外，还可以采取捆扎及裹紧技术、集装技术、选择高强保护材料等方法。

3）防锈包装技术。主要包括防锈油包装技术和气相防锈包装技术。防锈油包装技术就是将金属涂封防止锈蚀，使金属表面引起大气锈蚀的各种因素隔绝，将金属表面保护起来，就可以达到防止金属大气锈蚀的目的。气相防锈包装技术就是用气相缓蚀剂（挥发性缓蚀剂），在密封包装容器中对金属制品进行防锈处理的技术。

4）防霉腐包装技术。在运输包装内装运食品和其他有机碳水化合物货物时，货物表面可能生长霉菌，在流通过程中如遇潮湿，霉菌生长繁殖极快，甚至延伸至货物内部，使其腐烂、发霉、变质，因此要采取特别的防护措施。包装防霉烂变质的措施，通常是采用冷冻包装、真空包装或高温灭菌方法。

5）防虫包装技术。防虫包装技术，常用的是驱虫剂，即在包装中放入有一定毒性和臭味的药物，利用药物在包装中挥发气体杀灭和驱除各种害虫。常用的驱虫剂有对位二氯化苯、樟脑精等。也可采用真空包装、充气包装、脱氧包装等技术，使害虫无生存环境，从而防止虫害。

6）危险品包装技术。危险品有上千种，按其危险性质，交通运输及公安消防部门规定分为十大类，即爆炸性物品、氧化剂、压缩气体和液化气体、自燃物品、遇水燃烧物品、易燃液体、易燃固体、毒害品、腐蚀性物品、放射性物品，有些物品同时具有两种以上的危险性能。对这些物品可以采用相应的物理和化学方法来处理。

7）特种包装技术。包括充气包装、真空包装、收缩包装、拉伸包装、脱氧包装等。

4.3 出库作业管理

4.3.1 商品出库的依据和要求

1. 商品出库的依据

商品必须依据货主开的“商品调拨通知单”，才能出库。不论任何情况下，仓库都不得擅自动用、变相动用或者外借货主的库存商品。

“商品调拨通知单”的格式不尽相同，不论采用何种形式，都必须是符合财务制度要求的、有法律效力的凭证。要坚决杜绝凭信誉或无正式手续的发货。

2. 商品出库的要求

商品出库要求，应做到“三不”“三核”“五检查”。

“三不”，即未接单据不登账，未经审单不备货，未经复核不出库；“三核”，即在发货时，要核实凭证、核对账卡、核对实物；“五检查”，即对单据和实物要进行品名检查、规格检查、包装检查、件数检查、重量检查。具体地说，商品出库要求严格执行各项规章制度，提高服务质量，使用户满意，包括对品种规格要求，积极与货主联系业务，为用户提货创造便利，杜绝差错事故的发生。

4.3.2 商品出库的形式和作业程序

1. 商品出库的形式

（1）送货

仓库根据货主单位预先送来的或电脑传递的“商品调拨通知单”，通过发货作业，把应发商品交由运输部门送达收货单位，这种发货形式就是通常所称的送货制。仓库实行送货，要划清交接责任。仓储部门与运输部门的交接手续，是在仓库现场办理完毕的。运输部门与收货单位的交接手续，一般是根据货主单位与收货单位签订的协议，在收货单位指定的到货目的地办理。

送货具有“预先付货、按车排货、发货等车”的特点。仓库实行送货具有多方面的好处：仓库可预先安排作业，缩短发货时间；可避免收货单位因人力、车辆等不便而发生的取货困难；在运输上，可合理使用运输工具，减少运费。仓储部门实行送货业务应综合考虑货主单位的经营方式和供应地区的远近，既可向外地送货，也可向本地送货。

（2）自提

由收货人或其代理持“商品调拨通知单”直接到库提取，仓库凭单发货，这种发货形式就是仓库通常所称的提货制。它具有“提单到库、随到随发、自提自运”的特点。为划清交接责任，仓库发货人与提货人应在仓库现场，对出库商品当面交接清楚并办理签收手续。

(3) 代办托运

代办托运是由仓库将货物通过运输单位托运，发到收货单位的一种出库方式。在仓库备完货后，到承运单位办理货运手续，通过铁路、水路、公路、航空、邮局等将货物运到购货单位指定的地点，然后由用户自行提取。在办理托运前，仓库应按需求单位的要求备好货，并做好发运记录，适用于异地、同地业务单位之间的购货。仓库按照规定程序办理完托运手续并取得运输部门的承运凭证，将应发货物全部点交承运部门后，责任才开始转移。

2. 商品出库的作业程序

出库作业程序是出库工作顺利进行的基本保证，为防止仓库工作失误，在进行出库作业时必须严格履行规定的出库业务工作程序，使出库有序进行。商品出库的程序主要包括商品出库前的准备→出库凭证审核→出库信息处理→拣货与分货→出货检查→包装→刷唛→点交→装车发运→发货后的清理等，如图 4-13 所示。

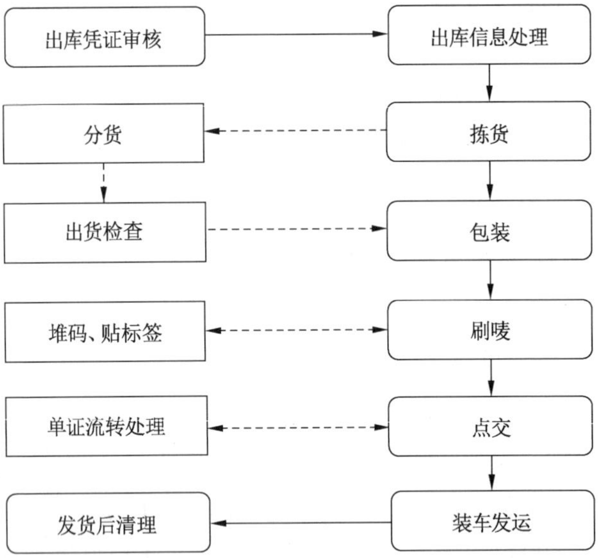

图 4-13 出库作业程序

(1) 出库前的准备

通常情况下，仓库在接到客户通过网络传来或送来的提货单后，为了能准确、及时、安全、节约地实现商品出库，提高工作效率，仓库应根据出库凭证的要求做好如下准备工作：

1) 选择发货的货区、货位。

2) 检查出库商品，拆除货垛苫盖物。

3) 安排好出库商品的堆放场地。

4) 安排好人力和机械设备。

5) 准备好包装材料等。

6）送货上门的商品要备好运输车辆，代办托运的要与铁路、公路、水路等承运部门联系。

（2）出库凭证审核

仓库部门接到出库凭证（提货单、领料单）后，必须对出库凭证进行审核，审核的内容主要有：

1）审核出库凭证的合法性、真实性。

2）审核出库凭证手续是否齐全，内容是否完整。

3）核对出库商品的品名、型号、规格、单价、数量。

4）核对收货单位、到站、开户行和账号是否齐全和准确。

在证件审核中，若发现有物品名称、规格、型号不对，印鉴不齐全，数量有涂改，手续不符合要求的，均不能发料出库。但在特殊情况（如救灾、抢险等）下，可经领导批准先发货，事后及时补办手续。

（3）出库信息处理

出库凭证经审核确实无误后，将出库凭证信息进行处理。

采用人工处理方式时，记账员将出库凭证上的信息按照规定的手续登记入账，在出库凭证上批注出库商品的货位编号，并及时核对发货后的结存数量。

采用计算机进行库存管理时，出库凭证的信息录入微机后，由出库业务系统进行信息处理，并打印生成相应的拣货信息，即拣货单、规格、数量。

（4）拣货与分货

拣货作业就是依据客户出库单或仓储部门的拣货单，将货物从指定位置或其他区域拣取出来的作业过程。分货作业又称配货作业。在拣货作业完成后，根据客户订单进行货物分类工作，即分货。详见4.2.4节拣选作业。

（5）出货检查

出货检查即复核，为了保证出库商品不出差错，配好货后企业应立即进行出货检查。出货检查就是将货品一个个点数并逐一核对出货单，进而查验货物的数量、品质及状态情况。

出货检查由复核员按出库凭证对出库商品的品名、规格、单位、数量等进行复核，既要复核单货是否相符，又要复核货位结存量来验证出库量是否正确。检查无误后，复核人在出库凭证上签字，方可包装或交付装运，在包装装运过程中要再次进行复核。

（6）包装

出库商品有的不需要包装，直接装运出库，如钢管、螺纹钢等；有的则需要经过包装才可装运出库，特别是发往外地的商品，为了适应安全要求往往需要重新组装或加固原包装。详见4.2.5节的包装作业。

（7）刷唛

包装完毕后，要在外包装上写清收货单位、收货人、到站、本批商品的总包装件数、发货单位等，字迹要清晰，书写要准确，并在相应位置上印刷或粘贴条码标签，重复利用的包装，应彻底清除原有标识，以免标识混乱，导致差错。

（8）点交

出库商品无论是要货单位自提，还是交付运输部门发送，发货人员都必须向收货人或运输人员按车逐件交代清楚，划清责任。如果是本单位内部领料，则将商品和单据当面点交给提货人，办清交接手续。若是送料或将商品调出本单位办理托送，则与送货人或运输部门办理交接手续，当面将商品点交清楚，交清后，提货人员应在出库凭证上签字盖章。发货人员在经过接货人员认可后，在出库凭证上加盖商品付讫印戳，同时给接货人员签发出门证，门卫对出门证核检无误后方可放行。

（9）装车发运

点交手续办完后，应装车发运，装车应遵循以下原则：

1）为了减少或避免差错，尽量把外观相近、容易混淆的货物分开装载。

2）重不压轻，大不压小，轻货应放在重货上面，包装强度差的应放在包装强度好的上面。

3）尽量做到“后送先装”。由于配送车辆大多是后开门的箱式货车，先卸车货物应装在车厢的后部，靠近车厢门，后卸车的货物则装在前部。

4）货与货之间，货与车辆之间应留有空隙并适当衬垫，防止货损。

5）不将散发臭味的货物与具有吸臭性的货物混装。

6）尽量不将散发粉尘的货物与清洁的货物混装。

7）切勿将渗水货物与易受潮货物混装。

8）包装不同的货物应分开装载，如板条箱货物不与纸箱、袋装货物堆放在一起。

9）具有尖角或突出物的货物应和其他货物分开装载，或用木板隔开，以免损伤其他货物。

10）装货完毕，应在门端处采取适当的稳固措施，防止开门卸货时，货物倾倒造成货损或人身伤亡事故。

4.3.3 商品出库出现问题时的处理

由于仓库储存商品的种类较多，因此，在商品出库过程中出现问题也是多方面的，发现问题应及时进行处理。

1. 出库凭证上的问题

1）发货前验单时，凡发现提货凭证有问题，如抬头、印鉴不符，或者情况不清楚，应及时与出具出库单的单位或有关部门联系，妥善处理。

2）出库凭证有假冒、复制、涂改等情况时应及时与仓库保卫部门联系，妥善处理。

3）凡用户自提出库，出库凭证超过提货期限的，用户前来提货时必须先办理相关手续，按规定缴足逾期仓储保管费，方可发货。

4）任何白条都不能作为发货凭证，特殊情况（如救灾等）发货必须符合仓库有关规定。

5）提货时，用户发现规格开错，保管员不得自行调换规格发货，必须通过制票员重新开票方可发货。

6）商品进库未验收，或者期货未进库的出库凭证，一般暂缓发货，并通知供应商，待货到并验收后再发货。提货期顺延，保管员不得以发代验。

7）如客户因各种原因将出库凭证丢失，客户应凭本单位出具的证明及时与仓库发货员和财务人员联系挂失，原制票员签字作为旁证。如果挂失前货已被提走，仓储部门不负责任，但有义务协助客户找回商品。如果货品还未被提走，经保管员与财务人员查实后，做好挂失登记，将原凭证作废，缓期发货。之后，发货员应时刻警惕，防止有人持作废凭证前来提货，一旦发现应及时与保卫部门联系处理。

2. 漏记账和错记账

漏记账是指在商品出库作业中，因未及时核销商品明细账，而造成账面数大于实存数的现象。错记账是指在商品出库后核销明细账时，没有按实际发货的商品名称、数量等登记，从而造成账实不符的情况。若出现出库计划数与商品实存数不符的情况，通常是实存数小于提货数。造成这种问题的原因主要有：

1）商品入库时，由于验收问题，增大了实收商品的签收数量，从而造成账面数大于实存数。

2）仓库保管人员和发货人员在以前的发货过程中，因错发、串发等差错而形成实际商品库存量小于账面数。

3）用户单位没有及时核减开出的提货数，造成库存账面数大于实际存储数，从而开出的提货单提货数量过大。

4）配送中心仓储过程中所造成的货物减损，也会造成实际商品库存量小于账面数。

当遇到提货数量大于实际商品库存数量时，要认真分析原因，根据具体情况及时进行处理。属于入库时错账，可以用报出报入方法来进行调整，即先按库存账面数开具商品出库单销账，然后再核查实际库存数量重新入库登账，并在入库单上签明情况；属于用户单位漏记账而多开出库数，应由用户单位出具新的提货单，重新组织提货和发货；属于仓储过程中的损耗，需要考虑损耗数量是否在合理的范围之内，并与货主单位进行协商，合理范围之内的损耗应由货主单位承担，超过合理范围的损耗，则由仓库负责赔偿。

3. 串发货和错发货

所谓串发货和错发货，主要是指发货人员对商品种类规格不熟悉或者由于工作中的疏漏把错误规格、数量的商品发出库的情况。如提货单开具某种商品的甲规格出库，而在发货时却将该商品的乙规格发出，造成甲规格账面数小于实存数、乙规格账面数大于实存数。在这种情况下，如果商品尚未出库，应立即组织人力重新发货，如果商品已经提出仓库，保管人员要根据实际库存情况，如实向本库主管部门和运输单位讲明串发货、错发货商品的品名、规格、数量、提货单位等情况，并会同货主单位和运输单位共同协商解决。一般在无直接经济损失的情况下，由货主单位重新按实际发货数冲票解决。如果造成直接经济损失，应按赔偿损失单据冲转调整保管账。

4. 包装损坏

包装损坏是指在发货过程中因商品外包装破散、孔洞等现象引起的商品渗漏、裸露等问题。包装损坏主要是由存储过程中的堆垛挤压或发货时装卸操作不慎等引起的，发货时对商品外包装有破损、脱钉、松绳的，应整修加固，以保证运输途中的商品安全。若发现包装内的商品有破损、变质等质量问题或数量短缺的，不得以次充好。应以溢余补短缺，这样方可出库，否则造成的损失由仓储部门承担。

案例分析

仓库的基本作业流程：商品进、出仓

基于十余年的物流经验积累和无人仓的建设实践，京东首次公开无人仓的建设标准，即“三极”“五自”“一优”。

三“极”：极高技术水平、极致产品能力、极强协作能力；

五“自”：自感知、自适应、自决策、自诊断、自修复；

一“优”：成本、效率、体验的最优。

无人仓标准的公开，对于推动行业发展，促进行业伙伴共同致力于智慧物流的建设有着极其重要的意义。

下图是上海市嘉定区的京东亚洲一号仓内，“小红人”正有序将小米手机运送到集口宝内。

大型“小红人”（AGV）正在分拣手机，将其装入集口宝

亚洲一号仓是京东首个全流程无人仓库，建筑面积达 40 000 m^2，物流中心主体由收货、存储、包装、订单拣选四个作业系统组成。公开资料显示，亚洲一号仓于 2014 年 10 月正式投入使用，2017 年 10 月 9 日京东官方宣布亚洲一号仓库建成，首次对外界开放参观。

京东物流首席规划师章根云透露，目前亚洲一号仓已经实现全流程无人作业。下面简单介绍一下货品入库与出库的基本作业流程。

1. 商品入库

商品的入库流程如下：

当货主需要将进购的商品存放入仓库时，首先需要创建入库任务。任务内容包括需要入库的商品明细及数量，以及预计入库的时间。任务创建成功后，提交给仓库，等待仓库安排入库。

仓库在接收到入库任务后，按照以下流程运作：

1）卸货前只对商品外包装进行检查，卸货收货后需拆开外包装对商品进行更仔细的查验。

2）收货员依据到货通知单对货品清点数量，并将点收实际件数标注清楚，同时核实商品质量问题（破损、受潮、短装），通过验收的商品被码放在规定的位置等待上架。

3）验货结束后，收货员将入库通知单反馈给货主和司机，通知已入库。

4）最后一个环节是上架。仓库工作人员提前给待入库的商品分配好库位，然后再由上架员将商品上架到指定库位。商品有两种上架方式，分别是普通上架和容器上架。

普通上架与容器上架的区别简单来说就是商品的单件上架和批量上架。从容器上架的流程来看，有些同学可能会产生疑问，上架时只是在容器与库位之间建立了对应关系，并没有在商品与库位之间建立对应关系，以后如何通过商品条码查找库位？或者如何通过库位条码查询该库位的商品？

其实商品、容器、库位三者之间是互相关联的。容器与库位之间对应关系的建立也间接地建立了商品与库位之间的关系，而在收货时商品与容器已经建立了对应关系，因此，容器上架的商品可通过库位直接查询到。

完成上架后，商品的入库流程基本走完。

2. 商品出库

商品出库流程比较复杂，通常有拣货、分播、复核、包装、分拣、揽收、交接等环节。这个过程对于仓库工作人员来说，不仅仅是体力劳动，任何一步操作都要小心谨慎，否则就会造成仓库、卖家、买家三方的损失。尤其是在双十一等商品流通的高峰期，仓库工作人员更是要调高警惕避免出错。

商品出库的基本流程如下：

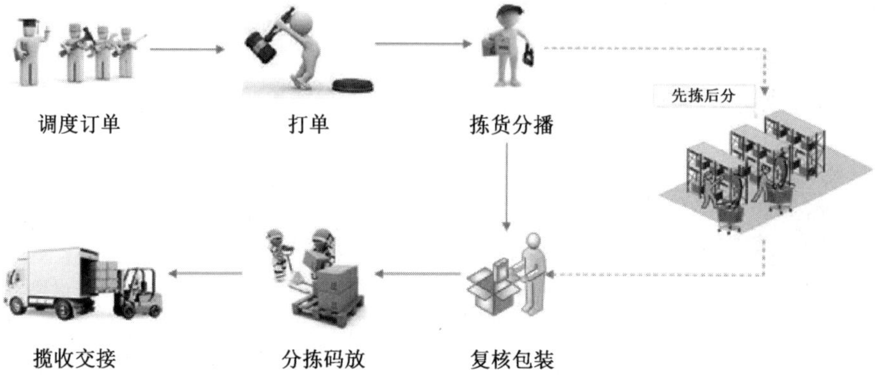

网购的订单首先会流入卖家的OMS系统（订单管理系统），货主在OMS确认后，再将订单推送给仓库的WMS系统（仓储管理系统）。WMS系统通常需要先对订单进行调度，简单说就是按照一定的规则对订单进行分类处理。实际业务中影响订单分类的因素有很多，因此，调度看似简单，其实背后的逻辑很复杂，调度订单的功能目的主要有以下几点。

（1）为订单匹配最适仓库

一个货主通常会有多个仓库，选择距收货人最近的仓库发货无疑最快最省成本。在实际调度中，仓库的选择不仅仅依靠距离信息，还需要综合考虑库存信息、货品信息、承运商信息等。

为了实现最佳运输方案，经常需要对订单进行拆分。例如某一订单包含了甲乙两种货品，距离收货人最近的仓库是A仓，但A仓的库存信息显示只有甲货品，没有乙货品，而距离收货人较远的B仓乙货品库存充足，此时就需要对订单进行拆分，一单只有甲货品分配给A仓，另一单只有乙货品分配给B仓，两个仓库分别发货给收货人。

如此拆单作业虽然实现了降本增效，但往往造成收货人多次收货的不良体验，因此，拆单操作须谨慎。

（2）为订单匹配最适承运商

当货主有指定的承运商时，为订单分配该承运商；当货主未指定承运商时，综合考虑仓库到收货人的距离信息、运费信息、库存信息、货品信息等，按照一定的规则为订单匹配最合适的承运商。

（3）为仓库制订生产计划

仓库系统每天会接收到很多订单，尤其是在“6.18”“11.11”“12.12”等特殊日子，订单量更是超出想象。

因此，必须提前规划好仓库每天的生产计划，以便仓库能够有条不紊地处理完所有订单，尽量避免订单高峰期出现意外情况。另外，在大批量的订单中，常常有很多订单的货品是相同或相近的，因此，将这些订单集中生产拣货，将省去很多时间。

（4）为拣货员规划拣货路线

仓库里存储的商品成千上万，虽然前面讲到每个商品都有对应的库位，可以按照库位查找商品，但是仓库面积大、库位分布广，而拣货任务中的商品并不是集中在某一库位，如果拣货路线规划不合理，则需要拣货员到不同的库区来回寻找，会造成拣货员事倍功半效率低等问题。

调度能够根据订单商品信息查询商品库存位置，然后根据库存位置规划出最短拣货路线，大大提高拣货效率。

综上所述，调度是一个对订单进行预处理和分类的过程，在此过程中会生成许多指导仓库后续作业的优化策略，仓库人员按照调度结果执行各项操作即可。

调度结束后，订单流转到相应的仓库系统，在 WMS 系统中选择订单生成拣货任务并打印任务面单。面单上有订单基本信息，商品的外包装需要贴上面单，方便配送员及收货人根据面单信息进行配送和识别包裹。

有些仓库在包装台上打印面单，这样做的好处是即打即用，避免了面单在拣货过程中的丢失和混乱。

拣货任务生成后分派给拣货员，拣货员在 PDA（掌上电脑）下载拣货任务，根据 PDA 的指示到指定库位拣取正确数量的商品放入拣货车。拣货有先拣后分和边拣边分两种操作方式。

先拣后分是将拣货与分货分开执行。先将任务订单里的所有货品集中拣入到拣货车，再在播种墙进行分货。播种墙是具有很多单元格的推车，每个单元格对应一个订单，播种就是将拣货车中的商品按照订单归类到每个单元格中。

边拣边分是在拣货的时候就将商品放入相应的单元格中。拣货员在拣货前将单元格与订单一对一绑定关系，推着播种墙拣货时，PDA 扫描商品条码会自动提示该商品应放入哪个单元格，从而实现边拣边分。

边拣边分虽然可以一步到位完成拣货，但是实际场景中应用先拣后分的次数却更多，这是因为播种墙相较于拣货车体积大，在库区中移动不方便，不利于拣货员作业。

商品在播种墙被归置好后，接下来要到包装台进行复核包装。

包装人员通过电脑扫描面单编码和商品编码进行复核，一方面核对商品数量与种类，防止商品错发、漏发，另一方面检查商品的质量，防止残次品出库。

复核完毕后，包装人员包装商品并在外包装贴上相应面单，然后将包裹放在传送带上进入下一环节。在传送带上，分拣机器人通过扫描包裹的面单信息，自动将包裹进行分拣，在传送带的末端，分拣人员将不同快递的包裹码放在指定区域等待揽收。

发货任务的货品全部分拣完毕后，仓库通知快递员在规定时间上门揽收，同时打印交接清单。快递员到达仓库后按照仓库提供的交接清单核对揽收货品，并使用 PDA 扫描货品面单进行收货。收货完成确认无误后，快递员在交接清单签字完成交接，最后装车出库。

以上就是商品入库出库的基本作业流程，由于不同商家的需求不同，实际作业流程中会有差异。

（案例来源：http：//www. woshipm. com/newretail/1618095. html）

问题讨论

1. 分析电商环境下货品出入库流程。
2. 分析电商环境下货品出入库与普通仓储物品出入库的异同点。

思考题

1. 货位选择要考虑哪些原则?
2. 入库前的准备工作有哪些?
3. 卸车过程中应注意哪些问题?
4. 简述商品验收的基本要求。
5. 简述如何确定盘点作业的时间。
6. 简述造成盘点差异的原因。
7. 简述出库凭证审核中可能出现的问题及处理方法。
8. 简述出库验收中可能出现的问题及处理方法。

第5章　商品养护管理

本章导读

1. 了解库存商品质量变化的类型，理解影响商品质量变化的内、外因素。
2. 掌握仓库温湿度管理控制方法，了解物品霉腐、仓库虫害、金属锈蚀等的防治。

案例导引

中草药材的保管

中药材采集以后，经初步加工处理及复杂的炮制过程后，即可入库使用。未使用前的保管及养护对于中药材的药效至关重要。贮藏过程中尤其应注意避免虫蛀、变色、风化、融化粘连等变异现象的发生。

1. 中药材变质的原因

（1）中药消毒清理不规范。中药里的大多数药材都含有淀粉、水分、糖类、油脂等成分，容易变质，在保管的过程中受外界的污染，更易生虫、发霉、变腐烂。有些植物药材，本身夹杂着虫卵、细菌，药材采收后进行干燥时，虫卵、细菌没有完全杀灭。另外一方面是由于贮藏药材的容器未经过清洗、消毒，就直接将药材存放进去，因此，药材受到污染。

（2）温度、湿度不适宜。中药材均有一定的温度适应范围，温度过高或过低都会导致中药材质量发生变化。温度在20～35 ℃时，利于虫害、霉菌等繁殖，会导致某些药物生虫、发霉而变质；温度在35 ℃以上时，脂肪含量较高的药物容易因受热而导致油质分离，使药材中的油减少。含挥发油成分较多的药物，受热易导致芳香气味散失。动植物胶类及部分树脂类药物，受热后易发软、连接成块或者融化。中药材本身含水量为10%～20%，当空气中湿度过重、含水蒸气较多时，中药材可大量吸收水分而受潮，更易发生霉烂变质。

（3）空气及日光照射。空气中的氧气易与药材发生化学反应而影响其质量。如丹皮、黄精等颜色变深，即为这些药物中所含的鞣质、油质及糖分与空气中的氧气接触发生变化而形成。日光对于某些药材的色素及叶绿色均有破坏作用，均可引起药材变色。因此，对于红色及绿色的药材，不宜在阳光下久晒。

2. 中药材的保管及养护方法

（1）暴晒法。为了防止虫害、走油、分化、变色等的发生，应首先对中药材进行清理，将其中的杂质等物质去除干净，然后进行暴晒。暴晒时，通过阳光中的紫外线消除药材中的微生物和害虫，能够有效起到防虫、防霉、治霉和杀虫的效果。还可以去除药材中的一些水分，使其充分干燥。

（2）冷藏法。当气候比较潮湿，尤其梅雨季节时，有些药材特别容易发霉，因此，可以将药材进行晒干、凉透后放入玻璃缸内，盖上盖子进行密封，再存入冰箱4℃环境中存储。冰箱冷藏法适用于党参、枸杞、桃仁等易泛油、不耐高温的药材存储。

（3）烘烤法。根据药材的性质，将清理挑选后的药材放入恒温的烤箱中，可以把害虫及虫卵杀死。含有挥发性成分及芳香类的药材，温度宜控制在30～40℃，进行间断烘烤；其他药材温度控制在50～60℃下进行烘烤。

（4）乙醇喷雾贮藏法。通过在药材表面喷洒乙醇，发挥防虫、防霉等作用。这种方法适用于含油质及糖类、苷类较多，易发生泛油、变色、霉变及虫蛀的药材，如党参、枸杞、山茱萸、白菊花等。

（5）加强温湿度控制。加强温度、湿度的控制，当发现有药材质量问题出现时，应及时采取措施，如及时暴晒、烘烤等，每日定时检查药材质量情况。保管药材的仓库应配备湿度计及养护登记记录，控制药材的质量。

综上所述，鉴于影响中药材质量的因素众多，在中药材储藏的过程中管理人员需勤查看，勤打扫，多进行翻晒工作。放置药材的器具，要定时清理干净，然后再装入新药，以有效避免虫害、霉菌等的繁衍，从而有效保证药物的质量。

（资料来源：刘芳芹. 浅析中药材保管及养护注意事项［J］. 中国实用医药，2013（5）.）

阅读以上案例，请思考影响中草药质量变化的因素及保管方法。

5.1 商品的质量变化

5.1.1 商品质量变化的类型

商品在物流过程中的质量变化归纳起来有物理机械变化、化学变化、生化变化及某些生物活动引起的变化等。

1. 商品的物理机械变化

物理变化是指仅改变物质本身的外表形态，而不改变其本质，没有新物质生成，最有可能反复进行的质量变化现象。商品的机械变化是指商品在外力的作用下发生形态变化。物理机械变化的结果不是数量损失就是质量降低，甚至使商品失去使用价值。商品常发生的物理机械变化有商品的挥发、溶化、熔化、渗漏、串味、冻结、沉淀、沾污、破碎与变形等。

（1）挥发

挥发是低沸点的液体商品或经液化的气体商品经气化而散发到空气中的现象。这种挥发的速度与气温的高低、空气流动速度的快慢、液体表面接触空气面积的大小成正比关系。液体商品的挥发不仅会降低有效成分，增加商品损耗，降低商品质量，有些燃点很低的商品还容易引起燃烧或爆炸；有些商品挥发的蒸汽有毒性或麻醉性，容易造成大气污染，对人体有害；一些商品受到气温升高的影响体积膨胀，使包装内部压力增大，可能发生爆破。常见易挥发的商品如酒精、白酒、香精、花露水、香水、化学试剂中的各种溶剂、医药中的一些试剂、部分化肥农药、杀虫剂、油漆等。

防止商品挥发的主要措施是加强包装密封性。此外，要控制仓库温度，高温季节要采取降温措施，保持在较低温度条件下储存，以防挥发。

（2）溶化

溶化是指有些固体商品在保管过程中，能吸收空气或环境中的水分，当吸收数量达到一定程度时，就会溶化成液体。

易溶性商品必须具有吸湿性和水溶性两种性能。常见易溶化的商品有如食糖、糖果、食盐、明矾、硼酸、甘草流浸膏、氯化钙、氯化镁、尿素、硝酸铵、硫酸铵、硝酸锌和硝酸锰等。

商品溶化与空气温度、湿度及商品的堆码高度有密切关系。在保管过程中，有一些结晶粒状或粉状易溶化商品，在空气比较干燥的条件下，会慢慢失水后结成硬块。特别是货垛底层商品，承受压力越重的部位状况就越严重。虽然溶化后，商品本身的性质并没有发生变化，但形态改变给储存、运输及销售部门带来很大的不便。对易溶化商品应按商品性能分区、分类存放在干燥阴凉的库房内，不适合与含水分较大的商品同储。在堆码时要注意底层商品的防潮和隔潮，垛底要垫得高一些，并采取吸潮和通风相结合的温湿度管理方法来防止商品吸湿溶化。

（3）熔化

熔化是指低熔点的商品受热后发生软化以致化为液体的现象。商品的熔化，除受气温高低的影响外，还与商品本身的熔点、商品中杂质种类和含量高低密切相关。熔点越低，越易熔化；杂质含量越高，越易熔化。

常见的易熔化商品有：百货中的香脂、蛤蜊油、发蜡、蜡烛；文化用品中的复写纸、蜡纸、打字纸和圆珠笔芯；化工商品中的松香、石蜡、粗萘、硝酸锌；医药商品中的油膏、胶囊、糖衣片等。商品熔化，有的会造成商品流失、粘连包装、沾污其他商品；有的会因产生熔解热而体积膨胀，使包装爆破；有的则会因商品软化而使货垛倒塌。

预防商品的熔化应根据商品的熔点高低，选择阴凉通风的库房储存。在保管过程中，一般可采用密封和隔热措施，加强仓房的温度管理，防止日光照射，尽量减少温度的影响。

（4）渗漏

渗漏主要是指液体商品，特别是易挥发的液体商品，包装容器不严密，包装质量不符合商品性能的要求，或在搬运装卸时碰撞震动破坏了包装，而使商品发生跑、冒、滴、漏的现象。

商品渗漏与包装材料性能、包装容器结构及包装技术优劣有关，还与仓储温度变化有关。如金属包装焊接不严，受潮锈蚀；有些包装耐腐蚀性差；有的液体商品因气温升高，体积膨胀而使包装内部压力增大导致包装容器胀破；有的液体商品在降温或严寒季节结冰，也会发生体积膨胀引起包装破裂而造成商品损失。因此，对液体商品应加强入库验收和在库商品检查及温湿度控制和管理。

（5）串味

串味是指吸附性较强的商品吸附其他气体、异味，从而改变商品本来气味的现象。具有吸附性、易串味的商品，主要是其成分中含有胶体物质，以及疏松、多孔性的组织结构。商品串味与其表面状况、与异味物质接触面积的大小、接触时间的长短及环境中异味的浓度有关。

常见易被串味的商品如大米、面粉、木耳、食糖、饼干、茶叶、卷烟等。常见的易引起其他商品串味的商品如汽油、煤油、桐油、腌鱼、腌肉、樟脑、卫生球、肥皂、化妆品及农药等。

预防商品的串味，应对易被串味的商品尽量采取密封包装，在储存和运输中不得与有强烈气味的商品同车船并运或同库储藏，同时还要注意运输工具和仓储环境的清洁卫生。

（6）沉淀

沉淀是指含有胶质和易挥发成分的商品，在低温或高温等因素影响下，引起部分物质的凝固，进而发生沉淀或液体分离的现象。常见易发生沉淀的商品有墨汁、墨水、牙膏、雪花膏等。又如饮料、酒在仓储中，容易离析出纤细絮状的物质，而发生混浊沉淀的现象。

预防商品的沉淀，应根据不同商品的特点，防止阳光照射，做好商品的冬季保温工作和夏季降温工作。

（7）沾污

沾污是指商品外表沾有其他脏物，染有其他污秽物的现象。商品沾污，主要是生产、储运中卫生条件差及包装不严所致。对一些外观质量要求较高的商品，如绸缎呢绒、针织品、服装等要注意防沾污，精密仪器、仪表类也要特别注意。

（8）破碎与变形

破碎与变形是常见的机械变化，是指商品在外力作用下所发生的形态上的改变。

商品的破碎主要是脆性较大的商品，如玻璃制品、陶瓷制品、搪瓷制品、铝制品等因包装不良而在搬运过程中受到碰、撞、挤、压和抛掷而破碎、掉瓷、变形等。商品的变形通常是塑性较大的商品，如铝制品和皮革、塑料、橡胶等制品，由于受到强烈的外力撞击或长期重压，商品丧失回弹性能，从而发生形态改变。对于容易发生破碎和变形的商品，应注意妥善包装，轻拿轻放；在库堆垛高度不能超过一定的压力限度。

2. 商品的化学变化

商品的化学变化与物理变化有本质的区别。化学变化是指构成商品的物质发生变化后，不仅改变了商品的外表形态，也改变了商品的本质，同时有新物质生成，且不能恢复原状的变化现象。商品化学变化过程即商品质变过程，严重时还会使商品失去使用价值。商品的化学变化形式主要有氧化、分解、水解、化合、聚合、裂解、老化、曝光、锈蚀、风化等。

（1）氧化

氧化是指商品与空气中的氧或其他能放出氧的物质所发生的与氧相结合的变化。商品发生氧化，不仅会降低商品的质量，有的还会在氧化过程中，产生热量，发生自燃，甚至会发生爆炸事故。容易发生氧化的商品品种比较多，例如，某些化工原料、纤维制品、橡胶制品、油脂类商品等。棉、麻、丝、毛等纤维织品，长期同日光接触发生变色的现象，也是织品中的纤维被氧化的结果。

商品在氧化过程中，如果产生的热量不易散失，就会加速其氧化的过程，从而使反应的温度迅速升高，当达到自燃点时，就会发生自燃现象。桐油布、油布伞、油纸等桐油制品，若还没有干透就进行打包储存，则容易发生自燃。如在桐油中，含有不饱和脂肪酸，在发生氧化时放出的热量不易尽快散失时，便会促使其温度升高，当达到纤维的燃点时，就会引起自燃。除了桐油制品外，还有其他植物性油脂类或含油脂较多的商品如豆饼、花生饼、核桃仁等，在一定的条件下与纤维性物质接触，也会发生自燃现象，而使其炭化。所以，此类商品要储存在干燥、通风、散热和温度比较低的库房，这样才能保证其质量安全。

（2）分解

分解是指某些性质不稳定的商品，在光、电、热、酸、碱及潮湿空气的作用下，由一种物质生成两种或两种以上物质的变化现象。商品发生分解反应后，不仅使其数量减少、质量降低，有的还会在反应过程中，产生一定的热量和可燃气体，从而引发事故。

过氧化氢（双氧水）是一种不稳定的强氧化剂和杀菌剂，在常温下会逐渐分解，如遇高温能迅速分解，生成水和氧气，并能放出一定的热量。

漂白粉，呈白色粉末状，其外观与石灰相似，故又称氧化石灰，也是一种强氧化剂和杀菌剂。当漂白粉遇到空气中的二氧化碳和水汽时，就能分解出氯化氢、碳酸钙和次氯酸。在反应过程中，所生成的新生态氧具有很强的氧化能力，既能够加速对其他商品的氧化，还能破坏商品的色团。因此，过氧化氢和漂白粉，都具有漂白作用。

但在保管过氧化氢和漂白粉的过程中，一旦发生上述变化，就会降低其有效成分，还会降低其杀菌能力。

电石遇到潮气，能分解生成乙炔和氢氧化钙，并能放出一定的热量。乙炔气体，易于氧化和燃烧，要特别引起注意。这种气体能加速水果和蔬菜等鲜活商品的呼吸强度与水解过程，由此就增加了供给胚胎的营养物质，这样就会加速水果和蔬菜的成熟。

（3）水解

水解是指某些商品在一定条件下，遇水所发生分解的现象。如硅酸盐和肥皂，其水解产物是酸和碱，这样就同原来的商品具有不同的性质。另外，在高分子有机物中的纤维素和蛋白质在相应的酶的作用下发生水解后，能使其链节断裂，强度降低。

商品的品种不同，在酸或碱的催化作用下所发生的水解情况也是不相同的。例如，皂在酸性溶液中能全部水解，而在碱性溶液中很稳定；蛋白质在碱性溶液中容易水解，但在酸性溶液中比较稳定，这就是羊毛等蛋白质纤维怕碱不怕酸的道理。棉纤维在酸性溶液中，尤其是在强酸的催化作用下，容易发生水解，能使纤维的大分子链节断裂，分子量降低，被分解成单个的纤维分子，这样就大大降低了纤维的强度。而棉纤维在碱性溶液中比较稳定，这就是棉纤维怕酸而耐碱的原因所在。

此类商品在流通领域中，即在包装、运输、储存的过程中，要注意包装材料的酸碱性，以及能或不能与哪些商品同库储存，以防止商品的人为损失。

（4）化合

化合是指商品在储存期间，在外界条件的影响下，两种或两种以上的物质相互作用，而生成一种新物质的反应。此种反应，一般不是单一存在于化学反应中，而是两种反应（分解、化合）依次先后发生。如果不了解这种情况就会给保管和养护此类商品造成损失。

化工商品中的过氧化钠为白色粉末，其劣质品多呈黄色。如果储存在密闭性好的桶里并在低温下与空气隔绝，其性质就会非常稳定，而一旦遇热就会发生分解放出氧气。过氧化钠如果同潮湿的空气接触，在迅速地吸收水分后，便会发生分解，降低有效成分。氧化钙的吸潮作用也是一种化合反应的过程。

（5）聚合

聚合是指某些商品在外界条件的影响下，能使同种分子互相加成结合成一种更大分子的现象。例如，桐油表面的结块、福尔马林的变样等现象，均是发生了聚合反应的结果。

福尔马林是甲醛的水溶液（含甲醛40%），在常温下能聚合生成三聚甲醛或多聚甲醛，产生浑浊沉淀，这样就改变了原来的性质。

桐油中由于含有桐油酸（十八碳三烯酸）的高度不饱和脂肪酸，在日光、氧和温度的作用下，能发生聚合反应，生成B型桐油块，浮在其表面，而使桐油失去使用价值。所以，储存和保管养护此类商品时，要特别注意日光和储存温度的影响，防止发生聚合反应，造成商品质量的降低。

（6）裂解

裂解是指高分子有机物（如棉、麻、丝、毛、橡胶、塑料、合成纤维等）在日光、氧、高温条件的作用下，发生了分子链断裂、分子量降低，从而使其强度降低、力学性能变差，产生发软、发黏等现象。例如，天然橡胶是以橡胶烃为基本单体成分的高分子化合物，分子量为 8 ~ 10 万，在日光、氧和一定温度的作用下，发生链节断裂、分子结构被破坏，而使橡胶制品变软、发黏而变质。另外，塑料制品中的聚苯乙烯，在一定条件下，也会同天然橡胶一样发生裂变。此类商品在保管养护过程中要防止受热和日光的直接照射。

（7）老化

老化是指含有高分子有机物成分的商品（如橡胶、塑料、合成纤维等），在日光、氧气、热等因素的作用下性能逐渐变坏的过程。商品发生老化后，能破坏其化学结构、改变其物理性能，使力学性能降低，出现变硬发脆、变软发粘等现象，而导致商品失去使用价值。

塑料制品老化后所引起的性能变化，是合成树脂的分子结构发生了变化所造成的。

合成纤维织品发生老化，是由于在日光、氧、高温等因素的作用下，发生变色，强度降低，严重时能逐渐变质脆化。

橡胶制品发生老化，是由于橡胶分子在氧的作用下受到了破坏，即橡胶分子与氧结合，破坏了橡胶烃的分子结构。因此，橡胶制品之所以能发生老化，是氧作用的结果，这里需要指出的是，凡是能增加氧分子活性的因素（如日光、高温、潮湿空气等或在橡胶中含有原子价不定的锰、铜、铁等金属盐类）都能加速老化的过程。另外，橡胶同氧的接触面积越大，老化的速度越快。

容易老化的商品，在保管养护过程中，更要注意防止日光照射和高温，切不能使其在阳光下曝晒。商品在堆码时不宜过高，防止底层的塑料、橡胶制品受压变形。橡胶制品切忌同各种油脂和有机溶剂接触，防止发生粘连现象。塑料制品要避免同各种有色织物接触，防止由于颜色的感染，发生串色。

（8）曝光

曝光是指某些商品见光后，引起变质或变色的现象。例如，石炭酸（苯酚）为白色结晶体，见光即变成红色或淡红色。

照相用的胶片见光后，即成为废品。

漂白粉储存场所不当，在易受日光、热或二氧化碳影响的库房里，会逐渐发生变化而降低氯的有效成分。所以，漂白粉要储存在密闭的桶中，并且严防潮湿和二氧化碳的影响。

易曝光的商品在保管和养护过程中，要特别注意防止光线照射，并要防止空气中的氧和温湿度的影响，其包装要做到密封严密。

（9）锈蚀

锈蚀是指金属或金属合金同周围的介质相接触时，相互间发生某种反应，而逐渐遭到破坏的过程。金属商品之所以会发生锈蚀，其一，是由于金属本身不稳定，在其组成中存在自由电子和成分不纯的问题；其二，是由于受到水分和有害气体（SO_2、HCl）的作用。金属制品的诱蚀及其防锈的方法我们将在后面的章节中详细讨论。

（10）风化

风化是指含结晶水的商品在一定的温度和干燥的空气中，失去结晶水而使晶体崩解，变成非结晶状态的无水物质的现象。

3. 商品的生化变化及其他生物活动引起的变化

生化变化是指有生命活动的有机体商品在生长发育过程中，为了维持自己的生命，本身所进行的一系列生理变化。如粮食、水果、蔬菜、鲜鱼、鲜肉、鲜蛋等有机体商品，在储存过程中受到外界条件的影响和其他生物作用，往往会发生这样或那样的变化。这些变化主要有呼吸作用、发芽、胚胎发育、后熟、霉腐、虫蛀等。

（1）呼吸作用

呼吸作用是指有机商品在生命活动过程中，不断地进行呼吸，分解体内有机物质，产生热量，维持其本身的生命活动的现象。呼吸作用可分为有氧呼吸和无氧呼吸两种类型。

不论是有氧呼吸还是无氧呼吸，都要消耗营养物质，从而降低食品的质量。有氧呼吸时呼吸热的产生和积累，往往会使食品腐败变质。特别是粮食的呼吸作用，产生的热不易分散，如积累过多，会使粮食变质。同时呼吸作用使得有机体分解出来的水分，又有利于有害微生物的生长繁殖，加速商品的霉变。无氧呼吸则会产生酒精积累，引起有机体细胞中毒，造成生理病害，缩短储存时间。对于一些鲜活商品，无氧呼吸往往比有氧呼吸要消耗更多的营养物质。

保持正常的呼吸作用，维持有机体的基本生理活动，商品本身会具有一定的抗病性和耐储性。因此，鲜活商品的储藏应保证它们正常而最低的呼吸，减少商品损耗，延长储藏时间。

（2）发芽

发芽指有机体商品在适宜条件下，冲破“休眠”状态，发生的发芽、萌发现象。

发芽会使有机体商品的营养物质转化为可溶性物质，供给有机体本身的需要，从而降低有机体商品的质量。在发芽萌发过程中，通常伴有发热、生霉等情况，不仅会增加损耗，而且会降低质量。因此，对于能够萌发、发芽的商品必须控制它们的水分，并加强温湿度管理，防止发芽、萌发现象的发生。

（3）胚胎发育

胚胎发育主要是指鲜蛋的胚胎发育。在鲜蛋的保管过程中，当温度和供氧条件适宜时，胚胎会发育成血丝蛋、血环蛋。经过胚胎发育的禽蛋，其新鲜度和食用价值会大大降低。为抑制鲜蛋的胚胎发育，应加强温湿度管理，最好是低温储藏或隔绝氧气，亦可采用石灰水浸泡、表面涂层等储藏方法。

(4) 后熟

后熟是指瓜果、蔬菜等食品在脱离母株后继续其成熟过程的现象。瓜果、蔬菜等的后熟作用，能改进色、香、味及适口的硬脆度等食用性能。但当后熟作用完成后，则容易发生腐烂变质，难以继续储藏，甚至失去食用价值。因此，对于这类鲜活食品，应在其成熟之前采收并采取控制储藏条件的办法，来调节其后熟过程，以达到延长储藏期、均衡上市的目的。

(5) 霉腐

霉腐是商品在霉腐微生物作用下所发生的霉变和腐败现象。

在气温高、湿度大的季节，如果仓库的温湿度控制不好，储存的针棉织品、皮革制品、鞋帽、纸张、香烟及中药材等许多商品就会生霉；肉、鱼、蛋类就会腐败发臭，水果、蔬菜就会腐烂；果酒会变酸，酱油会生白膜。无论哪种商品，只要发生霉腐，就会受到不同程度的破坏，严重霉腐可使商品完全失去使用价值。有些食品还会因腐败变质而产生能引起人畜中毒的有毒物质。

常见危害商品的微生物主要是一些腐败性细菌、酵母菌和霉菌。特别是霉菌，它是引起绝大部分日用工业品、纺织品和食品霉变的主要根源，对纤维素、淀粉、蛋白质、脂肪等物质，具有较强的分解能力。对易霉腐的商品在储存时必须严格控制其温湿度，并做好商品的防霉和除霉工作。

(6) 虫蛀

商品在储存期间，常常会遭到仓库害虫的蛀蚀。经常危害商品的仓库害虫有 40 多种。仓库害虫在危害商品的过程中，不仅会破坏商品的组织结构，使商品发生破碎和孔洞，而且会排泄各种代谢废物污染商品，影响商品的质量和外观，降低商品的使用价值，因此，害虫对商品的危害性也是很大的。凡是含有有机成分的商品，都容易遭受害虫蛀蚀。

5.1.2 影响商品质量变化的因素

商品发生质量变化，是由一定因素引起的。为了保养好商品，确保商品的安全，必须找出变化原因，掌握商品质量变化的规律。通常引起商品变化的因素有内因和外因两种，内因是变化的根据，外因是变化的条件。

1. 影响商品质量变化的内在因素

(1) 商品的物理性质

商品的物理性质主要包括商品的吸湿性、导热性、耐热性、透气性等。

1) 商品的吸湿性

商品的吸湿性，是指商品吸收和放出水分的特性。商品吸湿性的大小，吸湿速度的快慢，将直接影响该商品含水量的增减，对商品质量的影响极大，是许多商品在储存期间发生质量变化的重要原因之一。商品的很多质量变化都与其含水量的多少及吸水性的大小有直接关系。

2）商品的导热性

商品的导热性，是指物体传递热能的性质。商品的导热性与其成分和组织结构有密切关系，商品结构不同，其导热性也不一样。商品表面的色泽与其导热性也有一定的关系。

3）商品的耐热性

商品的耐热性，是指商品能承受温度变化而不被破坏或显著降低强度的性质。商品的耐热性，除与其成分、结构和不均匀性有关外，与其导热性、膨胀系数也有密切关系。导热性大而膨胀系数小的商品，耐热性良好，反之则差。

4）商品的透气性与透水性

商品能被水蒸气透过的性质，称为透气性；商品能被水透过的性质，称为透水性。这两种性质在本质上都是指水的透过性能，不同的是，前者指气体水分子的透过，后者指液体水的透过。

商品透气、透水性的大小，主要取决于商品的组织结构和化学成分。结构松弛、化学成分含有亲水基团，其透气、透水性就会较好。

（2）商品的机械性质

商品的机械性质，是指商品的形态、结构在外力作用下的反应，包括商品的弹性、可塑性、强度、韧性、脆性等。商品的这种性质与其质量关系极为密切，是体现适用性、坚固耐久性和外观的重要内容。商品的机械性质对商品的外形及结构变化有很大的影响。

（3）商品的化学性质

商品的化学性质，是指商品的形态、结构及商品在光、热、氧、酸、碱、温度、湿度等作用下，发生改变商品本质相关的性质。

与商品储存紧密相关的商品的化学性质包括商品的化学稳定性、毒性、腐蚀性、燃烧性、爆炸性等。

1）商品的化学稳定性

商品的化学稳定性，是指商品受外界因素作用，在一定范围内，不易发生分解、氧化或其他变化的性质。化学稳定性不高的商品容易丧失使用性能。商品的稳定性是相对的，稳定性的大小与其成分、结构及外界条件有关。

2）商品的毒性

商品的毒性，是指某些商品能破坏有机体生理功能的性质。具有毒性的商品，主要是用作医药、农药及化工商品等。有的商品本身有毒，有的蒸汽有毒，有的本身虽无毒，但分解化合后会产生有毒成分等。

3）商品的腐蚀性

商品的腐蚀性，是指某些商品能对其他物质发生破坏性的化学性质。具有腐蚀性的商品，本身具有氧化性和吸水性，因此，不能把这类商品与棉、麻、丝、毛织品及纸张、皮革制品等同仓储存，也不能与金属制品同仓储存。盐酸能与钢铁制品发生化学作用，使其遭受破坏；烧碱能腐蚀皮革、纤维制品和人的皮肤；硫酸能吸收动植物商品中的水分，使它们炭化而变黑；漂白粉的氧化性，能破坏一些有机物；石灰有强吸水性和发热性，能灼伤皮肤和刺激呼吸器官等。因此，在保管时要根据不同的商品性能，选择储存场所，安全保管。

4）商品的燃烧性

有些商品性质活泼，发生剧烈化学反应时常产生光和热，这一现象称为商品的燃烧性。具有这一性质的商品被称为易燃商品。常见的易燃商品有红磷、火柴、松香、汽油、柴油、乙醇、丙酮等低分子有机物。易燃商品在储存中应该特别注意防火。

5）商品的爆炸性

爆炸是物质由一种状态迅速变化为另一种状态，并在瞬息间以机械功的形式放出大量能量的现象。能够发生爆炸的商品要专库储存，并应有严格的管理制度和办法。

（4）商品的化学成分

1）无机成分的商品

指构成成分中不含碳的商品，但包括碳的氧化物、碳酸及碳酸盐，如化肥、部分农药、搪瓷、玻璃、五金及部分化工商品等。无机成分的商品，按其元素的种类及其结合形式，又可以分为单质商品、化合物、混合物等三大类。

2）有机成分的商品

指以含碳的有机化合物为其成分的商品，但不包括碳的氧化物，碳酸与碳酸盐。属于这类成分的商品，如棉、毛、丝、麻及其制品，化纤、塑料、橡胶制品，石油产品、有机农药、有机化肥，木制品、皮革、纸张及其制品，蔬菜、水果、食品、副食品等，其数量相当庞大。这类商品成分中，结合形式也不相同，有的是化合物，有的是混合物。

3）商品成分中的杂质

单一成分的商品极少，多数商品含杂质，而成分绝对纯的商品极为罕见。所以，商品成分有主要成分与杂质之分。主要成分决定着商品的性能、用途与质量；而杂质则影响着商品的性能、用途与质量，给储存带来不利影响。

（5）商品的结构

商品的种类繁多，各种商品有各种不同形态的结构，要求用不同的包装盛装。如气体商品，分子运动快、间距大，多用钢瓶盛装，其形态随盛器而变；液态商品，分子运动比气态慢，间距比气态小，其形态随盛器而变；只有固态商品，有一定的外形。

虽然商品形态各异，但是概括起来，一般可分为外观形态和内部结构两大类。

1）商品的外观形态

商品的外观形态多种多样，所以，在保管时应根据其体形结构合理安排仓容，科学地进行堆码，以保证商品质量的完好。

2）商品的内部结构

商品的内部结构，即构成商品原材料的成分结构，属于商品的分子-原子结构，是肉眼看不到的结构，必须借助于各种仪器来进行分析观察。商品的微观结构，对商品性质往往影响极大，有些分子的组成和分子量虽然完全相同，但由于结构不同，因此，性质有很大差别。

总之，影响商品发生质量变化的因素有很多，主要包括商品的性质、成分、结构等内在因素，这些因素之间是相互联系、相互影响的统一整体，绝不能孤立对待。

2. 影响商品质量变化的外界因素

商品储存期间的质量变化，主要是商品内部运动或生理活动的结果，但与储存的外界因素也有密切关系。这些外界因素主要包括空气中的氧、日光、温度、湿度、微生物和昆虫等。

（1）空气中的氧

空气中约含有21%左右的氧气。氧非常活泼，能和许多商品发生作用，对商品质量变化影响很大。例如，氧可以加速金属商品锈蚀；氧是好氧性微生物活动的必备条件，易使有机体商品发生霉腐；氧是害虫赖以生存的基础，是仓库害虫发育的必要条件；氧是助燃剂，不利于危险品的安全储存；在油脂的酸败和鲜活商品的分解、变质中，氧都是积极参与者。因此，在养护中，对于受氧气影响比较大的商品，要采取各种方法（如浸泡、密封、充氮等）隔绝氧气对商品的影响。

（2）日光

日光中含有热量、紫外线、红外线等，它对商品起正反两方面的作用：一方面，日光能够加速受潮商品的水分蒸发，杀死杀伤微生物和商品害虫，在一定条件下，有利于商品的保护；另一方面，某些商品在日光的直接照射下，又会发生破坏作用，如日光能使酒类挥发、油脂加速酸败、橡胶塑料制品迅速老化、纸张发黄变脆、色布褪色、药品变质、照相胶卷感光等。因此，要根据不同商品的特性，注意避免或减少日光的照射。

（3）微生物和仓库害虫

微生物和仓库害虫的存在是商品霉腐、虫蛀的前提条件。微生物在生命活动过程中会分泌一种酶，利用它把商品中的蛋白质、糖类、脂肪、有机酸等物质分解为简单的物质加以吸收利用，从而使商品受到破坏、变质，丧失其使用价值。同时，微生物异化作用中，在细胞内分解氧化营养物质而产生各种腐败性物质排出体外，从而使商品产生腐臭味和色斑霉点，影响商品的外观，加速高分子商品的老化。

微生物的活动，需要一定的温度和湿度。没有水分，它是无法生存下去的；没有适宜的温度，它也不能生长繁殖。掌握这些规律就可以创造条件，根据商品的含水量情况，采取不同的措施，防止微生物生长，以利于商品储存。

仓库害虫在仓库中，不仅蛀食动植物性商品和包装，有些仓库害虫还能危害塑料、化纤等化工合成商品，此外，白蚁还会蛀蚀仓库建筑物和纤维质商品。仓库害虫在危害商品过程中，不仅会破坏商品的组织结构，使商品发生破碎和孔洞，外观形态受损，而且在生活过程中，吐丝结茧，排泄各种代谢废物沾污商品，从而影响商品的质量和外观。

（4）温度

气温是影响商品质量变化的重要因素。温度能直接影响物质微粒的运动速度。一般商品在常温或常温以下，都比较稳定，高温能够促进商品的挥发、渗漏、溶化等物理变化及化学变化；而低温又容易引起某些商品的冻结、沉淀等变化；温度忽高忽低，会影响到商品质量的稳定性。此外，温度适宜时会给微生物和仓库害虫的生长繁殖创造有利条件，加速商品腐败变质和虫蛀。因此，控制和调节仓储商品的温度是商品养护的重要工作内容之一。

（5）空气的湿度

空气的干湿程度称为空气的湿度。空气湿度的改变，能引起商品的含水量、化学成分、外形或体态结构的变化。湿度下降，将使商品因放出水分而降低含水量、减轻重量，如水果、蔬菜、肥皂等会发生萎蔫或干缩变形，纸张、皮革制品等失水过多，会发生干裂或脆损；湿度增高，商品含水量和重量相应增加，如食糖、食盐、化肥、硝酸铵等易溶性商品结块、膨胀或进一步溶化，钢铁制品生锈，纺织品、竹木制品、卷烟等发生霉变或被虫蛀等。湿度适宜，可保持商品的正常含水量、外形或体态结构及重量。所以，在商品养护中，必须掌握各种商品的适宜湿度要求，尽量创造商品适宜的空气湿度。

（6）卫生条件

卫生条件是保证商品免于变质腐败的重要条件之一。卫生条件不良，不仅使灰尘、油垢、垃圾、腥臭等污染商品造成某些外观瑕疵和感染异味，而且为微生物、仓库害虫等创造了活动场所。因此，商品在储存过程中，一定要搞好储存环境的卫生，保持商品本身的卫生，防止商品之间的相互感染。

（7）有害气体

大气中的有害气体，主要来自燃料，如煤、石油、天然气、煤气等燃料放出的烟尘和工业生产过程中的粉尘、废气。主要是二氧化碳、二氧化硫、硫化氢、氯化氢和氮气等气体。

商品储存在有害气体浓度大的空气中，其质量变化明显。例如，二氧化硫气体溶解度很大，溶于水中能生成亚硫酸，当它遇到含水量较大的商品时，能强烈地腐蚀商品中的有机物。在金属电化学腐蚀中，二氧化硫也是构成腐蚀电池的重要介质之一。空气中含有0.01%的二氧化硫，能使金属锈蚀增加几十倍，使皮革、纸张、纤维制品脆化。特别是金属商品，必须远离二氧化硫发源地。

目前，主要通过改进和维护商品包装或在商品表面涂油、涂蜡等方法，减少有害气体对商品质量的影响。

5.2 仓库温湿度管理

商品在储存期间的质量变化与商品的储存环境密切相关。而在商品储存环境的诸因素中，仓库的温湿度最为重要。商品在储存期间发生的霉变、锈蚀、溶化、虫蛀、挥发等，都与温湿度关系密切。仓库温湿度的变化，直接受库外自然气候变化的影响。了解自然气候的变化规律，加强仓库温湿度管理，创造适合商品安全储存的温湿度条件，是商品养护的一项重要工作。

5.2.1 温湿度的基本知识

商品在仓库储存过程中的各种变质现象，几乎都与空气中的温湿度有密切关系，仓储商品保管的中心环节就是控制好仓库的温湿度。由于商品的性质不同，因此，其所适应的温湿度也不同。仓库温湿度的变化对储存商品的质量安全影响很大，而仓库温湿度往往又受自然气候变化的影响，这就需要仓库管理人员正确地控制和调节仓库温湿度，以确保储存商品的安全。

1. 空气温度

空气温度指空气的冷热程度，又叫气温，仓库温度的控制既要注意库房内外的温度，也要注意储存物资本身的温度。空气中的热量主要来自太阳的热量。因为空气的导热性很小，所以只有接近地面的气层温度较高，通过冷热空气的对流，整个大气层的温度发生变化。一般地说，距地面越近气温越高，距地面越远气温越低。

常用的温度单位是摄氏温度、华氏温度和绝对温度，它们之间的换算关系为

$$摄氏温度 = (华氏温度 - 32) \times 5/9$$

$$华氏温度 = 32 + 摄氏温度 \times 9/5$$

$$绝对温度 = 273 + 摄氏温度$$

2. 空气湿度

空气湿度指空气中水蒸气含量的多少，通常以绝对湿度、饱和湿度和相对湿度来表示。

（1）绝对湿度是指单位体积空气中，实际所含水蒸气的重量，即每立方米的空气中，含多少克的水蒸气。

（2）饱和湿度指在一定气压、气温的条件下，单位体积空气中所能含有的最大水蒸气重量，其单位与绝对湿度的单位相同。空气中的水蒸气超过饱和湿度时，剩余的水蒸气即凝成水珠附在冷物体上，这种现象称为“水淞”。饱和湿度随温度升高而增加，因为气温高，空气中能够容纳的水蒸气量就多，所以饱和湿度就大。

（3）相对湿度指空气中实际含有水蒸气量与当时温度下饱和水蒸气量的百分比，

即绝对湿度与相对湿度的百分比，它表示在一定温度下，空气中的水蒸气距离该温度时的饱和水蒸气量的程度。相对湿度越大，说明空气越潮湿，反之，则越干燥。在仓库温湿度管理中，检查库房的湿度大小，主要是观测相对湿度的大小。

绝对湿度、饱和湿度和相对湿度三者的关系，可表示为

$$相对湿度 = 绝对湿度/饱和湿度 \times 100\%$$

在温度不变的情况下，空气绝对湿度越大，相对湿度越高；绝对湿度越小，相对湿度越低。在空气中水蒸气含量不变的情况下，温度越高，相对湿度越小；温度越低，相对湿度越高。

3. 露点

在绝对湿度和气压不变的情况下，若气温降低，空气中容纳不了原气温所含的水蒸气量，使空气中的水蒸气达到饱和状态，此时的温度称为露点。必须指出在气压一定时，露点的高低只与空气中的水汽含量有关，水汽含量越多露点也越高。当含有水蒸气的热空气进入库房，遇到冷的物体时，会使冷物体周围的湿空气温度降到露点，空气中的水蒸气就会凝结在冷物体表面，这对商品保管是不利的。

5.2.2 空气温湿度对商品质量的影响

大多数商品都含有水分，它们对温湿度的适应性是有一定限度的，如果长期超过或低于这个限度，商品质量就会发生变化。因此，我们必须首先研究商品中的水分与空气温湿度的相互关系，并应用这些关系，做好商品养护工作，维护商品的质量安全。

1. 商品的吸湿性

商品的吸湿性是指商品吸收和放出水分的性质，它与商品养护有密切关系。商品吸湿性的大小及吸湿速度的快慢，都直接影响该商品含水量的增减，对商品质量的影响极大。

商品从空气中吸收水分，叫作吸湿；水分从商品体内向空气中散发，叫作散湿。具有吸湿性能的商品，叫作吸湿性商品。商品吸湿性的大小，集中体现在吸湿点的高低。当空气相对湿度高于商品的吸湿点时，商品便开始吸湿；低于吸湿点时，商品便开始散湿。不同商品，在同一温度下，吸湿点也不一样。吸湿点越低的商品，吸湿性越强，越易吸湿。同一商品，在不同温度下，吸湿点也不相同。一般地说，温度越高，吸湿点越低；反之，吸湿点越高。商品的吸湿点，是安全保管易吸湿商品的重要依据。只要储存环境的温湿度条件不超过商品的吸湿点，商品就不会因吸湿而发生变化，这对防止商品变质损失，具有重要的意义。

2. 商品的安全水分

商品的安全水分是指吸湿性商品可以安全储存的最高含水量（也叫临界含水量）。商品在储存保管期间的含水量是有一定幅度要求的，如果超过了安全水分，就会影响商品质量。因此，在商品养护工作中，应该掌握各种商品的安全水分，要经常注意商

品本身的实际含水量是否超过了这个安全界限。如果发现问题，就应采取措施，以保证商品的质量安全。

商品的安全水分，通常是指商品含水量的最高界限。如果超过这个界限，商品就不能保证安全。但是，在实际工作中，有些商品由于含水量过低，也会引起质量变化，如干缩、脆裂、风化、变形等。因此，商品的安全水分，还应该有一个最低临界限，当商品中的水分降到最低临界限以下时，也不能保证商品的安全。不同商品的安全水分不同，这是由各种商品的不同性质所决定的，而每种商品的安全水分，也会随着气温的变化而变化。气温高，安全水分就低；气温低，安全水分就高。

3. 商品的安全相对湿度与安全温度

吸湿性商品的含水量随着空气温湿度的变化而变化。商品在储存中，为了保证其质量的安全，都要求空气温湿度条件与之相适应，使商品的含水量不超过临界水分。

为了保证商品含水量在安全临界之内，就要控制储存环境的空气相对湿度在一定范围内，这个范围就是商品的安全相对湿度。各种商品的安全相对湿度，不是固定不变的，而是随着温度的变化而变化。在空气相对湿度高于商品安全相对湿度时，并不意味着商品会立即变质，但可以说已经超过了安全储存界限。长时间的持续，则容易引起商品质量的变化。所以库存管理中要控制相对湿度在安全范围之内。

商品在保管中为了其质量安全，对储存环境所要求的温度界限，就是商品的安全温度，有最高界限与最低界限之分。但对一般商品只要求最高温度界限，而对于怕冻商品则要求最低温度界限。商品的安全温度是指空气温度，它是从仓储工作实践摸索出来的一个温度范围的数据。在实际养护中，要掌握物品的安全温度，就要综合考虑商品及其包装等各方面因素，加以确定。

5.2.3 仓库温湿度的调节与控制

仓库温湿度的变化，与储存商品的安全有密切的关系，要保持商品质量稳定，控制与调节仓库温湿度就成为当前条件下商品养护的一个重要措施。各种商品的性能不同，各个库房的建筑结构、设备条件也有差异，气候也在不断地变化，以及其他各种因素错综复杂，所以在确定措施前应缜密考虑，认真分析，才能运用得当，收到预期的效果。研究并采取一些措施来控制仓库内温湿度的变化，对不适宜商品储存的温湿度要及时调节。控制与调节仓库环境的方法很多，密封、通风与吸潮相结合的方法，是控制与调节库内温湿度行之有效的方法。

1. 仓库的密封

仓库密封就是把整库、整垛或整件商品尽可能地密封起来，减少外界不良气候条件对其的影响，以达到商品安全储存的目的。密封能保持库内温湿度处于相对稳定的状态，达到防潮、防热、防干裂、防冻、防溶化的目的，还可实现防霉、防火、防锈蚀、防老化等各方面的效果。

（1）密封储存的注意事项

1）检查。密封前要检查商品质量、温度和含水量是否正常，如发现生霉、生虫、发热、水淞等现象就不能进行密封。发现商品含水量超过安全范围及包装材料过潮时，也不宜密封。

2）时间。密封要根据商品的性能和气候情况来决定。怕潮、怕溶化、怕霉的商品，应选择在相对湿度较低的时节进行密封。

3）材料。常用的密封材料有塑料薄膜、防潮纸、油毡纸、芦席等。密封材料必须干燥清洁、无异味。选用材料时应根据商品的性质和密封的目的，合理选择。

（2）密封储存的形式

1）整库密封：对储存量大，出入库动态不大的商品宜于采取整库密封。即将门窗缝隙用毡条或棉布条堵严，留作出入的门应加装隔潮门，门上要挂棉门帘。若密封库有易霉、怕虫蛀的商品，可在库内定期用药剂进行杀菌消毒，以防霉菌虫害滋生。

2）按垛密封：对于一些怕潮易霉或易干裂的商品，可以用防潮效果好的材料，将货垛上下四周围起，进行整垛密封，以减少气候变化对商品的影响。

3）货架/柜/橱密封：对出入库频繁、零星而又怕潮易霉、易干裂、易生虫、易锈蚀的商品，可以采用货架密封法。在储存时可在货架内放一容器，内装硅或氯化钙等吸湿剂，以保持架内干燥。若要防虫，还应在货架内放入适量的驱虫剂。

4）按件/箱密封：主要是将商品的包装严密地进行封闭，一般适用于数量少、体积小的易霉、易锈蚀商品；多数易潮、生霉、溶化、生锈的商品，都适宜用塑料袋按件包装，加热封口，或放在包装箱、包装桶或包装袋内。总之，要根据商品养护的需要，结合气候情况与储存条件，因地制宜，就地取材，灵活运用。

2. 通风

空气是从压力大的地方向压力小的地方流动，气压差越大，流动就越快。通风就是利用库内外空气温度不同而形成的气压差，使库内外空气形成对流，来达到调节库内温湿度的目的。库内外温度差距越大，空气流动就越快；若库外有风，借风的压力更能加速库内外空气的对流，但风力也不能过大（风力超过5级时灰尘较多）。正确地进行通风，不仅可以调节与改善库内的温湿度，还能及时地散发商品及包装的多余水分。按通风的目的不同，可分为利用通风降温、升温和利用通风散湿两种。

（1）通风降温、升温

对空气湿度要求不高，而对温度要求比较严格的一些怕热商品，如玻璃瓶或铁桶装的易挥发的化工原料、化学试剂和医药等液体商品，在气温高的季节，只要库外温度低于库内，就可以通风。对于一些怕冻商品，只要库外温度高于库内也可以进行通风，以提高库内温度。

（2）通风散湿

通风散湿指对易霉腐、溶化、锈蚀等的库存商品的通风。利用通风散潮，来降低库内的相对湿度，首先应该对比库内外绝对湿度的高低，然后再考虑气温与相对湿度的高低。在分析研究比较复杂的库内外温湿度变化情况下，通过判断其是否满足下列条件以决定是否通风：

1）当库外空气的相对湿度和绝对湿度都低于库内时，可以通风。

2）当库外温度和绝对湿度都低于库内，而相对湿度稍高时，可以通风。

3）库内外温度接近而库外相对湿度比库内低，或库内外的相对湿度接近而库外温度较库内低时，都可以通风。因为在这两种情况下，库外的绝对湿度都比库内低。

通风方法有自然通风和机械通风两种。自然通风就是利用库房门窗、通风洞等，使库内外空气进行自然交换。当库外无风时，气流的自然交换，主要靠库内外温差产生的气压差进行，需要开启上部和下部的通风口、门窗，进行空气的自然交换；当库外有风时，库内外空气的交换主要靠风的压力，此时应关闭库房迎风面的上部出气口，开启背风面的上部出气口。机械通风就是在库房上部装设排风扇，在库房下部装设进风扇，利用机械进行通风，以加速库房内外的空气交换，有的还在进风处安装空气过滤设备，以提高空气的洁净程度和降低空气的湿度或温度。

3. 吸潮

吸潮是与密封配合，用以降低库内空气湿度的一种有效方法。在梅雨季节或阴雨天，当库内湿度过大，又无适当通风时机的时候，在密封库里常采用吸潮的办法，以降低库内的湿度，常采用吸潮剂或去湿机吸潮。

吸潮剂的种类很多，常用的有生石灰、氯化钙、硅胶，还可以因地制宜，就地取材，如使用木炭、炉灰和干谷壳进行吸潮。

近年仓库普遍使用空气去湿机吸潮，利用机械吸潮的方法，来降低空气的相对湿度。去湿机的工作原理是室内潮湿空气经过滤器（吸尘泡沫塑料或金属网）到蒸发器，由于蒸发器的表面温度低于空气露点温度，空气中的水分就会凝结成水滴，流入接水盘，经水管排出，使空气中的含水量降低；被冷却干燥空气经加热后，使其相对湿度降低，再由离心机送入室内，室内空气相对湿度便不断地下降，当达到所要求的相对湿度时，即可停机。空气去湿机吸潮，在温度27℃、相对湿度70%时，一般1小时即可吸水3～4kg。使用空气去湿机吸潮，不仅效率高，降湿快，而且体积小，重量轻，不污染商品。

5.3 商品养护措施

5.3.1 防霉腐技术

1. 霉腐的原因

霉腐是仓储商品的主要质量变化形式，但并非任何商品在任何情况下都能发生霉变。霉腐的产生有三个必要条件，缺一不可，即受到霉腐微生物污染；商品中含有可供霉腐微生物利用的营养成分（如有机物构成的商品）；商品处在适合霉腐微生物生长繁殖的环境中。微生物体积微小，繁殖迅速，种类繁多，能危害商品的主要是霉菌、酵母菌和细菌。其中霉菌对一些复杂的有机物均有较强的分解能力，因而对商品的危害最多且最严重，细菌则次之。糖类、蛋白质、油脂和有机酸等物质是微生物生长繁殖所必需的营养物质。碳水化合物主要存在于粮食类、棉麻类商品及木材、纸张及其制品中；蛋白质主要存在于肉、蛋、鱼、乳及其制品，天然丝毛及其制品，皮革类、毛皮类商品中；脂肪主要存在于动物内脏、油料作物的种子和种仁、食用油和奶油等商品中。此外，果蔬类、茶叶、烟草、中药材类等都是以碳水化合物为主，多种营养成分并存的商品。因此，在环境条件适宜的情况下，微生物将在含有这些营养物质的商品上迅速地生长繁殖，造成商品的霉变。凡是含有这些有机成分的商品都称为易霉腐商品。

霉菌能在商品上生长、繁殖，除商品上有它们需要的营养物质外，还与水分、温度、日照、酸碱度有关。多数霉菌是中湿性的，最适于生长的温度为 20 ~ 30 ℃，属好氧性微生物，适宜在酸性环境中生长，光对霉菌的影响也很大，霉菌在日光下曝晒数小时，大多会死亡。

商品霉变的实质是霉菌在商品上吸取营养物质与排泄的结果，不但会导致商品发生变糟、发脆或强度下降等变质现象，还会产生霉斑、霉味及毒素。

2. 常规防霉腐

所谓常规防霉腐，就是采取常用的方法，消除适于霉菌滋生发育的条件，将库内温湿度控制在一定标准，以达到防霉腐的目的。通常采用的措施有以下几种。

（1）加强商品的入库验收

每批商品入库时，都应严格验收。首先要认真检查商品是否已经有霉腐现象；其次是检查商品含水量是否过高，包装有无破损或受潮现象。如有发热，则表明商品已经开始霉腐。对已经开始生霉和含水量较高或包装受潮的商品，应暂时另行存放，并及时采取拆件及通风晾晒等措施进行处理。

（2）选择合理的储存场所

容易生霉的商品应选择干燥、密封条件较好的库房进行存放。在码垛时应采取隔潮措施，以防止地潮对商品的直接影响。

梅雨季节应码通风垛，这样商品表面可不断接触流动的空气，抑制霉菌的生长。

（3）坚持在库检查

对储存中的易霉腐商品，应建立并严格地执行在库检查制度。要随时观察并及时发现商品霉腐的迹象，以免造成商品的严重损失。

在检查中，应根据库房结构与建筑条件，着重检查潮湿、高温的部位，其他部位可以抽查对比。

（4）加强仓库的温湿度管理

搞好仓库温湿度管理，是对易霉腐商品的外因进行限制的手段。当微生物得不到生长发育的必要条件时，商品就不会霉变了。

在梅雨季节，普通库房的防霉工作主要是控制库内的相对湿度。如果把库内的相对湿度控制在75%以下，多数商品都可以安全储存。

3. 防霉腐的方法

商品的成分结构和环境因素，是霉腐微生物生长繁殖的营养来源和生活的环境条件。因此，商品的防霉工作，必须根据微生物的生理特性，采取适宜的措施进行防治。首先立足于改善商品组成、结构和储运的环境条件，使它不利于微生物的生理活动，从而达到抑制或杀灭微生物的目的。

环境条件对商品霉腐的发生发展有重要影响。大多数霉腐微生物属于中温型中湿性，最适于生长的温度为25～37 ℃，在相对湿度75%以上的环境中即可正常发育。霉菌和酵母菌适应弱酸性环境（pH值为4～6），细菌多适应弱碱性环境（pH值为7～8）。霉菌生长繁殖需要有充足的氧气，而细菌和酵母菌则不论在有氧还是无氧的环境中都能生存。

了解霉腐微生物的生长规律和易霉腐商品的特点，对于采取有效措施防治商品霉腐具有指导作用。商品霉腐的预防可以采取加强管理和药物预防相结合的方法，其中温湿度管理是极为重要的一环，还可以采用气调防霉腐法、低温冷藏防霉腐法和干燥防霉腐法等。

（1）化学药剂防霉腐

有些商品可采用药剂防霉腐，即在生产过程中把防霉腐剂加入商品中，或把防霉腐剂喷洒在商品和包装物上，或喷洒在仓库内，达到防霉腐的目的。防霉腐剂能使菌体蛋白质变性，破坏其细胞机能；能抑制菌体的活性，破坏菌体正常的新陈代谢；降低菌体细胞表面张力，改变细胞膜的通透性，导致细胞的破裂或分解，即可抑制菌体的生长。苯甲酸及其钠盐对人体无害，是国家标准规定的食品防腐剂；托布津对水果、蔬菜有明显的防腐保鲜作用。低浓度防霉腐剂能抑制霉腐微生物，而高浓度就会使其死亡。有实际应用价值的防霉腐剂需具有低毒、广谱、高效、长效、使用方便和价格低廉等特点。防霉腐剂的使用方法主要有：

1）加法：将一定比例的药剂直接加入到材料或制品中。

2）浸渍法：将制品放进一定温度和一定浓度的防霉腐剂溶液中浸渍一定时间后晾干。

3）涂布法：将一定浓度的防霉腐剂溶液用刷子等工具涂布在制品表面。

4）喷雾法：将一定浓度的防霉腐剂溶液用喷雾器均匀地洒在材料或制品表面。

5）熏蒸法：将挥发性防霉剂粉末或片剂置于密封包装内，通过防霉腐剂的挥发成分防止商品的霉腐。

例如在食品生产和储运过程中使用化学制品（化学添加剂或食品添加剂）来提高食品的耐藏性和尽量保持其原有品质的措施。其优点是：只需在食品中添加化学制剂，如化学防腐剂、生物代谢产物或抗氧剂等，就能在室温下延缓食品的霉腐变质，与罐藏、冷冻保藏、干藏等相比具有简便又经济的特点。食品采用化学保藏所用的防腐剂或添加剂必须对人体无毒害。这些化学制剂分为抗菌剂和生物代谢产物，用于易腐食品处理的化学制剂主要有：

1）二氧化硫。二氧化硫是强力的还原剂，可以减少植物组织中的氧含量，抑制氧化酶和微生物的活动，从而阻止食品变质变色和维生素 C 的损耗。

2）山梨酸及其钾盐。它能有效地控制肉类中常见的霉菌，作为防霉腐剂可用于鱼肉制品、鱼贝干燥品、果酱及甜酸渍制品，也可用于新鲜果蔬的贮前处理。

3）苯甲酸和苯甲酸钠。它是有效的杀菌防腐剂，常用于保藏高酸性果汁、果酱、饮料糖浆及其他酸性食品，并常和低温配合使用。用它处理后的食品如与冷藏相结合，食品的贮藏期将大为延长。

4）抗菌药物。若某微生物在新陈代谢中能产生一种对其他微生物有杀害作用的物质，则该微生物称为抗菌药物。例如金霉素、氯霉素、土霉素、枯草菌素和乳酸链球菌素等，其抗菌效能是普通化学防腐剂的 100 ~1 000 倍，但其抗菌效能是有选择性的。抗菌药物可通过浸泡法、喷洒法、冰块保藏法应用于食品保藏。

5）植物杀菌素。它是各种植物中含有的抗菌物质，杀菌素只能取自新鲜的植物，当它们从刚被破碎或磨碎的植物中取得时其杀菌作用最强。目前已经研究过芥菜籽（油）、辣根及生姜汁等可用于食品的防腐保鲜。

（2）气调防霉腐

有些商品还可以采用气调防霉腐的方法，即在密封条件下，采用缺氧的方法，抑制霉腐微生物的生命活动，从而达到防霉腐的目的。气调防霉腐对好气性微生物的杀灭具有较理想的效果。气调防霉腐主要有真空充氮防霉腐和二氧化碳防霉腐两种方法。真空充氮防霉腐是把商品的货垛或包装用厚度不小于 0.25 ~0.3 mm 的塑料薄膜进行密封，用气泵先将货垛或包装中的空气抽到一定的真空程度，再将氮气充入。二氧化碳防霉腐则不必将密封货垛抽成真空，少量抽出一些空气再充入二氧化碳，当二氧化碳气体的浓度达到 50% 时，即可对霉腐微生物产生强烈的抑制和杀灭作用。

例如，果蔬在储藏期间的呼吸作用是使果蔬衰老、品质下降的一个主要原因。近年来，气调储藏技术得到了广泛重视。气调储藏通过改变库内气体成分的含量，利用比正常空气的氧含量低、二氧化碳和氮的含量高的气体环境，配合适宜的温度，来显著地抑制果蔬的呼吸作用和延缓变软、变质及其他衰老过程，从而延长果蔬的储藏期限，减少干耗和腐烂，保持鲜活质量。气调方法主要有以下三种：

1）自发或自然气调法。将果蔬贮于一个密封的库房或容器内，由于果蔬本身的呼吸作用不断地消耗库房和容器内的氧而放出二氧化碳，因此，在一定时间后，氧逐渐减少，二氧化碳逐渐增加，当两者达到一定的比例时，即会造成一个抑制果蔬本身呼吸作用的气体环境，从而达到延长果蔬储藏期的目的。

2）人工气调法。人工气调法即人为地使封闭空间内的氧含量迅速降低，使二氧化碳或氮的含量升高，几分钟至几小时内就进入稳定期。人工气调法有两种：

① 充氮法，封闭后抽出储藏室内大部分空气，充入氮稀释剩余空气中的氧，使其浓度达到所规定的指标，有时充入适量二氧化碳也可使之立即达到所需的浓度。

② 气流法，把预先由人工按要求的指标配制好的气体输入专用的储藏室，以代替其中的全部空气，在以后的整个储藏期间，始终连续不断地排出部分内部气体，充入人工配制的气体，使内部气体的组成稳定在规定的指标范围内。

3）混合法或半自然降氧法。实践表明，采用快速降氧法（即充氮法）把氧含量从21%降到10%比较容易，而从10%降到5%就要耗费较前者多约两倍的氮气。为了降低成本，可开始先充氮，把氧含量迅速降到10%左右，然后依靠果蔬本身的呼吸作用来消耗氧气，直至降到规定的空气组成指标范围后，再根据气体成分的变化来调节控制。

（3）低温冷藏防霉腐

此种方法是利用各种制冷剂降低温度，以保持仓库所需的一定低温来抑制微生物的生理活动，达到防霉腐的目的。

（4）干燥防霉腐

此种方法是通过降低仓库环境中的水分和商品本身的水分，达到防霉腐的目的。一方面对仓库进行通风除湿，另一方面可以采用晾晒、烘干等方法降低商品中所含的水分。

（5）电离辐射防霉腐

能量通过空间传递称为辐射，射线使被照射的物质产生电离作用，称为电离辐射。电离辐射的直接作用是当辐射线通过微生物时能使微生物内部成分分解而引起诱变或死亡。

电离辐射防霉腐包装目前主要应用β射线与γ射线，商品包装经过电离辐射后即完成消毒灭菌，配合冷藏，就能延长保存期。

食品辐射保藏就是利用射线的辐射能量，对新鲜肉类及其制品、水产品及其制品、蛋及其制品、粮食、水果、蔬菜、调味料，以及其他加工产品进行杀菌、杀虫、抑制发芽、延迟后熟等处理，使其在一定期限内不发芽、不腐败变质、不发生品质和风味的变化，以增加食品的供应量和延长保藏期，从而可以最大限度地减少食品的损失。

辐射保藏食品与其他保藏方法相比有其独特的优点：和化学药剂保藏法相比，它无化学残留物质；和加热处理保藏法相比，它能较好地保持食品原有的新鲜品质；和食品冷冻保藏法相比，能节约能源。所以辐射是较好的保藏食品的物理方法之一。

（6）紫外线、微波、远红外线和高频电场处理

紫外线是日光杀菌的主要因素，但因为其穿透力很弱，所以只能杀死商品表面的霉腐微生物。此外，含有脂肪或蛋白质的食品不宜用紫外线照射杀菌。紫外线一般用来处理包装容器（或材料）及非食品类的被包装物品。

微波的杀菌机理是微生物吸收微波能量后，一方面转变为热量而杀菌，另一方面菌体的水分和脂肪等物质受到微波的作用，其分子间发生振动摩擦使细胞内部受损而

产生热能，促使菌体死亡。因为微波产生的热能在内部，所以热能利用率高，加热时间短，加热均匀。远红外线的作用与微波相似。

高频电场的杀菌机理是含水分高的商品和微生物能“吸收”高频电能转变为热能而杀菌。只要商品和商品上的微生物有足够的水分，同时又有一定强度的高频电场，消毒瞬间即可完成。

商品防霉腐除以上较常用的方法外，还有蒸汽法、自然冷却法、盐渍法。目前在食品防霉腐中较常采用的是射线防霉腐，其越来越受到广泛的重视。

5.3.2 仓库害虫与防治

1. 仓库害虫的种类及易虫蛀的商品

仓库害虫对于商品的储存具有很大的危害性，它们不仅是某些商品损耗的直接原因，而且可能污染商品，甚至传播病菌。

仓库害虫大部分属于昆虫，也包括螨类等微小动物。由于仓库害虫种类多、食性杂、传播途径广，因此，在一般仓库中都可能有仓库害虫存在。仓库害虫的主要来源如下：

1）商品入库前已有害虫潜伏在商品之中，随商品一起进入仓库。

2）商品包装物中有害虫隐藏。

3）运输工具的带入。

4）仓库内本身隐藏有害虫。

5）环境不清洁，有害虫的滋生。

6）邻近仓间或邻近货垛储存的生虫商品的感染。

7）农业害虫的侵入。

对商品危害较大的仓库害虫主要有甲虫类、蛾类、蟑螂类和螨类。仓库害虫与其他动物不同，一般都具有较强的适应性，在恶劣环境下仍能生存，并且食性杂，繁殖力强，繁殖期长，对温度、光线、化学药剂等外界环境的刺激有一定的趋向性，正是由于仓库害虫的这些习性，对商品储存造成了极大的危害。

容易虫蛀的商品，主要是一些营养成分含量较高的动植物原料加工制成的商品，如纺织品，特别是毛丝织品；毛皮、皮制品，包括皮革及其制品、毛皮及其制品等；竹藤制品；纸张及纸制品，包括纸张及其制品和很多商品的纸质包装物；木材及其制品。

2. 防治害虫的方法

储运中害虫的防治工作应贯彻“以防为主，防治结合”的方法。对某些易生虫的商品和原材料，必须积极地向厂方提出建议和要求。在生产过程中，对原材料采取杀虫措施，如对竹、木、藤原料，可采取沸水烫煮、火烤等方法，杀灭隐藏的害虫；对某些易遭虫蛀的商品，在其包装或货架内投入驱避药剂，如天然樟脑或合成樟脑等。此外，储运中害虫的防治还常采用化学、物理、生物等方法，杀灭害虫或使其不育，以保证储运商品的质量。

仓库害虫的防治方法主要有以下几种。

（1）杜绝仓库害虫的来源和传播

要杜绝仓库害虫的来源和传播，必须做好以下几点：

1）商品原材料、商品包装物的防虫、杀虫处理。

2）入库商品的虫害检查和处理。

3）仓库的环境卫生及备用工具的卫生消毒。

（2）药物防治

使用各种化学杀虫剂，通过胃毒、触杀或熏蒸等作用杀灭害虫，是当前防治仓库害虫的主要措施。常用的防虫、杀虫药剂有以下几种：

1）驱避剂。驱避剂的驱虫作用是利用易挥发并具有特殊气味和毒性的固体药物，使其挥发出来的气体在商品周围经常保持一定的浓度，从而达到驱避害虫的目的。

2）化学药剂。化学药剂杀虫法是利用化学药剂来防治害虫的方法。在实施时，应考虑害虫、药剂和环境三者之间的关系。例如，针对害虫的生活习性，要选择其抵抗力最弱的虫期施药，药剂应低毒、高效和低残毒，且对环境无污染。在环境温度较高时施药，可获得满意的杀虫效果。化学杀虫按其作用于害虫的方式，主要有触杀杀虫和胃毒杀虫两种。触杀剂和胃毒剂很多，常用于仓库及环境消毒的有敌敌畏、敌百虫等。

3）熏蒸剂。杀虫剂的蒸汽通过害虫的气门及气管进入体内而引起害虫中毒死亡，这种作用称为熏蒸作用，具有熏蒸作用的杀虫剂称为熏蒸剂。用熏蒸的方法杀虫有成本低、效率高等优点。

（3）物理杀虫法

物理杀虫法是利用各种物理因素，如热、光、射线等破坏储运商品上害虫的生理活动和机体结构，使其不能生存或繁殖的方法。其主要方法有高、低温杀虫法，射线杀虫与射线不育法，远红外线与微波杀虫法和充氮降氧杀虫法等。

此外，还可采用生物防治，即利用害虫的天敌（寄生物、捕食者、病原微生物）来防治害虫，以及利用昆虫的性引诱剂来诱集害虫或干扰成虫的交配繁殖等，都属于生物防治方法。

5.3.3 金属商品的锈蚀与防治

1. 锈蚀

金属商品与周围环境（主要是空气）发生化学反应或电化学反应所引起的破坏现象，即为金属锈蚀。由于金属所处环境存在差异，因此，所引起的化学反应也不相同，主要有化学锈蚀和电化学锈蚀。

在干燥的环境中或无电解质存在的条件下，金属制品遇到空气中的氧而引起的氧化反应，叫化学锈蚀。化学锈蚀的结果是在其表面形成一层薄薄的氧化膜，它可使金属表面变暗。有些金属氧化膜，对金属还能起保护作用，如铝制品表面的氧化膜。化学锈蚀约占锈蚀总量的10% ~20%。

在潮湿的环境中，金属制品通过表面吸附毛细管凝聚，特别是结露作用，水蒸气可在金属表面形成水膜，水膜溶解表面的水溶性黏附物或沉淀物（多为盐类）和空气中的二氧化碳、二氧化硫等可溶性气体，最终成为一种具有导电性的电解液。金属制品接触这种电解液后，电位较低的金属成分成为负极（阳极），电位较高的杂质或其他金属成分成为正极（阴极），从而引起电化学反应，反应中金属以离子形式不断进入电解液而被溶解，这种锈蚀称为电化学锈蚀。电化学锈蚀的结果是使金属制品表面出现凹陷、斑点等现象，然后使破坏掉的金属转变成金属氧化物或氢氧化物而附于金属表面，最后或快或慢地往里深入，最终成片脱落。锈蚀严重的，使商品内部结构松弛，机械强度降低，甚至完全失去使用价值，所以电化学锈蚀是金属商品的主要破坏形式。电化学锈蚀取决于金属电位的高低，电位越低的金属越容易发生锈蚀。另外，受环境因素中影响最主要的是湿度、温度和氧，同时还与金属表面附着的灰尘物和空气中的二氧化碳、二氧化硫等气体有关。

2. 防锈

因为金属商品的电化学锈蚀是造成商品损失的重要因素之一，所以做好金属商品的防锈蚀工作非常重要，也是仓储过程中商品养护的一项重要任务。金属商品的电化学锈蚀除内在因素如金属及其制品本身的组成成分、电位高低、表面状况外，还主要取决于金属表面电解液膜的存在。因此，在防止金属商品电化学锈蚀的方法中，相当多的方法是围绕防止金属表面生成水膜而进行的。在生产部门，为了提高金属的耐锈蚀性能，最常采用的方法是在金属表面涂盖防护层，例如喷漆、搪瓷涂层、电镀等，把金属与促使金属锈蚀的外界条件隔离开来，从而达到防锈蚀的目的。在仓储过程中主要使用的防锈蚀方法有涂油防锈、气相防锈和可剥性塑料封存等。

（1）涂油防锈

涂油防锈是金属商品流通中常用的一种简便有效的防锈方法。它是在金属表面涂覆一层油脂薄膜，在一定程度上使大气中的氧、水分及其他有害气体与金属表面隔离，从而达到防止或减缓金属制品生锈的方法。此法属于短期防锈法，随着时间的推移，防锈油会逐渐消耗，或由于防锈油的变质，而使金属商品又有重新生锈的危险。防锈油按其形成膜的性质，可分为软膏防锈油、硬膜防锈油、油膜防锈油三类。除防锈油外，凡士林、黄蜡油、机油等也可作为防锈油脂。

（2）气相防锈

气相防锈是利用挥发性气相防锈剂在金属制品周围挥发出缓蚀气体，来阻隔空气中的氧、水分等有害因素的锈蚀作用以达到防锈目的的一种方法。这是一种较新的防锈方法，具有使用方便、封存期较长、使用范围广的特点。它适用于结构复杂，不易为防锈涂层所保护的金属制品的防锈。常用的气相防锈剂有亚硝酸二环己胺、肉桂酸二环己胺、肉桂酸、福尔马林等。

（3）可剥性塑料封存

可剥性塑料是用高分子合成树脂为基础原料，加入矿物油、增塑剂、防锈剂、稳定剂及防腐剂等，加热溶解后制成的。这种塑料液喷涂于金属制品表面，能形成可以剥落的一层特殊的塑料薄膜，像给金属制品穿上一件密不透风的外衣，它有阻隔锈蚀介质对金属制品侵蚀的作用，以达到防锈蚀的目的。

3. 除锈

金属商品的养护，应贯彻“以防为主”的方针，不主张金属商品生锈后再去进行除锈处理，因为金属商品一旦生锈就总是要受到一定的损失，特别是精度较高的商品，而且除锈往往还要比防锈花费更多的人力和物力。但是商品常常在进入储存环节前或经过一段时间的储存后会发生锈蚀，这时候为了防止锈蚀的继续扩展，必须进行除锈处理，对已生锈的金属制品必须在防锈处理前进行除锈。

（1）锈蚀程度的鉴别

金属商品严重生锈时，可根据锈蚀特征鉴别，但轻微生锈与表面污染在外观上往往没有明显的差别，必要时可用其他方法（如化学定性、酸溶解、金相等）加以鉴别。关于锈蚀程度，除了从表面上锈的厚度与金属锈蚀的深度上看之外，主要看锈蚀面积。国外有时用金属总表面与面积的比来表示锈蚀程度，分为五个级别，如表 5-1 所示。

表 5-1　钢铁锈蚀程度表

级别	生锈面积比值/%	级别	生锈面积比值/%
A 级	0	D 级	26 ~ 50
B 级	1 ~ 10	E 级	51 ~ 100
C 级	11 ~ 25		

（2）物理机械除锈法

按作用原理，除锈方法可分为物理机械除锈法和化学除锈法等。物理机械除锈法又可分为人工除锈法和机械除锈法。

1）人工除锈法

人工除锈法是指用钢刷、铁锤、铲（刮刀）、砂布、砂纸等除去铁锈的方法。此法简便，但不适于小型及大量产品的除锈。

① 钢刷法。用直径 0. 3 mm 的钢丝制作的钢刷，刷除金属制品表面的黑皮与红锈。该方法比较费力，但方法简便，适用于结构简单、个体较大、数量不多的钢铁制品。

② 铁锤刮刀并用法。这种方法适用于结构致密且较厚的黑皮与红锈，或表面附着非锈异物的钢铁制品，刮除后再用钢刷刷锈效果较好。

③ 砂纸或砂布打磨法。对于表面精度要求不高或非加工面可用砂纸、砂布打磨。砂纸或砂布的标号应根据要求选择和使用。

2）机械除锈法

① 喷射法。喷射法是指将砂粒等强力喷射在金属表面，借其冲击与摩擦的作用将锈除掉的方法。按喷射材料，可分为喷砂法（用海砂、河砂、石粒为喷射材料）、钢粒喷射法（以小钢弹或碎钢粒为喷射材料）、软粒子喷射法（以植物种子或塑料颗粒为喷射材料）。按喷射的方式，可分为动力喷射法（将干燥的喷射材料用高压空气喷射的方法）、湿式喷射法（将细砂粒与水混拌成泥浆状用高压空气喷射的方法）及真空喷射法等。喷射法适用于大型制品或金属材料的除锈，需要喷射机械，用湿式喷射法时还需在水中加入水溶性缓蚀剂。其优点是除锈效率高，成本低。

② 砂轮与布轮除锈法。砂轮只能对非加工面使用，对于表面镀层或表面光洁要求较高的钢铁或有色金属制品都可以采用布轮除锈法。此法只适用于表面平整的商品。

此外，国外利用氧化皮与金属材料热胀系数的不同，采取加热后骤冷使氧化皮脱离金属表面的方法，对大型钢板等表面氧化皮进行清除，加热时用特制的氧炔或氢氧燃烧器。

（3）化学除锈法

化学除锈法，包括酸洗、碱除锈（碱液电解、碱还原、碱液煮沸等法）及电解酸洗等。应用最为广泛的化学除锈法是酸洗法，它是将金属制品浸渍在各种酸的溶液中，把金属锈蚀产物化学溶去的方法。酸洗法与物理机械法比较，主要优点是不会引起金属材料变形，处理的表面不粗糙，操作简便，效率高，金属制品各个角落的锈都可以除去，适用于大量小型制品的除锈，而且不需要专用设备，成本较低。

（4）电化学除锈法

电化学除锈法，是指被除锈的金属制品在电解液中接在外接电源上，通过电化学作用除锈的方法。电化学除锈主要用于较大的钢铁制品。电化学除锈法包括阳极法和阴极法。阳极法是以金属制品为阳极，通电后借金属溶解及在阳极上产生氧气的机械力分离锈层的方法，此法在除锈过程中极易腐蚀金属，所以一般不用，主要应用于金属制品的电抛光。阴极法是以金属制品为阴极，通电后在阴极上产生氢气还原氧化铁，并以氢气的机械力剥离锈层。此法对金属制品具有保护作用，所以是常用的电化学除锈法。

案例分析

库存茶叶的保管与养护措施

首先，茶叶必须储存在干燥、阴凉、通风良好，无日光照射，具备防潮、避光、隔热、防尘、防污染等防护措施的库房内，并要求进行密封。

其次，茶叶应专库储存，不得与其他物品混存，尤其严禁与药品、化妆品等有异味、有毒、有粉尘和含水量大的物品混存。库房周围也要求无异味。

最后，库房温度应保持在15℃以下，相对湿度不超过65%。

库存啤酒的质量控制措施

首先，啤酒入库验收时外包装要求完好无损、封口严密，商标清晰；啤酒的色泽清亮，不能有沉淀物；内瓶壁无附着物；抽样检查应具有正常的酒花香气，无酸、霉等异味。

其次，鲜啤酒的适宜储存温度为0~15℃，熟啤酒的适宜储存温度为5~25℃，高级啤酒的适宜储存温度为10~25℃，库房相对湿度要求在80%以下。

最后，瓶装酒堆码高度为5~7层，不同出厂日期的啤酒不能混合堆码，严禁倒置，严禁阳光曝晒，冬季还应采取相应的防冻措施。

问题讨论

1. 影响茶叶质量变化的因素有哪些？
2. 茶叶的储存保管与啤酒的储存保管有哪些不同？

思考题

1. 简述商品养护的含义。
2. 库存商品的质量变化有哪些？
3. 怎样控制和调节仓库的温湿度？
4. 商品霉腐的原因及防治措施有哪些？
5. 简述虫害的综合防治措施。
6. 商品锈蚀的机理是什么？防锈方法有哪些？

第 6 章　装卸搬运作业

本章导读

1. 深入了解装卸搬运作业的含义，了解装卸搬运作业的特点，理解决定装卸搬运方法的条件及装卸搬运作业方式的种类。

2. 理解装卸搬运作业组织的内容和方法，掌握装卸搬运作业合理化措施。

案例导引

联华公司先进实用的装卸搬运系统

联华公司创建于 1991 年 5 月，是上海首家发展连锁经营的商业公司。经过 11 年的发展，已成为中国最大的连锁商业企业。2001 年销售额突破 140 亿元，连续 3 年位居全国零售业第一。联华公司的快速发展，离不开高效便捷的物流配送中心的大力支持。目前，联华公司共有 4 个配送中心，分别是 2 个常温配送中心、1 个便利物流中心、1 个生鲜加工配送中心，总面积 7 万余平方米。

联华便利物流中心总面积 8 000 平方米，由 4 层楼的复式结构组成。为了实现货物的装卸搬运，配置的主要装卸搬运机械设备为：电动叉车 8 辆、手动托盘搬运车 20 辆、垂直升降机 2 台、笼车 1 000 辆、辊道输送机 5 条、数字拣选设备 2 400 套。在装卸搬运时，操作过程如下：

入库时，对来货卸下后，将其装在托盘上，由手动叉车将货物搬运至入库运载处，入库运载装置上升，将货物送上入库输送带。当接到向第一层搬送指示的托盘在经过升降机平台时，不再上下搬运，直接从当前位置经过一层的入库输送带自动分配到一层入库区等待入库；接到向二至四层搬送指示的托盘，将由托盘垂直升降机自动传输到所需楼层，当升降机到达指定楼层时，由各层的入库输送带自动搬送货物至入库区。货物下平台时，由叉车从输送带上取下托盘入库。

出库时，根据订单进行拣选配货，拣选后的出库货物用笼车装载，由各层平台通过笼车垂直输送机送至一层的出货区，装入相应的运输车上。

先进实用的装卸搬运系统，为联华便利店的发展提供了强大的支持，使联华便利物流运作能力和效率大大提高。

（资料来源：网络资料整理）

阅读以上案例，请思考联华公司的装卸搬运系统是否完美，还有改善空间吗？

6.1 装卸搬运作业概述

6.1.1 装卸搬运的含义

装卸搬运作业是指在同一区域范围内，以改变商品的存放状态和空间位置为主要内容和目的的活动。

从严格意义上讲，装卸搬运是两个不同方位的运动。装卸是指商品在空间上发生的垂直位移；而搬运则是指商品在空间上发生的短距离的水平位移（长距离的水平位移称为运输）。两者既有区别，又有联系。商品在空间上发生绝对垂直位移或水平位移的情况极少，多数是两者的复合，有时以垂直位移为主（称为装卸），有时以水平位移为主（称为搬运），有时则是两者同时或交替进行，所以称为装卸搬运。

在仓储作业的各个环节中，都伴有装卸搬运作业。它是仓储活动中工作量最大、次数最多的一种作业方式。美国产业界人士明确指出，当前美国全部生产过程中只有5%的时间用于加工制造，95%的时间则用于装卸搬运、储存等物流过程。由此可见装卸搬运作业的地位及合理组织的重要性。

装卸搬运作业是人与物的有机结合，物流发展到今天，完全装卸搬运几乎已经不复存在。现代装卸搬运表现为必须具备劳动者、装卸搬运设备设施、商品及信息、管理等多项要素的作业系统。只有依据一定的装卸作业信息，在作业现场合理配置各种机械设备，合理安排劳动力，才能使装卸搬运的各个环节互相协调，紧密配合，以最节省的人力、物力、财力、时间资源，及时、安全、准确地完成各项装卸搬运作业。装卸搬运作业既是仓储各项活动中联系的桥梁，又不附属于其他环节，而是作为一项独立的作业存在。

6.1.2 现代装卸搬运的特点

1. 作业量大

据调查，我国机械厂每生产1 t产品，就需要进行252 t次的装卸搬运。有人曾做过统计，仓库中每保管1 t商品，装卸搬运的工作量常常为4～6 t左右，即仓库每件商品的装卸搬运次数平均为3～5次。它不仅直接关系仓储作业劳动强度及工作效率的高低，还关系仓储成本的高低，因而，合理选择现代化的装卸搬运方式极为重要。

2. 对象复杂

随着新经济时代的到来，商品多样化、个性化的发展越来越明显。它们在性质

（物理、化学性质）、形态、重量、体积、包装方法等方面，均有很大区别，这就给装卸搬运作业的设备、作业方式的选择提出了许多新课题。

3. 作业不均衡

商品进入流通领域，受产需衔接、市场机制的制约，物流量会发生较大的波动，具体表现在仓储出入库数量上，也会有较大的起伏，常会出现集中到货或停滞等待的不均衡现象。

4. 安全性要求高

现代装卸搬运作业需要人与机械、商品、其他劳动工具相结合，工作量大，作业环境复杂，情况多变，这些均会导致不安全的因素和隐患，因此，必须更重视装卸搬运的安全作业，加强劳动保护，防患于未然。

6.1.3 装卸搬运的方法

1. 决定装卸搬运方法的条件

决定装卸搬运方法的条件可以分为两大类：一类是由运输（配送）、保管、装卸搬运三者相互关系决定的外部条件；一类是由装卸搬运本身所决定的内在条件。此外，在装卸搬运作业组织工作中还要考虑货车装卸搬运的一般条件。

（1）决定装卸搬运方法的外在条件

1）货物特征。货物经由包装、集装等形成的形态、质量、尺寸（如件装、集装、散装货物）等，对装卸搬运作业方法的选择有至关重要的影响。

2）作业内容。装卸搬运作业中的重点是堆码、装车、拆垛、分拣、配载、搬运等作业，其中以哪一种作业为主或哪几种作业组合，也影响到装卸搬运作业方法的选择。

3）运输设备。不同的运输设备，例如汽车、轮船、火车、飞机等的装载与运输能力，装运设备尺寸都影响到装卸搬运作业方法的选择。

4）运输、仓储设施。运输、仓储设施的配置情况、规模、尺寸大小影响到作业场地、作业设备及作业方法的选择。

以上所述的是决定装卸搬运作业方法的外在条件，同时也是决定其内在条件的因素，而内在条件受外部条件影响，所采取的货物状态、作业动作、装卸搬运机械、工作环境和方式方法，将成为直接决定装卸搬运方法的因素。

（2）决定装卸搬运方法的内在条件

1）货物状态。货物状态主要是指货物在装卸搬运前后的状态。

2）装卸搬运动作。装卸搬运动作是指在货物装卸搬运各项具体作业中的单个动作及组合。

3）装卸搬运机械。装卸搬运机械所能实现的动作方式、能力大小、状态尺寸、使用条件、配套工具等，以及与其他机械的组合也成为影响装卸搬运方法选择的因素。

4）作业组织。参加装卸搬运作业的人员素质、工作负荷、时间要求、技能要求对装卸搬运作业方法的选择有重要的影响作用。

（3）货车装卸搬运的一般条件

1）零担货物装卸搬运。较多地使用人力和手推车、台车和输送机等作业工具，也可使用笼式托盘（托盘笼）、箱式托盘（托盘箱），以提高货车装卸搬运、分拣及配货等作业的效率。

2）整车货物装卸搬运。较多采用托盘系列及叉车进行装卸搬运作业。

3）专用货车装卸搬运。往往需要适合不同货物的装卸搬运设备，以满足装卸搬运时的特殊技术要求。

2. 单件作业法

装卸搬运的货物一般为单件货物，通常是逐件由人力作业完成的，对于一些零散货物，诸如搬家货物等也常采用这种作业方法；又长又大的笨重货物、不宜集装的危险货物及行包等仍然采用单件作业法。单件作业依作业环境和工作条件的不同可以采用人工作业法、机械化作业法、半机械化作业法和半自动化作业法。

3. 集装作业法

集装作业法是将货物集装化后再进行装卸搬运作业的方法。集装作业法包括托盘作业法、集装箱作业法、框架作业法、货捆作业法、滑板作业法、网袋作业法和挂车作业法。

（1）托盘作业法

1）定义：托盘作业法是用托盘系列集装工具将货物形成成组货物单元，以便于采用叉车等设备实现装卸搬运作业机械化的方法。

2）常见设备：一些不宜采用平托盘的散件货物可采用笼式托盘形成成组货物单元。一些批量不是很大的散装货物，如粮食、食糖、啤酒等可采用专用箱式托盘形成成组货物单元，再辅以相应的装载机械、泵压等的配套设备，实现托盘作业法。

（2）集装箱作业法

集装箱的装卸搬运作业通常采用垂直装卸搬运法或水平装卸搬运法进行，有的集装箱在货物堆场也可采用能力很大的集装箱叉车装卸搬运。

1）垂直装卸搬运法。垂直装卸搬运法在港口可采用集装箱起重机，目前以跨运车应用最广，但龙门起重机方式最有发展前途。在车站主要以轨行式龙门起重机方式为主，配以叉车较为经济合理，轮胎龙门起重机、跨运车方式、动臂起重机方式、侧面装卸搬运机方式也较多采用。

2）水平装卸搬运法。水平装卸搬运法在港口以挂车和叉车为主要装卸搬运设备。在车站主要采用叉车或平移装卸搬运机的方式，在车辆与挂车间或车辆与平移装卸搬运机间进行换装。

3）集装箱装卸搬运作业的配套设施。集装箱装卸搬运作业的配套设施有维修、清洗、动力、照明、监控、计量、信息和管理设施等。在工业发达国家，集装箱堆场作业全自动化已付诸实施。

（3）框架作业法

1）定义：框架通常采用木材或金属材料制作，要求有一定的刚度和韧性，质量较轻，以保护商品、方便装卸搬运、有利运输作业。

2）适用范围：管件及各种易碎建材，如玻璃产品等，一般适用于各种不同集装框架以实现装卸搬运机械化。

（4）货捆作业法

1）定义：货捆作业法是用捆装工具将散件货物组成一个货物单元，使其在物流过程中保持不变，从而能与其他机械设备配合，实现装卸搬运作业机械化。

2）适用范围：木材、建材、金属类货物最适于采用货捆作业法。

3）常见机械：带有与各种货捆配套的专用吊具的门式起重机和悬臂式起重机是货捆作业法的主要装卸搬运机械，叉车、侧叉车、跨车等是配套的搬运机械。

（5）滑板作业法

1）定义：滑板是用纸板、纤维板、塑料板或金属板制成，与托盘尺寸一致的，带有翼板的平板，用以承放货物组成的搬运单元。

2）匹配的装卸搬运作业机械：与其匹配的装卸搬运作业机械是带推拉器的叉车。叉货时推拉器的钳口夹住滑板的翼板（又称勾百或卷边），将货物支上货叉，卸货时先对好位，然后叉车后退、推拉器前推，货物放置就位。

3）特点：滑板作业法虽具有托盘作业法的优点且占用作业场地少，但带推拉器的叉车较重、机动性较差，对货物包装与规格化的要求很高，否则，不易顺利作业。

（6）网袋作业法

1）定义：将粉粒状货物装入多种合成纤维和人造纤维编织成的集装袋，将各种袋装货物装入多种合成纤维或人造纤维编织成的网，将各种块状货物装入钢丝绳编成的网，这种先集装再进行装卸搬运作业的方法称为网袋作业法。

2）适用范围：适宜于粉粒状货物、各种袋装货物、块状货物、粗杂物品的装卸搬运作业。

3）特点：网袋集装工具体积小、自重轻，回送方便，可一次或多次使用。

（7）挂车作业法

挂车作业法是先将货物装到挂车里，然后将空车拖上或吊到铁路平板车上的装卸搬运作业方法。通常将此作业完成后形成的运输组织方式称为背负式运输，是公铁联运的常用组织方式。

4. 散装作业法

散装货物装卸搬运方法包括重力法、倾翻法、机械法等。

（1）重力法

1）定义：重力法是利用货物的势能来完成装卸搬运作业的方法。

2）适用范围：主要适用于铁路运输，汽车也可利用这种装卸搬运作业方法。

3）设备：重力法装车设备有筒仓、溜槽、隧洞等几类。重力法卸车主要指底门开车或漏斗车在高架线或卸车坑道上自动开启车门，煤或矿石依靠重力自行流出的卸车方法。

（2）倾翻法

1）定义：倾翻法是将运载工具的载货部分倾翻，进而将货物卸出的方法。

2）适用范围：主要用于铁路敞车和自卸汽车的卸载方法，汽车一般依靠液压机械装置顶起货厢实现卸载。

（3）机械法

1）定义：机械法是采用各种机械，使其下设机构直接作用于货物，如通过舀、抓、铲等作业方式达到装卸目的的方法。

2）设备：常用的机械有带式输送机、堆取料机、装船机、链斗装车机、单斗和多斗装载机、挖掘机及各种抓斗等。

以上三种装卸搬运作业法中，集装作业法和散装作业法都是随物流量增大而发展起来的，并与现代运输组织方式（如集装箱运输）、储存方式（如高层货架仓库）等相互联系、互为条件、互相促进、相互配合，加速了物流的现代化进程。

6.2 装卸搬运作业组织

装卸搬运作业的合理组织是现代仓储管理中的一个难点，也是最富有创造性和挑战性的管理活动。要实现装卸作业的合理化、现代化，必须符合作业的客观规律，运用现代化的方法和手段，如线性规划、统筹法、排队论等方法，以寻求最佳的作业组织。

6.2.1 车辆装卸作业时间

车辆因完成货物装卸作业所占用的时间，是车辆停歇时间的组成部分，称为车辆装卸作业停歇时间。它主要由以下几部分时间组成。

1. 车辆到达作业地点后，等待货物装卸作业的时间

车辆等待装卸作业的时间属于非生产性作业时间，它的时间长短取决于作业点的装卸能力、需要进行装卸作业的车辆数量及组织管理水平。

（1）装卸能力大于或等于需装卸作业车辆的工作量时，车辆等待装卸时间一般不应发生。只有当车辆到达很不均衡、某段时间内车辆过度集中时，才会使某段时间内装卸能力小于所需要进行装卸车辆数的工作量，从而出现车辆等待现象。

（2）装卸能力若小于需要进行装卸车辆数的工作量并达到一定程度时，不仅会产生严重的车辆等待装卸现象，甚至会使装卸作业现场产生混乱和阻塞现象，致使装卸作业无法进行。

2. 车辆在装卸货物前后，完成调车、摘挂作业的时间

车辆进行调车、摘挂作业的时间，取决于装卸场地及设施设计、布局的合理性，装卸作业线的排列与长度，车辆运行组织方式，以及进出口通道的完善程度等因素。

对于装卸车辆数很多，涉及装卸设施、设备配备的装卸现场，可以用系统工程方法进行有关的规划与布局工作。

3. 直接装卸货物的作业时间

高效率的现代化装卸手段和装卸组织工作，能保证货物装卸质量、装卸效率及减少装卸成本。缩短装卸作业时间，通常也缩短了车辆装卸货物的停歇时间。现代化装卸手段的配备与运用，必须注意与货物特性、形状及运输车辆、承载器具等相匹配与协调。

4. 与运输有关的商务活动等的作业时间

办理商务作业时间的长短，取决于承托双方业务上的协作、联系及作业的繁简程度，与整个装卸组织中的工作程序设计也有很大关系。必须办理的商务手续，可采用平行作业法，即在车辆进行装卸作业的同时进行。此外，还应尽可能采用计算机或联网的在线综合信息系统进行处理。

6.2.2 装卸搬运设备的运用组织

装卸搬运设备运用组织的目的是提高其生产率（也称作业能力），即提高设备在单位时间内的装卸搬运作业量。装卸搬运设备的生产率可分为技术生产率和运用生产率。前者是指装卸搬运设备的技术额定指标在充分利用时，所能达到的最大生产能力；后者则是指设备在一定的运用条件或限制下使用时达到的作业能力。因此，在实际工作中，常用装卸搬运设备利用率指标（运用生产率与技术生产率的比值）来反映装卸搬运设备被利用程度的高低和运用组织工作成绩的优劣。

1. 间歇式装卸搬运设备的运用生产率

间歇式装卸搬运设备运用生产率的计算公式为

$$P_{间} = q_{起重} \cdot \alpha \frac{3\,600}{t_{装卸} + t_{重} + t_{空}} \cdot d_{工时} \cdot D_{工日} \cdot D_{完好}$$

式中：$P_{间}$——间歇式装卸搬运设备运用生产率，单位为 t/h；

$q_{起重}$——装卸搬运设备额定起重量，单位为 t；

α——额定起重利用率，是实际运用量与标记负荷重量的比值；

$t_{装卸}$——设备在一次循环作业中，装卸搬运一次的时间，单位为 s；

$t_{重}$——设备在一次循环作业中，重程行走的时间，单位为 s；

$t_{空}$——设备在一次循环作业中，空程行走的时间，单位为 s；

$d_{工时}$——每日工时利用率，为实际作业时间与每日规定班时的比值，常用平均值；

$D_{工日}$——年内日利用率，即年内实际工作天数与年日历天数的比值（其中：年内实际工作天数 = 年日历天数 − 节假日 − 非生产工日 − 停工工日 + 公休加班工日）；

$D_{完好}$——年内装卸搬运设备完好率，即设备完好工日与年日历天数的比值（其中：完好工日 = 年日历天数 − 非完好工日）。

例如：某起重设备，额定起重量为 10 t，额定起重利用率为 80%。又知设备在一次循环作业中，装卸搬运一次的时间为 150 s，重程距离为 20 m，重程走行速度为 0.2 m/s；空程距离为 21 m，空程走行速度为 0.3 m/s，平均每日工时利用率为 65%。年日历天数为 365 天，节假日为 110 天，非生产工日为 2 天，停工工日为 3 天，公休加班 5 天，非完好工日为 25 天，求该装卸搬运设备的运用生产率。

解：

$$P_{间} = q_{起重} \cdot \alpha \frac{3\,600}{t_{装卸} + t_{重} + t_{空}} \cdot d_{工时} \cdot D_{工日} \cdot D_{完好}$$

$$= 10 \times 80\% \times \frac{3\,600}{150 + \frac{20}{0.2} + \frac{21}{0.3}} \times 65\% \times 0.7 \times 0.93 \approx 38.08\ (t/h)$$

其中，

$$D_{工日} = \frac{365 - 110 - 2 - 3 + 5}{365} = \frac{255}{365} \approx 0.7$$

$$D_{完好} = \frac{365 - 25}{365} = \frac{340}{365} \approx 0.93$$

相当于该台起重设备平均每小时作业量为 38.08t。

2. 连续式装卸搬运设备运用生产率

以输送机为例，连续式装卸搬运设备运用生产率的计算公式为

$$P_{连} = (3\,600V \cdot F \cdot T \cdot \psi) \cdot d_{工时} \cdot D_{工日} \cdot D_{完好}$$

式中：V——输送机皮带的运行速度；

F——皮带上散装商品输送中形成的平均断面面积；

T——散装商品的平均容重；

ψ——散装商品的断面利用系数。

从以上两类设备运用生产率的计算可以看出，针对可变因素，如 α、$t_{装卸}$、$t_{重}$、$t_{空}$、V、$d_{工时}$、$D_{工日}$、$D_{完好}$等，进行合理的组织、安排，是提高装卸搬运设备生产效率，充分利用设备作业能力的重要手段。

6.2.3 装卸搬运的工作组织

1. 制订科学合理的装卸工艺方案

装卸作业是货物、设备设施、劳动力、作业方法和信息工作等因素组成的整体。装卸工艺方案应该从物流系统的角度去分析制订与装卸作业有关的装卸作业定额，按组织装卸工作的要求分析工艺方案的优缺点，并加以完善。

2. 加强装卸作业调度指挥工作

1）装卸调度员应根据货物信息、装卸设备的性质和数量、车辆到达时间、装卸点

的装卸能力、装卸工人的技术专长和体力情况等合理调配组织。

2）在装卸量大、装卸劳动力充沛、货物条件许可的情况下，可采用集中出车、一次接送装卸工人的方法。

3）在作业点分散的地区，可以划分装卸作业区，通过加强装卸调度工作，减少装卸工人的运送调遣。

3. 加强和改善装卸劳动管理

制订各种装卸作业时间定额是加强和改善装卸劳动管理、提高装卸效率的重要手段。装卸作业时间定额要建立在先进合理的水平上，并要根据相关条件的变化，定期加以修订完善。

1）装卸作业时间定额，指在一定装卸技术组织条件下，装卸不同品种单位质量货物所需要的作业时间。

2）一定装卸技术组织条件，指装卸车辆、装卸设备、装卸方法、装卸工人及技术水平、作业环境等因素。

4. 加强现代通信系统应用水平

移动通信应用水平或固定通信系统应用水平对装卸作业组织工作有重要的影响。及时掌握车辆到达时间等有关信息，是减少车辆等待装卸作业时间的有效措施。应当根据有关技术条件的应用情况，建立车辆到达预报系统，根据车辆到达时间、车号、货物名称、收发单位等的报告，事先安排装卸机具和劳力，做好装卸前的准备工作，保证车到即可及时装卸。

5. 提高装卸机械化水平

在提高装卸机械化水平的同时，要提高现代通信水平，这是做好装卸工作组织和物流工作的重要技术组织基础。要从物流系统的组织设计做起，使得车辆、装卸机具、仓库等移动设备、固定设备的设计合理，从而提高装卸质量和装卸效率，减少装卸成本。

6. 应用数学方法改善装卸劳动力的组织工作

采用数学方法改善装卸劳动力的组织工作也是提高装卸搬运作业效率的一种有效途径。

6.3 装卸搬运作业合理化

6.3.1 装卸搬运的基本要求

为了提高物流质量和效率，装卸搬运作业应当注意以下几项要求。

1. 减少不必要的装卸环节

从物流过程分析，装卸作业环节不仅不增加货物的价值和使用价值，反而易增加货物破损的可能性和相应的物流成本。系统地分析研究物流过程中各个装卸作业环节的必要性，取消、合并装卸作业和次数，避免进行重复的或可进行也可不进行的装卸作业，是减少不必要装卸环节的重要保证。

2. 提高装卸作业的连续性

必须进行的装卸作业应按流水作业原则运作，各工序间应密切衔接，必须进行的换装作业，也应尽可能采用直接换装方式。

3. 装卸地点相对集中

装载、卸货地点的相对集中，可以提高装卸工作量，同时易于采用机械化作业方式。在货物堆场上，应将同类货物的作业集中在一起进行，以便于采用装卸的机械化、自动化作业。

4. 力求装卸设备、设施、工艺等标准化

为了促进物流各环节的协调，要求装卸作业各工艺阶段间的工艺装备、设施、效率与组织管理工作相协调。装卸作业的工艺、装备、设施、货物单元或包装、运载工具、集装工具、信息处理等作业的标准化、系列化、通用化，是装卸作业实现机械化、自动化的基本前提。

5. 提高货物集装化或散装化作业水平

成件货物集装化、粉粒状货物散装化是提高作业效率的重要方向。所以，成件货物应尽可能集装成托盘系列、集装箱、货捆、货架、网袋等货物单元再进行装卸作业。各种粉粒状货物应尽可能采用散装化作业，直接装入专用车、船、库。不宜大量化的粉粒状货物也可装入专用托盘箱、集装箱内，以提高货物活化指数，便于采用机械设备进行装卸作业。

6. 做好装卸现场组织工作

使装卸现场的作业场地、进出口通道、作业线长度、人机配置等布局设计合理，能使现有的和潜在的装卸能力充分发挥或发掘出来。避免由组织管理工作不当造成装卸现场拥挤、阻塞、紊乱，确保装卸工作能够安全顺利地进行。

6.3.2 装卸搬运的合理化措施

仓储生产作业过程中，选择合适的搬运方式、设施，不仅对改善装卸搬运的作业条件有重要意义，而且对提高劳动生产率，降低搬运费用也有极其重要的作用。因此，管理人员应选择最为经济合理的搬运设施，合理组织装卸搬运方式。

1. 防止无效装卸搬运

无效装卸搬运是指消耗有用货物必要装卸搬运劳动之外的多余装卸搬运劳动。具体反映在以下几个方面。

（1）避免过多的装卸搬运次数

装卸作业组织调度工作是影响装卸次数的主要因素。如商品到库后，组织调度人员应根据商品的特点、储存期及出库时间等因素，及时、准确地安排好库位，进行一次性装卸作业，避免二次搬运。库房、货场等建筑物的结构类型，对装卸次数也会产生直接的影响。如库门尺寸应与进出库机械设备的外廓尺寸相配套。此外，装卸设备的类型与商品是否配套，对装卸次数也会产生较大的影响。如选择灵活机动、适应性强、作业面广、既能装卸又能搬运的叉车，配以托盘进行出入库作业，即可减少装卸作业次数。

因此，统筹兼顾，线性规划，尽量减少仓储商品装卸作业的环节、次数（特别要减少二次搬运），也就减少了装卸作业量，减少了劳动消耗，减少了装卸费用，从而减少货损货差，减少装卸事故，加快仓储周转。

（2）避免过大的包装装卸搬运

包装过大过重，在装卸搬运时反复在包装上消耗较大的劳动，这一消耗不是必需的，因而形成无效劳动。避免过度包装，减少无效负荷，中空的物件可以填装其他小物品再进行搬运。

（3）减少无效物质的装卸搬运

进入物流过程的货物，有时混杂着没有使用价值或对用户来讲使用价值不高的各种掺杂物，如煤炭中的石块、矿石中的水分、石灰中的未烧熟石灰及过烧石灰等，在反复装卸搬运时，实际对这些无效物质反复消耗劳动，从而形成无效装卸搬运。因此，要提高搬运纯度，只搬运必要的物资，如有些物资可在去除杂质之后再搬运会比较合理。

2. 充分利用重力或消除重力影响

（1）利用重力的合理化装卸搬运

在装卸搬运时考虑重力因素，可以利用货物本身的重量，进行有一定落差的装卸搬运，以减少或根本不消耗装卸搬运的动力，这是合理化装卸搬运的重要方式。例如，从卡车、铁路货车卸物时，利用卡车与地面之间的高度差，使用溜槽、溜板之类的简单工具，可以依靠货物本身的重量，从高处自动滑到低处，这就无须消耗劳动力。

（2）尽量消除或削弱重力的影响

在装卸搬运时尽量消除或削弱重力的影响，也会减轻体力劳动及其他劳动的消耗。如使货物平移，从甲工具转移到乙工具上，就能有效消除重力影响，实现合理化。

3. 合理利用机械

初期阶段，搬运机械大多在以下情况使用：超重物品；搬运量大、耗费人力多、人力难以操作的；粉体或液体的物料搬运；速度太快或距离太长，人力不能胜任的；装卸作业高度差太大，人力无法操作的等。即使在人力可以操作的场合，为了提高生产率、安全性、服务性和作业的适应性等，也应将人力操作转由机械来实现，而人可以在更高级的工作中发挥作用。

4. 推广集装单元化装卸

追求规模效益的方法，是在通过各种集装实现间断装卸搬运时一次操作的最合理装卸搬运量，能够使单位装卸搬运成本降低，也能够通过散装实现连续装卸搬运的规模效益。将零放物体归整为统一格式的集装单元称为集装单元化，这对搬运作业的改善是至关重要的。搬运单位变大，可以发挥机械的效能，提高作业效率，搬运方便，灵活性好；负载的大小均匀，有利于实行作业标准化；在作业过程中避免物品损伤，有利于保护被搬运的物品。

5. 选择合适的装卸搬运作业方式

装卸搬运作业方式应与商品的包装、运输车辆、作业特点相适应。装卸搬运商品的包装规格，集装单元化器具的大小、类别，商品的理化特性，运输车辆的类型、大小等，都要求有能与之相适应的装卸搬运设备配合作业。

若为通用型的仓库，因作业量往往不均衡，商品品种多、变化大，装卸搬运次数多，所以需要通用性强、灵活机动的装卸机械设备配合作业，如中、小型叉车等，以提高适应性。若为专用型仓库，因作业对象较为固定，商品品种较少，批量较大，所以可选择一些专用的、固定的装卸设备以提高劳动效率。

6. 提高“物”的装卸搬运活性

（1）装卸搬运活性的含义

装卸搬运活性是指从物的静止状态转变为装卸搬运运动状态的难易程度。如果很容易转变为下一步的装卸搬运而不需过多做装卸搬运前的准备工作，则活性高；如果难于转变为下一步的装卸搬运，则活性低。

（2）活性指数的含义

为了对活性有所区别，并能有计划地提出活性要求，使每一步装卸搬运都能按一定的活性要求进行操作，对于不同放置状态的货物做了不同的活性规定。

（3）活性指数的等级

活性指数分为 0 ~ 4 共 5 个等级，如表 6-1 所示。

表 6-1　活性指数等级

放置状态	需要进行的作业				活性指数等级
	整理	架箱	提起	托运	
散放地上	需要	需要	需要	需要	0
置于一般容器	0	需要	需要	需要	1
集装化	0	0	需要	需要	2
无动力车	0	0	0	需要	3
动力车辆或传送带	0	0	0	0	4

被装卸搬运商品的位置处于什么状态，对于作业的效率关系甚大。为了对活性有所区别，对不同放置状态的商品做了不同的活性规定，这就是活性指数。商品散乱堆放在地上，需一件件整理后才能装卸的，定为0级活性；商品包扎好或捆扎好后置于地上或一般容器内的，定为1级活性；将商品置于集装单元器具内，装卸活性有所提高，定为2级活性；将集装单元商品置于无动力的运输工具上，定为3级活性；将集装单元商品置于有动力的运输工具上，定为4级活性。活性指数越高表示越容易被移动，但必须考虑到实施的可能性。如活性指数等级为2，商品置于托盘上，具有广泛的实用价值。

7. 缩短装卸搬运距离

缩短搬运距离，是实现搬运合理化的主要目标，其效果是节省劳动消耗、缩短搬运时间、减少搬运中的损耗。影响搬运距离的主要因素是仓库的平面布局和作业组织工作，如库房、货场的合理分配、合理布置，对收货、发货时专用通道及货位、货架的合理确定，选择合理的搬运路线等都能缩短搬运距离。

8. 综合考虑装卸作业的经济效益

选择装卸搬运作业方式时还需考虑装卸搬运设备的投资数额、使用频率、运行成本、方便性和节能性等方面的经济效益。

案例分析

日本企业物流成本何以这么低

日本物流的历史并不长，但发展速度很快，如今凭借先进的物流技术、管理方式等，很好地控制了成本费用，成为世界物流领域的先进国家。

相对美国，日本物流行业的起步较晚，但仍早于中国。通过几十年的发展，日本的物流行业取得了长足的发展，很多技术和衡量物流行业的指标数字都非常亮眼。

关注成本，是日本企业几十年如一日在做的事情。下面让我们看看日本物流成本水平具体如何，日本企业为了降低物流成本又做了哪些有效的改革。

1. 物流成本占比低

在国际上，通常用社会物流总费用与GDP的比率来衡量一个国家的物流发展水平，用企业物流成本占产品销售额的比重来衡量行业的物流发展水平。

2013年，中国社会物流总费用与GDP的比率为18%，与上年基本持平。中国物流与采购联合会的分析报告指出，这一比率高于日本9.5个百分点左右，高于全球平均水平约6.5个百分点。与日本这样的物流发达国家相比，我国的物流成本比率明显偏高。

从日本物流行业的数据来看，从1995年到2003年，日本物流全行业的企业物流成本占产品销售额的比重逐步下降了近一个百分点，而后从2003年以来，一直维持在5%左右的稳定水平。而美国2012年企业物流成本占产品销售额的比重数据为7.87%，2013年，企业物流成本占产品销售额的比重为8.41%，高于日本且呈现上升趋势。

从制造行业来看，2013年，日本陶瓷、土石、玻璃、水泥这类行业的物流成本占产品销售额比重最高，为8.69%；排在第二位的是需要通过冷链运输的食品行业，比重为8.57%；而可以常温运输的食品行业，比重为6.01%。

进一步分析具体的成本构成，以卡车运输为例，从日本国土交通省自动车局和全日本卡车协会在2011年的调查数据来看，运输人工费用占比高达45.9%，考虑这一数据形成的原因：其一，日本的人工成本费用普遍较高；其二，非人工的成本已经尽可能地被压缩了。

2. 从自动化和信息系统提升物流处理能力

在20世纪60年代的日本，企业的生产量和销售量激增，导致了物流量的激增。不仅如此，通货膨胀导致物价上升，企业人工成本上涨。

为了缓解这两大问题，日本物流行业在这一时期采用了增加机械化，提升物流处理能力，减少人工的方法。立体自动化仓库正是在此时出现，实现仓库高层空间的合理化运用及实现自动化存取货物。

如今，立体化仓库已经成为一门独立的学科，并在日本迅速发展。从20世纪80年代末期开始，日本的立体化仓库从制造业，开始遍及农业、仓储业、批发零售业等行业，物流的自动化得到了广泛应用。目前，日本已经成为当今世界上应用自动化立体仓库最广的国家。

除了自动化设备之外，日本物流行业在20世纪70年代开始通过信息系统来提升效率。第一次石油危机以后，日本经济高速增长的时代终结，物流量开始稳定下来，提升物流处理能力的需求也相对变弱。这样的时代背景下，日本物流行业开始注重提升物流的效率。随着物流信息网络的飞速发展，日本物流行业将各个网点，以及生产、销售等各个相关部门整合在一个系统中，实现了实时在线的物流信息处理和交互，大幅提升了物流的效率。

导入信息系统，从短期来看，是增加了导入和维护成本，但从长远来看，节省了沟通成本和时间成本，避免了由于信息不对称导致问题引发的费用。随着经济的发展，日本物流行业的信息系统变得越来越完善。

（案例来源：中国物流与采购网）

问题讨论

1. 试分析日本企业物流成本低的原因。
2. 试讨论自动化设备的运用与企业装卸搬运效率之间的关系。

思考题

1. 现代装卸搬运作业的特点有哪些?
2. 装卸搬运作业方式有哪些?
3. 现代装卸搬运作业方式的合理组织形式有哪些?

第7章　仓库安全管理

本章导读

1. 了解消防安全知识、仓库安全新技术。
2. 掌握安全管理的措施，树立安全管理的理念。

案例导引

江苏一化工物流仓储爆炸公安消防紧急救援

2016年4月22日上午9点30分，江苏省靖江市丹华村德桥化工物流仓库发生爆炸，现场浓烟滚滚，并有刺鼻气味，而且事发地点周围有很多村庄。

据了解，仓库里都是化学原料。目击者称，当时现场已经发生过几次爆炸，公安消防均已及时出警进行救援。由于爆炸意外、突发的特点，因此危害极大。爆炸或始于“天灾”，或始于“人祸”。不管怎样，我们都应学会防患于未然，在平时多积累自救知识，方能在事故发生时保护自己。

公共场所发生爆炸时自救的方法有：

1）隐蔽。将发生爆炸时，应就近隐蔽或卧倒，护住重要部位。

2）灭火。就近寻找灭火器灭火，火势较大无法灭火时，用随身携带的口罩、手帕或衣角捂住口鼻；若在密闭空间内烟味太呛，可用矿泉水、饮料等润湿布块，防止因烟雾和毒气引起的窒息。

3）撤离。如果发生大量人员慌乱撤离，老人、妇女、儿童尽量“溜边”，防止被挤倒后踩伤；人员拥挤时，要用一只手紧握另一只手手腕，双肘撑开，平放于胸部，微微向前弯腰，形成一定的空间，保证呼吸顺畅，以免窒息晕倒，若被挤倒，应设法让身体靠近墙根或其他支撑物，把身子蜷缩成球状，双手紧扣置于颈后，保护身体的重要部位或器官。

4）抢救。有能力的人员应协助警方和医务人员抢救伤员，就地取材，进行止血、包扎、固定，搬运伤员时应注意使脊柱损伤病人保持水平，防止移位而发生截瘫。

5）协助。在警方对现场进行搜查以发现是否还有未爆炸的爆炸物时，应注意协助警方保持好现场，并及时向警方提供可疑人员、物品等线索。

（资料来源：佰佰安全网）

阅读以上案例，请思考仓储过程中仓储安全的重要性，并思考有哪些方法可以防止和杜绝仓储事故的发生。

7.1 仓库安全管理概述

仓库安全工作是关系国家财产和人民生命安全的大事，是做好仓储业务的基本前提。仓储业务部门必须建立安全保证体系，认真履行安全责任制度，切实做好消防为中心的仓库安全管理工作。

7.1.1 仓库安全管理的重要性

仓库安全管理是针对物品在仓储环节对仓库建筑要求、照明要求、物品摆放要求、消防要求、收发要求、事故应急救援要求等的综合性管理措施。

仓库是物流系统的关键节点，是储藏和保管商品的场所，且仓储物资大多是易燃可燃物质，危险性较大。同时仓库也是广大仓储职工进行仓储作业的场所。做好商品的养护工作，确保商品安全，是仓储职工的基本职责，也是仓储商品能够正常流通的基本保证。如果管理不善，就可能发生燃烧或爆炸事故，给国家和人民的生命财产造成损失。因此，加强仓库安全管理，提高安全技术水平，及时发现和消除仓库中的不安全因素，对杜绝各类事故的发生，具有十分重要的意义。仓库安全系统是一个多因素、多环节、多专业的综合系统，包括人、物、环境等诸多因素，渗透于仓库的每一项工作之中，贯穿于仓储物资的接收、储存、养护、包装、装卸搬运、发放等环节，涉及诸多的技术和管理问题，其安全管理十分复杂。

因而，仓库的安全工作应该居于一切管理工作的首位，并始终贯穿于仓储的全过程，必须警钟长鸣，认真贯彻“以防为主”的方针，做好防范工作，确保人身、商品和设备的安全。将安全永远放在第一位，更是每个仓库工作人员的重要职责。

7.1.2 仓库安全管理的基本内容

仓库安全管理的基本内容包括三个方面：人身安全、商品安全和设备设施安全。

1. 人身安全

仓储工作人员在装卸、搬运、堆码、保管养护商品等操作过程中，直接与装卸搬运设备及不同特征的货品接触，因而必须注意做好人身安全工作。做好人身安全应该注意从以下几个方面着手：

1）优化工作环境，消除事故隐患。

2）加强安全意识教育。

3）进行仓储机械设备的安全操作规程培训。

4）建立健全工作场所、仓储设备的安全检查制度，并有效组织实施。

2. 商品安全

商品安全管理的主要内容包括商品由于本身的化学成分、结构和理化性质的不同，以及受阳光、温度、湿度等客观条件的影响而发生的霉烂变质、虫蛀鼠咬、自燃爆炸、火灾等事故。为切实做好商品的安全管理工作，应从以下几个方面着手：

1）加强商品养护知识的培训教育。

2）根据商品性质、特点和保管条件等设计商品的保管环境。

3）选用适当的仓储设施设备。

4）采取有效的防水措施。

5）采取有效的防鼠措施。

6）采用功能完善的仓储管理软件，做好商品的全方位管理，如对各商品保质期进行提前预警等。

7）积极采用先进的科学管理技术手段，如防盗防火监控系统等。

3. 设备设施安全

仓储设备设施是指与仓储活动相关的所有设备与设施，包括仓库本身、储存货架、搬运输送机械等。使用这些设备时，应该严格按照设备使用的技术要求进行操作。

做好设备设施的安全管理工作，应该从以下三个方面着手：

1）做好设备设施的选购工作。在进行设备选型时，必须进行广泛的市场调研，在保证设备使用性能的前提下，选择安全性能好的设备设施。

2）做好的使用培训工作。

3）制定的安全检查保证制度，并严格执行。

以上三个方面的安全管理内容是相互联系的，三方面的工作必须都要重视，才能最大限度地保证人身安全、商品安全和设备安全。影响仓库安全的因素有很多，各类仓储企业都要根据自身的特点，认真分析影响仓库安全的各种因素，制定一系列切实可行的仓库安全管理方法，采取相应的安全预防措施，及时排除各种不安全因素，杜绝事故隐患，确保仓储企业的安全运营，把损失降到最低。

7.1.3 仓库安全管理的任务

仓库安全管理是为实现系统安全目标而进行的有关决策、计划、组织和控制等方面的活动。仓库安全管理的主要任务是在国家安全生产方针的指导下，依照有关政策、法规及各项安全生产制度，运用现代安全管理原理、方法和手段，分析和研究生产过程中存在的各种不安全因素，从技术上、组织上和管理上采取有力措施，解决和消除各种不安全因素，防止事故的发生，保证生产顺利进行，保障人员的人身安全和健康，以及国家财产安全，避免各种损失。

仓库的安全管理应始终贯穿于仓库管理的全过程，并尽全力抓好。从商品入库验收、堆垛，到商品保管、养护，直至商品出库交付，都离不开安全工作。

仓库安全管理的任务归纳起来可以分为两大类：

1）仓库的安全消防工作，主要指仓库的防火、灭火工作。仓库火灾是仓库的重大事故，不仅会损害国家、企业财产，还会危及人的生命安全。

2）仓库的安全作业，是指在商品进出仓库装卸、搬运、储存、保管过程中，为了防止和消除伤亡事故，保障职工安全和减轻繁重的体力劳动而采取的措施，它直接关系职工的人身安全和生产安全，也关系仓库的劳动生产率能否提高，主要包括仓库保管员在进出仓库及储存、保管商品作业过程中的安全技术操作工作。

7.1.4 仓库安全管理的措施

为使仓库安全管理工作落到实处，作为管理者必须根据企业的实际情况制定一系列的安全保障措施，使安全工作有组织、有落实、有检查，做到人人关心安全、重视安全。具体应该做好以下几个方面的工作。

1. 建立健全安全组织机构

要做好仓库安全管理工作，必须建立健全安全组织保证体系，并保证体系的正常运转。安全管理组织保证体系如图 7-1 所示。

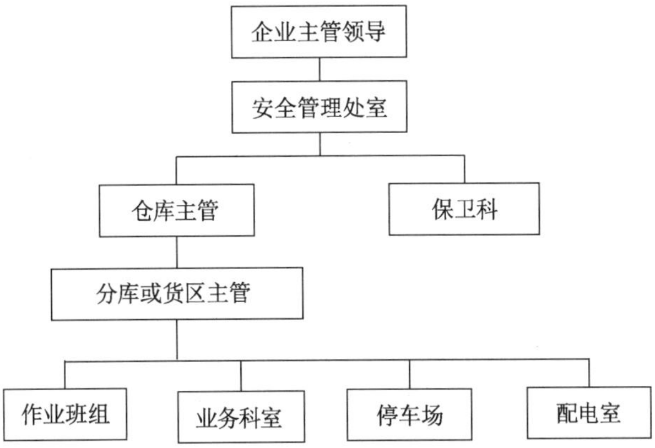

图 7-1　安全管理组织保证体系

2. 建立健全安全管理制度

在建立安全管理组织保证体系的基础上，建立一系列切实可行的安全管理制度。实行安全责任制，各有关部门都要根据现场情况制定出安全管理的具体内容，并确定具体的责任人，然后根据具体的管理内容制定一套有效的安全管理工作评价指标体系，作为安全管理评价的重要依据。

3. 严格执行安全检查制度

定期或不定期地对企业仓储工作进行安全检查，及时发现安全隐患，是保证仓库安全的重要措施。在现实工作过程中可以开展经常性的自查、临时性的互查、季节性的检查和节日性的检查等。

7.2 仓库消防管理

仓库消防管理是指遵循仓库火灾发生及生产作业活动的客观规律，依照消防法规和消防工作方针、原则，运用管理科学的理论和方法，通过一系列的管理职能，合理而有效地使用人力、物力、财力、时间和信息等资源，为达到仓库预定的消防安全目标而进行的各种消防活动。

《中华人民共和国消防法》规定消防工作的方针是“预防为主，防消结合”。这个方针准确、科学地体现了对火灾的预防和扑救的辩证关系，正确地反映了同火灾做斗争的客观规律。“预防为主”，就是在消防工作的指导思想上把预防火灾始终放在首位，采取有效的预防措施，防患于未然，掌握同火灾做斗争的主动权。“防消结合”，就是把同火灾做斗争的两个基本手段——预防和扑救有机地联系起来，做到相辅相成，互相促进。

仓库火灾是仓库的灾难性事故，不仅会造成仓储货物的损害，还会损毁仓库设施，产生的有毒气体更是能直接危及生命安全。

7.2.1 燃烧知识

1. 燃烧的含义

凡是有热和光一起放出的氧化反应，都可以称为燃烧。燃烧是空气中的氧和可燃物质的一种强烈的化学反应，也就是可燃物的激烈氧化。在这种化学反应中，通常会发出光和火焰，并放出大量的热。

2. 燃烧三要素

1）可燃物。可燃物是指能与空气中的氧或其他氧化剂起燃烧反应的物质，如木材、纸张、布料等。可燃物中有一些物品，遇到明火特别容易燃烧，称为易燃物品，常见的有汽油、酒精、液化石油气等。

2）助燃物。助燃物是指能帮助和支持可燃物燃烧的物质，即能与可燃物发生氧化反应的物质，如空气、氧气。

3）着火源。着火源是可燃物与助燃剂发生燃烧反应能量的来源。除明火外，电火花、摩擦、撞击产生的火花及发热、造成自燃起火的氧化热等物理化学因素都能成为着火源。

要发生燃烧，三要素缺一不可。因此，如采取措施使三要素不同时存在，比如控制可燃物、隔绝空气、消除着火源，即可阻止燃烧的发生，从而实现防火救灾的目的。

7.2.2 仓库火灾的基本知识

1. 仓库火灾的成因

1）火种控制不严。主要包括：违章动火、玩火、纵火、燃放烟花爆竹、吸烟、装卸作业中引发的火种；临时照明和动力电线短路超负荷、摩擦火星、电线碾压；违章切割、无动火证、违反规定操作等。

2）仓库照明管理不善。主要包括：仓库照明灯具选用不当、堆垛超高且未保持灯距、照明施工质量差导致灯脱落、临时照明设置不当；使用高温照明、灯位置设置不当、用后未切断电源；辐射热积聚而引发堆垛火灾；临时照明设置不妥，受风或电线拉动而倾倒，因无人看管而引起火灾等。

3）化学危险品通风散热条件不佳。如防潮防火、防暑降温措施不力、堆放不规范，缺乏专业知识致使库存物品发生生物、物理或化学反应引起自燃、燃烧或爆炸。

4）防雷设计有盲区或防雷设施保养不善。如设计有盲区，避雷设施保养不善，对球雷、感应雷、带状雷的研究与防护不够。

5）危险物品仓库没有分类分项存放，装卸作业无有效防静电措施，擅自改变仓库储存物质性质。

6）仓库建筑及平面布局不合理。

7）防火制度、措施不健全、思想麻痹大意。

2. 仓库火灾的种类

1）普通火。普通可燃固体所发生的火灾，如木料、棉花、化纤、煤炭等。

2）油类火。各种油类、油脂发生燃烧所引起的火灾。

3）电气火。电器、供电系统漏电所引起的火灾，以及具有供电的仓库发生火灾。

4）爆炸性火灾。具有爆炸性的货物发生火灾，或者火场内有爆炸性物品，如易发生化学爆炸的危险品，会发生物理爆炸的密闭容器等。

7.2.3 仓库防火与灭火

1. 仓库防火方法

1）控制可燃物。通过减少使用或不使用可燃物，将可燃物质进行难燃处理来防止火灾。

2）隔绝助燃物。对于易燃品采取封闭、抽真空、充惰性气体、浸泡等方法，以及用不燃涂料喷易燃品的方式使易燃物不与空气直接接触来防止燃烧。

3）消除着火源。通过使发生火灾的着火源不在仓库内出现来实现防火的目的。

2. 仓库消防设备及设置

用于仓库库场消防安全的设备主要有消防水系统、消防设备和器材。

3. 仓库灭火

（1）灭火方法

1）隔离法。将正在发生燃烧的物质与其周围可燃物隔离或移开，燃烧就会因为缺少可燃物而停止。如将靠近火源处的可燃物品搬走，拆除接近火源的易燃建筑，关闭可燃气体、液体管道阀门，减少和阻止可燃物质进入燃烧区域等。

2）窒息法。阻止空气流入燃烧区域，或用不燃烧的惰性气体冲淡空气，使燃烧物得不到足够的氧气而熄灭。如用二氧化碳、氮气、水蒸气等惰性气体灌注容器设备，将石棉毯、湿麻袋、湿棉被、黄沙等不燃物或难燃物覆盖在燃烧物上，封闭起火的建筑或设备的门窗、孔洞等。

3）冷却法。将灭火剂（水、二氧化碳等）直接喷射到燃烧物上使燃烧物的温度降低到可燃点以下，使燃烧停止；或者将灭火剂喷洒在火源附近的可燃物上，使其不受火焰辐射热的威胁，避免形成新的着火点。冷却法是灭火的主要方法。

4）抑制法（化学法）。将有抑制作用的灭火剂喷射到燃烧区，并参加到燃烧反应过程中去，使燃烧反应过程中产生的游离基消失，形成稳定分子或低活性的游离基，使燃烧反应终止。目前使用的干粉灭火剂、1211 等均属于此类灭火剂。

（2）常用的灭火器及使用方法

1）干粉灭火器。这是仓库目前配备数量最多，适用范围广泛且较经济实用的灭火器具。可用于扑灭带电物体（电压低于 5 000 V）火灾、液体火灾、气体火灾、固体火灾等。

使用时要注意以下几点：喷射前最好将灭火器颠倒几次，使筒内干粉松动，但喷射时不能倒置，应站在上风一侧使用；在保障人身安全的情况下尽可能靠近火场；按动压把或拉起提环前一定去掉保险装置；使用带喷射软管的灭火器时，一只手一定要握紧软管前部喷嘴后再按动压把或拉起提环；灭液体火（汽油、酒精等）时不能直接喷射液面，要由近向远，在液面上 10 cm 左右处快速摆动，覆盖燃烧面切割火焰；灭火器存放时不能靠近热源或日晒，防止作为喷射干粉剂动力的二氧化碳受热自喷，并注意防潮，防止干粉剂结块。

2）二氧化碳灭火器。适用于扑灭精密仪器、带电物体、液体及气体类火灾。

使用时应注意：露天灭火在有风时灭火效果不佳；喷射前应先拔掉保险装置再按下压把；灭火时离火不能过远（2 m 左右较好）；喷射时手不要接触喷管的金属部分，以防冻伤；在较小的密闭空间喷射后人员要立即撤出以防窒息；灭火器存放时严禁靠近热源或日晒。

3）1211 灭火器。特别适用于扑灭精密仪器、电气设备、计算机房等火灾。使用注意事项与二氧化碳灭火器相同。

4）消火栓。这是消防灭火中主要的水源，分室内和室外两种。室内消火栓一般设在楼层或房间内的墙壁上，用玻璃门或铁门封挡，内配有水枪、水龙带。使用水龙带时应防止扭转和折弯，否则会阻止水流通过。使用消火栓救火时应先将水龙带一头接在消火栓上，同时将水带打开，另一头接水枪，一个人紧握水枪对准着火部位，另一个人打开消火栓阀门。对于灭火来讲，用水救火是最经济的，但应注意扑救带电火灾前，必须先断电再用水灭火；还须注意防止用水灭火对珍藏典籍、精密仪器等造成水渍侵害；有的金属类火灾禁止用水扑救。

7.2.4 仓库防火措施

1. 严格把关、严禁将火种带入仓库

库区内严禁吸烟、严禁用明火炉取暖。存货仓库内严禁明火作业。库房内不准设置和使用移动式照明灯具。库房内不得使用电炉、电烙铁等电热器具和电视机、电冰箱等家用电器。库房不得作为办公场所和休息室。

2. 严格管理库区明火

库房外使用明火作业，必须按章进行，在消除可能发生火灾隐患的前提下，经主管批准，在专人监督下进行，明火作业后要彻底消除明火残迹。库区内的取暖、烧水炉应设置在安全地点，并有专人看管。库区及周围50 m范围内，严禁燃放烟花爆竹。

3. 电气设备防火

库区内的供电系统和电器应经常检查，发现老化、损害、绝缘不良时应及时更换。每个库房应该在库房外单独安装开关箱，保管人员离库时，必须使用低温照明的不能改为高温灯具、防爆灯具不得改用普通灯具。

4. 作业机械防火

进入库区的内燃机械必须安装防火罩，电动车要装设防火星溅出装置，蒸汽机车要关闭灰箱和送风器。车辆装卸货物后，不准在库区、库房、货场内停放，更不得在库内修理。作业设备会产生火花的部位要设置防护罩。

5. 入库作业防火

装卸搬运作业时，作业人员不得违章采用滚动、滑动、翻滚、撬动的方式作业，不使用容易产生火花的工具。避免跌落、撞击货物。对容易产生静电的作业，要采取消除静电措施。货物入库前，要专人负责检查，确定无火种隐患后，如无升温发热、燃烧痕迹、焦味等，方准入库。对已升温的货物，采取降温措施后才能入库。

6. 安全选择货位

货物要分类、分垛储存。对于会发生化学反应的货物应间隔较远，消防方法不同的货物不得同仓储存。根据货物的消防特性选择合适的货位，如低温位置、通风位置、光照位置、方便检查位置、干燥位置、少作业位置等。

7. 保留足够安全间距

货垛大小合适，间距符合要求。堆场堆垛应当分类、分堆、分组和分垛，按照防火规范的防火距离的要求保留间距。库房内按类分垛，每垛占地面积不宜大于100 m^2，垛间距不小于1 m，垛与墙间距不小于0.5 m，垛与梁、柱的间距不小于0.3 m，货垛与水暖取暖管道、散热器间距不小于0.3 m，库内主要通道的宽度不小于2 m。照明灯具下方不得堆放物品，其垂线下方与存货品间距不得小于0.5 m，电气设备周围间距保留1.5 m以上，架空线路下方严禁堆放货物。不得占用消防通道、疏散楼梯存放货物和其他物品，不得围堵消防器材。

8. 货物防火保管

对已入库货物的防火保管是仓库保管的重要工作，仓库管理人员应经常检查仓库内的防火情况，按防火规程实施防火作业。经常检查易自燃货物的温度，做好仓库通风。对货场存放较久的货物时常掀开部分苫盖进行通风除湿。气温高时对易燃液体、易燃气体洒水降温。烈日中用苫盖好货物，阻止阳光直射入仓库或反射入仓库照射货物。经常查看电气设备工作状态，及时发现不良情况。仓库保管中发现不安全情况时要及时报告，以便迅速采取有效措施，消除隐患。

9. 及时处理易燃杂物

对于仓库作业中使用过的油污棉纱、油手套、油污垫料等沾油纤维、可燃包装、残料等，应存放在库外的安全地点，如封闭铁桶、铁箱内，并定期处理。仓库作业完毕后，应对仓库、通道、作业线路、货垛边进行清理清扫，对库区、库房进行检查，确定安全后，方可离人。

10. 危险品库的防火

危险品库对消防工作有更高的要求，要严禁一切火源入库，汽车、拖拉机不得进入，仓库内要使用防爆作业设备和防爆电气，特别危险的危险库不接入电，人员要穿戴防静电服装作业，且不得在库内停留。

7.3 仓库安全生产

7.3.1 仓库安全生产的内容

1. 人力安全操作基本要求

1）人力操作仅限于轻负荷作业。

2）尽可能采用人力机械作业。

3）只在适合作业的安全环境中进行作业。

4）作业人员按要求穿戴相应的安全防护用具，使用合适的作业工具进行作业。

5）合理安排工间休息。

6）必须有专人在现场指挥和安全指导，严格按照安全规范进行作业指挥。

2. 机械安全作业要求

1）使用合适的机械、设备进行作业。

2）所使用的设备须具有良好的工况。

3）设备作业要有专人进行指挥。

4）汽车装卸时，注意保持安全间距。

5）载货移动设备不得载人运行。

6）移动吊车必须在停放稳定后方可作业。

3. 安全技术

1）装卸搬运机械的作业安全。要经常定期地对职工进行安全技术教育，从思想认识上提高其对安全技术的认识；组织职工不断学习仓储作业技术知识；明确各项安全操作规程是防止事故的有效方法。

2）仓库储备物资保管保养作业的安全。作业前要做好准备工作，检查所用工具是否完好；作业人员应根据危险特性的不同，穿戴相应的防护服装；作业时要轻吊稳放，防止撞击、摩擦和震动，不得饮食和吸烟；工作完毕后要根据危险品的性质和工作情况，及时洗手、洗脸、漱口或淋浴。

3）仓库电气设备的安全。电气设备在使用过程中应有可熔保险器和自动开关；电动工具必须有良好的绝缘装置，使用前必须使用保护性接地；高压线经过的地方，必须有安全措施和警告标志；电工操作时，必须严格遵守安全操作规程；高大建筑物和危险品库房，要有避雷装置。

4）仓库建筑物和其他设施的安全。对于装有起重行车的大型库房、储备化工材料和危险物品的库房，都要经常检查和维护，各种建筑物都得有防火的安全设施，并按国家规定的建筑安全标准和防火间距严格执行。

4. 劳动保护制度

劳动保护是为了改善劳动条件，提高生产的安全性，保护劳动者的身心健康，减轻劳动强度所采取的相应措施和有关规定。劳动安全保护包括直接和间接施行于员工人身的保护措施。仓库要遵守《中华人民共和国劳动法》的劳动时间和休息规定，依法安排加班，保证员工有足够的休息时间，同时要提供合适和足够的劳动防护用品，如安全帽、手套、工作服、高强度工作鞋等，并督促作业人员使用和穿戴。具体如下：

1）批判“事故难免论”的错误思想。重要的是要提高各级领导干部的安全思想认识和安全技术知识及各班组安全员的责任心，使其认识到不安全因素是可以被认识的，事故是可以控制的，只要思想重视，实现安全作业是完全可能的。

2）建立健全劳动保护机构和规章制度。专业管理与群众管理相结合，把安全工作贯穿到仓库作业的各个环节，对一些有害有毒工种要建立保健制度，实行专人、专事、专责管理，推行安全生产责任制。并要建立群众性的安全生产网，大家管安全，使劳动保护收到良好效果。

3）结合仓库业务和中心工作，开展劳保活动。要根据上级指示和仓库具体情况，制定有效的预防措施。做到年度有规划，季度有安排，每月有纲要，使长计划与短安排相结合。同时还要经常检查，防止事故的发生。仓库要经常开展安全检查，清查潜在的不安全因素，及时消除事故隐患，防患于未然。

4）还要经常组织仓库职工开展文体活动，丰富职工精神生活，增强体质，改善居住条件等，这些都对劳动保护起着重要的作用。

除此之外，采用具有较高安全系数的作业设备、作业机械，作业工具应适合作业要求，作业场地必须具有合适的通风、照明、防滑、保暖等作业条件。不进行冒险作业和不安全环境的作业，在大风、雨雪影响作业时暂缓作业，避免人员带伤病作业。

7.3.2 库区的安全管理

库区的安全管理可以根据不同的环节分别进行，即仓储技术区、库房、货物保管、货物收发、货物装卸与搬运、货物运输、技术检查、修理和废弃物的处理等。其中，着重讨论以下几个环节。

1. 仓储技术区的安全管理

仓储技术区是库区重地，应严格进行安全管理。技术区周围应设置高度大于 2 m 的围墙，上置钢丝网，高 1.7 m 以上，并设置电网或其他屏障。技术区内道路、桥梁、隧道等通道应畅通、平整。

技术区出入口应设置日夜值班的门卫，对进出人员和车辆进行检查和登记，严禁易燃易爆物品和火源带入。

技术区内要严禁危及货物安全的活动（如吸烟、鸣枪、烧荒、爆破等），未经上级部门批准，不准在技术区内进行参观、摄影、录像或测绘。

2. 库房的安全管理

经常检查库房结构情况，对于地面裂缝、地基沉降、结构损坏，以及周围山体滑坡、塌方，或防水防潮层和排水沟堵塞等情况应及时维修和排除。

此外，库房钥匙应妥善保管，实行多方控制，严格遵守钥匙领取手续。对于存放易燃易爆、贵重货物的库房要严格执行两人分别掌管钥匙和两人同时进库的规定。有条件的库房，还应安装安全监控装置，并认真使用和管理。

3. 货物装卸与搬运中的安全管理

仓库机械应实行专人专机，建立岗位责任制，防止丢失和损坏，操作工人应做到“会操作、会保养、会检查、会排除一般故障”。

根据货物尺寸、重量、形状选用合理的装卸、搬运设备，严禁超高、超宽、超重、超速及其他不规范操作。不能在库房内检修机械设备，在狭小通道、出入库房或接近货物时应减速鸣号。

7.3.3 仓库的治安保卫管理

仓库的治安保卫管理是仓库为了防范和制止恶性侵权行为、意外事故对仓库及仓储财产的侵害和破坏，维护仓储环境的稳定，保证仓储生产经营的顺利开展所进行的管理工作。治安保卫工作的具体内容就是执行国家治安保卫规章制度，做到防盗、防抢、防骗、防破坏、防火、防财产侵害，以及防交通意外事故等仓库治安灾难事故，协调与外部的治安保卫关系，维持仓库内部安定局面和员工人身安全。治安保卫管理是仓库管理的重要组成部分，是降低和防止经营风险的主要手段。

1. 仓库治安保卫组织

专职保卫机构既是仓库治安保卫的执行机构，也是仓库治安保卫管理的职能机构。专职保卫机构根据仓库规模的大小、人员的多少、任务的繁重程度和仓库所在地的社会环境确定机构的设置和人员配备。

2. 仓库治安保卫管理制度

仓库治安保卫管理制度需要依据国家的法律和法规，结合仓库治安保卫的实际需要进行制定，以保证仓储生产高效率进行，实现安全仓储，防止治安事故的发生。

仓库治安保卫既有独立的规章制度，如安全防火责任制度，安全设施设备保管使用制度，门卫值班制度，车辆、人员进出仓库管理制度，保卫人员值班巡查制度等，同时也有合并在其他制度之中的，如仓库管理员职责，办公室管理制度，车间作业制度，设备管理制度等规定的治安保卫事项。

3. 仓库治安保卫的工作内容

1）出入口和要害部位。仓库大门是仓库与外界的连接点，是仓库地域范围的象征，也是仓储承担货物保管责任的分界线。大门守卫是维持仓库治安的第一道防线，大门守卫负责开关大门，限制无关人员、车辆进入，接待入库办事人员并实施身份核实和登记，禁止入库人员携带火源、易燃易爆物品入库，检查入库车辆的防火条件，指挥车辆安全行驶、停放，登记入库车辆，检查出库车辆，核对出库货物和物品放行条与实物，并收留放行条，查问和登记出库人员携带的物品，特殊情况下查扣物品、封闭大门。

对于危险品库、贵重物品库、特殊品库等要害部位，需要安排专职守卫看管，限制人员接近，防止危害、破坏和失窃。

2）巡逻检查。由专职保安员不定时、不定线、经常地巡视整个库区每一个位置的安全保卫工作。巡逻检查中发现不符合治安保卫制度要求的情况，应及时采取相应的措施或者通知相应部门进行处理。

3）防盗设施、设备的使用。仓库的防盗设施大至围墙、大门，小到门锁、防盗门窗，都应根据法规规定和治安保管的需要进行设置和安装。仓库使用的防盗设备除了专职保安员的警戒外，主要有视频监控设备、自动警报设备、报警设备，仓库应按照规定使用所配置的设备，由专人负责操作和管理，确保设备的有效运作。

4）治安检查。治安责任人应经常检查治安保卫工作，督促照章办事。治安检查实行定期检查与不定期检查相结合的制度，班组每日检查、部门每周检查、仓库每月检查，发现治安保卫漏洞、安全隐患时，及时采取有效措施消除。

5）治安应急。治安应急是仓库发生治安事件时，采取紧急措施，防止和减少事件所造成的损失的制度。

7.3.4 仓库的其他安全管理

1. 防台风

我国东边的西北太平洋是热带气旋生成最多的地区，年平均约有30个，其中7—10月最多，其他月份较少，因而我国将此段时间称为台风季节。台风有一部分在我国登陆，主要分布在5—10月，12—4月基本上不在我国登陆。在我国登陆的地点主要集中在华南、华东地区，华北、东北极少。西北路径的台风经常在华东登陆后又回到东海，成为转向路径，这种台风的危害较大。一般台风在登陆后会迅速地转为热带低气压或者温带低气压，风力减弱，但是仍会随气流向内陆移动。

华南、华东沿海地区的仓库，都会受到台风的危害。处在这些地区的仓库要高度重视防台工作，避免这种灾难性天气对仓储造成严重危害。仓库应设置专门的防台办公室或人员，负责研究仓库的防台工作，制订防范工作计划，接受天气预报和台风警报，与当地气象部门保持联系，组织防台检查，管理相关文件，承担台汛期间防台联络组织工作。在台汛期间，建立通信联络、物资供应、紧急抢救、机修、排水、堵漏、消防等临时专业小组。

防台风主要采取以下措施。

（1）积极防范

台风并不是年年都在一个地区登陆，防台工作是一项防患未然、有备无患的工作。企业要对员工，特别是领导干部进行防台宣传和教育，促使其保持警惕、不麻痹大意。

（2）全员参与

台风对仓库造成的损害不仅是仓储物质，还包括仓库建筑、设备、设施、场地、树木及物料备料、办公设施等一切财产和生命安全，还会造成环境污染危害。防台抗台工作是所有员工的工作，需要全员参与。

（3）不断改善仓库条件

为了使防台抗台工作取得胜利，需要有较好的硬件设施和条件，提高仓库设施设备的抗风、防雨、排水防水浸的能力；减少使用简易建筑，及时拆除危房危建及维修加固老旧建筑、围墙；提高仓库、货场的排水能力，注意协调仓库外围避免对排水的阻碍；购置和妥善维修水泵等排水设备，备置堵水物料；牢固设置仓库、场地的绑扎固定绳桩。

2. 防汛

洪水和雨水虽然是一种自然现象，但时常会对货物的安全仓储带来不利影响。所以应认真做好仓库防汛工作。

（1）建立组织

汛期到来之前，要成立临时性的短期工作机构，在仓库领导者的领导下，具体组织防汛工作。

（2）积极防范

平时要加强宣传教育，提高职工对自然灾害的认识。汛期时职工要轮流守库，职能机构定员驻库值班，领导现场坐镇，以便在必要时，统一指挥，积极组织抢救。

（3）加强联系

仓库防汛组织要主动争取上级主管部门的领导，并与气象电台联系了解汛情动态，预见汛情发展，克服盲目性，增强主动性。

除此之外，还要注意对陈旧的仓库改造排水设施，提高货位，新建仓库应考虑历年汛情的影响，使库场设施能抵御雨汛的影响。

3. 防雷

仓储企业应在每年雷雨季节来临之前，对防雷措施进行全面检查。应检查的主要方面包括：

1）建筑物维修或改造后是否改变了防雷装置的保护情况。

2）有无因挖土方、铺设管线或种植树木而挖断接地装置。

3）各处明装导体有无开焊、锈蚀后截面过小而导致损坏折断等情况。

4）接闪器有无因接受雷击而熔化或折断。

5）避雷器磁套有无裂缝、碰伤、污染、烧伤等。

6）引下线距地 2 m 一段的绝缘保护处理有无破坏。

7）支持物是否牢固，有无歪斜、松动。

8）引下线与支持物的固定是否可靠。

9）端接卡子有无接触不良。

10）木结构接闪器支柱或支架有无腐蚀。

11）接地装置周围土壤有无塌陷。

12）测量全部接地装置的流散电流。

4. 防震

为做好仓库防震工作，在仓库建筑上，要以其储存物资的价值大小为依据，审视其建筑物的结构、质量状况，从保存物资的实际需要出发，合理使用物力财力，进行相应的加固。新建的仓库，特别是多层建筑、现代化立体仓库，更要结合当地地质结构类型，预见地震的可能性，在投资上予以考虑，做到有所准备。在情报信息上，要密切注视毗邻地区及地震部门的预测和预报资料。在组织抢救上，要做充分的准备。

当接到有关部门地震预报时，要建立必要的值班制度和相应的组织机构；当进入临震时，仓库领导要通盘考虑，全面安排，合理分工，各司其职，做好宣传教育工作，动员职工全力以赴，做好防震工作。

5. 防静电

爆炸物和油品应采取防静电措施。静电的安全应安排懂有关技术的专人管理，并配备必要的检测仪器，发现问题及时采取措施。

所有防静电设施都应保持干净，防止化学腐蚀、油垢沾污和机械碰撞损坏。每年应对防静电设施进行 1 ~2 次的全面检查，测试应当在干燥的气候条件下进行。

7.4 仓库事故管理

7.4.1 仓库事故的特征

仓库事故是管理人员与商品之间或环境与商品之间发生了异常的接触或影响的结果。仓库事故的发生是由多方面因素造成的，仓库一旦发生事故，就会带来不应有的损失或产生不良的社会影响。主要表现为物品直接受损（爆炸、设备损坏）、人员伤亡、信息失控等。仓库事故的发生具有一定的规律性，它总是受内部和外部条件的影响而发生。从仓库管理工作的本质特征来看，仓库事故具有如下特征。

1. 损害性

仓库事故发生后会不同程度地带来损失或产生不良的社会影响。应根据权威部门制定的相关标准及有关文件，确认事故损失，区分事故等级。

2. 多因素性

仓库事故的发生是由多种因素共同作用的结果。仓库作业的各个环节及人员等，如果未严格按操作规程进行相关的作业，均可引发事故。因此，在仓库工作中应加强对各影响因素的管理，以避免或减少事故的发生。

3. 偶然性

仓库事故的发生往往是由人为过失、设备故障、突如其来的外界干扰等事件意外发生而导致的，具有偶然性。在仓库管理工作中，应从偶然的事故中发现其必然性，从而研究事故发生的规律，总结经验，吸取教训。

7.4.2 仓库事故的分类

根据事故发生的性质、原因、后果、责任的不同，可将其划分为不同的种类或等级。

1. 按照事故的性质

（1）政治事故

有政治目的或私欲的有意识的破坏活动，导致爆炸、燃烧、偷盗等事故的发生，会造成极坏的政治影响。

（2）责任事故

由于收发、门卫、操作等工作失误或责任心不强而导致的数量差错、商品变质、损坏、丢失或电路起火等事故。又可分为业务责任事故和行政责任事故，前者是指业务人员在组织作业时，使商品受损的事故；后者是指非专业人员组织作业时发生的事故。

（3）技术事故

由于缺乏业务知识，在作业过程中，因工作规范或设施设备的技术原因造成的损失。

（4）产品质量事故

产品设计结构不合理、生产工序工艺存在严重质量隐患，使得其在使用中，发生失效、自燃、自爆等事故。

（5）天然事故

由不可抗力如洪水、雷电、地震、滑坡等原因造成的仓库物资受损事故。

2. 按照事故的后果

（1）人员伤亡事故

伤亡事故按伤害后果或丧失劳动能力程度可分为死亡、永久性丧失全部劳动能力、永久性部分丧失劳动能力和暂时性丧失劳动能力。

（2）经济损失事故

经济损失有人身伤亡支出的费用、善后处理费用、财产损失等直接经济损失及工作日损失、处理环境污染的费用等间接经济损失两种。

按事故经济损失的严重程度可分为一般损失事故、较大损失事故、重大损失事故和特大损失事故。

3. 按照事故的等级

事故等级是据事故造成损失的严重程度或对社会的影响程度进行划分的。一般可划分为一等事故、二等事故、三等事故、四等事故和五等事故。

7.4.3 仓库事故的处理

仓库事故的发生是由各种原因引起的，归纳起来主要是人的不安全行为和物品的不安全状态两大因素作用的结果。仓库事故发生后应组织事故调查小组，根据事故的性质、后果拟订调查计划，确定调查步骤，做好调查记录，采用科学的方法对事故的萌芽、产生、发展、后果四个阶段进行分析。并严格按照事故责任确定的原则，确定责任类别（全部责任、主要责任、一定责任和领导责任），而后进行处理。

1. 相关人员的处理

事故相关人员主要有事故中伤亡人员、责任人、有功人员。应根据相关的抚慰政策对事故中的伤亡人员给予妥善的安置和处理；依照相关法律、规章和纪律的有关规定，对责任人据其责任轻重，予以处罚或处理；按照有关规定对事故中表现突出的有功人员进行表彰和奖励。

2. 事故损失的处理

仓库事故发生后，会造成不同程度的损失。应按照有关规定和程序进行处理：可修复的，制订计划报请有关部门批准，予以修复；报废的，报请有关部门审批；涉及责任人的应按相关规定进行赔偿；已入保险的，向保险公司索赔。

3. 总结教训

事故发生后，应认真总结教训。根据事故发生的原因、后果及各种影响因素，进行分析、总结，找出薄弱环节，提出相应的改进措施，不断提高认识，以便更好地指导今后的工作。

4. 建立预警机制

在总结教训的基础上，有针对性地采取防范措施，提出预防事故的目标和要求，制定有关的规章制度，加强人员的思想教育，提高安全防范，将各项措施落到实处，使得一旦发生事故，能够及时应对。

仓库发生事故后应建立健全事故报告制度，使得上级业务部门能够及时了解情况，掌握动态，依据相关资料进行分析，为安全决策提供依据。事故报告的程序一般可分为首次报告、后续报告和调查报告三个阶段，事故报告是事故处理的凭证，复审考核的依据，也是进行事故统计分析的最原始资料。

案例分析

某仓储公司火灾事故致一人死亡

2016 年 4 月 22 日 9 时 13 分左右，江苏省靖江市某仓储公司储罐区 2 号交换站发生火灾，事故导致一名消防战士在灭火中牺牲，直接经济损失 2 532 万元。

【事故经过】

2016 年 4 月 21 日 16 时左右，江苏省靖江市某仓储公司许某找到邵某，申请 22 日的动火作业。邵某在《动火作业许可证》的“分析人”和“安全措施确认人”两栏无人签名的情况下，直接在许可证“储运部意见”栏中签名，并将许可证直接送至公司副总朱某处签字，朱某直接在许可证“公司领导审批意见”栏中签名。18 时左右，许某将许可证送到安保部，安保部巡检员刘某在未对现场可燃性气体进行分析、确认安全措施的情况下，直接在许可证“分析人”和“安全措施确认人”栏中签名，并送给安保部副主任何某签字，何某在未对安全措施检查的情况下直接在许可证“安保部意见”栏中签名。

4 月 22 日 8 时左右，许某到安保部领取了 21 日审批的《动火作业许可证》，许可证“监火人”栏中无人签字。8 时 10 分左右，申某开始在 2 号交换站内焊接 2301 管道接口法兰，许某在站外预制管道，安保部污水处理操作工夏某到现场监火。8 时 20 分左右，申某焊完法兰后到站外预制管道，许某到站内用乙炔焰对 1302 管道下部开口。因割口有清洗管道的消防水流出，许某停止作业，等待消防水流尽。在此期间，邵某对作业现场进行过一次检查。8 时 30 分左右，安保部巡检员陈某、陆某巡查到 2 号交换站，陆某替换夏某监火，夏某去污水处理站监泵，陈某继续巡检。9 时 13 分左右，许某继续对 1302 管道开口时，引燃地沟内可燃物，火势在地沟内迅速蔓延，瞬间烧裂相邻管道，可燃液体外泄，2 号交换站全部过火。10 时 30 分左右，2 号交换站上方管廊起火燃烧。10 时 40 分左右，交换站再次发生爆管，大量汽油向东西两侧道路迅速流淌，瞬间形成全路面的流淌火。12 时 30 分左右，2 号交换站上方的管廊坍塌，火势加剧。经现场应急处置和救援，至 23 日 2 时 04 分，历时近 17 个小时，现场明火被扑灭。

【事故原因分析】

1. 直接原因

公司组织承包商在 2 号交换站管道进行动火作业前，在未清理作业现场地沟内油品、未进行可燃气体分析、未对动火点下方的地沟采取覆盖、铺沙等措施进行隔离的情况下，违章动火作业，切割时产生火花引燃地沟内的可燃物，是此次事故发生的直接原因。

2. 间接原因

（1）特殊作业管理不到位

动火作业相关责任人员朱某、邵某、何某、刘某等人不按签发流程，不对现场作业风险进行分析、未进行作业安全分析（JSA）、未确认安全措施等。在《动火作业许可证》已过期的情况下，违规组织动火作业。

（2）事故初期应急处置不当

现场初期着火后，公司现场人员未在第一时间关闭周边储罐根部的手动阀，未在第一时间通知中控室关闭电动截断阀，未能第一时间切断燃料来源，导致事故扩大。

（3）工程外包管理不到位

公司对工程外包施工单位资质审查不严，未能发现顾某以某公司名义承接工程。对外来施工人员的安全教育培训不到位，在 21 日许某等人进场作业前，对其教育流于形式，未根据作业现场和作业过程中可能存在的危险因素及应采取的具体安全措施进行教育，考核采用抄写已做好的试卷的方式。邵某、陈某 2 人曾先后检查作业现场，夏某、陆某先后在现场监火，都未制止施工人员违章动火作业。

（4）隐患排查治理不彻底

未按省、市文件要求组织特殊作业专项治理，消除生产安全事故隐患。公司因违章动火作业、火灾隐患等多次被有关部门责令整改并处以罚款。2016 年 3 月，2 号交换站就曾因动火作业产生过火情。

（5）应急演练流于形式

公司虽然制订了综合、专项、现场处置预案，并每年组织演练，但演练没有注重实效性，没有开展职工现场处置岗位演练，提升职工的第一时间应急处置能力。

（6）公司主要负责人未切实履行安全生产管理职责

公司总经理未贯彻落实上级安监部门工作部署，在全公司组织开展特殊作业专项治理，及时启用新的《动火作业许可证》；对公司各部门履行安全生产职责的督促、指导不到位，未及时消除生产安全事故隐患。

【事故教训】

1）严格落实企业安全生产主体责任，强化现场安全管理。各危险化学品生产经营单位应认真吸取此次事故教训，严格遵守国家法律法规的规定，落实安全生产主体责任，切实做到“五落实、五到位”。建立健全安全生产责任制、规章制度和操作规程，真正把安全生产责任落实到每个环节和岗位。

2）加强对从业人员的安全教育培训工作，增强员工的安全意识和事故防范能力。

3）严格规范企业特殊作业管理，实行动火作业提级审批，引入第三方专业机构对动火作业实施管理。

4）加强隐患排查，尤其要发挥班组、全体员工排查隐患的作用，加大隐患治理力度，建立有效的隐患排查治理机制。

5）加强危化品储罐区等重大危险源的管控，加快危险作业场所自动化改造、标准化创建工作。

6）加强应急管理，完善应急预案，增强预案的适用性、针对性，定期组织开展综合演练、专项演练，尤其是现场处置岗位演练，提升企业员工第一时间处置突发事故的能力。

7）加大执法力度，提升监管效能。各负有安全生产监管职责的部门切实履行监管职责，加强风险管控，切实开展安全生产隐患排查治理工作，实施危险作业场所风险评估，建立完善安全生产隐患排查机制；加强安全生产监督管理人员的培训，特别加强基层安监人员、企业安全生产管理人员的培训，切实提高安全管理水平。

（案例来源：搜狐网）

问题讨论

1. 如何进行作业步骤的危害辨识？流程管理对仓储安全的重要性有哪些？
2. 从该仓储公司的火灾事故中你得到什么启示？

思考题

1. 简述仓库安全管理的任务与措施。
2. 仓库火灾的成因有哪些？灭火方法有哪些？
3. 仓库安全生产的内容有哪些？

第三篇 仓储业务管理

第8章 仓储合同与仓单

本章导读

1. 理解仓储合同的含义、仓储合同的当事人及仓储合同的法律性质。

2. 理解仓储合同当事人的权利和义务；了解仓储合同的订立原则和主要条款；重点掌握合同成立、无效、变更、解除、违约和免责等内容。

3. 理解仓单的概念；掌握仓单的法律特性及作用。

案例导引

一场雷击引发的纠纷

2011年7月初，甲粮油公司与乙储运公司签订了一份仓储合同，约定甲公司将50 t玉米存放于乙储运公司仓库内。7月15日下午，因乙公司仓库遭雷击起火，导致甲公司的玉米烧毁30%。乙公司将剩余的玉米整理后堆放在露天堆场，准备第二天转移到其他仓库，但当天半夜又下起了暴雨，剩余70%的玉米全部淋湿发霉，无法使用。甲公司要求乙公司赔偿全部损失，而乙公司以不可抗力为由拒绝赔偿。甲公司随即将乙公司诉至法院。

阅读以上案例，请思考玉米应该如何仓储？不可抗力事件有哪些？乙公司是否应该赔偿全部损失？

8.1 仓储合同概述

8.1.1 仓储合同的定义

仓储合同是《中华人民共和国民法典》（以下简称《民法典》）规定的19种典

型合同之一。第904条规定："仓储合同是保管人储存存货人交付的仓储物，存货人支付仓储费的合同。"仓储合同主要有以下法律特征：以保管人向他人提供仓储保管服务为合同标的；保管人以仓库为堆藏保管仓储物的设备，仓储物必须是动产；仓储合同的保管人，必须是经工商行政管理机关批准的，依法从事仓储保管业务的法人或经济组织；仓储合同是双务有偿合同，双方当事人互负给付义务，一方提供仓储服务，另一方给付报酬和其他费用；仓储合同是诺成合同、不要式合同。

8.1.2 仓储合同的当事人

1. 保管人

保管人是指提供仓储物的保管服务的一方。保管人可以是独立的企业法人、企业的分支机构或者个体工商户、合伙人、其他组织等，也可以是专门从事仓储业务的仓储经营者，还可以是贸易货栈、车站、码头等兼营机构，或者从事配送经营的配送中心。

（1）保管人必须具有保管设施设备和从事仓储保管业务的资格，还应拥有安全、消防等基本条件并取得相应的公安消防部门的许可。

（2）如果保管人要从事特殊货物的保管，还要满足特殊保管的条件要求。设备和设施无论是保管人自有的还是租赁的，保管人都必须具有有效的经营使用权。

（3）从事仓储经营的保管人必须具有经营资格，进行工商登记，获得工商营业执照。

2. 存货人

存货人是指将仓储物交付给仓储的一方。存货人必须是具有将仓储物交付仓储的处分权的人，可以是仓储物所有人（货主），也可以是仓储权利占有人，如承运人，或者是受让仓储物但未实际占有仓储物的准所有人，或者有权处分的人，如法院、行政机关等。存货人可以是法人、非法人单位、事业单位、民营企业、个体经营户、群众组织、国家机关、公民等。

8.1.3 仓储合同标的和标的物

1. 仓储合同的标的

仓储合同的标的是仓储保管行为，是仓储合同关系中存货人与保管人的民事权利义务共同指向的对象，包括仓储空间、仓储时间和保管要求，仓储人要为此支付仓储费。

2. 仓储合同的标的物

仓储合同的标的物是仓储物，是仓储合同标的的载体和表现，即存货人交付保管人保管的货物必须是能够移动、需要存放到仓库经营人所拥有的仓库的货物。作为仓储合同标的物的物品，一般没有太大限制，无论是生产资料还是生活资料，特定物质还是种类物，抑或可分物与不可分物，都可以成为仓储合同的标的物。但是，就不动产而言，它不能成为仓储物，因为仓储保管合同的目的在于对物的安全储存，保管人要在存储期限到期时完好地返还存货人所储存的货物，仓储物若为不动产则无从谈起存储，所以，仓储合同的标的物只能是动产，而不能为不动产。至于一些易燃、易爆、易腐烂、有毒的危险品等，以及一些易渗漏、超限的特殊货物，只需存货人与保管人在订立仓储合同时约定一些必要的特别仓储事项即可。另外，货币、知识产权、数据、文化等无形资产和精神产品也不能作为标的物。

仓储合同的标的物虽然多数是种类物，但一经建立仓储保管关系，该种类物就特定化了，因此，保管方不能擅自调换动用保管物，在合同终结时，保管方返还给存货方的必须是原交付保管的物品。

8.1.4 仓储合同的法律性质

仓储合同就其性质而言，仍然是保管合同的一种，是一种特殊的保管合同。仓储合同的目的依然在于对仓储物的保管，仓储不过是一种物的堆积保管而已。《民法典》第 918 条规定：“本章没有规定的，适用保管合同的有关规定。”足见二者在性质上有相同之处，但由于仓储营业的特殊性质，使得仓储合同又有其显著的法律特征。

《民法典》第 904 条规定：“仓储合同是保管人储存存货人交付的仓储物，存货人支付仓储费的合同。”双务、有偿性显而易见。第 909 条所规定的仓单的重要一项即为仓储费，第 915 条规定：“如果存货人或者仓单持有人逾期提取仓储物，那么，保管人应当加收仓储费。”因此，仓储合同为双务性、有偿性的合同。

从各国立法及我国合同立法的实际看，仓储合同是一种不要式合同，法律并不要求仓储合同必须具备特定的形式。虽然法律规定仓储合同的保管人在接受储存的货物时，应当给付存货人仓单，但是，仓单只是提取仓储物或者存入仓储物的凭证，并非合同。

8.2 仓储合同的订立

8.2.1 仓储合同订立的原则

仓储合同的种类繁多，各种仓储合同的订立程序不尽相同，当事人在订立仓储合同时必须遵循一定的原则。具体而言，应当遵守平等原则、公平及等价有偿原则、自愿与协商一致原则。

8.2.2 订立仓储合同的程序

仓储合同的订立，是存货人与保管人之间依意思表示而实施的能够引起权利和义务关系发生的民事法律行为。其订立过程就是仓储合同的当事人之间就合同条款通过协商达成协议的过程。一般来说，订立合同主要有两个阶段，即准备阶段和实质阶段，实质阶段又包括要约和承诺两个阶段。

1. 准备阶段

在许多场合，当事人并非直接提出要约，而是经过一定的准备，进行一些先期性活动，才考虑订立合同。其中包括接触、预约和要约邀请，其意义在于使当事人双方相互了解，为双方进入实质的缔约阶段创造条件，扫除障碍。

（1）接触

有些国家特别强调合同订立前的接触，充分强调接触的法律意义，有些国家甚至将合同接触作为订立合同的必经程序。我国法律对合同接触没有明确的规定，但在合同实务中，合同接触意义重大，不容忽视。实践证明，充分的合同接触，可以预防和减少合同纠纷，提高合同履约率，减少和避免无效合同的发生，能有效防止合同订立过程中的欺诈行为，因此，在实践中应大力提倡。

（2）预约

所谓预约，是指当事人之间约定将来订立一定合同的合同，将来应当订立的合同，称为“本约”，而约定订立本约的合同，称为“预约”。预约仓储合同虽然只是预约，但也是一种合同，依据预约仓储合同，存货人和保管人负有应当订立合同的义务，如果预约的一方当事人不履行其订立本约的义务，则另一方有权请求其履行义务及承担违约责任。在预约仓储合同的情形下，如果存货人或保管人不履行订立本仓储合同的义务，另一方完全有权请求法院强制其订约。

（3）要约邀请

要约邀请，又称为邀请要约、引诱要约，是指向不特定的人发出的，希望对方向自己提出订约的意思表示。

2. 实质阶段

根据《民法典》第905条的规定，只要存货人和保管人之间依法就仓储合同的有关内容经过要约与承诺的方式达成意思表示一致，仓储合同即告成立，所以我们称之为合同订立的实质阶段。

（1）要约

所谓要约，是指向特定人发出的订立合同的意思表示，内容必须确定并表明经特定人同意后合同即告成立，发出要约的当事人称为要约人，而要约所指向的当事人则称为受理人。在仓储合同中，一般来说，要约的内容至少应当包含以下内容：标的物数量、质量、仓储费用，即使没有具体的数量、质量和仓储费用表述，也可以通过具体的方式来确定这些内容。根据仓储合同的特点和现实环境，我们认为，仓储合同的要约最好以书面形式规定，特别是大批货物的储存与保管，更要提出可行的储存计划。在实践中，如果是长期的固定的货物储存，一般而言，存货人与保管人都应当签订长期仓储合同；在分期分批储存时，亦应再填写标准格式的仓单，办理具体的仓储手续。

（2）承诺

承诺，是指受要约人做出的同意要约内容的意思表示，承诺必须在要约的有效期限或合理期限内做出，并与要约的内容一致。受要约人对要约内容的任何扩充、限制或者其他变更，都构成一项新要约，而非有效的承诺，在仓储合同中，承诺的法律意义在于：保管人一经承诺，仓储合同即告成立且同时生效。

一般情况下，仓储合同经过要约和承诺两个阶段后即告成立。但在实践中，合同的成立并不是必须以要约和承诺的方式来实现，只要意思表示达成一致，当事人采取要约和承诺以外的方式，也可以成立合同，主要包括交叉要约和意思实现两种。所谓交叉要约，是指订约当事人采取非直接对话的方式，相互不约而同地向对方发出内容相同的要约。如甲公司向乙公司发出要约，称甲公司有货物 500 t，欲在乙公司储存，期限一个月，费用 2 000 元。而与此同时，乙公司也向甲公司发出要约，称乙公司有仓库一间，可为甲公司储存货物 500 t，期限一个月，费用 2 000 元，此种情况下，双方意思表示在内容上完全一致且意思表示已经送达对方，称之为交叉要约。因此，交叉要约可以成立合同。所谓意思实现，是指依照习惯或者事件的性质，承诺无须通知的要约，或要约人预先声明承诺无须通知的要约，其相对人如在相当时期内有可推断其承诺意思的客观事实，可以据此而成立合同，如保管人开始保管行为，存货人开始发运寄存物品等。通常以这种承诺事实而成立合同的方式，必须在要约的有效期间内做出。该承诺事实出现之时，也就是合同成立的时间。

8.3　仓储合同的内容

8.3.1　仓储合同的主要条款

1. 仓储物的品名或品类

仓储物的品名或品类是指所存仓储物的名称，包括全称、标准名称或类别的标准名称。在订立仓储合同时，仓储物的全名或品类的规定，必须清晰、明确，如果有代号，应标明代号的全名，不符合法律规定的物品不能保管。

2. 仓储物的数量、质量和包装

仓储物的数量是指所存仓储物的多少，在确定合同数量时，有国家计划的应首先依据国家计划来确定。没有国家计划的应由双方协商确定，但存货人和保管人均要实事求是地确定，尤其是保管人要考虑自己的仓储能力。在合同中应明确规定仓储物的总量、计量单位等，数字要清晰无误。

仓储物的质量是指所存仓储物的优劣和好坏。在确定仓储物质量时，要采取标准化的方法进行衡量，如果是国际仓储业务则应尽量使用国际标准。目前，我国实行的标准有国家标准、专业（部颁）标准、企业标准和协商标准。有国家标准的，应使用国家标准；没有国家标准而有专业（部颁）标准的，使用专业（部颁）标准；没有国家标准、专业（部颁）标准而有企业标准的，按企业标准执行；前三种都没有的，当事人可以协商标准。在确定质量时，要写明质量标准的全名。在使用协商标准时，当事人对质量的要求要清楚、明确、详细、具体地写入合同中。

仓储物的包装是指对仓储物表面的包装，包装的目的是保护仓储物不受损害。仓储物的包装有国家标准或专业标准的，应按国家标准或专业标准确定，没有国家或专业标准的，当事人在保证储存安全的前提下，可以协商议定。

3. 仓储物的验收

存货人交付仓储物给保管人储存时，保管人负责验收。存货人交付仓储物时包括仓储物和验收资料，保管人验收时对仓储物的品名、规格、数量、质量和包装状况等按包装上的标记或外观通过直辨进行验收；无标记的以存货人提供的验收资料为准。散装仓储物按国家有关规定或合同约定验收。验收方法在合同中确定具体采用全验还是按比例抽验。验收期限从仓储物和验收资料全部送达保管人之日起，至验收报告送出之日止。

4. 仓储物的储存条件和保管要求

仓储物在仓库储存期间，由于其自然性质不同，对仓库的外界条件和温度、湿度等都有特定的要求。比如肉类食品要求在冷藏条件下储存；纸张、木材、水泥要求在干燥条件下储存；精密仪器要求在恒温、防潮、防尘条件下储存。因此，合同双方当事人应根据仓储物的性质，选择不同的储存条件，在合同中明确约定。保管人如因仓库条件而达不到存货人的要求，则不能勉强接受。对某些较特殊的仓储物，如易燃、易爆、易渗漏、有毒等危险仓储物，在储存时，需要有专门的仓库、设备及专门的技术要求，这些都应在合同中一一注明。必要时，存货人应向保管人提供仓储物储存、保管、运输等方面的技术资料，以防止发生仓储物毁损、仓库毁损或人身伤亡等事件。如挥发性易燃液体在入库、出库时，保管人如不了解该液体的特性，采用一般仓储物的装卸方法，极有可能造成大量挥发外溢而酿成火灾。特殊仓储物需特殊储存条件、储存要求的，应事先交代明白。

5. 仓储物进出库手续、时间、地点、运输方式

由存货人或运输部门、供货单位送货到库的，或由保管人负责到供货单位、车站、港口等处提运的仓储物，必须按照正常验收项目进行验收，或按国家规定当面交接清楚，分清责任。交接中一旦发现问题，供货人在同一城镇的，保管人可以拒收，外埠或本埠港、站、机场、邮局到货，保管人应予接货，妥善暂存，并在有效验收期内通知存货人和供货人处理。对于仓储物的出库，也应明确存货人自提或保管人送货上门或者保管人代办运输的责任。

6. 仓储物的损耗标准和损耗处理

仓储物在运输过程和储存中会发生数量、重量的减少，对这些损耗，合同应明确规定一个标准以作为划分正常与非正常损耗的界限。正常损耗不认为是损耗，而视为符合合同要求履行；非正常损耗由运输或保管中的责任人负责。

7. 计费项目、标准和结算方式、银行账号、时间

计费项目、标准是指保管人收取费用的项目和标准，有国家规定的计费项目和标准的，按国家规定标准和项目执行，没有国家规定的，当事人可以协商议定。结算方式是指存货人和保管人以何种方式结算。银行账号是指各自的银行、账号的名称。时间是指双方结算的时间界限，即何时开始结算，何时结算完毕。以上条款均须在合同中明确、详细规定，以免发生争议。

8. 责任划分和违约处理

责任划分是指存货人和保管人在仓储物入库、验收、保管、包装、出库等方面的责任。这在合同中应明确规定，划清各自的责任。违约处理是指对保管人和存货人的违约行为如何处理。违约处理的方式有协商、调解、仲裁、诉讼等，违约责任形式有违约金、赔偿金等，这些在合同中也应明确规定。

9. 储存期限

合同一般应规定储存期限，但有的合同也可以不规定储存期限，只要存货人按时支付仓储费，合同即继续有效。

10. 变更和解除合同的期限

在确定变更或解除合同期限时，有国家规定的应按国家规定执行，没有国家规定的，当事人应在仓储合同中明确规定变更或解除的期限。此期限的确定应该合理，要考虑国家利益及当事人利益。

11. 其他事项

与仓储合同有关的仓储物的检验包装、保险、运输等事项，也必须在合同中明确规定或另订合同。仓储合同不仅涉及仓储关系，有时还涉及其他关系，比如，与其有关的运输、保险等。这些关系也必须在合同中明确规定或另订合同。

8.3.2 仓储合同当事人的权利和义务

1. 保管方的主要权利

1）有权要求存货方按合同规定及时交付标的物。

2）有权要求存货方对货物进行必要的包装。

3）有权要求存货人告知货物情况并提供相关验收资料。根据法律规定，存货人违反规定或约定，不提交特殊物品验收资料的，保管人可以拒收仓储物，也可以采取相应措施以避免损失的发生，由此产生的费用由存货人承担。

4）有权要求存货人对变质或损坏的货物进行处理。

5）有权要求存货人按期提取货物。

6）具有提存权。

7）有权按约定收取储存管理货物的各项费用和劳务报酬。

2. 保管方的主要义务

1）应存货人要求填发仓单的义务。

2）接受和验收存货人的货物入库的义务。保管人应按合同的约定接受存货人交付储存的货物，并按合同约定的内容、标准、时间和方法对货物的品名、规格、数量、包装状况等进行验收，如发现有不符合合同约定的应及时通知存货人。

3）妥善保管储存物的义务。

4）危险通知义务。储存的货物出现危险时，保管人应及时通知存货人。危险情形主要包括两种。第一，保管人对入库仓储物发现有变质或者其他损坏、危及其他仓储物安全和正常保管的，应当催告存货人或仓单持有人做出必要的处置。因情况紧急代存货人做出必要处置的，应当于事后将该情况及时通知存货人或仓单持有人。第二，遇有第三人对其保管的货物主张权利而起诉或扣押时，保管人应及时通知存货人或仓单持有人。

5）返还保管物的义务。合同约定的保管期届满或因其他事由终止合同时，保管人应将储存的原物返还给存货人或存货人指定的第三人。合同中约定有储存期限的在仓储合同期限届满前，保管人不得要求存货人提前取回保管物；存货人要求提前取回时，保管人不得拒绝，但保管人有权不减收仓储费。

3. 存货方的主要权利

1）有权要求保管人妥善管理货物。

2）有权要求保管人亲自看守管理货物。

3）有权要求保管人及时验收货物。

4）合同约定由保管人运送货物或代办托运的，存货人有权要求对方将货物送至指定的地点或办理托运手续。

5）有权检查仓储物（见《民法典》第 911 条规定）。

4. 存货方的主要义务

1）按照合同约定交付仓储物入库。存货人应按照合同约定的品名、数量、时间将货物交付保管人入库，并在验收期间向保管人提供验收资料。

2）向保管人支付报酬，即仓储费。仓储费是仓管人因提供保管服务而应当获取的报酬。存货人应按合同约定的数量、支付方式、地点、时间等支付仓储费。

3）偿付必要费用。存货方应当支付保管人因堆藏、保管货物所支出的必要费用，包括运费、保险费、转仓费等。

4）凭仓单提取仓储物并提交验收资料。存货人或者仓单持有人在合同期限届满时凭仓单及时提取储存的货物，并向仓管人提供仓储物的验收资料。

8.4　仓储合同的管理

8.4.1　仓储合同的成立、生效和无效

市场经济条件下，合同是交易的法律表现形式，其地位十分重要。合同的成立与合同生效的界定，将直接影响到交易主体义务的履行及法律责任的承担。因此，对合同的成立与合同生效的区分有很强的现实意义。

1. 仓储合同的成立

关于仓储合同的成立，一直存在诺成性与实践性的理论争议。诺成性合同与实践性合同，是合同法理论的传统分类。诺成性合同，是指双方当事人意思表示一致就可以成立的合同。实践性合同，是指除当事人意思表示一致外还需交付标的物才能成立的合同。实际上，诺成性合同与实践性合同的主要区别在于二者的成立时间不同。根据《民法典》第471条的规定，当事人订立合同，应采取要约、承诺的方式，承诺通知到达要约人时生效，承诺生效时合同成立。

仓储合同应为诺成性合同，其理由包括以下两个方面。第一，通常认为保管合同是实践性合同，但我国《民法典》中的“合同”将仓储合同从保管合同分离出来，出发点就是因为仓储合同具有诺成性。第二，仓储合同的主体特征也说明仓储合同应为诺成性合同。如果认定仓储合同为实践性合同，就意味着一旦存货人在交付货物前改变意愿，不向保管人交付货物，保管人就其所受到的损失只能依缔约过失责任或侵权责任向存货人主张损害赔偿，这对保管人不利。如果仓储合同为诺成性合同，保管人在出现上述情况时，可以基于双方签订的合同，要求违约方承担违约责任。同时，在仓储合同中存货人一般为营利性法人，如果认为仓储合同为实践性合同，在其交存货物前合同不成立，则在其交存货物时如果保管人不能予以储存，存货人也不能依双方签订的合同要求违约方承担违约责任，这对存货人也是不利的。

2. 仓储合同的生效

（1）合同生效的条件

合同是当事人双方的民事法律行为，因而必须具备《民法典》第143条规定的民事法律行为的生效要件。可以从理论上将合同生效的要件分为以下几点。

1）合同当事人在缔约时必须具备相应的缔结合同的能力。我国法律要求合同当事人必须具有相应的缔约能力。所谓相应，是指与所订立合同相适应。具体而言，公民必须具有完全民事行为能力才有订立合同的行为能力，限制民事行为能力人只能订立与其年龄、智力或健康、精神状况相适应的合同；法人或非法人组织的缔约能力必须与其权利能力相一致，也就是说，经营性的法人或非法人经济组织的缔约能力应当与

其核准的经营范围一致，机关、事业单位和社会团体法人的缔约能力应当与其登记或设立的宗旨一致。

2）合同当事人的意思表示真实。所谓意思表示真实，是指当事人真实地表达了自己内心的真实意愿，而不是在受胁迫、欺诈、重大误解等情况下违背内心真实意愿所做出的表示。

3）合同不违反国家法律、法规和社会公共利益。民法理论上的合同不得违反法律、法规，包括合同的目的、内容和形式不得违反现行法律、法规和行政规章中的强制性规范，也不得违反国家的政策。合同内容一旦违法即无效，以合法形式掩盖非法目的的合同同样无效。所谓合同形式不违法，是指如果法律法规对合同形式做出明确规定的，必须采取法定的形式，否则合同不发生法律效力。有些合同如果法律法规规定必须批准的，则批准程序是合同生效的必要条件，未经批准就不能生效。

4）合同内容必须确定和可能。合同内容的确定，是指合同内容在合同成立时必须是已经确定的或者处于将来履行时可以确定的状态，只有以此确定的合同内容才能使合同当事人明确双方的权利和义务，使合同得以履行和实现。合同内容的可能，又称标的可能，是指合同所规定的特定事项必须具有实现的可能性。标的不可能实现，合同行为就不会发生法律效力，也就无法实现当事人缔结合同的目的，合同也就没有意义。

（2）合同生效的形式

《民法典》第469条的规定表明，在合同形式问题上持一种较为宽松的态度，即通常情形下合同生效的形式与合同成立的形式相同，可以是口头形式、书面形式或者其他形式。但是法律、行政法规规定应当办理批准、登记等手续生效的，批准、登记这两种法定形式应当作为合同生效的必要条件。因为法律法规规定应当办理批准、登记方能生效的合同，通常是针对实践当中一些十分重要的合同，这些合同都要由国家行政机关批准、登记来把关。

（3）合同生效的时间

合同生效的时间是指合同发生法律效力的时间，具体包括以下几种情形：合同成立时即生效；法律法规规定应当办理批准、登记等手续生效的，办理批准、登记等手续后方可生效；附期限或附条件的合同在所附条件成就或符合约定时间时生效；效力未定的合同经法定当事人追认后生效。

3. 仓储合同的无效

合同无效制度是现代各国民商法普遍采用的一种规范社会经济交往的法律调控机制，其基本目的在于阻止那些不具备有效条件的协议或交易发生当事人预期的法律效果。合同无效制度大体上由以下几部分规则组成。

（1）合同无效的概念

合同无效作为一种法律现象，通常是指当事人之间已达成的协议或者已完成的交易不能发生预期的法律效果，或者约定的条款不能发生法律上的约束力。这种现象在现代各国的合同法上都是普遍存在的。

（2）合同无效的原因

在一个有秩序的社会中，法律对当事人之间的协议或交易的承认和保护是有条件的，这些条件虽然因时因地而异，但概括起来无非两类：一是具备法律关系成立的要素，二是符合法律秩序的基本要求。《民法典》第143条规定："民事法律行为应当具备下列条件：（一）行为人具有相应的民事行为能力；（二）意思表示真实；（三）不违反法律、行政法规的强制性规定，不违背公序良俗。"这些规定，表面上没有显著的差别，但是，由于社会历史条件的不同，因此，人们在掌握和运用这些条件处理具体的交易行为时，则呈现出一定的差异。在不同的国家或者一个国家的不同时期，法律制度确定合同无效的原因难免有所不同。

（3）合同无效的后果

关于合同无效的后果，各国的规则大体相同。概而言之，有以下要点：

1）合同无约束力。合同一旦归于无效，便无一例外地不具备实际履行和强制执行的效力。在诉讼上，这常常表现为债权人丧失请求权和债务人解除给付义务。如果被宣告无效的合同尚未履行，确认无效的判决便是诉讼的结局。当然，这并不妨碍无辜受损失的当事人一方，以他方缔约上的过失或者故意不法行为为由，请求损害赔偿。

2）恢复原状。合同无效之确认，应追溯至合同订立时。故宣告无效前若已发生一方或双方的给付，则应恢复原状，即返回到合同成立前的状态。在恢复原状时，当事人的偿付义务仅以一方由他方受利益为根据，而不问其过错之有无。所以，当给付的内容为金钱、实物或其他财产时，应返还原物和利息；当给付的内容为劳务或其他不可返还的利益时，则应当以金钱补偿。在有形财产已毁损灭失或者已转让给无过失善意第三人的情况下，应以金钱或等价种类物为替代偿还。在双方互为返还的情况下，在可能的范围内，可适用债的抵消规则。

3）损害赔偿。由合同无效所致的损失，例如缔约、履约和解决纠纷的费用支出，标的物的损耗或贬值，可得利益损失等，应当在法律允许的范围内，由因过错造成合同无效的一方向无辜受损的一方支付赔偿。实践中，造成合同无效的不仅是指造成合同无效原因方，还包括明知或可得而知该无效原因、故意或过失地实施订约、履约的一方。在双方当事人均有过错的情况下，应就合同无效事件所致的全部损失（包括当事人各方及第三人所受的损失），按照双方各自的过错程度及其对合同无效所起的作用，确定各方应承担的份额。

4）其他制裁。欧陆民法关于无效合同的后果，以上述三项为主。而在英美法上，非法合同的后果与一般的无效合同的后果之间，存在一定的差别，这种差别主要表现在非法合同的当事人能否索回其已给付财产的问题上。正如一个著名的英国判例指出的：如果已经为非法目的而支付金钱或交付货物，则该付款或交货之人可以在非法目的付诸实施前予以索回；但是，如果他直到非法目的付诸实施时仍未进行追索，或者他谋求强制执行该非法交易，则他不能提起索回财产的诉讼；其次，同样他也不能请求损害赔偿。这种盲目打击所有有关当事人的做法，曾引起某些法学家的批评。不过，法律也设有若干例外，如一方的违法情节较他方为轻，或一方不知合同违法而他方明知时，前者可以索回财产，进行请求赔偿。

8.4.2 仓储合同的变更、解除和终止

1. 仓储合同的变更

仓储合同一经订立，即具有法律约束力，双方当事人都必须依照仓储合同的规定全面履行各自所应承担的合同义务。任何一方当事人都不得擅自变更，只有使合同得以全面履行，才能实现合同目的，保护双方当事人的合法权益，严肃合同纪律，维护正常的社会经济秩序。但是，仓储经营是一项十分复杂的商业行为，仓储业务的开展会随着主客观情况的变化而变化，许多情形会使仓储合同的部分履行成为不必要或不可能，这就需要对合同的内容进行修改、变更，以减少不必要的利益损失。

（1）仓储合同变更的概念及特征

仓储合同的变更，是指在仓储合同履行的主客观条件发生变化时，当事人为了使合同变更有利于履行，或更适应自己利益的需要，依照法律规定的条件和程序对已经合法成立的仓储合同的内容在原来合同的基础上进行修改或补充。如对仓储数量的增加或减少，对履行期限的推迟或提前，以及对其他权利义务条款的修改、补充、限制等。仓储合同的变更，一般不涉及已经履行的部分，其效力仅涉及未履行的部分。因此，合同的变更并不是从根本上终止合同关系，即不是合同的解除，合同变更的目的是为了便于履行，从而更好地满足合同当事人的经济利益的要求。

仓储合同的变更有广义和狭义之分，广义的仓储合同变更是指当事人对已发生法律效力的仓储合同所进行的修订，包括合同主体、内容和客体等方面的变更。狭义的仓储合同变更是指合同的内容和客体的变更。本节所讨论的主要是狭义的仓储合同的变更。

仓储合同的有效成立是合同变更的前提。合法有效的仓储合同才能对双方当事人发生以其权利义务为内容的约束力，而合同的变更是双方当事人权利义务发生变化的表现形式，无效的仓储合同所设立的权利义务，由于其具有违法性，对当事人双方无法律约束力，因而自然不存在变更的问题。

仓储合同的变更发生在合同履行之前或合同履行的过程中。只有在仓储合同依法成立而尚未履行之前，或者虽已履行但尚未履行完毕，因发生某种特殊情况需要对原合同进行调整时，才能对合同做依法变更。

（2）仓储合同变更的条件和程序

仓储合同的变更是在原仓储合同关系的基础上，通过当事人双方的协商，改变原仓储合同关系的内容。因此，如果不存在原仓储合同关系，就不可能发生变更。如果仓储合同被确认无效，也不能变更。值得注意的是，如果合同具有重大误解和显失公

平的因素，享有撤销权的一方可以要求撤销或变更原仓储合同，如果只提出了变更仓储合同，而未提出撤销合同，那么在经双方同意变更仓储合同以后，享有撤销权的一方当事人不得再提出撤销合同，撤销权由于合同的变更而消除。

存货人与保管人必须就合同变更的内容达成一致，协商一致是变更合同的必备条件。仓储合同中，从仓储物的数量、质量、规格、包装，到储存时间、储存费用等，无不都是由存货人与保管人相互协商，在意思表示一致的基础上达成的共识。因此，任何合同内容的变更都应经过存货人与保管人在平等、自愿、公平和诚实信用的原则基础上进行协商，再次达成共识与一致意见。如果存货人与保管人仅仅在合同中约定可以变更有关内容，而具体的变更内容并不明确，那么，应当推定为仓储合同不发生变更，双方当事人仍然应当依照原来的合同内容履行义务。例如，存货人与保管人约定了仓储费，同时约定将来情况发生变化时可变更仓储费标准，结果在履行期间，同类仓储物的仓储费大幅下调，存货人因此也主张变更仓储费金额。但在此种情形下，约定并未指明何种情况下该做如何变更，变更应依据怎样的方式进行。也就是说，这种约定是不明确的，理应推定为仓储合同未做变更。

仓储合同的变更协议必须符合民事法律行为的生效要件。存货人与保管人就变更的内容达成一致，所变更的内容就成为仓储合同的一部分，如果这些变更不能成立或不能生效，自然不能构成对原合同内容的变更。

仓储合同的变更其实是一个意思表示达成一致的过程，因此，一般的变更程序类同于通常合同订立程序，即须经双方协商一致，变更才能成立。当事人协商变更仓储合同一般需要注意以下两个阶段。其一，当发生了法定或约定变更条件且当事人又有意变更合同时，选定日期通知对方当事人。变更应以书面形式通知对方，该通知自到达对方当事人之时起生效。当事人不得随意撤销，通知书应载明变更合同的理由、变更事项等内容。其二，对方当事人在接到变更合同的通知书后，应认真研究变更的有关内容或事项。并在法律规定或合同约定的期限内做出明确答复。原仓储合同经过公证或鉴证的，在变更合同时，应将协议送原公证或鉴证机关审查或备案，原仓储合同有保证人的，在变更合同时应将协议送交保证人，并由其决定是否继续担保。如果保证人同意变更的内容，则保证关系继续有效。如果保证人不同意，则保证关系终止，保证人不再承担原仓储合同的保证责任。

（3）仓储合同变更的法律效力

仓储合同变更后，被变更的内容即失去法律效力，存货人与保管人应按变更后的合同来履行义务，变更对于已按原合同所做的履行无溯及力，效力只及于未履行的部分。所以任何一方当事人不得因仓储合同的变更而要求另一方返还在此之前所做的履行。仓储合同变更后，因变更而给对方造成损失的，责任方应当承担损害赔偿责任。

2. 仓储合同的解除

仓储合同的解除是指仓储合同有效成立之后，在合同尚未履行或者尚未全部履行，且具备合同解除条件时，因当事人一方或双方的意思表示而使原合同设立的双方当事人的权利义务归于消灭的行为，是终止仓储合同的一种形式。

（1）仓储合同解除的方式

存货人与保管人协议解除合同，是指双方当事人通过协商或者通过行使约定的解除权而导致仓储合同的解除，因此，仓储合同的协议解除又可以分为以下几种。

1）事后协议解除。事后协议解除，是指存货人与保管人在仓储合同成立后，在合同尚未履行或尚未完全履行之前，当事人双方通过协商解除合同，使合同效力归于消灭的行为，仓储合同事后协议解除具有如下特征：① 协议解除本身是通过订立一个新的合同而解除原来的合同，它是存货人与保管人依据仓储合同有效成立后的有关情况，而适时做出的解除合同的决定；② 协议解除不得违背国家利益和社会公共利益，即协议解除合同的内容由当事人双方自己决定，但该内容若违反法律，损害国家利益和社会公共利益，则协议解除无效，当事人仍要按原合同履行义务；③ 在协议解除的情况下，合同解除后是否恢复原状，如何恢复原状，也应由当事人协商决定。

2）约定解除。约定解除，是指存货人与保管人在订立仓储合同的时候，就在合同中约定一定的合同解除条件，在该条件成立时，享有解除权的一方当事人可以通过行使解除权而使仓储合同关系归于消灭。约定解除仓储合同具有以下几个方面的特征：约定解除属于事前约定，它规定在发生一定情况时，一方享有解除权；约定解除所约定的是解除权，其本身并不导致合同的解除，只有当事人实际行使解除权后方可导致合同的解除；只要合同一方违反合同规定的主要义务且符合解除条件，另一方就享有解除权，且行使此种权利时，无须征得对方当事人同意。

3）法定解除。仓储合同的法定解除是指仓储合同有效成立后，在尚未履行或尚未完全履行之前，当事人一方行使法律规定的解除权而使合同效力归于消灭。仓储合同一方当事人所享有的这种解除权是由法律明确规定的，只要法律规定的解除条件成熟，依法享有解除权的一方就可以行使解除权，而使仓储合同关系归于消灭。以下几种情况中，可行使法定解除权：

① 因不可抗力致使合同的目的不能实现。因不能预见、不能避免且不能克服的一些自然灾害或社会现象，而使仓储合同的履行成为不可能。

② 仓储合同的一方当事人延迟履行主要义务，经催告在合理期限内仍未履行，另一方当事人享有合同解除权。

③ 一方当事人将预期违约，即仓储合同的一方当事人履行合同之前或履行期间，明确表示或者以自己的行为表示将不履行主要义务。

④ 仓储合同的一方当事人延迟履行义务或有其他违约行为，致使合同的目的不能实现，另一方当事人可以行使解除权，使仓储合同的权利义务归于消灭。如果一方当事人只是构成部分违约而非根本违约，即违约对合同目的的实现不构成影响，则另一方当事人不享有合同解除权，只能按照违约责任来处理，其有权要求违约方按实际履行、采取补救措施或赔偿损失。

上述四种情况是法律规定的仓储合同的解除条件，只要符合上述条件中的任何一项，仓储合同的一方当事人就可以行使解除权，使仓储合同关系归于消灭。

（2）仓储合同解除的程序

仓储合同中享有解除权的一方当事人在主张解除合同时，必须以通知的形式告知对方当事人。只要解除权人将解除合同的意思表示通知对方当事人，就可以发生仓储合同即时解除的效力，无须对方当事人答复，也无须其同意。如果对方有异议，可以请求法院或仲裁机构确认解除合同的效力。另外，仓储合同的解除权人应在法律规定或者约定的解除权行使期限内行使解除权，否则，其解除权将消除。值得注意的是，一些特殊的仓储合同，法律法规规定解除应办理批准、登记的，应依照其规定予以办理。

（3）仓储合同解除的法律后果

我国《民法典》第566条规定："合同解除后，尚未履行的，终止履行；已经履行的，根据履行情况和合同性质，当事人可以要求恢复原状、采取其他补救措施，并有权要求赔偿损失。"由此可见，仓储合同解除的法律后果有以下几个方面：

1）终止履行。仓储合同解除的法律效力就是使仓储合同关系消除，使一切基于该仓储合同而发生的权利义务关系终止。因此，当仓储合同解除后，尚未履行的部分应终止履行。

2）采取补救措施。仓储合同是提供储存与保管服务的合同，这种性质决定了保管人不可能在合同解除时要求存货人恢复原状，而只能要求对方采取折价补偿等方式来补救，如采取偿付额外的仓储费、保管费、运杂费等方式。对于存货人而言，存货人可以要求保管人恢复原状，返还原物。

3）赔偿损失。仓储合同解除后，存货人或保管人应当承担由于合同解除而给对方造成的损失。根据我国《民法典》的相关规定，解除合同并不影响当事人要求损害赔偿的权利。也就是说，仓储合同解除时，如果因合同的解除而使一方当事人遭受损失的，遭受损失的一方有权向造成损失的一方当事人请求损害赔偿。

3. 仓储合同的终止

所谓仓储合同的终止，是指当事人之间因仓储合同而产生的权利义务关系，由于某种原因而消除，不再对双方具有法律约束力。仓储合同的终止具有以下几个方面的法律特征：必须具备合同终止的法律事实，即必须具有引起合同双方权利义务关系消除的事件或行为；合同双方的权利义务因合同终止而消除，合同不再履行；合同的终止并不免除当事人的违约责任和赔偿责任。

我国《民法典》第557条规定："有下列情形之一的，债权债务终止：（一）债务已经履行；（二）债务相互抵消；（三）债务人依法将标的物提存；（四）债权人免除债务；（五）债权债务同归于一人；（六）法律规定或者当事人约定终止的其他情形。合同解除的，该合同的权利义务关系终止。"据此，仓储合同除了因上节所述的解除而终止外，还可能由于下列原因而终止。

（1）仓储合同因履行而终止

仓储合同因履行而终止是合同终止的最为理想的状态，因为当事人订立合同的目的就在于通过双方合同义务的履行而实现各自的合同权利，从而达到预期的合同目的。因此，在当事人按照合同的约定，全面履行了合同义务，实现了各自的合同权利时，合同关系履行即圆满结束。

（2）仓储合同因提存而终止

我国《民法典》第916条规定：“储存期间届满，存货人或者仓单持有人不提取仓储物的，保管人可以催告其在合理期限内提取，逾期不提取的，保管人可以提存仓储物。”由此可见，仓储物提存后，保管人不再受仓储合同权利义务的约束，合同关系因提存而归于消除。保管人只有在同时具备以下三个条件时，才能将保管标的物向合同履行地的提存部门申请提存：

1）存货人不提取仓储物。在实践中，储存期限届满时，有些存货人或拒绝领受仓储物，或下落不明，或存货人死亡未确定继承人，或存货人丧失民事行为能力未确定监护人，或由于其他原因不能及时提取仓储物，致使保管人无法返还仓储物。

2）必须是存储期限届满。除非出于特别的事由，保管人不能请求存货人提前提取仓储物。同样，在储存期限届满后，存货人或仓单持有人应及时提取仓储物，不能无故加重保管人的储存保管责任。

3）必须催告存货人或仓单持有人在合理的期限内提取，只有通过催告而仍不能提取仓储物时，保管人才可以提存仓储物；如果没有经过催告，或者催告后存货人或仓单持有人在合理期限内提取仓储物的，保管人不得提存仓储物。此种情形下，保管人只能按照逾期提货而要求存货人或仓单持有人增加给付仓储费。

（3）仓储合同因双方协议而终止

仓储合同双方当事人经协商一致可以自愿终止相互之间的权利义务关系，仓储合同因协议而终止包括两种情形：一是仓储合同中的权利人放弃自己的权利，从而免除义务人的义务，如存货人抛弃仓储物，将仓储物赠于保管人等；二是存货人与保管人解除合同关系而使合同终止或者双方当事人重新订立一个新合同代替原合同。例如某厂储运公司签订了一份为期半年的储存保管100 t化学药品的协议，而于交付前，又约定为改存钢材100 t，为期3个月，这就意味着原仓储合同终止。

（4）仓储合同因混同而终止

混同是指债权人和债务人同归一人，从而使合同关系消除。就仓储合同而言，是指仓储合同的双方当事人即保管方和存货方合二为一，合同中的权利义务均由一方承受，从而使原仓储合同失去履行的必要，合同关系自行终止。例如，某冷库本来与某公司签订了数份仓储合同，约定由冷库为该公司保管货物。后来该公司兼并了该冷库，因而该合同因两者合并为一个民事主体而终止。但是，如果保管人所为之储存保管的行为同时又是第三人权利，即使发生混同，仓储合同关系也不消除。例如，仓储物已经出质担保，或者仓储物为共有物等。在上一案例中，如果存放于该冷库的货物为某公司与某个体销售商所共有，那么，当该公司与冷库兼并时，不能发生混同，仓储合同也不能因此终止。

8.4.3　仓储合同的违约责任

1. 概述

仓储合同的违约责任是指仓储合同的当事人，因自己的过错不履行合同或履行合同不符合约定条件时所应承担的法律责任。所谓不履行，是指仓储合同到了履行期而当事人没有履行，其依据客观条件不同可分为拒绝履行和履行不能。所谓履行不符合约定条件，是指仓储合同的当事人，不适当地履行合同，如仓储物的数量、品种、质量、储存期间与场所等与约定情况存在差异等，一般包括部分履行、迟延履行、瑕疵履行及不正确履行。违约责任制度的规定，目的在于借助国家强制力保障合同效力的实现，即依法制裁违约行为，保护受害当事人的合法权益，预防和避免违约行为的发生，保障经济秩序的正常发展，维护交易的安全。

2. 构成要件

仓储合同违约责任的构成要件是指仓储合同当事人承担违约责任应当具备的条件，根据我国“合同法”的规定，当事人承担仓储合同的违约责任应具备以下要件。

（1）合同当事人必须有违约行为

仓储合同当事人的违约行为主要有以下几种情形。

1）拒绝履行。所谓拒绝履行，是指仓储合同的义务一方当事人无正当理由而拒绝履行合同的行为。拒绝履行仓储合同的意思表示可以是明示的，也可以是默示的。单方毁约、没有履行义务、将应当交付的仓储物做其他处分等，均可以推定为不履行义务的表现。如果仓储合同的义务人拒绝履行义务，权利人有权解除合同，给权利人造成损失的，权利人有权请求义务人赔偿其遭受的损失。

2）履行不能。所谓履行不能，是指由于某种情况的发生，使当事人不可能履行其合同义务。履行不能可能由于客观原因而不能履行，如仓储物因发生不可抗力而毁损；也可能由于当事人的主观过错而造成合同不能履行，如仓储物在交付保管之前，由于存货人的过错而灭失。一般而言，由于前一种原因而导致履行不能的，可以免除当事人不能履行合同的违约责任；而由于当事人的主观过错造成合同履行不能的，应由该当事人承担违约责任。

3）部分履行。所谓部分履行，是指当事人仅履行了合同约定的部分义务的行为，没有履行的部分仍然构成违约，应承担违约责任，但属于国家法律明确规定或当事人约定的计量上的正负尾差、合理磅差及合理的在途损耗则不属违约行为，当事人不承担违约责任。

4）迟延履行。迟延履行，又称逾期履行，是指仓储合同的当事人无正当理由却在合同规定的履行期限届满以后才履行合同的行为。在仓储合同中，常见的迟延履行包括保管人未在合同履行的期限内返还仓储物、存货人未按时将货物入库、存货人未在约定的期限内支付仓储费用。迟延履行具有以下特征：

① 义务人未在履行期限内履行义务；

② 义务人有履行能力，如果义务人无履行能力，则构成履行不能；

③ 其行为具有违约性。义务人如果已构成迟延履行，经催告后在合理期限内仍未履行的，权利人可以解除合同，并请求义务人支付违约金和赔偿损失。

5）瑕疵履行。瑕疵履行，又称不适当履行，即未按法律规定、合同约定的要求履行的行为。在仓储合同中，在货物的入库、验收、保管、包装、出库等任何一个环节未按法律规定或合同的约定去履行，就属于不适当履行。在发生不适当履行的情况下，作为仓储合同权利主体的一方当事人可以要求义务人承担违约责任，支付违约金并赔偿损失。此外，还可以根据实际情况要求解除合同。

（2）违约行为是由于当事人主观上存在过错

仓储合同的当事人主观上存在过错是其承担违约责任的主观要件。单纯有违约行为而不存在主观上的过错，也不存在承担违约责任的问题。所谓过错，是指违约人不履行或未按要求履行合同时的主观心理状态，包括故意和过失。无论当事人在主观上是故意还是过失，只要由于其过错而导致违约行为的发生，当事人就应承担违约责任。

3. 归责原则及形式

（1）仓储合同违约责任的归责原则

合同责任的认定必须依循一定的归责原则。在仓储合同中，归责原则是确定违约当事人的基本根据和标准。仓储合同违约责任的归责原则直接决定违约责任的构成要件，决定举证责任的内容，也决定免责事由和损害赔偿的范围。承担仓储合同违约责任应该遵循以下原则：

1）无过错责任原则。该原则又称为严格责任原则，是指不论违约方主观上有无过错，只要其履行合同债务给对方当事人造成了损害，就应当承担合同责任，简言之，即有违约行为就应承担违约责任。

2）赔偿实际损失原则。除法定违约金外，仓储合同的当事人可以在合同中约定违约金，也可以约定损失赔偿额的计算方法。如当事人没有约定违约金或者赔偿损失额的计算方法，则损失赔偿的金额应相当于因违法所造成的实际损失，可以包括合同履行后可获得的利益，但不得超过违反合同一方订立合同时应当预见的损失，这就是违约责任中的赔偿实际损失原则。根据这一原则，当事人一方违约给对方造成损失的，应对其造成的实际损失进行赔偿。所谓实际损失，是指由违约行为而造成的损失，包括直接损失和间接损失。直接损失是指一方的违约行为给对方造成的财产减少、损毁或灭失，间接损失是指一方的违约行为造成对方可得利益的减少或丧失。

（2）仓储合同违约责任的形式

仓储合同违约责任的形式，是指当事人一方违约时，依照法律的规定或合同的约定，应当承担民事责任的种类，根据《民法典》的相关规定，仓储合同违约责任的形式主要有以下几种。

1）支付违约金。违约金是指仓储合同当事人一方发生违约时，依据法律的规定或合同的约定按照价款或者酬金总额的一定比例，向对方支付一定数额的货币。从性质上而言，违约金可分为赔偿性违约金和惩罚性违约金。赔偿性违约金主要是弥补一方违约后另一方所遭受的损失，即违约金的支付是对双方实际经济损失的赔偿。惩罚性违约金，是指仓储合同的一方当事人违约后，不论其是否给对方造成经济损失，都必须支付的违约金。从形式上而言，违约金可分为法定违约金和约定违约金。法定违约金由国家法律或法规直接规定。约定违约金指仓储合同当事人在签订合同时协商确定的违约金，由于约定违约金完全是由当事人协商确定，因此，当事人在确定违约金的数额或比例时，既不能过高也不能过低，过高会加重违约方的经济负担，过低则起不到督促当事人履行合同的作用。

2）损害赔偿。仓储合同损害赔偿是指仓储合同一方当事人在其违约时，在支付违约金或采取其他补救措施后，如果对方还有其他损失，违约方应承担赔偿损失的责任。损害赔偿最显著的特征为补偿性，在合同规定了违约金的情况下，赔偿金是用来补偿违约金不足的部分。如果违约金已能补偿经济损失，就不再支付赔偿金。如果合同没有规定违约金，只要造成了损失，就应向对方支付赔偿金。由此可见，赔偿金是对受害方实际遭受损失的补偿。

至于损害赔偿的范围，以受害方因违约行为遭受的损失为限度，包括受害方的直接经济损失和间接经济损失。直接经济损失，又称实际损失，是指仓储合同一方当事人因对方的违约行为所直接造成的财产的减少或费用的支出。如仓储合同中仓储物本身的灭失或毁损，为处理后果的检验费、清理费、劳务费或采取其他措施防止损害事态继续扩大的直接费用支出等。间接经济损失，是指因仓储合同一方当事人的违约行为使对方失去实际上可以获得的利益，即可得利益的损失，包括利润的损失、利息的损失等。尽管违约方承担的是完全赔偿责任，但是损害赔偿不能超过违反合同一方当事人于合同订立时预见到或者应当预见到的因违反合同可能造成的损失。因此，一方当事人违约时，对方应注意采取措施防止损失扩大。

3）继续履行。继续履行是指一方当事人在不履行合同时，对方有权要求违约方按照合同规定的标的履行义务或向法院请求强制违约方按照合同规定的标的履行义务，而不得以支付违约金和赔偿金的办法代替履行。规定继续履行的目的，不仅在于保护受损害一方的合法利益，使其订立合同的目的得以实现。同时，也可以避免违约方为了私利，用支付违约金、赔偿金来达到逃避履行合同义务的目的。例如，存货人与保管人订有长期储存保管货物的协议，仓储费用以同种货物的一般费用水平为准。后来，第三人愿以更优惠的条件与保管人订立仓储合同，但由于保管库容有限，仓储能力不足，因此，违反前一合同的履行的义务，不再接受存货人的仓储物。在此种情形下，存货人不仅可以请求支付违约金、损害赔偿金，而且可以要求保管人继续履行。当然，继续履行合同也是有条件的，如果受害方不要求继续履行，或者违约方已根本没有继续履行的能力，或继续履行已不可能，就不必继续履行。

4）采取补救措施。所谓补救措施，是指在违约方给对方造成损失后，为了弥补对方遭受的损失，依照法律规定由违约方承担的违约责任形式。从广义而言，各种违约的责任形式，如损害赔偿、违约金、继续履行等都属于违反合同的补救措施。这里所说的补救措施是指狭义上的补救措施，即上述补救措施之外的其他措施，如修理、重作、更换等。在仓储合同中，这种补救措施表现为当事人可以选择偿付额外支出的保管费、保养费、运杂费等方式。

（3）仓储合同违约责任的免除

违约责任的免除，是指因一方当事人不履行合同或法律规定的义务，致使对方遭受损失时，由于不可归责于违约方的事由，因此，法律规定违约方可以不承担民事责任的情形。在仓储合同中免除违约责任的条件主要是不可抗力。根据《民法典》的相关规定，仓储合同违约责任的免除有以下几种情况。

1）因不可抗力而免责。所谓不可抗力，是指当事人不能预见、不能避免并且不能克服的客观情况，包括自然灾害和某些社会现象。前者如火山爆发、地震、台风、冰雹等，后者如战争、罢工等。由不可抗力的原因造成仓储合同不能履行或不能完全履行，不是当事人主观的过错所造成的。因此，在不可抗力发生后，有关当事人可依法免除违约责任。另外，在不可抗力发生以后，作为义务方必须采取以下措施才可以免除其违约责任：

① 应及时采取有关措施，防止损失的进一步扩大。如果未采取有效措施，使损失进一步扩大，无权就扩大的损失要求赔偿。

② 发生不可抗力事件后，应当及时向对方通报不能履行或延期履行合同的理由。

③ 发生不可抗力事件后，应当取得有关证明。遭受不可抗力的当事人一方应当取得有关机关的书面证明材料，证明不可抗力的发生及其对当事人履行合同的影响。

2）因自然因素或货物本身的性质而免责。货物在储存期间，由于自然因素，如干燥、风化、挥发、锈蚀等或货物（含包装）本身的性质如易碎、易腐、易污染等，产生的损失或损耗，一般由存货人负责，保管方不承担责任。

3）因受害人的过错而免责。在仓储合同的履行中，受害人对于损失的发生有过错的，根据受害人过错的程度，可以减少或者免除违约方的责任。

8.5 仓 单

8.5.1 仓单的定义

仓单（Warehouse receipt）是保管人收到仓储物后给存货人签发的表明一定数量的保管物已经交付仓储保管的法律文书。签发仓单是仓储保管人的法律义务，《民法典》第 908 条规定：“存货人交付仓储的，保管人应当出具仓单、入库单等凭证。”

仓单除作为已收取仓储物的凭证和提取仓储物的凭证外，还可以通过背书，转让仓单项下货物的所有权，或者用于出质。存货人在仓单上背书并经保管人签字或者盖章时，转让仓单即开始产生效力。存货人以仓单出质，应当与质权人签订质押合同，在仓单上背书并经保管人签字或者盖章，将仓单交付质权人后，质押权开始产生效力。

8.5.2 仓单的法律特性与作用

1. 仓单的法律特性

仓单是存货人已经交付仓储物的凭证，也是存货人或者持单人提取仓储物的凭证，因此，仓单实际上是仓储物所有权的一种凭证。同时，仓单在经过存货人的背书和保管人的签署后可以转让，任何持仓单的人都拥有向保管人请求给付仓储物的权利，因此，仓单实际上又是一种以给付一定物品为标的的有价证券。仓单的法律特性包括以下几个方面。

（1）仓单为有价证券

《民法典》第910条规定："仓单是提取仓储物的凭证。存货人或者仓单持有人在仓单上背书并经保管人签字或者盖章的，可以转让提取仓储物的权利。"可见，仓单表明存货人或者仓单持有人对仓储物的交付请求权，故为有价证券。

（2）仓单为要式证券

《民法典》第909条规定："仓单须经保管人签名或者盖章，且须具备一定的法定记载事项。"

（3）仓单为物权证券

仓单证明存货人已经交付了仓储物和保管人已经收到了仓储物的事实，它作为物权证券，在保管期限届满时，存货人或者仓单持有人可凭仓单提取仓储物，也可以背书的形式转让仓单所代表的权利。

（4）仓单为文义证券

所谓文义证券，是指证券上权利义务的范围以证券的文字记载为准。仓单的记载事项决定当事人的权利义务，当事人须依仓单上的记载主张权利义务，故仓单为文义证券、不要因证券。

（5）仓单为自付证券

仓单是由保管人自己填发的，又由自己负担给付义务，故为自付证券。

2. 仓单的作用

仓单作为仓储保管的凭证，其作用是显而易见的。主要表现在以下几个方面：

1）仓单是保管人向存货人出具的货物收据。当存货人交付的仓储物经保管人验收后，保管人就向存货人填发仓单。仓单是证明保管人已经按照仓单所载状况收到货物的证据。

2）仓单是仓储合同存在的证明。仓单是存货人与保管人双方订立的仓储合同存在的一种证明，只要签发仓单，就证明了合同的存在。此外，仓单还是处理保管人与存货人或提单持有人之间关于仓储合同纠纷的依据。

3）仓单是货物所有权的凭证。它代表仓单上所列货物，谁占有仓单就等于占有该货物，仓单持有人有权要求保管人返还货物，有权处理仓单所列的货物。仓单的转移，也就是仓储物所有权的转移。因此，保管人应该向持有仓单的人返还仓储物。也正由于仓单代表其项下货物的所有权，因此，仓单作为一种有价证券，也可以按照《民法典》第四分编“担保物权”的规定设定权利质押担保。

4）仓单是提取仓储物的凭证。仓单持有人向保管人提取仓储物时，应当出示仓单。保管人一经填发仓单，持单人对于仓储物的受领，不仅应出示仓单，还应缴回仓单。仓单持有人为第三人，而该第三人不出示仓单的，只能证明其提货身份，保管人可以拒绝返还仓储物。

（5）仓单具有金融工具的作用。仓单具有物权功能，仓单也代表着仓储物的价值，是一种有价证券，可以作为一定价值的担保，因此，仓单可以作为质押、抵押、财产保证的金融工具和其他信用保证。在期货交易市场上，仓单交易是交易最核心的部分。

8.5.3 仓单的生效条件

1. 保管人须在仓单上签字或者盖章

保管人在仓单上签字或者盖章表明保管人对收到存货人交付仓储物的事实进行确认。保管人未签字或者盖章的仓单说明保管人还没有收到存货人交付的仓储物，不发生法律效力。当保管人为法人时，由其法定代表人或其授权的代理人及雇员签字；当保管人为其他经济组织时，由其主要负责人签字；当保管人为个体工商户时，由其经营者签字。盖章指加盖保管人单位公章。签字或者盖章由保管人选择其一即可。

2. 仓单须包括一定的法定必要记载事项

依《民法典》第909条的规定，仓单的法定必要记载事项共有八项：

1）存货人的名称或者姓名和住所。仓单是记名证券，因此应当记载存货人的名称或姓名和住所。

2）仓储物的品种、数量、质量、包装、件数和标记。在仓单中，仓储物的有关事项必须记载，因为这些事项与当事人的权利和义务直接相关。有关仓储物的事项包括仓储物的品种、数量、质量、包装、件数和标记等。这些事项应当记载准确、详细，以防发生争议。

3）仓储物的损耗标准。仓储物在储存过程中，由于自然因素和货物本身的自然性质可能发生损耗，如干燥、风化、挥发等，因此，就不可避免地造成仓储物数量上的减少。对此，在仓单中应当明确规定仓储物的损耗标准，以免在返还仓储物时发生纠纷。

4）储存场所。储存场所是存放仓储物的地方。仓单上应当明确载明储存场所，以便存货人或仓单持有人能够及时、准确地提取仓储物。同时，也便于确定债务的履行地点。

5）储存期间。储存期间是保管人为存货人储存货物的起止时间。储存期间在仓储合同中十分重要，它不仅是保管人履行保管义务的起止时间，也是存货人或仓单持有人提取仓储物的时间界限。因此，仓单上应当明确储存期间。

6）仓储费。仓储费是保管人为存货人提供仓储保管服务而获得的报酬。仓储合同是有偿合同，仓单上应当载明仓储费的有关事项，如数额、支付方式、支付地点、支付时间等。

7）仓储物已经办理保险的，应载明其保险金额、期间及保险人的名称。如果存货人在交付仓储物时，已经就仓储物办理了财产保险，则应当将保险的有关情况告知保管人，由保管人在仓单上记载保险金额、保险期间及保险公司的名称。

8）填发人、填发地点和填发时间。保管人在填发仓单时，应当将自己的名称或姓名及填发仓单的地点和时间记载于仓单上，以便确定当事人的权利和义务。

8.5.4 仓单业务

1. 仓单的签发

仓单是由保管人向存货人签发的。当存货人将仓储物交给保管人，并要求保管人签仓单时，保管人需对仓储物进行检查和理数，确认仓储物的状态，在全部仓储物收妥后，将所接受的仓储物的实际情况如实记录在仓单上，特别是对仓储物的不良状况更是要准确批注，如果存货人不同意批注且仓储物的瑕疵不影响仓储物的价值或质量等级时，保管人可以接受存货人的担保而不批注，否则就必须批注，或者拒绝签发仓单。

如果当事人双方约定不签发仓单，也可以其他事实来证明仓储合同关系的存在。

2. 仓单的份数

根据《民法典》合同编的规定，仓储保管人只签发一式两份仓单，一份为正式仓单交给存货人，另一份由保管人保留，留为存底单。

仓单副本则根据业务需要复制相应份数，但须注明为“副本”。

3. 仓单的分割

仓单分割是指存货人将一批仓储物交给保管人时，因为转让的需要，要求保管人签发分为几份的仓单，或者仓单持有人要求保管人将原先的一份仓单拆分成多份仓单以便向不同的人转让。

仓单分割不仅是单证的处理，还意味着保管人需要对仓储物进行分劈。而分割的条件是仓储物必须能够被分劈，并对分割后的仓单持有人有约束力。分割后的仓储物总数量必须与仓储物的总数量相同。保管人对已签发的仓单进行分割后，必须将原仓单收回。

实际上，不一定是已经持有仓单的人才可以要求对仓单进行分割。存货人在交付货物的时候，就可以要求保管人分别填发、交付仓单，以方便对仓储物进行处分（买卖、出质等)。仓单分割有利于存货人处分保管仓储物，但是，仓单持有人请求分割一仓单为数仓单时，必须交还原仓单，以免同一物品有二重仓单，使仓管人有重复返还仓储物的危险。因分割及填发新仓单为仓单持有人的利益，故此项支出的费用，应由存货人支付或偿还。

4. 仓单的转让与出质

我国《民法典》合同编对仓单采一券主义，仓单既可以依法转让，也可以依法出质。仓单作为有价证券，可以流通。流通的形式有两种：

1）转让仓单，即转让仓单项下仓储物的所有权。其转移是通过仓单背书转让的方式实现的。所谓“背书”，是指存货人在仓单的背面或者粘单上记载被背书人（受让人)，仓单持有人需要转让仓储物时，可以通过背书转让的方式进行仓储物的转让。背书过程填写完整后，要由保管人签署，受让人方可凭单提取仓储物。

仓单背书转让方法：背书转让的出让人为背书人，受让人为被背书人。背书格式为：

兹将本仓单转让给×××（被背书人的完整名称）

×××（背书人的完整名称）

背书经办人签名、日期

仓单可以多次背书转让，背书的过程是相互衔接的完整过程，任何参与仓单转让的人均应在仓单的背书过程中记载。

2）以仓单出质，质权人享有仓单项下仓储物的质权。存货人或仓单持有人也可以在仓单上做出质背书，一旦主债权得不到满足而需行使债权时，质权人向仓管人出示仓单即可提取仓储物。以仓单出质的，适用《最高人民法院关于适用〈中华人民共和国民法典〉有关担保制度的解释》（简称“担保制度司法解释”）的规定。依“担保制度司法解释”第59条的规定，仓单上载明提货日期的，如果提货日期先于债务履行期，质权人可以在债务履行期届满前提货，并与出质人协议将提取的货物用于提前清偿所担保的债权或者与出质人约定的第三人提存。

如果存货人并非仓储物的所有权人而仍然将仓单转让背书或出质背书的，只要被背书人对仓单的取得是善意的，并且符合物权变动的公示公信原则，仍然具有物权变动的效力，被背书人取得仓单质权。

无论是仓单转让还是仓单出质，都应通过法定的形式才能生效。首先需由存货人或仓单持有人背书。仓单持有人凭借背书的连续性证明自己合法持有仓单的地位。此外，还须由保管人签字或盖章。每一次背书都必须经保管人签字或盖章后才能生效。

5. 仓单的提货

(1) 凭单提货

凭单提货是指在保管期满或者经保管人同意的提货时间，仓单持有人向保管人提交仓单并出示有效的身份证明，经保管人核对无误后，保管人给予办理提货手续。提货步骤如下：

1）核对仓单。保管人核对提货人所提交的仓单和存底仓单，确定仓单的真实性；查对仓单背书的完整性，衔接过程是否清楚；核对仓单上的存货人或者被背书人与其所出示的身份证明是否一致。

2）提货人缴纳费用。仓单记载由提货人缴纳仓储费用的，提货人按约定支付仓储费；根据仓储合同约定并记载在仓单上的仓储物在仓储期间发生的为仓储物所有人利益的支出、对仓储人或其他人所造成的损害等费用核算准确后由提货人支付。

3）保管人签发提货单证并安排提货。保管人收取费用、收回仓单后，签发提货单证，安排货物出库准备。

4）提货人验收仓储物。提货人根据仓单的记载与保管人共同查验仓储物，签收提货单证，收取仓储物。如果查验时发现仓储物受到损坏，应现场编制记录，并要求保管人签署，必要时申请商品检验，以备事后索赔。储存期间届满后，存货人或者仓单持有人不提取仓储物的，保管人可以催告其在合理期限内提取，逾期不提取的，保管人可以提取仓储物。

（2）仓单灭失的提货

仓单因故损毁或灭失，出现无单提货的情形时，应采用以下方法来提货：

1）通过人民法院公示催告：原仓单持有人持仓储合同向人民法院申请对仓单进行公示催告。当60天公示期满无人争议时，人民法院可以判决仓单无效，申请人可以向保管人要求提货。若在公示期内有人争议，则由法院审理判决，确定有权提货人，凭借法院判决书提货。

2）提供担保提货：提货人向保管人提供仓储标的物的担保后提货，由保管人掌握担保财产，将来另有人出示仓单而不能交货需要赔偿时，保管人可使用担保财产进行赔偿。该担保在可能存在的仓单失效后，方可解除。

案例分析1

个体户A在B仓库寄存彩电100台，价值共计100万元。双方商定：仓库自1月15日至2月15日期间保管，A分三批取走；2月15日A取走最后一批彩电时，支付保管费2 000元。

2月15日，A前来取最后一批彩电时，双方为保管费的多少发生争议。A认为自己的彩电实际是在1月25日晚上才入B仓库，应当少付保管费250元。B仓库拒绝减少保管费，理由是仓库早已为A的彩电的到来准备了地方，至于A是不是准时进库是A自己的事情，与仓库无关。A认为B仓库位于江边码头，自己又通知了彩电到站的准确时间，B仓库不可能空着货位，只同意支付1 750元保管费。B仓库于是拒绝A提取剩下的彩电。

问题讨论

1. 个体户 A 要求减少保管费是否合理？为什么？
2. B 仓库在 A 拒绝足额支付保管费的情况下是否可以拒绝其提取货物？为什么？

案例分析2

2005 年 7 月 24 日，沈阳 A 有限公司与烟台 B 仓储有限公司签订《仓储合同》，合同约定：A 公司在 B 仓库中储存纸浆，B 仓库须保证仓库温度不能高于 15 ℃、湿度不得大于 70%，需配备相应的降温、除湿设备；存储时间为 2005 年 8 月 1 日至 2005 年 11 月 30 日；A 公司按月支付仓储费 2.5 万元；不得允许未取得 A 公司签字的出库单的单位或个人提取纸浆，否则由 B 仓库承担一切经济损失。随后，A 公司将共 499.815 t 未漂白木浆的提单、保险单、发票等单证交付给 B 仓库，B 仓库于 7 月 27 日提取货物后存放在仓库，同时出具收条。

2005 年 8 月 11 日，B 仓库空调发生故障，直到 9 月 17 日故障才被完全排除。在这期间，A 公司的纸浆一直存放在平均温度为 23 ℃的环境中，致使纸浆纤维发生降解，开始霉变。B 仓库发现上述情况后，多次与 A 公司联系，但一直无法联系上。为防止双方损失的进一步扩大，B 烟台公司于 10 月 12 日自行将货物作为废品卖给了收购废品的人，卖得价款 68 万元。2008 年 10 月 24 日，A 公司向 B 仓库提取上述货物时，B 公司不能提供并声称已经自行处理了。双方就赔偿事宜协商未果的情况下，A 公司向法院提起诉讼，请求判令烟台 B 公司赔偿损失人民币 2 923 917.75 元并承担全部诉讼费用。

问题讨论

1. 仓储合同中 B 仓库的违约责任有哪些？
2. B 仓储公司处置货物的方式是否妥当？

思考题

1. 仓储合同应具有哪些法律性质？
2. 仓储合同当事人具有有哪些权利和义务？
3. 合同违约责任应具备哪些要件？
4. 仓储合同违约责任免除责任有哪几种情况？
5. 仓单具有哪些法律特性？又有哪些作用？

第9章　仓储成本与绩效管理

本章导读

1. 掌握仓储成本的构成、仓储成本分析核算的意义及降低仓储成本的策略。

2. 理解仓储绩效管理的含义；了解仓储绩效管理的意义；掌握制订绩效管理指标体系的原则；了解仓储管理绩效考核指标体系及评估方法。

案例导引

降低仓库成本八法

仓库作为企业物资储存和周转的场所，也相当于企业资金的沉淀区和周转区，对于降低企业成本有着非常重要的作用，但很少得到企业的重视。部分企业虽然注意到了应该减少库存、加快物资的周转，但不知如何去做。那么，采取哪些措施，能使仓库在降低成本方面发挥出明显作用呢？下面介绍一些做法供大家参考：

一是降低库存。降低库存意味着增加库存周转，从而提高现金周转，这对企业的血脉流畅起至关重要的作用。市场发生了变化，仓库的库存策略应马上做出反应，进行调整。首先，进行盘点，摸清实际库存量；其次，根据实际库存量和需求量，调整安全库存量，提高收发货频次；再次，在此基础上调整采购量。每周对市场订单和预测进行一次分析，在分析的基础上对库存量、采购量进行调整。让仓库始终保持一个与市场需求相适应的库存量，来降低企业的采购资金，加快资金的周转。这里特别要提到的是，实际库存量不是库存管理电脑系统上的量，而是实实在在储存在仓库中的品种和数量。

二是每天盘点上报。让企业对库存数据了如指掌，真实可靠。只有掌握了真实的数据，才能做出正确的决定。企业物流部门能够知道什么物品在按计划流转，什么物品流转速度减慢，什么物品已经成为呆滞品。及时地对这些物品提出处理意见，特别是对已经呆滞的物品，一定要及时处理，千万不能弃之不舍，让其继续产生保管费用，增加成本。要做到每天盘点，而且要将物品按类型、品种、包装规范摆放。

三是调整仓库布局。市场变了，库存变了，仓库布局也应做相应调整，提高仓库面积的利用率。绝不能认为仓库场地闲置就可以多放库存，或用来存放一些呆滞物品。

四是测定仓库工作的标准操作时间。企业通常测定生产现场工人的标准操作时间，但很少测定仓库工人的标准操作时间。而通过测定物品盘点时间、货物装箱时间、货物搬运时间和货物重新包装时间等，物流工程师可以分析仓库操作工操作流程是否合理，并提出改进建议，培训操作工按标准操作路线和流程进行操作，从而提高劳动效率，降低人员成本。

五是测定仓库设备的利用率。仓库通常用的铲车、堆高车、手动或电动的液压车等设备，都要像生产设备那样统计它们的利用率，检查它们是否得到了充分利用，这样就有可能减少仓库的设备。

六是单独统计仓库能源使用量。仓库的水、电、汽油、柴油等能源的使用都应得到控制。通过单独计量，企业可以看到这些能源是否是必需的、合理的，是否有改进的潜力。

七是改进包装物。物品在仓库储存和周转时，会产生大量的废弃包装物。对此，企业应思考是否能采用可回收包装来替代，对不能实行可回收包装的物品，也应尽量进行利用。

八是改进库存管理软件系统。运用各类软件系统来管理物流和物料，使物料管理得到较大的改善。但不少软件还存在一些不足之处，特别是信息的滞后性，影响了仓库效率的提高。企业应采取措施，提高系统的及时性，以降低由此带来的成本增加的风险。

除了上述措施外，只要企业重视仓库这个区域，就可以从中挖掘出许多降低成本的潜力。企业不仅要重视内部的仓库，也不能忽视外部仓库和供应商的仓库。如果在各个仓库都能采取降低成本的措施，那么一定会得到可观的经济效益。在仓库降低成本的同时，企业的供应链也会得到改善和提升。

（资料来源：中国物流与采购网）

阅读以上案例，请思考仓储成本由几个方面构成？怎样进行仓储成本控制？

9.1 仓储成本管理

9.1.1 仓储成本的概念及构成

1. 仓储成本的概念

仓储成本是发生在商品储存期间的各种费用支出。仓储成本是仓储企业在开展仓储业务活动中各种要素投入的以货币计算的总和，其中一部分为仓储设施和设备的投资，另一部分则为仓储保管作业中的活劳动或者物化劳动的消耗，主要包括工资和能源消耗等。仓储成本是物流成本的重要组成部分，直接影响物流成本的高低。

2. 仓储成本的构成

根据货物在保管过程中的支出，仓储成本可以分为固定成本和变动成本两部分。

（1）固定成本

仓库固定成本是指在一定的仓储存量范围内，不随出入库变化的成本。主要包括以下两个方面。

1）折旧费或租赁费。仓储企业有的以自己拥有所有权的仓库及设备对外承接仓储业务，有的以向社会承包租赁的仓库及设备对外承接业务。自营仓库的固定资产每年需要提取折旧费，对外承包租赁的固定资产每年需要支付租赁费。折旧费或租赁费是仓储企业的一项重要的固定成本，是构成仓储企业成本的重要组成部分。对仓库固定资产按折旧期分年提取，主要包括库房、堆场等基础设施的折旧和机械设备的折旧等。

2）仓库管理人员的工资和福利费。仓库管理人员的工资一般包括固定工资、奖金和各种生活补贴。福利费可按标准提取，一般包括住房基金、医疗及退休养老支出等。

（2）变动成本

仓库变动成本是指仓库运作过程中与进出库存量有关的成本。主要包括以下几类。

1）保管费。保管费是指为存储货物所开支的货物养护、保管等费用，包括用于货物保管的货架、货柜的费用开支、仓库场地的房地产税等。

2）修理费。修理费主要用于设备、设施和运输工具的定期大修理，每年可以按设备、设施和运输工具投资额的一定比率提取。

3）装卸搬运费。装卸搬运费是指货物入库、堆码和出库等环节发生的装卸搬运费用，包括搬运设备的运行费用和搬运工人的成本。

4）管理费用。管理费用指仓储企业或部门为管理仓储活动或开展仓储业务而发生的各种间接费用，主要包括仓库设备的保险费、办公费、人员培训费、差旅费、招待费、营销费、水电费等。

5）仓储损失。仓储损失是指保管过程中因货物损坏而需要仓储企业赔付的费用。造成货物损失的原因一般包括仓库本身的保管条件，管理人员的人为因素，货物本身的物理、化学性能，搬运过程中的机械损坏等。实际中，应根据具体情况，按照企业的制度标准，分清责任合理计入成本。

9.1.2 仓储成本的分析核算

仓储成本是伴随物流仓储活动而发生的各种费用。一般将仓储活动的成本分为三个部分：伴随货物的物理性活动而发生的费用，以及从事这些活动所必需的设备、设施成本；伴随物流信息的传送与处理活动而发生的费用，以及从事这些活动所必需的设备、设施成本；对上述活动进行综合管理的成本。

1. 仓储成本的核算意义

仓储成本是客观存在的。仓储成本的分析核算对于物流企业来说，意义重大。

（1）仓储成本分析核算为企业制订仓储经营管理计划提供依据

仓储经营管理计划是仓储企业为适应经营环境变化，通过决策程序和方案选择，对仓储经营活动的内容、方法和步骤明确化、具体化的设想和安排。在制订经营管理计划时，必须考虑自身的经营能力，仓储成本正是仓储经营能力的重要指标，因此，通过仓储成本的分析，能帮助企业对不同经营方案进行比较，以选择成本最低、收益最大的方案制订经营计划，开展经营。

（2）仓储成本分析核算为仓储产品的定价提供依据

仓储企业的根本目的是追求利润最大化。仓储企业在为社会提供仓储产品（服务）时，需要有明确的产品价格，即仓储费。从长远看，必须保证仓储费高于仓储成本，才能保证仓储企业的生存与发展。因此，仓储成本是仓储费制定的主要依据。

（3）仓储成本分析核算有利于加速仓储企业的现代化建设

仓储成本分析核算有利于推动仓储技术革新，充分挖掘仓库的潜力，为仓储设施设备改造提供依据。仓储企业要提高仓储能力和仓储效率必然要进行技术革新，以及改造设施和设备，但是设施设备的投入必须获得相应的产出回报，这必须在准确的成本核算和预测的基础上才能提供保证。

（4）仓储成本分析核算为仓储企业的劳动管理提供依据

劳动力成本本身就是仓储成本的重要组成部分，但是劳动力成本与其他成本之间可能存在替代关系，也可能有互补关系，因而确定劳动量的决定性因素是收益，以能够获得总成本最低或者总收入增加为原则确定劳动力的使用量。同时，成本因素也是劳动考核、岗位设置的依据和决定劳动报酬的参考依据。

总之，通过仓储成本分析核算，有利于提高仓储企业的经济效益，降低仓储生产经营中的各种浪费，同时也可以将企业的经济利益与职工的经济利益紧密地联系起来，提高企业经营者的自觉性，从而提高企业的仓储经营管理水平和经济效益。

2. 仓储成本的核算范围

在核算仓储成本之前，需要明确仓储成本的核算范围。仓储成本由显性成本和隐含成本构成。显性成本主要是指储存、装卸搬运、备货、流通加工、包装和人工费等具体的基础设施、设备资源和运作过程中固定发生的费用；隐含成本存在于由仓储作业流程不畅而导致的储存费用增加所形成的利息成本、库存收益的机会成本和由于反应速度慢而损失或赔偿客户支出的损失及管理不善造成的物品损失和损坏等非固定发生的费用。

仓储成本的核算范围取决于成本核算的目的，如果要对所有的仓储物流活动进行管理，就需要核算出所有的仓储成本。同样是仓储成本，由于所包括的范围不同，因此，核算结果也不一样。如果只考虑库房本身的费用，不考虑仓储物流等其他领域的费用，也不能反映仓储成本的全貌。每个企业在统计仓储费用时的口径不一样，往往缺乏可比性。因此，在分析仓储成本时，首先应该明确成本核算所包括的范围。

1）固定成本的核算。仓储固定成本在每月的成本核算时相对固定，与日常发生的运作、消耗没有直接的关系，在一定范围内与库存数量也没有直接关系。固定成本中的库房折旧、设备折旧、外租库房租金和固定人员工资从财务部可以直接得到。库房中的固定费用可以根据不同的作业模式而有不同的内容，包括固定取暖费、固定设备维修费、固定照明费用等。

2）变动成本的核算。库房运作变动成本的统计和核算是根据实际发生的运作费用进行的。包括按月统计的实际运作中发生的水、电、气消耗，设备维修费用，由于货量增加而发生的工人加班费和货品损坏成本等。

9.1.3 降低仓储成本的措施

仓储成本管理是仓储企业管理的基础，对提高整体管理水平和经济效益有重大影响，但是由于仓储成本与物流成本的其他构成要素，如运输成本、配送成本，以及与服务质量和水平之间存在的二律背反现象。因此，降低仓储成本要在保证物流总成本最低和不降低企业的总体服务质量和目标水平的前提下进行，常见的措施有以下几种。

1. 采用“先进先出”方式，减少仓储物的保管风险

“先进先出”是储存管理的准则之一，它能保证每个被储物的储存期不至过长，减少仓储物的保管风险。有效的先进先出方式主要有以下几种。

（1）贯通式（重力式）货架系统

利用货架的每层形成贯通的通道，从一端存入物品，另一端取出物品，物品在通道中自行按先后顺序排队，不会出现越位等现象。贯通式（重力式）货架系统能非常有效地保证先进先出。

（2）“双仓法”储存

给每种仓储物都准备两个仓位或货位，轮换进行存取，再配以必须在一个货位中出清后才可以补充的规定，则可以保证实现“先进先出”。

（3）计算机存取系统

采用计算机管理，在存货时向计算机输入时间记录，编入一个简单的按时间顺序输出的程序，取货时计算机就能按时间给予指示，以保证“先进先出”。这种计算机存取系统还能将“先进先出”保证不做超长时间的储存和快进快出结合起来，即在保证一定先进先出的前提下，将周转快的物资随机存放在便于存储之处，以加快周转，减少劳动消耗。

2. 提高储存密度，提高仓容利用率

主要目的是减少储存设施的投资，提高单位存储面积的利用率，以降低成本、减少土地占用。具体有下列三种方法：

1）采取高垛的方法，增加储存的高度。具体方法如采用高层货架仓库、集装箱等都可比一般堆存方法大大增加储存高度。

2）缩小库内通道宽度以增加储存有效面积。具体方法如采用窄巷道式通道，配以轨道式装卸车辆，以减少车辆运行宽度要求；采用侧叉车、推拉式叉车，以减少叉车转弯所需的宽度。

3）减少库内通道数量以增加有效储存面积。具体方法如采用密集型货架，采用不依靠通道可进车的可卸式货架，采用各种贯通式货架，采用不依靠通道的桥式起重机装卸技术等。

3. 采用有效的储存定位系统，提高仓储作业效率

储存定位是指被储存物位置的确定。如果定位系统有效，能大大节约寻找、存放、取出的时间，节约不少物化劳动及活劳动，而且能防止差错，便于清点及实行订货点等的管理方式。储存定位系统可采取先进的计算机管理，也可采取一般人工管理。行之有效的方式主要有“四号定位”方式和电子计算机定位系统两种。

（1）“四号定位”方式

“四号定位”是用一组四位数字来确定存取位置的固定货位的方法，是我国手工管理中采用的科学方法。这四个号码分别是库号、架号、层号、位号。这就使每一个货位都有一个组号，在物资入库时，按规划要求，对物资编号，记录在账卡上，提货时按四位数字的指示，很容易将货物拣选出来。这种定位方式可对仓库存货区事先做出规划，并能很快地存取货物，有利于提高速度，减少差错。

（2）电子计算机定位系统

电子计算机定位系统是利用电子计算机储存容量大、检索迅速的优势，在入库时，将存放货位输入计算机，出库时向计算机发出指令，并按计算机的指示人工或自动寻址，找到存放货，拣选取货的方式。一般采取自由货位方式，计算机指示入库货物存放在就近易于存取之处，或根据入库货物的存放时间和特点，指示合适的货位，取货时也可就近就便。这种方式可以充分利用每一个货位，而不需要专位待货，有利于提高仓库的储存能力，当吞吐量相同时，可比一般仓库减少建筑面积。

4. 采用有效的监测清点方式，提高仓储作业的准确程度

对储存物资数量和质量的监测有利于掌握仓储的基本情况，也有利于科学控制库存。在实际工作中稍有差错，就会使账物不符，所以，必须及时准确地掌握实际储存情况，经常与账卡核对，确保仓储物资的完好无损，这是人工管理或计算机管理必不可少的。此外，经常的监测也是掌握被存物资数量状况的重要工作。监测清点的有效方式主要有以下几种。

（1）“五五化”堆码

“五五化”堆码是我国手工管理中采用的一种科学方法。储存物堆垛时，以“五”为基本计数单位，堆成总量为“五”的倍数的垛形，如梅花五、重叠五等。堆码后，有经验者可过目成数，大大加快了人工点数的速度，而且很少会出现差错。

（2）光电识别系统

在货位上设置光电识别装置，通过该装置对被存物的条形码或其他识别装置（如芯片等）扫描，并将准确数目自动显示出来。这种方式不需人工清点就能准确掌握库存的实有数量。

（3）电子计算机监控系统

用电子计算机指示存取，可以避免人工存取容易出现差错的弊端，如果在储存物上采用条形码技术，使识别计数和计算机联结，每次存、取一件物品时，识别装置自动将条形码识别并将其输入计算机，计算机会自动做出存取记录。这样只需向计算机查询，就可了解所存物品的准确情况，因而无须再建立一套对仓储物实有数的监测系统，进而减少查货、清点工作。

5. 加速周转，提高单位仓容产出

储存现代化的重要课题是将静态储存变为动态储存，周转速度一快，就会带来一系列的好处，如资金周转快、资本效益高、货损货差小、仓库吞吐能力增加、成本下降等。具体做法诸如采用单元集装存储、建立快速分拣系统等，都有利于实现快进快出，大进大出。

6. 采取多种经营，盘活资产

仓储设施和设备的巨大投入，只有在充分利用的情况下才能获得收益，如果不能投入使用或者只是低效率使用，只会造成成本的加大。仓储企业应及时决策，采取出租、借用、出售等多种经营方式盘活这些资产，以提高资产设备的利用率。

7. 加强劳动管理

工资是仓储成本的重要组成部分，劳动力的合理使用，是控制人员工资的基本原则。我国是具有劳动力优势的国家，工资较为低廉，较多使用劳动力是合理的选择。但是对劳动进行有效管理，避免人浮于事，出工不出力或者效率低下也是成本管理的重要方面。

8. 降低经营管理成本

经营管理成本是企业经营活动和管理活动的费用和成本支出，包括管理费、业务费、交易成本等。加强该类成本管理，减少不必要支出，也能实现成本降低。当然，经营管理成本费用的支出时常不能产生直接的收益和回报，但也不能完全取消，加强管理是很有必要的。

9.2 仓储绩效管理

9.2.1 仓储绩效管理概述

1. 仓储绩效管理的概念

仓储绩效管理是通过对行动过程中的各项指标的观察与评估，按计划完成生产经营目标，保持并逐步提高对客户和其他部门的服务水平，保证战略目标实现的过程，强调的是对仓储过程的监控。

2. 仓储绩效管理的意义

仓储的各项生产经营活动都与其经济效益有密切的联系，同时，现代仓库的各项经济技术考核指标也是其经营管理成果的集中体现，是衡量现代仓库管理水平高低的尺度，是考核各项工作成绩的重要手段。因此，建立健全一套行之有效的考核指标体系，对于加强现代仓储管理，提高经济效益有着十分重要的意义。

（1）对内加强管理，降低仓储成本

仓库可以利用生产绩效考核指标对内考核仓库各个环节的计划执行情况，纠正运作过程中出现的偏差。

1）有利于提高仓储的经营管理水平。经济核算中的每个指标均反映了现代仓储管理的一个侧面，而一个有效的、完整的指标体系能反映管理水平的全貌，通过对比分析就能找出工作中存在的问题，提高管理水平。随着物流业的大发展，仓储行业的竞争也日益激烈，要使所经营的现代仓储企业始终立于不败之地，就必须优化管理，增强自身的竞争力，加强经济核算。

2）有利于落实仓储的经济责任制。经济核算的各项指标是实行现代仓储管理经济责任制的基础，因此，必须实行按劳取酬，建立并完善经济核算制度。

3）有利于加快仓储企业的现代化建设。经济核算会促进现代仓储企业优化劳动组织，改变人浮于事、机构臃肿的状况，从而提高劳动效率，降低活劳动的成本。经济核算又能促进企业改进技术装备和作业方法，找出仓储作业中的薄弱环节，对消耗高、效率低、质量差的设备，进行革新、改造，并有计划、有步骤地采用先进技术，提高仓储机械化、自动化水平，逐步实现现代化。

4）有利于增加仓储的经济效益。现代仓储是自负盈亏独立核算的企业，其经济效益的好坏已成为直接关系其能否生存的大事。因此，加强经济核算，找出管理中存在的问题，降低成本，提高效益，应成为现代仓储企业的首要任务之一。

（2）对外进行市场开发，接受客户评价

仓库还可以充分利用生产绩效考核指标对外进行市场开发和客户关系维护，给货主企业提供相应的质量评价指标和参考数据。

1）有利于说服客户和扩大市场占有率。货主企业在仓储市场中寻找供应商的时候，在等价的基础上，服务水平通常是最重要的因素。这时如果仓库能够提供令客户信服的服务指标体系和数据，则在竞争中占据有利地位。

2）有利于稳定客户关系。在我国目前的物流市场中，以供应链方式确定下来的供应关系并不是太多，供需双方的合作通常以一年为限，到期客户将对物流供应商进行评价，以确定今后是否继续合作，这时如果客户评价指标反映良好，则仓库将继续拥有这一合作伙伴。

3. 制定仓储绩效考核指标体系的原则

为了使现代仓储管理的绩效考核工作能顺利进行，确保各项考核指标的合理、有效，在制定指标体系时，必须遵循以下原则。

（1）科学实用

仓储绩效考核指标体系要具有科学性和实用性。科学性原则是指考核指标应能客观、真实地反映仓储管理的水平，符合经济规律。实用性原则是指考核指标体系的方法、内容应与仓库现实情况相适应，能如实反映仓库的实际经营水平。

（2）标准规范

考核的内容、核算的指标标准规范，才能使评价结果具有公开性，才能约束人为因素和随意性，也才能激励仓库职工比、学、赶、帮、超，力争上游。

（3）全面协调

仓储绩效考核指标体系的内容应综合、全面，各指标之间应相互联系、相互制约，从而达到相互协调、相互补充的目的。考核评价的指标必须把影响仓储管理的各种因素，全面系统地反映出来。

（4）可比稳定

严格保持对比指标的可比性是计算和分析指标的基本原则。所谓指标的可比性，就是对比的两个指标是否符合所研究任务的要求，比得合理；对比的结果，要能说明问题。同一空间的对比指标，其计算内容、方法、范围、单位等应相同；不同空间的对比指标，其所属时期或时点应统一。并且指标体系一旦确定，应在一段时间内保持相对稳定，不易经常变动，频繁修改，以便做不同时间、同一指标的对比分析。

9.2.2 仓储绩效考核指标体系

仓储的绩效如何，需要用绩效评价指标来评价分析。仓储绩效考核的指标是由多方面的指标所构成的指标体系，主要包括资源利用程度方面的指标、服务水平方面的指标、能力与质量方面的指标、库存效率方面的指标等。

1. 资源利用方面的指标

（1）仓库面积利用率

仓库面积利用率是衡量和考核仓库利用程度的指标。仓库面积利用率越大，表明仓库面积的有效使用情况越好。其计算公式为

$$\text{仓库面积利用率}=\frac{\text{报告期商品实际堆放面积}}{\text{报告期仓库总面积}}\times 100\%$$

式中，报告期商品实际堆放面积是指报告期仓库中商品储存堆放所实际占据的有效面积之和，报告期仓库的总面积是指从仓库围墙线算起，整个围墙所占有的面积。

（2）仓容利用率

仓容利用率是衡量和考核仓库利用程度的另一项指标。仓容利用率越大，表明仓库的利用效率越高。其计算公式为

$$仓容利用率=\frac{报告期平均每日实际使用的容积}{报告期仓库的有效容积}\times 100\%$$

$$报告期平均每日实际使用的容积=\frac{报告期储存商品体积之和}{报告期日历天数}$$

式中，报告期储存商品体积之和等于报告期仓库中每天储存的商品的体积之和。

仓库面积利用率和仓容利用率是反映仓库管理工作水平的主要经济指标。考核这两个指标，可以反映货物储存面积与仓库实际面积的对比关系及仓库面积的利用是否合理，也可以为挖掘储存潜力、提高仓库面积的有效利用率提供依据。

（3）每平方米储存量

每平方米储存量是指仓库每平方米使用面积每日储存商品的数量，这是一个综合评价仓库利用程度和经营管理水平的重要指标。其计算公式为

$$每平方米储存量=\frac{日平均储存量}{仓库使用面积之和}$$

$$日平均储存量=\frac{报告期商品储存总量}{报告期日历天数}$$

式中，报告期商品储存总量等于报告期每天的库存商品数量之和，仓库使用面积之和等于仓库中货场、货棚、库房的使用面积之和。库房的使用面积为库房建筑面积减去外墙、内柱、间隔墙及固定设施等所占的面积。货场、货棚使用面积是指货场中可以用来储存商品所实有的面积之和，即货场地坪的总面积扣除排水明沟、灯塔、水塔等剩余的面积之和。

（4）资金利润率

资金利润率是指仓储企业在一定时期内实现的利润总额占全部资金的比率。它常用来反映仓储企业的资金利用效果，计算公式为

$$资金利润率=\frac{利润总额}{固定资金平均占用额+流动资金平均占用额}\times 100\%$$

资金利润率与全部资金平均占用额成反比关系，与利润总额成正比关系。因而，企业提高资金利润率的途径有两条：一是在资金占用额一定的条件下，努力增加利润总额；二是在利润总额一定的前提下，妥善管理，挖掘潜力，节约材料，尽可能减少资金的占用额。

（5）设备利用率

设备利用率是考核运输、装卸搬运、加工、分拣等设备利用程度的指标。设备利用率越大，说明设备的利用程度越高。其计算公式为

$$设备利用率=\frac{全部设备的实际工作时数}{同期设备日历工作时数}\times 100\%$$

仓储设备是企业的重要资源，设备利用率高表明仓储企业进出业务量大，是经营良好的表现，为了更好地反映设备的利用情况，还可以用以下指标加以详细计算。

1）设备工作日利用率。设备工作日利用率，是指计划期内装卸、搬运等设备实际工作天数与计划工作天数之间的比值，反映各类设备在计划期内的工作日被利用情况，

其计算公式为

$$设备工作日利用率=\frac{计划期内设备实际工作天数}{计划期内设备计划工作天数}\times 100\%$$

2）设备工时利用率。设备工时利用率，是指装卸、运输等设备实际日工作时间与计划日工作时间的比值，反映设备工作日实际被利用程度，其计算公式为

$$设备工时利用率=\frac{设备每日实际工作时间}{设备每日计划工作时间}\times 100\%$$

（6）劳动生产率

劳动生产率是指劳动投入与收益的比值，通常以平均每人完成的工作量或创造的利润额来表示。全员劳动生产率计算公式为

$$全员劳动生产率=\frac{利润总额}{同期平均全员人数}\times 100\%$$

2. 服务水平方面的指标

（1）客户满意度

客户满意度是衡量企业竞争力的重要指标，客户满意与否不仅影响企业经营业绩，而且影响企业的形象。考核这项指标不仅能反映出企业服务水平的高低，同时还能衡量出企业竞争力的大小，其计算公式为

$$客户满意度=\frac{满足客户要求数量}{客户要求数量}\times 100\%$$

（2）缺货率

缺货率是对仓储商品可得性的衡量与度量。将全部商品所发生的缺货次数汇总起来与客户订货次数进行比较，就可以反映一个企业实现其服务承诺的状态，其计算公式为

$$缺货率=\frac{缺货次数}{客户订货次数}\times 100\%$$

（3）准时交货率

准时交货率是满足客户需求的考核指标，其计算公式为

$$准时交货率=\frac{准时交货次数}{总交货次数}\times 100\%$$

（4）货损货差赔偿率

货损货差赔偿率反映仓库在整个收发保管作业过程中作业质量的综合指标，其计算公式为

$$货损货差赔偿率=\frac{货损货差赔偿总额}{同期业务收入总额}\times 100\%$$

例如，表 9-1 所示为某仓库向客户承诺的服务指标。

表 9-1　某仓库向客户承诺的服务指标

仓储配送指标	运输指标
仓储提供能力：100%	运输准确率：100%
仓储扩充能力：100%	货损赔付率：100%
满足仓储要求：90%	响应速度：<2 小时
库存完好率：100%	延期率：<2%（零担货物） <0.3%（整车物品）
库存安全保障能力：100%	
出入库保障能力：100%	物品出险率：<4 次/年
配送及时率：>80%	
配送准确率：100%	
在途信息失控率：<5 次/年	
信息技术的应用率：90%	
远程信息提供能力：>90%	
账实相符率：100%	
客户满意度：>99%	

3. 能力与质量方面的指标

（1）货物吞吐量

货物吞吐量是指计划期内进出库货物的总量，一般以 t（吨）表示，计划期限通常以年吞吐量计算。其计算公式为

计划期内货物吞吐量 = 计划期内货物总进库量 + 计划期内货物总出库量 + 计划期内直拨量

（2）商品储存总量

商品储存总量是指在一定时期内（通常为月度或年度）入库商品的总量。它是考核和评价仓库经营管理成果的最基本的指标之一，其计量单位是 t（吨），计算公式为

$$商品储存总量 = 实重商品吨数 + \frac{轻泡商品体积}{2}$$

式中，实重商品是指重量达 1 000 kg，而体积不足 2 m^3的商品。计算商品储存总量时，实重商品吨数按其实际重量吨数计算。轻泡商品指的是体积达 2 m^3，而重量不足 1 000 kg 的商品。计算商品储存总量时，轻泡商品吨数按其体积数的一半计入商品储存总量，即每 2 m^3计算为 1 000 kg。

例如，某公司某月入库储存甲商品 1 200 kg，体积 90 m^3。入库储存乙商品 50 000 kg，体积 40 m^3。计算该公司该月商品储存总量。

解： $商品储存总量 = \frac{90}{2} + 50 = 95\ t$

因为，甲商品平均每 1 000 kg 的体积（7.5 m^3）大于 2 m^3，属于轻泡商品，所以用其体积数的一半计入商品储存总量。而乙商品平均每 1 000 kg 的体积（1.25 m^3）小

于2 m^3,属于实重商品，所以按乙商品实际的重量 50 t 计入商品储存总量。

计算结果表明，该仓库该月的商品储存总量为 95 t。

（3）账货相符率

账货相符率是指仓储账册上的货物储量与实际仓库中保存的货物数量之间的相符程度。在对仓储货物盘点时，一般会逐笔与账面数字核对。账货相符率指标反映出仓库的管理水平，是避免企业财产损失的主要考核指标，其计算公式为

$$账货相符率=\frac{账货相符笔数}{库存货物总笔数}\times 100\%$$

（4）进、发货准确率

进、发货准确率是仓储管理的重要质量指标，进、发货的准确与否关系到仓储服务质量的高低。因此，应严格考核进、发货差错率指标，将进、发货差错率控制在 0.005% 之内，其计算公式为

$$进、发货准确率=\frac{期内货物吞吐量-进、发货差错总量}{期内货物吞吐量}\times 100\%$$

（5）商品缺损率

商品缺损主要是由两种原因造成的：一是保管损失，即因保管养护不善造成的损失；二是自然损耗，即因商品易挥发、失重或者破损造成的损失。商品缺损率反映商品保管与养护的实际状况，考核这项指标是为了促使商品保管与保养水平的提高，从而使商品缺损率降到最低，其计算公式为

$$商品缺损率=\frac{期内商品缺损量}{期内库存商品总量}\times 100\%$$

4. 库存效率方面的指标

库存效率方面的指标主要通过库存周转率来反映，影响库存效率的其他指标最终都是通过库存周转率来反映的。库存周转率是用于计算库存货物的周转速度，反映仓储工作水平的重要效率指标，是在一定时间内销售成本与平均库存的比率。

在货物总需求量一定的情况下，如果能够降低仓库的货物储备量，其周转的速度就会加快。从降低流动资金占用和提高仓储利用率的要求出发，就应当减少仓库的货物储备量。但一味地减少库存，有可能影响到货物的供应。因此，仓库的货物储量应建立在一个合理的基础上，做到在保证供应需求的前提下尽量地降低库存量，从而加快货物的周转速度，提高资金和仓储效率。

（1）用周转天数表示的库存周转率

$$货物周转天数=\frac{360}{货物年周转次数}\times 100\%$$

货物周转次数越少，则周转天数越多，表明货物的周转越慢，周转的效率越低；反之则效率越高。

（2）商品周转率

商品周转率是用一定期间的平均库存额去除该期间的销售额而得到的，表示商品

的周转情形，是该指标能提供适宜而正确的库存管理所需要的基本资料。

由于使用周转率的目的不同，因此，商品周转率的计算公式也会有差异，可按表9-2选择相应的计算公式。

表9-2　商品周转率的计算公式

售价方法	商品周转率 $=\dfrac{销售额}{平均库存额（按成本）}\times 100\%$
成本方法	商品周转率 $=\dfrac{销售成本}{平均库存额（按成本）}\times 100\%$
数量方法	商品周转率 $=\dfrac{销售数量}{平均库存数量}\times 100\%$
销售金额方法	商品周转率 $=\dfrac{销售金额}{平均库存}\times 100\%$
包括利益与成本法	商品周转率 $=\dfrac{总销售额}{平均库存额（按成本）}\times 100\%$

9.2.3　仓储绩效的评估方法

现代仓储企业的各项考核指标是从不同角度反映某一方面的情况。如果仅凭一项指标则很难反映事物的总体情况，也不容易发现问题，更难找到产生问题的原因。因此，要全面、准确地认识仓储企业的现状和规律，把握其发展的趋势，必须对各个指标进行系统而周密的分析。通过各项指标的分析，能够全面了解仓储企业各项业务工作的完成情况和取得的绩效，发现存在的问题及薄弱环节，可以全面了解仓储企业设施设备的利用程度和潜力，可以掌握客户对仓储企业的满意程度及服务水平，可以认识仓储企业的运营能力和运营质量及运营效率。其具体的分析方法主要有对比分析法、KPI绩效考核和价值分析法三种。

1. 对比分析法

（1）对比分析法的含义

对比分析法也称比较分析法，是把客观事物加以比较，以认识事物的本质和规律并做出正确的评价。

对比分析法通常是把两个相互联系的指标数据进行比较，从数量上展示和说明研究对象规模的大小，水平的高低，速度的快慢，以及各种关系是否协调。在对比分析中，选择合适的对比标准是十分关键的步骤，选择合适，才能做出客观的评价；选择不合适，则可能得出错误的结论。

（2）对比分析法的形式

对比分析法根据分析的特殊需要有以下两种形式。

1）绝对数比较。它是利用绝对数进行对比，从而寻找差异的一种方法。

2）相对数比较。它是由两个有联系的指标对比计算，用以反映客观现象之间数量联系程度的综合指标，其数值表现为相对数。根据研究目的和对比基础不同，相对数可以分为以下几种：

① 结构相对数：将同一总体内的部分数值与全部数值对比求得比重，用以说明事物的性质、结构或质量。如居民食品支出额占消费支出总额比重、产品合格率等。

② 比例相对数：将同一总体内不同部分的数值对比，表明总体内各部分的比例关系，如人口性别比例、投资与消费比例等。

③ 比较相对数：将同一时期两个性质相同的指标数值对比，说明同类现象在不同空间条件下的数量对比关系。如不同地区商品价格对比，不同行业、不同企业间某项指标对比等。

④ 强度相对数：将两个性质不同但有一定联系的总量指标对比，用以说明现象的强度、密度和普遍程度。如人均国内生产总值用“元/人”表示，人口密度用“人/平方公里”表示。也有用百分数或千分数表示的，如人口出生率用‰表示。

⑤ 计划完成程度相对数：将某一时期实际完成数与计划数对比，用以说明计划完成程度。

⑥ 动态相对数：将同一现象在不同时期的指标数值对比，用以说明发展方向和变化的速度。如发展速度、增长速度等。

（3）仓储绩效考核指标的分析

下面以库存周转率为例进行对比分析。

1）库存周转率的评价方法。

① 和同行业的比较评价法。在与同行业相互比较时有必要将计算公式的内容统一起来，调整到同一基础进行计算才有真正的比较价值。

② 参考以往绩效的评价方法。参考自己公司以往的绩效，不是随便取之，而是用周转率大的绩效值进行比较分析。另外，周转率和周转时间的标准值因商品的分类不同而各不相同，所以除过去的绩效外最好不要参照其他相关因素来决定。

③ 期间比较评价法。根据统计资料计算的周转率仅能作为一个概略的标准，应将重点放在本公司内各期间的比较来评价良莠才是较为正确的方法。另外，计算周转率时，以月间周转率作为相对期间来比较更为客观。

据统计资料显示，各种中小企业的库存周转率如表9-3所示。

表9-3　各种中小企业的库存周转率

业种名称（平均）	付诸统计的企业数/个	平均员工数/人	原材料周转率/年	在制品周转率/年	制成品周转率/年	销售类别总利润率/%
制造业总平均	3277	71	64.2	78.5	61.0	23.0
食品工业	453	54	58.3	90.6	62.1	27.6
纤维工业	446	77	47.0	59.6	45.9	19.6
木材工业	141	56	25.8	98.3	54.9	18.4
家具工业	89	53	32.2	120.1	73.8	21.1
造纸业	150	68	72.4	115.7	66.1	22.6

续表

业种名称（平均）	付诸统计的企业数/个	平均员工数/人	原材料周转率/年	在制品周转率/年	制成品周转率/年	销售类别总利润率/%
印刷业	213	42	117.2	–	–	29.8
化学工业	89	70	45.3	112.3	41.8	27.3
皮革业	14	146	46.3	58.1	54.2	19.0
橡胶业	45	136	68.1	106.6	61.3	19.5
窑业	149	77	102.0	125.8	58.6	27.8
非铁金属业	89	120	39.6	59.9	59.5	15.9
锻造工业	120	64	94.5	67.0	67.0	19.3
金属制品业	323	66	58.4	77.3	55.2	22.3
机械制造业	375	70	79.4	60.6	60.5	26.3
电气仪表业	182	90	59.2	78.3	76.9	20.8
运输机械业	161	94	67.9	75.9	98.9	18.9
机密机械	79	109	63.4	61.4	69.6	24.3

2）库存周转率分析

库存周转率与经济效益的关系有可能出现以下四种情况：

① 周转率高，经济效益好。此时销售额增加并且远远超过存货资产，使企业获得较好的利润，或者是企业决策合理而缩短了周转期。

② 库存周转率虽高，经济效益却不佳。当销售额超过标准库存的拥有量时，会产生缺货现象，若缺货情形远远超过允许缺货率而丧失销售机会，将带来损失，因而经济效益不高；当库存调整过分彻底，而超过了销售额的下降水平时，也会产生缺货，进而减少效益；还有可能是结算时将其粉饰，在账上把不良库存都卖掉了，以此来提高销售数额而压低库存。

③ 周转率虽低，但经济效益好。这种情况主要指，对不久的将来，确实能够预测大幅度涨价的商品，有了估计库存，使库存量增大；或对于有缺货危险的商品，有计划地增加了适当的库存；或对将来销售额的增加已有正确的估计，而在周密计划之下持有储藏较多的存货。

④ 周转率低，经济效益也低。具体表现为销售额明明减少而未作库存调整，或者库存中的不良品、长期保管品、品质低下品、过时品等不断增加。

总之，周转率是灵活的，当我们通过周转率观察经营状态时，应该先参照上述原则，然后结合实际情况做出正确的判断。

2. KPI 绩效考核

（1）KPI 绩效考核的概念

KPI 绩效考核又称为“关键业绩指标（Key Performance Indicator，KPI）”考核法，是通过对组织内部流程的输入端、输出端的关键参数进行设置、取样、计算、分析，以衡量流程绩效的一种目标式量化管理指标，是把企业的战略目标分解为可操作的工作目标的工具，是企业绩效管理的基础。KPI 是企业绩效考核的方法之一，同样适用于仓储绩效考核。仓储企业的仓储运作过程是劳动者运用劳动工具改变劳动对象的过程。在仓储活动的三个基本要素（劳动力、劳动资料、劳动对象）中，劳动力是最重要的因素，正确地统计、分析、预测劳动生产力指标，对于仓储企业有序地组织生产、充分开发、合理利用人力资源有重要意义。

这种方法的优点是标准比较鲜明，易于做出评估。缺点是对简单的工作制定标准难度较大；缺乏一定的定量性；绩效指标只是一些关键的指标，对于其他内容缺少一定的评估，应引起注意。

（2）KPI 绩效考核的方法

KPI 绩效考核方法符合一个重要的管理原理，即“二八原理”。在一个企业的价值创造过程中，存在“20/80”的规律，即 20% 的骨干人员创造企业 80% 的价值。而且“二八原理”同样适用在每一位员工身上，即 80% 的工作任务是由 20% 的关键行为完成的。因此，必须抓住这 20% 的关键行为，对之进行分析和衡量，这样就能抓住业绩评价的重心。建立明确的切实可行的 KPI 体系，是做好绩效管理的关键。关键绩效指标是用于衡量工作人员工作绩效表现的量化指标，是绩效计划的重要组成部分。

确定关键绩效指标有一个重要的 SMART 原则。SMART 是 5 个英文单词首字母的缩写：

S 代表具体（Specific），指绩效考核要切中特定的工作指标，不能笼统；

M 代表可度量（Measurable），指绩效指标是数量化或者行为化的，验证这些绩效指标的数据或者信息是可以获得的；

A 代表可实现（Attainable），指绩效指标在付出努力的情况下可以实现，避免设立过高或过低的目标；

R 代表相关性（Relevant），是指年度经营目标的设定必须与预算责任单位的职责紧密相关，它是预算管理部门、预算执行部门和公司管理层经过反复分析、研究、协商的结果，必须经过他们的共同认可和承诺；

T 代表有时限（Time - based），注重完成绩效指标的特定期限。

（3）KPI 指标建立的流程

KPI 是现代企业中受到普遍重视的业绩考评方法。KPI 可以使部门主管明确部门的主要责任，并以此为基础，明确部门人员的业绩衡量指标，使业绩考评建立在量化的基础之上。

关键业绩指标指明各项工作内容所应产生的结果或所应达到的标准。最常见的关键业绩指标有三种：

① 效益类指标，如资产盈利效率、盈利水平等；

② 营运类指标，如部门管理费用控制、市场份额等；

③ 组织类指标，如满意度水平、服务效率等。

使用 KPI 的最终目标是企业组织结构的集成化，是以提高企业的效率为核心，精简不必要的机构、不必要的流程及不必要的系统。KPI 确立的是关键绩效指标，而不是目标，因此，KPI 的设定并不是越多越好，而需要抓住绩效特征的根本，科学地设定 KPI 的考核指标。关键绩效指标强调对企业业绩起关键作用的指标，而不是与企业经营管理有关的所有指标。它实际上提供了一种管理的思路：作为绩效管理，应该抓住关键绩效指标绩效管理，通过关键绩效指标将员工的行为引向组织的目标方向。

建立岗位绩效指标时，其最终目标是为了完成公司的目标，因此，要以确定企业的战略目标为起点，在纵向上要考虑上一级的指标，一步一步逐级分解出部门 KPI 和岗位 KPI，在横向上则要考虑流程因素，要清楚每一个工作的输入与输出及过程的要素。KPI 作为关键绩效指标，企业在制定时，需要确实体现 KPI 中关键和少量的作用。KPI 的制定，不能太少也不能过多。太少达不到平衡的作用，无法全面考虑到企业管理的各个方面，而太多又会造成顾此失彼，浪费多余的人力和精力。所以，制定指标不在于数量，而在于关键性，要能真正反映企业成功的要素。

不同类型的岗位 KPI 指标选取的重点有所不同，主要有以下几种情况。

1）上山型岗位。上山型岗位一般考核指标较少，且存在主流业绩指标，比如业务员的销售指标、生产工人的生产件数指标，这些主流业绩指标允许占权重达到40% 以上。

上山型岗位 KPI 指标选取顺序为：① 业绩生产类指标；② 能力指标；③ 职能类指标。

2）平路型岗位。因为平路型岗位工作内容较多，权重较为平均，所以考核指标也较多，单个指标权重超过 30% 以上的较少。

平路型岗位 KPI 指标选取顺序为：① 职责、职能类指标；② 胜任力指标；③ 工作业绩指标。

3）下山型岗位。下山型岗位指标往往存在大指标和小指标，大指标内包含若干个小指标，分类较细。如会计报税指标又可细化为报税及时性、报税完整性、报税差错率等指标。研发类下山型岗位指标还具备一个特色，即存在流程性指标，工作存在先后顺序，每月工作重点不同，指标及目标值变动较大。

下山型岗位 KPI 指标选取顺序为：① 胜任力指标；② 业绩产出指标；③ 职能职责类指标。

3. 价值分析法

要提高仓储的经营效益，无非是采用开源节流的方法，降低成本便是为了节流。在降低成本开支的分析方法中，价值分析是一种比较实用的方法。所谓价值分析，就是通过综合分析系统的功能与成本的相互关系寻求系统整体最优化途径的一项技术分析方法。采用价值分析的方法主要是通过对功能和成本的分析，力图以最低的寿命周期成本可靠地实现系统的必要功能。

（1）价值分析的基本思想

在各种经济活动中，不论是制订计划还是生产制造，不论是销售工作，还是购买工作或是设备的选用，都期望能以最低的价格实现最大的价值，即为了实现最佳要进行各种讨论和分析，这个过程称为价值分析。价值分析大体按下列顺序进行：

1）使用此物品是否必要。

2）所使用的这些物品，其价值与效用是否相当。

3）为满足这种用途，是否还有其他方法或代用品。

4）物品所有的性能是否都是必要的。

5）质量要求是否过高。

6）形状、尺寸是否浪费。

7）重量是否浪费。

8）能否使用标准件和通用件。

9）物品的成本相对于用途是否必要或是否适宜。

10）能否采用更适宜、更经济的方法进行生产。

（2）价值分析在库存管理中的应用

库存管理的内容包括库存管理方针、库存品种的确定、库存品的分类、库存数量的计算、库存量的控制及库存时间、库存方法、库存设备、库存费用、库存运营等，这些都是价值分析所要研究的对象，因为每一项都与价值有直接关系。例如，库存品种的确定是仓储经营的一项重要决策，如果所选物品在仓储经营中效用很低，甚至在仓库中存在对企业的运营毫无影响的物品，说明库存的价值不能得到体现。通常库存量过多不行，过少也不行，我们追求的是合理的库存量。但对某些物品而言，有的物品允许缺货，而有的物品绝对不允许有缺货。因此，如果不能够明确地将两者加以区别，往往在价值方面就要遭受损失。

采用不同的管理方法，可以获得不同的价值。如果保管不当，物品的价值必然下降，在考虑库存方法时，如果不把保证物品的良好质量作为重点之一，就会出现质量下降、效率降低等现象，这将导致价值减少。相反，如果保管方法好，物品的质量不降低，就等同于价值相对增高。

案例分析

“英迈中国”的库房

2000 年全年，英迈公司全部库房只丢了一根电缆。半年一次的盘库，由公证公司做第三方机构检验，前后统计结果只差几分钱。

陈仓损坏率为 0.3‰，运作成本不到营业总额的 1%……这些都发生在全国拥有 15 个仓储中心、每天库存货品上千种、价值可达 5 亿人民币的英迈中国身上，他们是如何做到的呢？近日，受邀参观了英迈中国在上海的储运中心，对英迈中国运作部强烈的成本概念和服务意识感触很深。

1. 几个数字

一毛二分三：英迈库中所有的货品在摆放时，货品标签一律向外，而且没有一个倒置，这是在进货时就按操作规范统一摆放的，目的是为了出货和清点库存时查询方便。运作部曾经计算过，如果货品标签向内，以一个熟练的库房管理人员操作，将其恢复至标签向外，需要8分钟，这8分钟的人工成本就是一毛二分三。

3 kg：英迈的每一个仓库中都有一本重达3 kg的行为规范指导，细到怎样检查销售单、怎样装货、怎样包装、怎样存档、每一步骤在系统上的页面是怎样的，在这本指导上都有流程图和文字说明，任何受过基础教育的员工都可以从规范指导中查询和了解到每一个物流环节的操作规范，并遵照执行。在英迈的仓库中，只要有动作就有规范，操作流程清晰的观念为每一个员工所熟知。

5分钟：统计和打印出英迈上海仓库或全国各个仓库的劳动力生产指标，包括人均收货多少钱，人均收货多少行（即多少单，其中人均每小时收到或发出多少行订单是仓储系统评估的一个重要指标），只需要5分钟。在Impulse系统中，劳动力生产指标统计适时在线，随时可调出。而如果没有系统支持，这样的一个指标统计至少得一个月时间。

10 cm：仓库空间是经过精确设计和科学规划的，甚至货架之间的过道也是经过精确计算的，为了尽量增大库存的可使用面积，只给运货叉车留出了10 cm的空间，叉车司机的驾驶必须稳而又稳，尤其是在拐弯时。因此，英迈的叉车司机都要经过此方面的专业培训。

20分钟：在日常操作中，仓库员工从接到订单到完成取货，规定时间为20分钟。因为仓库对每一个货位都标注了货号标志，并输入Impulse系统中，Impulse系统会将发货产品自动生成产品货号，货号与仓库中的货位一一对应，所以仓库员工在发货时就像邮递员寻找邮递对象的门牌号码一样方便快捷。

4小时：一次，由于库房经理的网卡出现故障，无法使用Impulse系统，结果他在库房中寻找了4个小时，也没有找到他想找的网络工作站。依赖IT系统对库房进行高效管理，已经成为库房员工根深蒂固的观念。

1个月：英迈的库房是根据中国市场的现状和生意的需求而建设的，投入要求恰如其分，目标清楚，能支持现有的生意模式并做好随时扩张的准备。每个地区的仓库经理都要求能够在1个月之内完成一个新增仓库的考察、配置与实施，这都是为了飞快地启动物流支持系统。在英迈的观念中，如果人没有准备，有钱也没用。

2. 几件小事

1）英迈库房中的很多记事本都是由已打印一次的纸张装订而成，即使是各层经理也不例外。

2）进出库房都须严格按照流程进行，每一个环节的责任人都必须明确，违反操作流程，即使有总经理的签字也不可以。

3）货架上的货品号码标识用的都是磁条，采用的原因同样是节约成本，以往采用的是打印标识纸条，但因为进仓货品经常变化，占据货位的情况也不断改变，用纸条标识灵活性差，而且打印成本也很高，采用磁条后问题得到了根本性解决。

4）英迈要求与其合作的所有货运公司在运输车辆的厢壁上必须安装薄木板，以避免因为板壁不平而使运输货品的包装出现损伤。

5）在英迈的物流运作中，厂商的包装和特制胶带都不可再次使用，否则，视为侵害客户权益。因为包装和胶带代表着公司自身的知识产权，这是法律问题。如有装卸损坏，必须运回原厂请厂商再次包装。而由英迈自己包装的散件产品，全都统一采用印有其指定国内总代理怡通公司标识的胶带进行包装，以分清责任。

3. 仅仅及格

提起英迈，在分销渠道中都知道其最大优势是运作成本，而这一优势又往往被归于其采用了先进的 Impulse 系统，但从以上描述中可看出，英迈运作优势的获得并非看似那样简单，而是对每一个操作细节不断改进，日积月累而成，从所有的操作流程看，成本概念和以客户需求为中心的服务观念贯穿始终，这才是英迈竞争的核心所在。英迈中国的系统能力和后勤服务能力在英迈国际的评估体系中仅被打了 62 分，刚刚及格，据介绍，在美国专业物流市场中，英迈国际能拿到 70～80 分。

作为对市场销售的后勤支持部门，英迈运作部认为，真正的物流应是一个集中运作体系，一个公司能不能围绕新的业务，通过一个订单把后勤部门全部调动起来，这是一个核心问题。产品的覆盖面不见得是公司物流能力的覆盖面，物流能力覆盖面的衡量标准是应该经得起公司业务模式的转换，换了一种产品仍然能覆盖到原有的区域，解决这个问题的关键是建立一整套物流运作流程和规范体系，这也正是大多数国内 IT 企业所欠缺的物流服务观念。

（案例来源：李联卫．物流管理案例及解析［M］．北京：化学工业出版社，2015.）

问题讨论

1. 英迈中国是从哪几方面降低成本，提高仓储绩效的？
2. 从这个案例中我们能得到什么启示？

思考题

1. 仓储成本管理有何意义？
2. 仓储成本由哪几项构成？
3. 如何降低仓储成本？
4. 仓储绩效管理的目的是什么？
5. 简述评价仓储服务水平的指标。

第四篇 库存管理与控制

第10章 库存管理方法

本章导读

1. 深入了解库存的基本概念、库存的不同分类，对库存的作用有整体认识；了解库存的主要成本。

2. 掌握 ABC 库存管理法、CVA 库存管理法、MRP 库存管理法；了解企业资源计划 ERP 和 JIT 库存管理法。

案例导引

消费遇冷、仓储费用提升——服装零售业如何解决库存危机?

2019 年 6 月 17 日，招商证券发布的一组数据显示，2019 年 5 月社会消费品零售总额增速还在不断放缓。换句话说，消费者在如今的大环境下，消费底气依然不够充足。

这给服装零售业释放了两个危险信号：第一，在消费遇冷的大环境下，国内服饰消费需求不足，市场疲软，很少有人愿意买衣服；第二，服装企业会因为消费遇冷而面临系列库存周转问题，如果库存周转天数延长，企业需付出更高的仓储管理费用，资金压力将越来越大。

可以预见的是，服装零售业正在陷入一场大危机。高债务、高库存如果持续下去，毫无疑问会拖垮企业。以最高的效率、最低的成本去除库存，成了服装零售业在消费遇冷大背景下唯一的“救命稻草”。

其实几年前中国有一个非常大的品牌——凡客诚品，就是因为库存处理不好而萧条的，当时凡客诚品靠着几次成功的营销，盛极一时，估值高达几十亿美元，还一度差点在美国上市。不过扩张太快，导致不停增加库存量，凡客的库存越来越多。2013年，凡客开始一系列的清库存行动，极大透支了凡客的品牌，也透支了不少正常的消费力，凡客的销量越来越差。最终凡客从一家上万人的公司，变成了一家只有两三百人的小公司。

由此可见，清理库存，回笼资金虽是好事，但如果处理不好，会非常影响品牌形象。

（资料来源：根据中国消费网 http：//www. ccn. com. cn/html/news/xiaofeizixun/2019/0625/461114. html 整理而来）

阅读以上案例，请思考库存管理不当会给企业带来哪些危害。

目前，在库存管理中常用的方法有两种，一种是传统的库存管理方法，另一种是现代的库存管理方法。传统的库存管理方法主要有 ABC 库存管理法和 CVA 库存管理法等，现代的库存管理方法主要有 MRP 与 MRP Ⅱ 库存管理法、企业制造资源计划（ERP）和及时生产（JIT）库存管理法等。

10.1　库存管理概述

10.1.1　库存的概念及分类

1. 库存的概念

库存是指暂时闲置的用于满足将来需要的资源。它通常摆放在仓库中。在企业生产中，有许多未来的需求变化是人们无法预测或难以全部预测到的，人们不得不采用一些必要的方法和手段应付外界变化，库存就是出于种种经济目的考虑而设立和存在的。设置库存的目的是为了防止短缺，所以企业一般都具有一定的库存。

库存无论对制造业还是服务业都十分重要。传统意义上，制造业库存是指生产制造企业为实现产成品生产所需要的原材料、备件、低值易耗品及在制品等资源，服务业库存一般是指用于销售的有形商品及用于管理服务的耗用品。

2. 库存的作用

一般来说，任何企业都有库存，只是各类企业的性质不同，其库存的种类、品种和数量也随之有所不同。库存的作用一般表现在以下几个方面。

（1）库存可以使企业降低采购成本

众所周知，企业在采购过程中，采购的价格因采购数量的多少而有所不同。大批量的采购可以获得更多的价格折扣，使企业降低采购成本，实现规模经济效益。同时，大批量的采购，有时还可以避免因市场价格上涨带来的资金支出增加。因此，在这种情况下自然就会产生库存。

（2）库存可以调节和缓解供需矛盾

任何产品的生产都不可能与消费达到完全高度的吻合。有些产品的生产时间相对集中，而消费则是相对均衡的。一些季节性产品、批量产品在生产出来以后，需要储存，形成存货，再持续地向消费者提供，不断保证满足消费者需求，从而缓解供给和消费需求之间存在的矛盾。从另一方面来说，集中生产的产品如果及时推向市场销售，必然造成市场短时间内产品供大于求，价格下跌，产品无法消费而被废弃的现象，这也需要库存来进行调节，均衡地向市场供应，稳定市场。因此，库存可以起到维护正常的生产秩序和消费秩序的作用，可以缓解、调节和消除供求之间的这种不协调的现象。

（3）库存可以缩短或消除消费者的等待时间

任何生产过程都需要一定的时间，即产品在到达最终消费者之前，都有必要的原材料的采购、物品的生产、成品的流通等过程。而每一位消费者选择的只是最终可以及时使用的成品，不愿意花时间去等待产品生产，然后再消费。如果企业保持有一定量的库存，就可以缩短或者消除消费者的等待时间，满足消费者需求，提高产品的竞争力。

（4）库存具有防止和化解不确定因素的作用

库存具有一定的安全功能，就是用来防止和化解不确定因素的发生对企业正常运营的影响。这些不确定因素可能是由于临时用量的增加，也可能是市场的供货紧缺等形成的。一般来说，不确定因素主要有两种类型：一种是需求的变化，另一种是时间前置的变化。在生产中，如果实际需求量超过了计划的需求量，或者前置时间超过了计划的前置时间，这时企业如果没有一定量的安全库存，就会发生缺货，从而影响企业的正常经营。所以，安全库存就是为了避免此类现象的发生而存在的。

（5）库存具有经济性作用

库存是企业的一项资产，它同其他资产一样，也要追求资产运用的最优化。库存过多会造成积压，增加企业不必要的储存成本；库存不足又会造成脱销，影响企业的正常生产经营和造成消费者不满。因此，企业库存应当尽量保持一个最优值，即企业的库存既不应该投资过多，又不能投资过少，应当根据市场需求和变化特点找到最合理优化的平衡点，取得最大化的经济效益。

3. 库存的分类

一般情况下，库存可按以下不同的标准进行分类。

（1）按生产过程分类

从生产过程的角度，库存可分为原材料库存、在制品库存、维修库存和成品库存。

1）原材料库存是指企业在存储的过程中所需要的各种原料和材料，这些原料和材料必须符合企业生产所规定的要求。有时，也将外购件库存作为原材料库存。

2）在制品库存是指仍处于生产过程中已部分完工的半成品。

3）维修库存包括用于维修与维护的经常性消耗品或者备件，例如润滑油和机器零件等。维修库存不包括产成品的维护所需要的物品或备件。

4）成品库存是指可以出售、分配、能提供给消费者购买的最终产品。

（2）按经营过程分类

从经营过程的角度，可将库存分为经常库存、安全库存、生产加工库存、季节性库存和积压库存。

1）经常库存是指企业在正常经营环境下为满足日常需要而建立的库存。

2）安全库存是指为防止不确定因素的影响而准备的缓冲库存。如大量突然发货、交货期突然延期等。有资料表明，缓冲库存几乎占到零售业库存的1/3。

3）生产加工库存是指处于加工状态及为了生产的需要暂时处于储存状态的零部件、半成品或成品。

4）季节性库存是指为了满足特定季节中出现的特定需要而建立的库存，或指对季节性出产的原材料在出产的季节大量收购所建立的库存。

5）积压库存是指因物品品质变坏不再有效用的库存，或没有市场销路而卖不出去的商品库存。

（3）按库存的作用和功能分类

从库存的作用和功能角度，可将库存分为基本库存（安全库存）和中转库存。

1）基本库存是指补给生产过程中产生的库存。由于生产过程对原材料的需求是源源不断的，因此，必须有一定数量的库存以便提供生产供应，保障生产所需。补给订货的数量就是订货量。

2）中转库存是指正在转移或者等待转移的、已经装运在运输工具上的存货。中转库存是实现补给订货所必需的库存，在今天越来越受到企业的关注。在企业生产经营中，中转库存重视小批量、高频率的运输与传递，在存货中的比例逐渐增大。

（4）按库存的预测性分类

按库存的预测性分类，可将库存分为独立需求库存和相关需求库存。

1）独立需求库存是指需求的数量和时间与其他变量的相互关系不确定，主要受消费市场需求影响的库存。一般将来自客户对企业产品和服务的需求作为独立需求。

2）相关需求库存是指其需求的数量和时间与其他变量存在一定的相互关系，可以通过一定的数学关系推断出来的库存。一般生产制造企业内部物料转化各环节之间发生的需求为相关需求。客户对企业产品的需求一旦确定，与该产品有关的零部件、原材料的需求也就随之确定，对这些零部件、原材料的需求就是相关需求。

10.1.2 库存的成本构成

在库存经营过程中，会产生各种各样的成本，主要包括订货成本、存储成本、进货与购买成本、缺货成本等。

1. 订货成本

订货成本是指订货过程中发生的与订货有关的全部费用，包括办公费、差旅费、订货手续费、通信费、招待费及订货人员的有关费用。订货成本可分为固定性订货成本和变动性订货成本两部分。固定性订货成本是指与采购次数和数量没有直接联系的，用于维持采购部门正常活动所需要的有关费用，如采购机构的管理费、采购人员的工资等。变动性订货成本是指与订货数量没有直接关系，但随订货次数的变动而变动的费用，如差旅费、运输费等。所以，一般来说，订货成本与订货量的多少无关，而与订货次数有关。降低订货成本，就需要减少订货次数。

2. 存储成本

存储成本又称为持有成本，是指存货在储存过程中发生的费用。存储成本包括货物占用资金应付的利息、货物损坏变质的支出、仓库折旧费、维修费、仓储费、保险费、仓库保管人员工资等费用。

存储成本按照其与存货的数量和时间关系，分为固定性存储成本和变动性存储成本两部分。固定性存储成本是指在一定时间内总额相对稳定，与存货数量和时间无关的存储费用，如仓库折旧费、仓库人员工资等。变动性存储成本是指总额随着存货数量和时间的变动而变动的有关费用，如仓储费、占用资金的利息等。

3. 进货与购买成本

进货与购买成本是指在采购过程中所发生的费用，包括所购物资的买价和采购费用。该成本取决于进货的数量和进货的单位成本。在没有数量折扣的条件下，进货与购买成本是企业无法控制的成本。

4. 缺货成本

缺货成本是指当存储供不应求时引起的损失，如失去销售机会的损失、停工待料的损失、临时采购造成的额外费用及延期交货不能履行合同而缴纳的罚款等。从缺货损失的角度考虑，存储量越大，缺货的可能性就越小，缺货成本也就越少。

库存的总成本即由以上各项成本构成。

10.1.3 库存管理的目标和作用

库存管理也称库存控制，是指对生产、经营全过程的各种物品、产成品及其他资源进行预测、计划、执行、控制和监督，使其储备保持在经济合理的水平上的行为。现代企业认为，零库存是最好的库存管理。因为库存多，占用资金也多，利息负担就会加重。但如果过分追求低库存，也会加大存货短缺成本，造成货源短缺，失去市场甚至失去客户。因此，在库存管理过程中，应把握好衡量的尺度，处理好服务成本、缺货成本、订货成本、库存持有成本等各成本之间的关系，以求达到企业的库存管理目标。

1. 库存管理的目标

为了保证企业正常的生产经营活动，库存是必要的，但因为库存又占用了大量资金，成为企业生产经营成本的一部分，因此，库存管理的关键问题就是要既能保证经营活动的顺利进行，又能使资金占用达到最小。

库存管理的目标就是要防止超储和缺货，最大限度地降低存货成本，必须保证销售、生产等基本要求，在企业资源约束下，以最合理的成本为客户服务。具体包括以下几个方面：

1）低库存目标。降低存货，释放更多的流动资金。

2）高保证度的目标。存货合理的情况下保证生产流程所需的材料供需顺利。

3）消除不确定性的目标。保证一定的安全库存，防止延迟送货、缺货或市场波动等意外事件的发生。

4）快捷的目标。满足各个销售通路对产品需求的供应，并提供快速响应。

通过库存管理，以满足存户服务需求为前提，对企业的库存水平进行控制管理，尽可能降低库存水平，提高物流系统的效率，以强化企业的竞争力。

2. 库存管理的作用

库存管理的意义就在于它能确保物流顺畅，促使企业经营活动繁荣兴旺。不论什么企业，都要储备一些物资。以生产为主的企业，不储备一定的物资，不能维持其连续生产；服务性行业，也要备置某些需用的设备和服务用具；就连一般的事业单位，也要备有某些办公用品等。因此，各行各业都存在不同程度的库存管理业务。实行库存管理有如下作用：

1）有利于资金周转。因为在某些特殊情况下，可以做到将库存需要的投资额规定为零。为此，可使经营活动更为灵活，把用于建立原材料、制成品、商品等常备库存所需要占用的资金转为经营其他项目，这就有可能使经营活动向更新、更高的阶段发展。

2）保证企业经营活动的正常需要。企业对有关物资的需求，是随经营活动的进行而不断发生的，但需求与供应在时间和数量上又往往是不同步的。因此，只有有相应数量的物资储备供周转，才能保证企业经营活动的正常需要。

3）缓冲作业的失误。在企业生产经营的实践中，因某些主观或客观的因素（如预测不准、生产事故、运输故障等）出现作业失误，往往是难以完全避免的。这时，若有相应的物资储备，便可缓冲作业的失误，保证生产经营活动按预定的要求继续进行。

10.2 ABC 库存管理法

10.2.1 ABC 库存管理法的概念

一般来说，企业的库存物资种类繁多，而各个品种的价格又有所不同，且库存数量也不等。有的物资品种不多但价值很大，很多物资品种数量多但价值却不高。由于企业的资源有限，因此，对所有库存品种均给予相同程度的重视和管理不太可能，也有些脱离实际。为了使有限的时间、资金、人力、物力等企业资源能得到更有效的利用，要对库存物资进行分类，根据“关键的少数和次要的多数”的原理，按物资重要程度的不同，分别进行不同的管理，这就是 ABC 库存管理法的基本思想。

ABC 库存管理的基本原理是：将库存物品按品种和占用资金的多少分为特别重要

的库存 A 类、一般重要的库存 B 类和不重要的库存 C 类，其核心是“抓住重点，分清主次”。一般来说，A 类物资种类占全部库存物资种类总数的 10% 左右，而其需求量却占全部物资总需求量的 70% 左右；B 类物资种类占 20% 左右，其需求量占总需求量的 20% 左右；C 类物资种类占 70% 左右，而需求量只占总需求量的 10% 左右。

10.2.2 ABC 分析的产生与发展

1. ABC 分析的产生

ABC 分析是从 ABC 曲线转化而来的一种管理方法，ABC 曲线又称帕累托（Pareto）曲线。意大利经济学家帕累托（Villefredo Pareto）在 1879 年研究人口与收入的关系问题时，经过对一些统计资料的分析后提出了一个关于收入分配的定律：社会财富的 80% 掌握在 20% 的人手中，而余下的 80% 的人只占有 20% 的财富。这种由少数人拥有最重要的事物而多数人拥有少量的重要事物的理论，已扩大并包含许多的情况，并被称为帕累托原则（Pareto Principle），即所谓“关键的少数和次要的多数”的哲理，也就是我们平时所提到的二八定律。如果将此情况通过以横坐标为人口比例、纵坐标为收入比例的曲线加以描述，就得到图 10-1 所示的帕累托曲线。

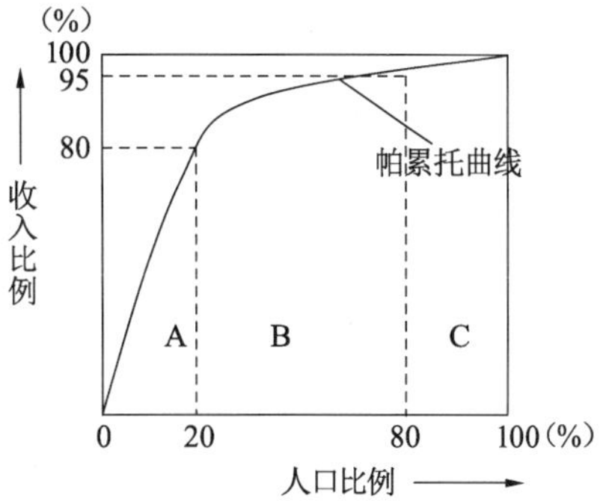

图 10-1 帕累托曲线

2. ABC 分析的发展

随着人类社会经济的飞速发展，经济研究活动也在不断地深入之中。人们渐渐发现，帕累托原理不仅存在于社会财富的分配问题中，在经济活动中的其他领域也具有普遍意义：如市场销售中 20% 的主要顾客占有 80% 的销售量；成本分析中 20% 的部件耗用工厂成本的 80% 等。经过对大量事实的研究表明，只要某一经济活动中的两个相关因素的统计分布符合 ABC 分析曲线的态势，就可以依据这两个因素将影响经济活动的主要方面与次要方面相区分，从而抓住矛盾的主要方面，也就抓住了解决问题的关键。而在企业所需的大量物品中（或企业的库存系统中），少数品种在总需用量中，或在总供给额中，或在库存总量中，或在储备资金总额中，占了很大的比重；而占品种项数比重很大的众多项目，在相应的量值中所占的比重并不大。所以，可以对此运用 ABC 分析，将企业所需的各种库存物品，按其需用量的大小、物品的重要程度、资源短缺和采购的难易程度、单价的高低、占用储备资金的多少等因素分为若干类，实施分类管理。最早在库存管理中运用 ABC 分析的是美国通用电气公司的迪基（H. F. Deckie）。时至今日，ABC 分析所带来的事半功倍的效果已经得到了企业界的公认。

目前各国企业在对 ABC 分析的应用中，存在着不同的区分方法。

（1）西屋二区分法

这个方法是由美国西屋电机公司（Westing House Inc.）所发明的，简称 WH 方式，亦称几何方法，是最简单的区分法。它将物品按品目、金额百分比分为两类，如：将所占金额比例为 90%、占品目比例为 10% 的物品列为 A 类，余下的列为 B 类，分类曲线如图 10-2 所示。

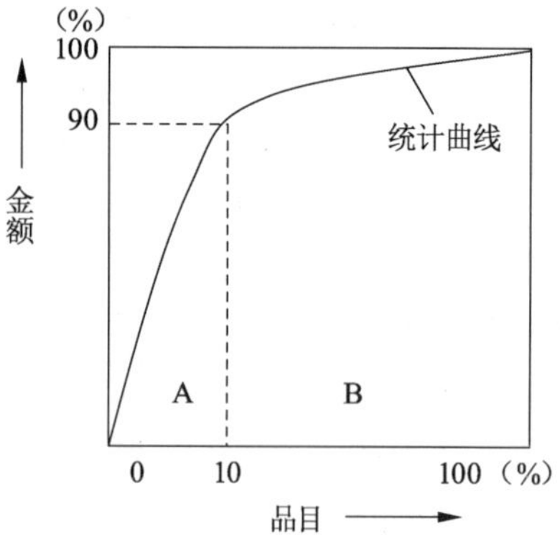

图 10-2　西屋二区分类曲线

A 类是重点品目群，包括的皆属于需要严密管理的高价格品目；B 类是非重点品目群，其中品目归类为可以施行简单管理的低价格物品。

（2）通用三区分法

该方法由美国通用电气公司（General Electric Company）引进，简称 GE 方式。它是根据 ABC 分析的目的（找到关键的少数和次要的多数），从金额或品目二者的任一方决定某百分比并加以区分的方式，其分类曲线如图 10-3 所示。

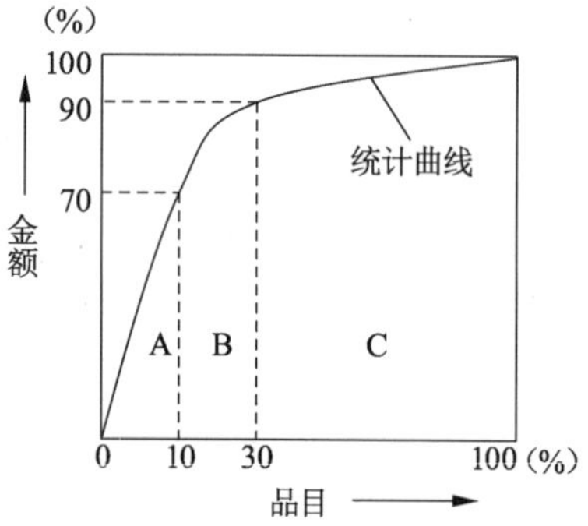

图 10-3　通用三区分类曲线

（3）年内使用金额法

这种方法是先大略估计金额和品目的百分比，在统计曲线图上直接以使用金额来区分的方法。因为所用的数字是金额，所以简明易懂，而且一目了然。

除此之外，还有五区分法，即利用价值工程（Value Engineering，VE）系数的区分法。此法是由日本学者中田勇提出的，但此法过于细分，不便在此一一赘述。

综上所述，ABC 分析法是帕累托原理在企业经营、管理方面的具体运用。它是对错综复杂的经济活动根据两个相关因素的统计分布进行分类，从中找出最关键的少数（A 类）和次要的多数（B、C 类）。对 A 类因素应特别注意，加以慎重处理；对 B 类也要比较注重地加以处理；而对 C 类仅予以一般处理。这样，既保证了重点，掌握了影响经济活动的关键方面，又可以节省人力、物力、财力，因而能够得到事半功倍的效果。

10.2.3 ABC 库存管理法的实施

1. 实施原则

（1）成本 – 效益原则

这是企业的各种活动所必须遵守的基本原则，也就是说无论采用何种方法，只有在其付出的成本能够得到完全补偿的情况下才可以施行。企业对库存进行 ABC 分析同样也适用于这一原则：如果是一个规模很小、存货很少的企业，不用花费太多的人力、物力就可以把库存管理好的话，就没有必要劳师动众地进行分类管理，花费不必要的精力；但对一个中、大型企业来说，库存品种上千甚至上万种，其中又能分出主要、次要品种，实施 ABC 分析就显得非常必要了。相对于实施此法所花费的成本，所取得的效益才是主要的。

（2）“最小最大”原则

本来库存管理就是以“最小的成本求得最大的效益”为目的的，ABC 分析更要贯彻这一原则。管理的本身并非重点，管理的效果才是最主要的。我们要在追求 ABC 分类管理的成本最小的同时，追求其效果的最优，这才是管理之本。

（3）适当原则

在施行 ABC 分析进行比率划分时，要注意企业自身境况，对企业的存货划分 A 类、B 类、C 类并没有一定的基准。比如，同样是轮胎，在汽车配件厂可能是 B、C 类物品，而对于轮胎专营店则一定是 A 类物品。商业企业与生产企业分类时所使用的比率不同，商业企业、生产企业内部所使用的比率也不同。这就要求企业要对存货情况进行翔实的统计分析，找出适合自己的划分比率，才能扎实地做好 ABC 分析的准备工作，为以后进行分类管理打下坚实的基础。

2. 分类标准

这里鉴于工业企业和商业企业的存货性质不同及它们在流通阶段中所处的位置不同，因此，对这两类企业如何设立 ABC 分类的标准分别进行说明。

（1）工业企业

1）按项目所占库存金额分类：分别计算存货品种累积数目占品种总数的比例与其存货金额累计数所占库存总金额的比例。如：存货品种累积数占品种总数的 5% ~ 10%，但金额占库存总金额的比例达到 70% 左右，设为 A 类；品种累积数占品种总数的 20% ~30%，而金额占库存总金额的 20% 左右，设为 B 类；品种累积数占品种总数的 60% ~70%，而金额占库存总金额的 15% 以下，设为 C 类。

2）按项目年消耗金额分类：分别计算每种物品年消耗金额占全部物品消耗总金额的比例，与各类物品品种数占全部品种数的比例。如：品种数占全部品种数的比例为 5% ~15%，年消耗金额占年消耗总金额的比例为 60% ~80% 的，列为 A 类；品种数所占比例为 15% ~25%，占年消耗总金额比例为 15% ~25% 的，列为 B 类；品种数所占比例为 60% ~80%，而占年消耗总金额比例仅为 5% ~15% 的，列为 C 类。

这两种方法都适用于存货单位比较统一或有统一计量规范（如建立 SKU 指标体系）、便于计算品种数目的生产企业。如不具备这两个条件中的任何一个，进行 ABC 分类便有较大困难。

（2）商业企业

考察商业企业的主要指标是销售额，因此，在对商业企业库存物品进行 ABC 分类时的一个考虑因素可设为销售额，使用储存品种与销售额这两个相关因素作为分类时的计算对象，这时也会出现上述方法中的统一单位的问题。目前我国超市业发展迅速，货架使用面广而且在逐步统一标准之中。所以本书建议按货架陈列量与销售额这两个因素进行分类，分别计算陈列量与累积陈列量所占总陈列量的比例和销售额与累积销售额占总销售额的比例。

但是我们同时也发现这种方法其实是品种、销售额法的演化，它只适用于同一品种的 ABC 分类，这样便于把握一个品种中的重点项目，但不适用于整个商店的所有商品的 ABC 分类。我们不妨在目前所有商品单位还无法统一的情况下，把企业的重点品种选出来进行集中重点管理，采用这种方法进行 ABC 分类。

值得注意的是，以上所讲到的 ABC 分类的标准是基于统计数字的，所谓 20% 或 80% 并不是一个绝对值。企业在实施时，如何确定这个划分界线，就需要结合自身的情况，依据适当原则选择自己的标准，所以一定要注意前面提出的实施前提。

3. 分类步骤

以上已经讨论了关于 ABC 分类的标准问题，接下来谈谈 ABC 分类的步骤和程序。

1）确定统计期：对库存情况的统计调查，应该有一个期间，叫统计期。该期间的确定应基于能反映当前和今后一段时间的供应销售和储存形势的前提，对于生产、经营情况较稳定的企业，可采用稍长一点的统计期，如一季度、一年；对于变动幅度较大、变动频率较高的企业，尤其是零售业，可采用较短的统计期，如一旬、一月，并可针对部分销售情况较稳定的商品来进行统计分析。

2）统计出该期中每种存货的供应、销售、储存数量、单价、金额、出入库频度和平均库存时间等，并可以在条件允许的情况下，结合原来的仓库卡片，对每一种存货制作一张 ABC 分析卡，如表 10-1 所示。把卡填好，存货顺序号可暂不填。

表 10-1　ABC 分析卡

编号：	名称：		规格：		顺序号：	
单价	数量	单位	金额	在库天数	周转次数	货损率

3）将每种存货的 ABC 分析卡，按金额大小顺序排入，并将顺序号填在分析卡上。

4）制作各种存货的 ABC 综合分析表，如表 10-2 所示。

表 10-2　库存物品 ABC 综合分析表

编号	名称	品种数	品种数累计/%	单价	平均库存量	平均资金占用额/元	平均资金占用额累计/%	分类结果
1								
2								
3								

5）绘制 ABC 分析图。以品种数累计百分比为横坐标，平均资金占用额累计百分比为纵坐标，按 ABC 分析表 10-2 中“品种数累计”和“平均资金占用额累计”数据填在坐标图上取点，并连接成曲线，绘制成 ABC 曲线图；再按照企业自身规定的 ABC 分类比例把曲线分成两段或三段，按每段中包括哪些品目来确定各种存货的分类归属，填入表 10-2 中的“分类结果”一栏。

通过以上一系列措施就会把库存物品较合理地分为 ABC 三类或重点与非重点类，这里要说明的一点是把库存分成几类并不重要，关键要便于今后的分类管理。

4. 不同品目的管理方法

分类完成后，就要结合已有的库存管理方法和库存控制系统模型，对不同品目采取不同的管理方法。

1）对于品种数量少而占用资金数额多的 A 类存货要加以重点控制。其主要措施是：精确计算每次的订货数量和再订货点；严格按照预定的数量、时间、地点组织订货；认真进行市场预测和经济分析，尽可能使每次订货量符合实际需要，力争避免多储或少储。

2）对于 B 类存货的控制不必像 A 类那样严格，但也不宜过于放松。一般是按大类来确定订购数量和储备金额；根据不同情况，灵活选用存货控制方法。

3）C 类存货品种数量多而资金占用量大，故对其的控制可粗略一点。通常的做法是，采用定量订货控制法，集中采购，并适当增大储备定额、保险储备量和每一次的订货批量，相应地减少订货次数。在实际工作中，可采用“双堆法”或“红线法”进行粗略控制。

所谓“双堆法”就是将存货分别放在两个空间中（如两堆、两箱、两桶等），当第一个空间的存货用完后，即发出订货单，并同时从第二个空间开始供货；当第二个空间的存货用完后，第一个空间的货物到货，开始供应。如此交替存货，不断往复循环，以满足生产、经营的需要。“红线法”也是一种类似的粗放式控制方法，其具体做法是，在存放货物的箱子上，从底部起于一定的高度处画出一条红线，红线以下的数量代表保险储备量和提前期内的需要量，当货物在供应中降至红线时，即进行订货，以便把存货恢复到原有的水平。

现将 ABC 分类管理进行总结，如表 10-3 所示。

表 10-3　ABC 分类管理表

	A 类	B 类	C 类
价值	高	中	低
管理要点	将库存压缩到最低水平	库存控制有时可严些，有时可松些	集中大量订货，以较高库存来节约订货费用
订货量	少	较多	多
订购量计算方法	按经济批量计算	按过去的记录	按经验估算
定额综合程度	按品种或规格	按大类品种	按总金额
检查库存情况	经常检查	一般检查	季度或年度检查
进出统计	详细统计	一般统计	按金额统计
保险储备量	低	较大	允许较高
控制程度	严格控制	一般控制	控制总金额
控制系统	连续型库存观测系统	综合控制法或连续、定期法	定期型库存观测系统

其中，连续型库存观测系统的基本原理是连续地监视库存余量，当库存余量下降到订货点时，就向供货厂商提出订货，经过一段备运时间，新的订货到达，补充库存；而定期型库存观测系统不存在固定的订货点，但有固定的订货周期，每次订货没有固定的数量，但需要补充到固定的目标库存量。

5. 实施中应注意的问题

1）不同企业由于生产及经营特点和所需用的物品、销售的商品范围不同，ABC 各类的构成也会不同，这就要求分类时要从实际出发，视具体情况而定。

2）ABC 的分类是人为的。对生产企业而言，物品的品种数及消耗定额数的比例关系也会随生产结构的变化而改变。各生产企业可根据本单位的实际情况而分类，但对重点物品进行重点管理的原则是相同的。

3）在存储系统中采用 ABC 分析，主要是对资金施行重点管理，而不是指物品本身的重要程度。企业在生产过程中，即使缺少一个零件或者是一个小螺丝，生产都会发生中断而造成严重的经济损失。因此，从生产角度来说，每一种物品都是非常重要的，决不能放松管理。在实际应用中，特别是对某些单价高或十分贵重的材料，不能笼统地定为 A 类物品，而应从占用资金总量来考虑。例如，某企业每年生产需用 10 两黄金作为原料，因其占用资金总量不大，故应划分为 C 类物品，采购周期可以长一些，一年仅采购一次。而对某些消耗金额（或占用储备资金）属 C 类物品而资源短缺的关键用料，可列入 A 类，加强控制，积极组织货源，加以重点管理，以保证生产需要。

4）在 ABC 分析中，一般会忽略 B、C 类品目的管理。这种情况尤其会发生在商业企业中，因为 B、C 类商品对销售额所做的贡献远远低于 A 类商品，所以甚至有人提出要去除 B、C 类商品，这一认识是错误的。因为有 B、C 类才能相对产生 A 类商品，所以它们有维持畅销品、确保店内整体业绩的功能。现在有一种“Z”商品观念，就是把那些对业绩完全没有贡献、业绩为0的商品拣出来并定为“Z”类。据调查，不论哪家店铺这类商品大概都要占到全部商品的10%～20%。这类商品放着还会逐渐繁殖增加，就像店铺的癌细胞，侵蚀卖场的活力，所以务必尽早发现并清除。但并不是说Z商品就要完全去除，有一些是为了政策上的需要，例如，为凸显店铺风格而导入的一些观赏性商品，就不能从卖场中剔除，而且还要陈列在顾客最容易看到的地方。

5）由于在进行ABC分类时是以一定的统计期为基础的，所以在运用过程中一旦发现物品使用情况比原来分类时发生较大变化，应随时调整，该升级的及时升级，该降级的及时降级。特别在零售业中，若以一个月为统计单位，A类商品跌落到B类，而B类商品依序递补A类的情况时有发生，因此，任何零售店都很难做到最佳的商品配置，需要不断地进行调整。

6. 应用举例

下面通过实例来说明ABC库存管理法的具体运用。

【例10.1】 某企业仓库储存物资数量及价值如表10-4所示，试用ABC库存管理法对该仓库物资进行分类分析。

表10-4 仓库储存物资数量及价值量

产品代码	产品数量/个	产品价值量/万元
1	40	15
2	63	10
3	15	120
4	30	20
5	8	50
6	10	30
7	10	680
8	6	40
9	18	20
10	50	15
合计	250	1 000

由于这里相关产品的资料已经给出，因此，首先要做的是对这些产品按照其价值量从大到小进行排序。排序后，分别计算各项产品的数量占产品总量的百分比、产品数量百分比的累计、各项产品品目累计百分比、各项产品价值量占总价值量的百分比、价值量百分比的累计等数据，然后根据产品数量百分比的累计与价值量百分比的累计划分出ABC类来。本题根据本文上面提出的ABC类产品的划分依据进行划分，在具体操作时，划分的依据也可以有所不同，应根据实际情况而定。表10-5为本题对应的

ABC 分析表。

表 10-5 ABC 分析表

产品代码	产品数量	产品数量占总数的百分比/%	产品数量百分比累计/%	产品品目百分比累计/%	产品价值量/万元	产品价值量占总价值量的百分比/%	价值量百分比累计/%	ABC 分类
7	10	4.0	4.0	10	680	68.0	68.0	A 类，产品品目数占 20%，价值量占 80%
3	15	6.0	10.0	20	120	12.0	80.0	
5	8	3.2	13.2	30	50	5.0	85.0	B 类，产品品目数占 40%，价值量占 14%
8	6	2.4	15.6	40	40	4.0	89.0	
6	10	4.0	19.6	50	30	3.0	92.0	
9	18	7.2	26.8	60	20	2.0	94.0	
4	30	12.0	38.8	70	20	2.0	96.0	C 类，产品品目数占 40%，价值量占 6%
1	40	16.0	54.8	80	15	1.5	97.5	
10	50	20.0	74.8	90	15	1.5	99.0	
2	63	25.2	100	100	10	1.0	100	
合计	250	100			1 000	100		

对于分类好的 A、B、C 类商品，可分别进行如下管理。

（1） A 类商品

1）每件商品皆需编号。

2）尽可能正确地预测需求量。

3）请供货单位配合，力求出货量平稳化，以降低需求变动，减少安全库存量。

4）与供应商协调，尽可能缩短购货周期。

5）必须严格执行盘点，每天或每周盘点一次，以提高库存精确度。

6）对交货期限加强控制，在制品及发货也必须从严控制。

7）货品放到易于出入库的位置。

8）实施货品包装外形标准化，增加出入库单位。

（2） B 类商品

可采用定量订货方式，但对前置时间较长，或需求量有季节性变动趋势的货品宜采用定期订货方式。

1）每二、三周盘点一次。

2）中量采购。

（3） C 类商品

1）采用复合制或定量订货方式以求节省手续。

2）大量采购，以便在价格上获得优惠。

3）简化库存管理手段。

4）可交现场保管使用。

5）每月盘点一次。

10.3 CVA 库存管理法

关键因素库存管理法（Critical Value Analysis，CVA）是指在存货管理中引入关键因素分析，把存货按照关键性分类，并分别加以管理的方法。

有些企业发现，ABC 分类并不令人满意，因为 C 类物资往往得不到应有的重视。例如，经销鞋的企业把鞋带列入 C 类物资，但是鞋带短缺将会严重影响到鞋的销售。汽车制造厂商把螺丝列入 C 类物资，但缺少一个螺丝往往会导致整个生产链停工。因此，有些企业采用 CVA 库存管理法。

10.3.1 CVA 库存管理法的基本原理

CVA 库存管理法的基本思想是把存货按照其关键性分为 3 ~5 类：

1）最高优先级：是指经营的关键性物资，不允许缺货。

2）较高优先级：是指经营活动小的基础物资，允许偶尔缺货。

3）中等优先级：多属于比较重要的物资，允许合理范围内缺货。

4）较低优先级：经营中需用这些物资，但可替代性高，允许缺货。

CVA 管理法比 ABC 分类法有更强的目的性。

10.3.2 CVA 库存管理法的特点

在使用中，人们往往倾向于把库存品定为高优先级，以显示这类物品的重要性，结果导致高优先级的库存品太多，最终，哪种库存品都没有得到应有的重视，甚至使库存管理缺乏主次。

CVA 库存管理法的使用，必须建立在企业对客户进行详细分类管理的基础上。在实际应用中，将 CVA 库存管理法与 ABC 分类法结合使用，可以达到分清主次、抓住关键环节的目的。

10.4 MRP 库存管理法

物料需求计划（Material Requirements Planning ，MRP）是根据市场需求预测和顾客订单制订产品生产计划，制作出构成产品的物料结构表，结合库存信息，通过计算机计算出来的所需各种物料的需求量和需求时间，确定物料的生产进度和订货日程的一种作业管理方法。

MRP 最初是由生产库存物料控制发展而来的，最终扩展到营销、财务和人事管理等方面，形成了制造资源计划（Manufacturing Resources Planning，MRPⅡ）。MRP 是一种以计算机为基础的生产计划和库存管理控制系统，它利用计算机数据处理的优势，大大提高了物料管理的能力，实现了对企业各种资源的准确计算，提高了库存管理的科学性。

10.4.1 MRP 的特点、发展与演化

MRP 是一个基于计算机的信息系统，为相关需求存货的生产和采购数量及时间安排而设计的。从预定日期开始，把产成品特定数量的生产计划分解成零部件与原材料需求，用生产提前期、安全库存及其他信息决定订货或生产的数量和时间。因此，因最终产品的需求而产生了对计划期产品的底层组件的需求，使订货、制作与装配过程都有确定的时间安排，确保及时完成最终产品，并使存货保持在合理的水平上。

1. MRP 的特点

MRP 是一种管理技术，是一种存货控制方法，是适用于相关需求的物料控制方法，也是一种时间进度安排方法。MRP 系统的主要特点有以下几点。

（1）需求的相关性

在流通企业中，各种需求往往是独立的，而在生产系统中，需求具有相关性。例如，根据订单确定了所需产品的数量之后，由物料清单（Bill of Materials，BOM）即可推算出各种零部件和原材料的数量，这种根据逻辑关系推算出来的物料数量称为相关需求。不但品种数量有相关性，需求时间与生产工艺过程的决定也是相关的。

（2）需求的确定性

MRP 的需求都是根据主产进度计划、产品结构文件和库存文件精确计算出来的，品种、数量和需求时间都有严格要求，不可改变。

（3）计划的复杂性

MRP 系统的功能目标是随时可以掌握计划状态、储存状态和供货状态，涉及多方面的计划、文件及时间上的有机衔接，因此，具有一定的复杂性。

2. MRP 的发展与演化

MRP 主要是基于企业生产需求的角度来进行计划，其发展主要经历两个阶段，即初期阶段（时段式 MRP）和第二阶段（闭环式 MRP），并进一步演化出制造资源计划和企业资源计划（Enterprise Resources Planning，ERP）等。

（1）时段式 MRP

20 世纪 40 年代，为解决库存控制问题，人们提出了订货点法，采用手工订货和发货的方式，导致生产缺货频繁。如何确定订货时间和订货数量，成为企业需要解决的主要问题。随着计算机系统的发展，20 世纪 60 年代，人们提出了 MRP 理论，作为一

种库存订货计划，即时段式 MRP 阶段。时段式 MRP 的流程如图 10-4 所示。

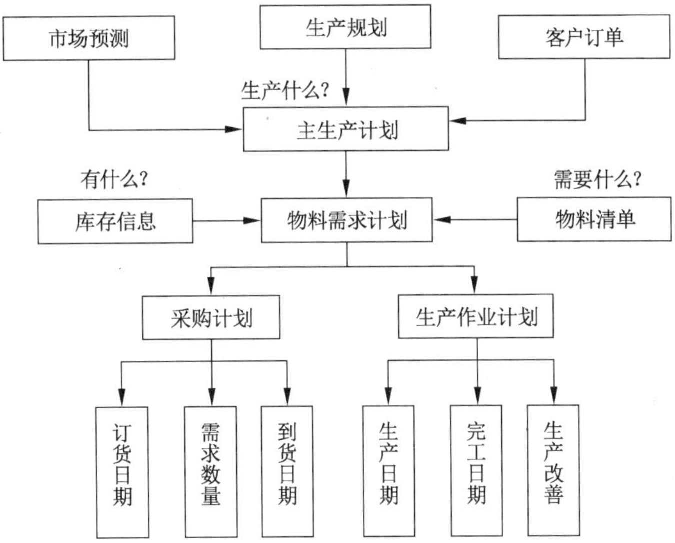

图 10-4　时段式 MRP 流程图

（2）闭环式 MRP

时段式 MRP 能根据有关数据计算出相关物料需求的准确时间与数量，但它还不够完善，其主要缺陷是没有考虑到生产企业现有的生产能力和采购的有关条件的约束。因此，计算出来的物料需求的日期有可能因设备和工时的不足而没有能力生产，或者因原料的不足而无法生产。同时，它也缺乏根据计划实施情况的反馈信息及时对计划进行调整的功能。

正是为了解决以上问题，时段式 MRP 系统在 20 世纪 70 年代发展为闭环式 MRP 系统。闭环式 MRP 系统除了物料需求计划外，还将生产能力需求计划、车间作业计划和采购作业计划也全部纳入 MRP 系统，形成一个封闭的系统。闭环式 MRP 的流程图如图 10-5 所示。

由图 10-5 可知，物料需求计划生成之后，进入生产能力需求计划的功能模块。在这里，首先利用工艺路线资料对生产这些物料所需要的生产能力进行计算，制订出生产能力需求计划。这是一种按加工中心汇总的，表明它们在每格式间断内应为每项物料的工序加工任务提供多少能力台时（工时）的负荷分布计划。然后从工作中心资料取得它们在各时段可用能力的数据，将需用能力与可用能力相比较，来检查这个计划的可行性。若存在不可行之处，就返回去修改生产能力需求计划。在达到满意的平衡后，进入车间作业控制子系统，监控计划的实施过程，即在实施计划的过程中仍要随时反馈实际进度的信息，使计划人员能根据情况的变化，进一步调整计划，来指导生产的进行，从而使整个计划与控制工作形成有机的闭回路系统。这就是闭环式 MRP 系统。

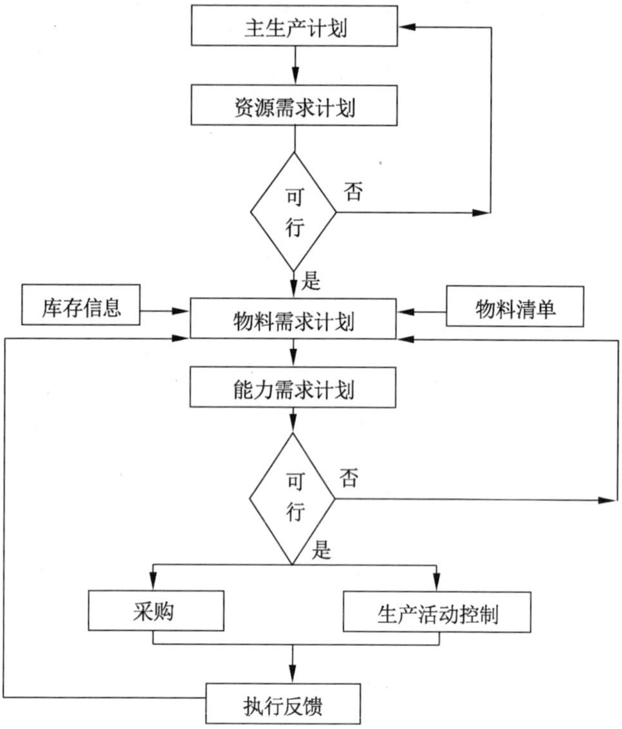

图 10-5　闭环式 MRP 流程图

（3）制造资源计划 MRPⅡ

20 世纪 80 年代初，物料需求计划扩展成了一个范围更为广阔的对制造企业资源进行计划与安排的方法。这种扩展方案被称为 MRPⅡ，指的是制造资源计划，它虽然也是 MRP，但是物料需求计划的 MRP 是 Material Requirements Planning 的简称，MRPⅡ并不是 MRP 的升级版，而是在 MRP 的基础上发展起来的一种生产组织方式。在闭环式 MRP 阶段，企业的生产由主生产计划、物料清单和产品结构文件构成。在外界发生变化时，MRP 系统会将其作为信息反馈到系统的输入端，对企业的计划进行修改，并对企业生产进行控制。虽然闭环式 MRP 系统可以准确地计算出物料需求和时间，可是它无法计算出各种物料的价值而进行成本核算，无法进行财务信息处理，闭环式 MRP 只实现了物流信息处理，为实现物流和资金流的结合，在闭环式 MRP 的基础上，形成了 MRPⅡ，这种集信息流和资金流于一体的企业生产经营信息系统就是制造资源计划。

在多数时候，生产、销售与财务的运作都是基于相互之间不充分拥有信息或对企业其他部门工作的表面关注进行的。为使效率提高，企业所有职能部门都有必要关注其共同目标。制造资源计划的一个主要目标就是把基本职能与诸如人事、工程、采购等其他职能在计划过程中聚集在一起。它的思想是把企业作为一个有机的整体，从整体最优的角度出发，运用科学方法，借助计算机实现各种制造资源和产供销各环节的有效计划、成本确定及控制。MRPⅡ的流程图如图 10-6 所示。

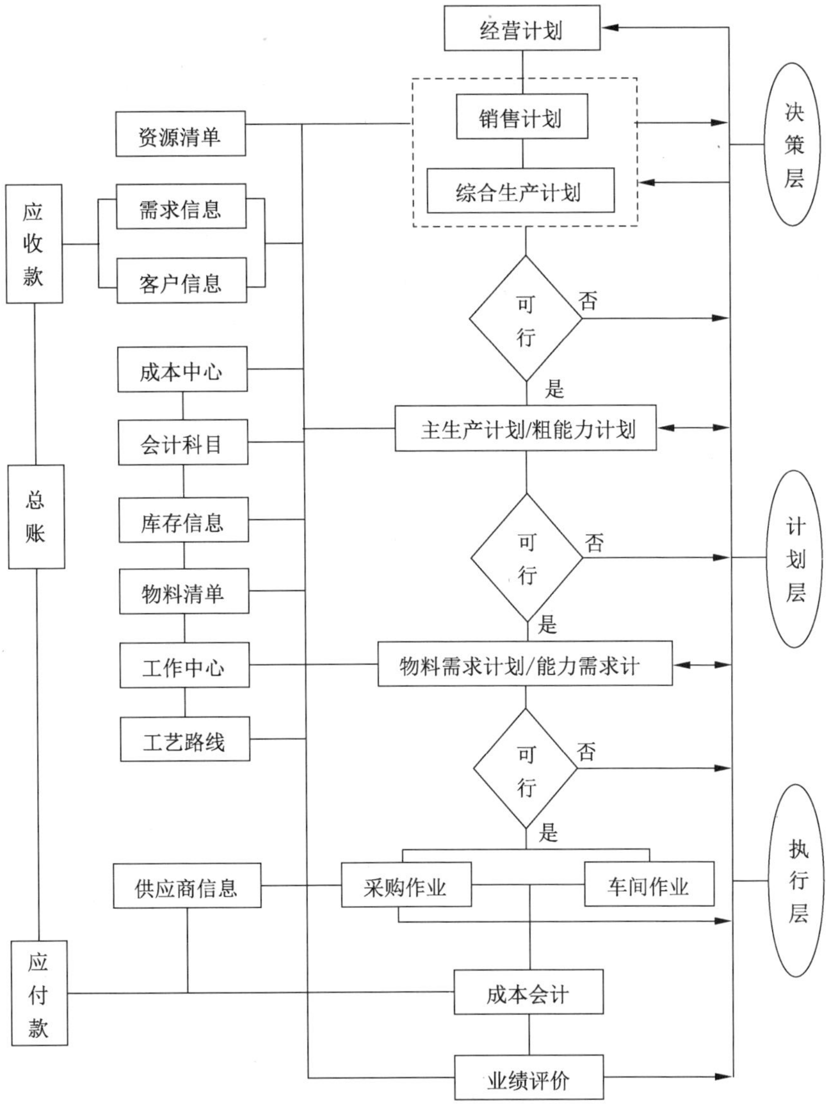

图 10-6　MRPⅡ的流程图

MRPⅡ流程图中，包含了决策层、计划层、执行层等基础数据和相关信息。其中，经营计划成本是起点，它根据市场需求和企业现有条件确定企业在生产中的产量、品种、利润等指标，结合企业资源，决定销售计划、综合生产计划、物料、人工等资源需求计划，得出具体的主生产计划，与粗能力计划平衡，得出物料需求计划和能力需求计划。可行则制订出生产各物料的数量和时间安排及物资采购的安排工作。最后一个环节是业绩评价，以及反馈到决策层中进行经营规划的修改。图中中间是基础数据，储存在计算机系统的数据库中，并且反复调用，这些信息集中的数据能够使企业各个部门相互沟通起来。左侧是财务预算系统，这里只列出部分关键账，为各种计划成本的制订和执行提供财务预算信息支持。

（4）企业资源计划 ERP

随着全球经济一体化市场的逐步形成，社会消费水平、消费结构和消费市场呈现出多样化、个性化、系统化和国际化的特征。以面向企业内部信息集成为主，强调单纯的离散制造环境和单纯的流程环境的 MRP 和 MRPⅡ系统已不能满足企业多元化、跨地区、多供应和销售渠道全球化的经营要求。随着网络通信技术的迅速发展和广泛应用，为了实现柔性制造、敏捷生产，快速占领市场，取得高回报率，制造企业必须转换经营管理模式，从“面向生产经营”的管理方式，转向“面向顾客化生产”，注重产品的研究开发、质量控制、市场营销和售后服务等环节，把经营过程的所有参与者如供应商、客户、制造工厂、分销商网络纳入到一个紧密的供应链中，这就促成了企业资源计划（ERP）在企业经营各方面的形成、发展与运用。

ERP 系统是指建立在信息技术基础上，以系统化的管理思想，为企业决策层及员工提供决策运行手段的管理平台。它是从 MRP 发展而来的新一代集成化管理信息系统，它扩展了 MRP 的功能。ERP 就是在 MRPⅡ的基础上通过前馈的信息流、资金流，把客户需求和企业内部的生产活动，以及供应商的制造资源结合在一起，体现完全按照用户需求制造的一种供应链管理思想的功能网链结构模式，如图 10-7 所示。它跳出了传统企业边界，从供应链范围去优化企业的资源。ERP 系统集信息技术与先进的管理思想于一身，成为现代企业的运行模式，反映时代对企业合理调配资源，最大化地创造社会财富的要求，成为企业在信息时代生存、发展的基石。它对于改善企业业务流程、提高企业核心竞争力的作用是显而易见的。

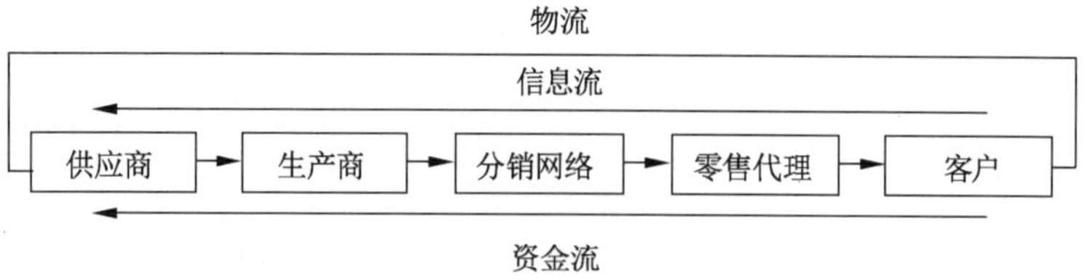

图 10-7　企业 ERP 管理价值链

MRP、MRPII、ERP 和 ERPII 之间的关系如图 10-8 所示。

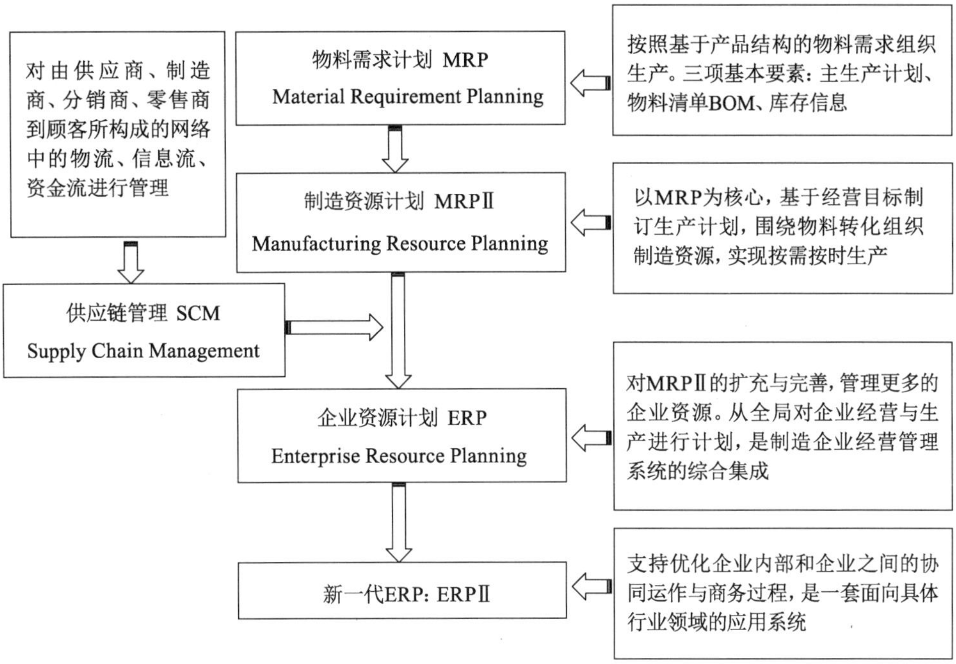

图 10-8　MRP、MRPII、ERP 和 ERPII 之间的关系

10.4.2　MRP 的基本原理

物流需求计划的基本内容是编制零件的生产计划和采购计划。要正确编制生产计划和采购计划，必须要有主生产计划和产品零件结构及库存信息。因此，MRP 的主要输入内容包括三个方面：一是物料清单，它表明了某产成品的主要组成部分；二是一份总进度计划，表明产成品的需要数量和时间；三是一份存货记录文件，表明持有多少存货，还需要订多少货等。计划者对这些信息进行加工，以确定计划期间各个时点的净需求。该过程的输出包括订货计划时间安排、订货免除、订货变更、业绩控制报告、计划报告等。MRP 的输入和输出流程如图 10-9 所示。

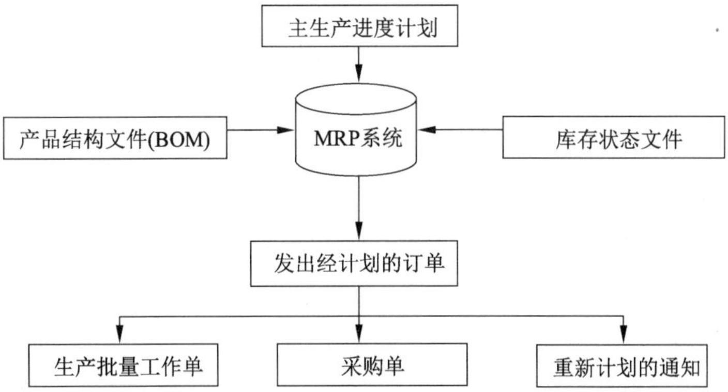

图 10-9　MRP 输入和输出流程图

1. MRP 的输入

MRP 系统的三项主要输入是主生产进度计划、产品结构、库存信息。如果没有这些基本输入，MRP 便不能发挥作用。主生产进度计划概括了全部最终物资生产计划的要点，产品结构记录包含每种最终物资需要的所有材料、零部件和部件的资料，库存信息包含各种库存物资的现存量及已定未到的情况。

（1）主生产进度计划

主生产进度计划（Master Production Schedule，MPS）的对象是最终产品。MPS 是 MRP 系统的核心，也是所有短期生产活动，包括原材料采购、零部件外协、制造和装配等活动的依据，它将综合计划分解为具体的产品进度计划，规定了计划期内（年、月）每一生产周期（周）最终产品的计划生产量。主生产进度计划表明每种物资需要的数量和时间，它是 MRP 的主要输入信息。主生产进度计划是根据最终物资预测和用户的订单编制的，它必须是一项现实的生产计划。

MPS 不同于预测，它们不同的原因在于：

1）预测可能超过工厂的产能。

2）预测可能希望提高或者降低库存水平。

3）预测的数量是波动的。企业可能希望均衡生产组织，而用存货来加以调节。

（2）产品结构

产品结构记录也叫物料清单（BOM），它包含生产最终物资所需的每种物资和装配件的物料。要实现主生产计划的产品需求量，必须弄清主产品的结构和所要用到的物料品种及数量和非独立需求的所有零配件的组成、装配及数量要求。每种物料的资料，比如零件的代号、品名规格，每种装配件及更高层次装配件的数量，每一最终物资的数量等必须准备好。产品结构记录包含每种最终物资在其实际制造过程各个阶段所需要物料的清单。

（3）库存信息

库存信息是指企业所有产品、零部件、在制品、原材料等的存货记录。它主要包括：

1）现有库存量：指企业仓库中实际存放的可用库存材料数量。

2）预计入库量：指根据正在执行的采购订单或生产订单，在未来某个时间段物料将要入库或者将要完成的数量。

3）已分配量：指已被除数分配但仍然留在仓库中的物料库存量。

这三项原始资料是 MRP 系统的主要输入资料。企业根据以上三项原始资料，求出各项物料、各个时间段内的净需求量和计划交付量。

2. MRP 的输出

MRP 计划根据以上基础数据进行处理编制而成。它从最高层次的最终产品需求出发，从产品结构记录分解到最低层次，计算出各需求量，输出采购订单、加工订单和重新排产通知等信息。MRP 的输出如图 10-10 所示。

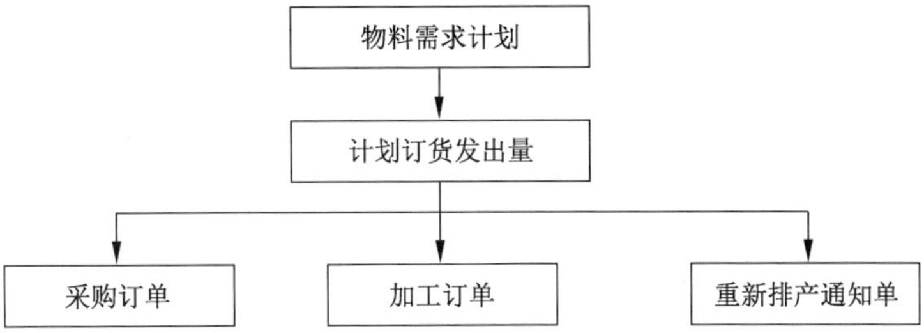

图 10-10　MRP 的输出流程图

（1）计划毛需求量

毛需求量是指将独立需求量和非独立需求量相加的结果。计算公式为

毛需求量 = 独立需求量 + 非独立需求量

　　= 独立需求量 + 上层物料计划订单的投入数量 × 物料单中每一个组装件的用量

（2）计划总需求量

总需求量是将毛需求量与同一时间段的已分配量相加的结果。

（3）计划净需求量

净需求量可根据总需求量和库存信息，扣除可用库存量求得。计算公式为

净需求量 = 总需求量 − 预计入库量 − 现有库存量

　　= 毛需求量 + 已分配量 − 现有库存量 − 预计入库量

（4）制订计划订单

当净需求存在时，要制订生产订单和采购订单计划，则需要考虑以下因素。

1）提前期。提前期是指执行某项任务从开始到完成所消耗的时间。对于采购品而言，是指从向供应商发出某种物料的订单，到该物料入库所耗的时间；对于自制品和配件而言，是指下达生产指令到制造或装配完毕所消耗的时间。

2）批量准则。批量准则决定了订货时间及规模，它影响每种产品所需要的设备调整次数和库存持有成本的大小。这里介绍三种批量准则：固定订货批量、定期订货批量、按需定量法。

① 固定订货批量。固定订货批量准则（Fixed Order Quantity，FOQ）就是每次发出订单时都保持同一订货批量。批量可以由设备生产能力限制所决定；对采购物品，批量可以由数量折扣、车载能力或最小采购量所决定；批量还可以由经济订货批量公式（Economic Order Quantity，EOQ）来决定。

② 定期订货批量。定期订货批量准则（Periodic Order Quantity，POQ）允许每次订货批量不同，但是要按照确定的时间间隔发出订货。订货批量应等于两次订货之间的固定时间跨度所需要的物料数量，该数量必须足以避免缺货现象的发生。其计算公式为

第 t 周到达的 POQ 批量 = P 周全部需要量（含第 t 周）−第（$t-1$）周末计划库存

结存量

③ 按需定量法。按需定量准则（L4L）是 POQ 准则的一个特例。在 L4L 准则下，订货批量只满足一周的总需要量，即 $P=1$，其目标是使库存水平最低。该准则可以确保计划订货量恰好达到足以避免所涵盖的那一周的缺货。其计算公式为

第 t 周到达的 L4L 批量 = 第 t 周的总需要量 − 第（$t-1$）周末的计划库存结存量

3）安全库存量

安全库存量是指为了防止供应或需求方面的差异，仓库中经常保持的最低库存量。只有在未来的总需要量、预计到货的时间和数量及废料（品）数量处于不确定状态时，具有整批集中式需求（总需要量）的从属物料的安全库存才有价值。随着引起不稳定的因素被消除，安全库存应该逐步减少并最终被消除。常用的策略是对最终产品和采购品使用安全库存，以防顾客订货量发生变化及组件供应商交货的不可靠，对企业内部生产的中间产品则要尽可能避免使用安全库存。

10.4.3 实施 MRP 的优越性和注意事项

1. 实施 MRP 的优越性

由于所有需要的物资都按精密的计划适时适量地供应，一般不会产生超量库存，在制品还可以实现零库存。由此可以大大节约库存费用，降低生产成本。

实施 MRP 有利于提高企业素质。因为运行 MRP 要求输入信息多，操作规范，时间观念强，系统协调较好。因此，企业必须加强系统化、信息化、规范化管理，提高企业的管理水平。其主要问题是操作复杂，运行成本高。

2. 实施 MRP 的注意事项

为了使 MRP 系统顺利地运行，需要处理好以下几个方面的事项：

1）必须使生产与营销紧密地结合起来，这是确保 MRP 有效性的基本条件。因为通过 MRP 系统制订物料需求计划需要花费大量时间和资源。如果在时间段内销售信息发生变化，则需要不断修改 MRP；否则，不仅会花费大量时间和资源，而且难以保证有效性。

2）正确及时的库存状况信息是保持系统有效的重要条件。对库存状况信息进行及时、准确的更新极为重要。通常采用两种更新方法：一种是定期更新，另一种是及时更新。

3）材料清单、生产流程、工序能力、交纳周期等基本数据必须准确完备，并根据需求及时更新。只有这些基本文件数据准确完备才能保证 MRP 系统的顺利运行。

4）必须与其他部门紧密联系协调，才能保证目标的实现。MRP 必须与企业的销售系统、采购系统、研究开发系统、财务系统、人事系统等紧密协作，才能有效地实现物料需求计划的基本目标，即在合理利用组织资源保持生产流程畅通的前提下维持最低的库存水平。

MRP 只产生物料需求计划，而没有较全面地考虑完成这个计划的能力和条件，在

执行中可能会产生局部生产能力紧张短缺与闲置浪费并存的情况，甚至出现不能顺利执行的情况。为此，物流业经营者在MRP基础上，将MRP的领域由生产、原料和库存管理扩大到营销、财务和人事管理等方面，发展出了制造资源计划。

10.4.4 MRP的计算示例

MRP的计算比较复杂，下面我们通过一个例子来讲解MRP的计算过程及方法。

【例10-2】 某企业生产的最终产品A的主生产计划（MPS）如表10-6所示，产品所需的各种物料及其提前期见产品结构文件（BOM），如图10-11所示。其中A没有现有库存，B、C的现有库存分别为2、5。A没有预计到货，B在第一周预计到货10，C在第二周预计到货10。试通过MRP计算确定A、B、C物料的计划发出订货量。

表10-6 A产品的主生产计划MPS

周次 产品	1	2	3	4	5	6	7	8	9	10	11
A								10			15

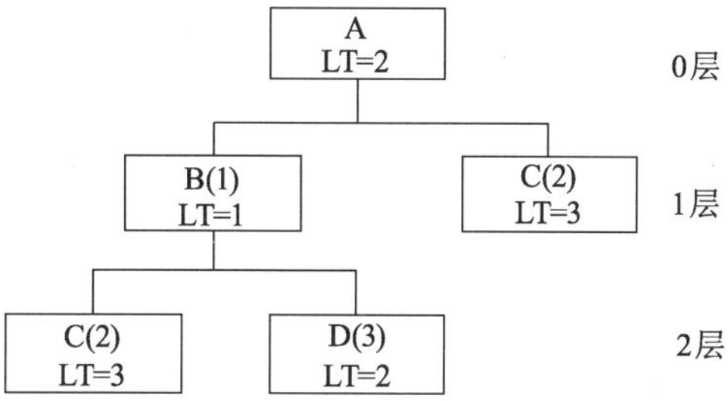

图10-11 初始产品结构文件

第一步，对同一元件出现在不同层次上的情况，取其最低层次号，作为该元件的低层码，如图10-12所示。

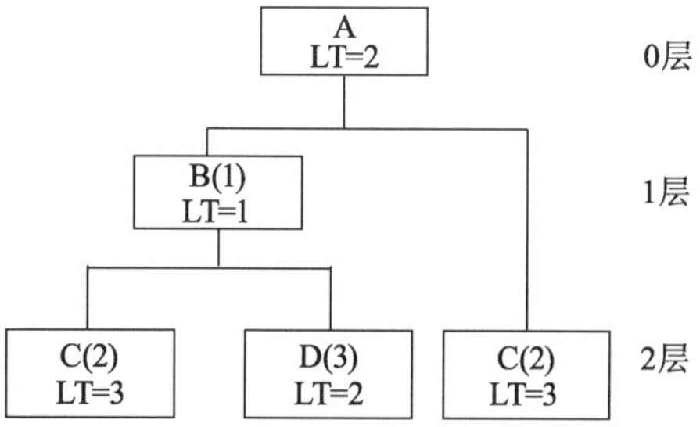

图10-12 同一元件取最低层后的产品结构

第二步，计算A的净需求和计划发出订货量。

自顶向下，逐层处理。首先从0层开始，计算最终产品A的计划发出订货量，如表10-7所示。A的总需求量直接来源于主生产计划。

表 10-7　A 的计划发出订货量计算表

A LT＝2 周	周次										
	1	2	3	4	5	6	7	8	9	10	11
总需求量								10			15
预计到货量											
现有数＝0	0	0	0	0	0	0	0	0	0	0	0
净需求量								10			15
计划发出订货量						10			15		

根据 A 的计划订货量，计算 B 和 C 的总需求量，如表 10-8 所示。

表 10-8　B 和 C 的总需求量计算表

	1	2	3	4	5	6	7	8	9	10	11
A 计划发出订货量						10			15		
B 的总需求量						10			15		
C 的总需求量						20			30		

第三步，计算 B 的计划发出订货量。

处理第 1 层，计算物料 B 的计划发出订货量，如表 10-9 所示。B 的总需求量来源于上层物料 A 的计划发出订货量。

表 10-9　B 的计划发出订货量计算表

B LT＝1 周	周次										
	1	2	3	4	5	6	7	8	9	10	11
总需求量						10			15		
预计到货量	10										
现有数＝2	12	12	12	12	12	2	2	2	0	0	0
净需求量									13		
计划发出订货量								13			

根据 B 的计划发出订货量，计算 D 的总需求量，如表 10-10 所示。

表 10-10　D 的总需求量计算表

	1	2	3	4	5	6	7	8	9	10	11
B 计划发出订货量								13			
D 的总需求量								39			

第四步，处理第 2 层，计算物料 C 的计划发出订货量。C 的总需求量来源于上层物料 B 和 A 的计划发出订货量，如表 10-11 所示。

表 10-11　C 的总需求量计算表

	周次										
	1	2	3	4	5	6	7	8	9	10	11
B 计划发出订货量								13			
A 计划发出订货量						10			15		
C 的总需求量						20		26	30		

根据产品结构文件，1 个单位的 A 需要 2 单位的 C，所以对应于第六周 C 的总需要量为 $10 \times 2 = 20$，对应于第九周 C 的总需要量为 $15 \times 2 = 30$；1 个单位的 B 需要 2 单位的 C，所以对应于第八周 C 的总需要量为 $13 \times 2 = 26$，得到物料 C 的计划发出订货量如表 10-12 所示。

表 10-12　物料 C 的计划发出订货量计算表

C	周次										
LT = 2 周	1	2	3	4	5	6	7	8	9	10	11
总需求量						20		26	30		
预计到货量		10									
现有数 = 5	5	15	15	15	15	0	0	0	0	0	0
净需求量						5		26	30		
计划发出订货量			5		26	30					

10.5　JIT 库存管理法

10.5.1　JIT 的概念与目标

1. JIT 的概念

JIT 为 Just In Time 的简称，中文译为“准时制生产方式”，是日本丰田汽车公司在 20 世纪 60 年代实行的一种生产方式。1973 年以后，这种方式对帮助丰田公司度过第一次能源危机起到了突出的作用，后引起其他国家生产企业的重视，并逐渐在欧洲和美国的日资企业及当地企业中推行开来，现在这一方式与源自日本的其他生产、流通方式一起被西方企业称为“日本化模式”。近年来，JIT 不仅作为一种生产方式，也作为一种通用管理模式在物流、电子商务等领域得到推行。

准时制生产方式的基本思想可概括为“在需要的时候，按需要的量生产所需的产品”，也就是通过生产的计划和控制及库存的管理，追求一种无库存，或库存达到最小的生产系统。为此而开发了包括“看板”在内的一系列具体方法，并逐渐形成了一套独具特色的生产经营体系。

准时制生产方式以准时生产为出发点，首先暴露出生产过量和其他方面的浪费，然后对设备、人员等进行淘汰、调整，达到降低成本、简化计划和提高控制的目的。在生产现场控制技术方面，准时制的基本原则是在正确的时间，生产正确数量的零件或产品，也就是即时生产。它将传统生产过程中的前道工序向后道工序送货，改为后道工序根据“看板”从前道工序取货，看板系统是准时制生产现场控制技术的核心，但准时制不仅仅是看板管理。

2. JIT 的目标

JIT 的目标是彻底消除无效劳动和浪费，具体要达到以下目标。

（1）质量目标

JIT 要求废品量最低，消除各种引起不合理的原因，在加工过程中每一工序都要求达到最高水平。

（2）生产目标

1）库存量最低。JIT 认为，库存是生产系统设计不合理、生产过程不协调、生产操作不良的结果。

2）减少零件搬运，使搬运量低。对零件进行搬运是非增值操作，如果能使零件和装配件运送量减少，搬运次数减少，可以节约装配时间，进而减少装配中可能出现的问题。

3）机器损坏低。

4）批量尽量小。

（3）时间目标

1）准备时间最短。准备时间长短与批量选择相联系，如果准备时间趋于零，准备成本也趋于零，就有可能采用极小批量。

2）生产提前期最短。短的生产提前期与小批量相结合的系统，应变能力强，柔性好。

当然，不同目标的实现具有显著的相关性。

10.5.2 JIT 生产方式的主要手段

1. 生产流程化

生产流程化即按生产汽车所需的工序从最后一个工序开始往前推，确定前面一个工序的类别，并依次恰当安排生产流程，根据流程及每个环节所需库存数量和时间先后来安排库存和组织物流。尽量减少物资在生产现场的停滞与搬运，让物资在生产流程上毫无阻碍地流动。“在需要的时候，按需要的量生产所需的产品。”对于企业来说，各种产品的产量必须能够灵活地适应市场需要量的变化。众所周知，生产过剩会造成人员、设备、库存费用等一系列的浪费。避免这些浪费的手段就是实施适时适量的生产，只在市场需要的时候生产市场需要的产品。为了实现适时适量的生产，首先需要致力于生产的同步化，即工序间不设置仓库，前一工序的加工结束后，使其立即转到下一工序中，装配线与机械加工几乎平行进行。

2. 作业“少人化”

降低劳动费用是降低成本的一个重要方面，达到这一目的的方法是作业“少人化”。所谓少人化，是指根据生产量的变动，弹性地增减各生产线的作业人数，以及尽量用较少的人力完成较多的生产。这里的关键在于能否将生产量减少了的生产线上的作业人员数减下来。具体方法是实施独特的设备布置，以便能够在需求减少时，将作业所减少的工时集中起来，以整顿削减人员。但这从作业人员的角度来看，意味着标准作业中的作业内容、范围、作业组合及作业顺序等的一系列变更。因此，为了适应这种变更，作业人员必须是具有多种技能的“多面手”。

3. 生产均衡化

生产均衡化是实现适时适量生产的前提条件。所谓生产的均衡化，是指总装配线在向前工序领取零部件时应均衡地使用各种零部件，生产各种产品。为此在制订生产计划时就需加以考虑，然后将其体现于产品生产计划之中。在制造阶段，均衡化通过专用设备通用化和制定标准作业来实现。所谓专用设备通用化，是指通过在专用设备上增加一些工具的方法使之能够加工多种不同的产品。标准作业是指将作业节拍内一个作业人员所应担当的一系列作业内容标准化。

4. 资源配置合理化

资源配置的合理化是实现降低成本目标的最终途径，具体是指在生产线内外，所有的设备、人员和零部件都得到最合理的调配和分派，在最需要的时候以最及时的方式到位。从设备而言，设备包括相关模具实现快速装换调整，例如，丰田公司发明并采用的设备快速装换调整的方法是快速换模法（Single-minute Exchange of Die, SMED）。对人员而言，多技能作业员（或称“多面手”）是指那些能够操作多种机床的生产作业工人。多技能作业员是与设备的单元式布置紧密联系的。

10.5.3 JIT库存管理与零库存

“零库存”是伴随JIT的生产管理方式产生的，所谓零库存，是指物料（包括原材料、半成品和产成品等）在采购、生产、销售、配送等一个或几个经营环节中，不以仓库存储的形式存在，而均处于周转的状态。

1. 零库存的可能形式

（1）即进即售

即进即售是指当产品入库后，在正常库存周期将所有的产品都销售出去，并同时收回货款。这种方式是最理想的销售方式，但除非是处于垄断地位或极为畅销的产品，否则这种情况几乎不可能存在。

（2）即进半售

即进半售是指当产品入库后，除即进即售情况外，可以采取接受定金或分期付款的办法，将产品半卖半“送”，这是实际销售中最主要的方式，是比较容易实现的。

（3）超期即“送”

对于超过正常库龄的产品，可采取不付款“送”给用户先使用，即赊销的办法。对于处于长期呆滞的库存产品，可采取用它们支付有关费用的办法“送”出去，如用呆滞产品代替现金支付广告费、赞助费用、运费、仓储费等。

2. 零库存的实现方式

（1）委托保管方式

委托保管方式，即接受用户的委托，由受托方代存代管所有权属于用户的物资，使用户不再保有库存，甚至可不再保有保险储备库存，从而实现零库存。受委托方收取一定数量的代管费用。这种零库存形式的优势在于：受委托方利用其专业优势，可以实现较高水平和较低费用的库存管理，用户不再设库，同时减去了仓库及库存管理的大量事务，集中力量于生产经营。但是，这种零库存方式主要是靠库存转移实现的，并不能使库存总量降低。

（2）协作分包方式

协作分包方式，即美国的“SUB－GON”方式和日本的“下请”方式，主要是制造企业的一种产业结构形式，这种结构形式可以以若干企业的柔性生产准时供应，使主企业的供应库存为零；同时主企业的集中销售库存使若干分包劳务及销售企业的销售库存为零。

在许多发达国家，制造企业都是以一家规模很大的主企业和数以千百计的小型分包企业组成一个金字塔形结构。主企业主要负责装配和产品开拓市场的指导，分包企业各自分包劳务、零部件制造、供应和销售等。例如，分包零部件制造的企业，可采取各种生产形式和库存调节形式，以保证按主企业的生产速率，按指定时间送货到主企业，从而使主企业不再设一级库存，达到推销人或商店销售，可通过配额、随供等形式，以主企业集中的产品库存满足各分包者的销售，使分包者实现零库存。

（3）轮动方式

轮动方式也称同步方式，是在对系统进行周密设计的前提下，使各环节速率完全协调，从而根本取消甚至是工位之间暂时停滞的一种零库存、零储备形式。这是在传送带式生产的基础上，进行更大规模的延伸形成的一种使生产与材料供应同步进行，通过传送系统供应实现零库存的形式。

（4）准时供应系统

在生产工位之间或在供应与生产之间完全做到轮动，不仅是一项难度很大的系统工程，还需要很大的投资，同时，有一些产业也不适合采用轮动方式。因此，比轮动方式有更多灵活性且较易实现的准时方式被广泛采用。准时方式不是采用类似传送带的轮动系统，而是依靠有效的衔接和计划达到工位之间、供应与生产之间的协调，从而实现零库存。如果说轮动方式主要靠“硬件”的话，那么准时供应系统则在很大程度上依靠“软件”。

（5）看板方式

看板方式是准时方式中一种简单有效的方式，也称“传票卡制度”或“卡片制度”，是日本丰田公司首先采用的。在企业的各工序之间，或在企业之间，或在生产企业与供应者之间，采用固定格式的卡片为凭证，由下一环节根据自己的节奏，逆生产流程方向，向上一环节指定供应，从而协调关系，做到准时同步。采用看板方式，有可能使供应库存实现零库存。

（6）水龙头方式

水龙头方式，是一种拧开自来水管的水龙头就可以取水而无须自己保有库存的零库存形式。这是日本索尼公司首先采用的，这种方式经过一定时间的演进，已发展成即时供应制度，用户可以随时提出购入要求，采取需要多少就购入多少的方式，供货者以自己的库存和有效供应系统承担即时供应的责任，从而使用户实现零库存。适于这种供应形式实现零库存的物资，主要是工具及标准件。

（7）无库存储备

国家战略储备的物资，往往是重要物资，战略储备在关键时刻可以发挥巨大作用，所以几乎所有国家都要有各种名义的战略储备。由于战备储备极其重要，因此，一般这种储备都保存在条件良好的仓库中，以防止其损失，并尽可能地延长其保存年限。所以，实现零库存几乎是不可想象的事。无库存的储备，是仍然保持储备，但不采取库存形式，以此达到零库存。例如，有些国家将不易损失的铝这种战备物资作为隔音墙、路障等储备起来，以备万一，而在仓库中不再保有库存。

（8）配送方式

这是综合运用上述若干方式，采取配送制度保证供应，从而使用户实现零库存的方式。

案例分析

安科公司的库存 ABC 管理

安科公司是一家专门经营进口医疗用品的公司，2001 年该公司经营的产品有 28 个品种，共有 69 个客户购买其产品，年营业额为 5 800 万元人民币。对于安科公司这样的贸易公司而言，因其进口产品交货期较长、库存占用资金大，库存管理显得尤为重要。

安科公司按销售额的大小，将其经营的 28 种产品进行排序，并划分为 A，B，C 三类。排序在前3位的产品占到总销售额的97%，因此，把它们归为A类产品；第4、5、6、7种产品每种产品的销售额在0.1%～0.5%之间，把它们归为B类；其余的21种产品共占销售额的1%，将其归为C类。

对于A类的3种产品，安科公司实行了连续性检查策略，即每天检查库存情况，随时掌握准确的库存信息，并对其进行严格的控制，在满足客户需要的前提下维持尽可能低的安全库存量。通过与国外供应商的协商，并且对运输时间进行了认真的分析，算出该类产品的订货提前期为两个月，即预测在6月份销售的产品，应该在4月1日下订单给供应商，才能保证产品在6月1日出库。

由于安科公司的产品每个月的销售量都不稳定，因此，每次订货的数量都不同，要按照实际的预测数量进行订货。为了预防预测的不准确及工厂交货时间的不准确，还要保持一定的安全库存，安全库存是下一个月预测销售数量的1/3。安科公司对A类产品实行连续检查的库存管理，即每天对库存进行检查，一旦手中实际的存货数量加上在途的产品数量等于下两个月的销售预测数量加上安全库存，就下订单订货，订货数量为第3个月的预测数量。因其实际的销售量可能大于或小于预测值，所以，每次订货的间隔时间也不相同。这样进行管理后，这3种A类产品库存的状况基本达到了预期的效果。由此可见，对于货值高的A类产品应采用连续检查的库存管理方法。

对于B类产品的库存管理，安科公司采用周期性检查策略。每个月检查库存并订货一次，目标是每月检查时应有以后两个月的销售数量在库里（其中一个月的用量视为安全库存），另外在途还有一个月的预测量。每月订货时，再根据当时剩余的实际库存数量，决定需订货的数量，这样就会使B类产品的库存周转率低于A类。

对于C类产品，安科公司则采用了定量订货的方法。根据历史销售数据，得到产品的半年销售量为C类产品的最高库存量，并将其两个月的销售量作为最低库存。一旦库存达到最低库存时，就订货，将其补充到最低库存量。这种方法比前两种更省时间，但是库存周转率更低。

安科公司实行了产品库存的ABC管理以后，虽然A类产品占用了最多的时间和精力进行管理，但得到了满意的库存周转率。而B类和C类产品，虽然库存的周转率较低，但相对于其很低的资金占用和很少的人力支出来说，这种管理也是个好方法。

在对产品进行ABC分类以后，安科公司又对其客户按照购买量进行了分类。发现在69个客户中，前5位的客户购买量占全部购买量的75%，将这5个客户定为A类客户；到第25位客户时，其购买量已达到95%，因此，把第6到第25的客户归为B类；其他的第26～69位客户归为C类。对于A类客户，实行供应商管理库存，一直与他们保持密切的联系，随时掌握他们的库存状况；对于B类客户，基本上可以用历史购买纪录，以需求预测作为订货的依据；而对于C类客户，有的是新客户，有的一年也只购买一次，因此，只在每次订货数量上多加一些，或者用安全库存进行调节。这样做，一方面可以提高库存周转率，另一方面，也提高了对客户的服务水平，尤其是A类客户的满意度。

通过安科公司的实例，可以看到将产品及客户分为ABC类以后，再结合其他库存管理方法，如连续检查法、定期检查法等，就会收到很好的效果。

（案例来源：蒋长兵，白丽君，吴承健．仓储管理与库存控制案例习题与解答[M]．北京：中国物资出版社，2010.）

问题讨论

1. ABC分类的依据是什么？
2. ABC分类以后，安科公司库存管理的效果如何？

思考题

1. 库存管理的方法有哪些？
2. 简述ABC库存管理法。
3. 简述CVA库存管理法。
4. 简述MRP库存管理法。
5. 简述JIT库存控制的管理思想。

第 11 章　库存控制方法

本章导读

1. 理解库存控制的相关概念；了解定量订购控制法、定期订购控制法等基本的库存控制策略。

2. 掌握经济订购批量模型、经济生产批量模型、允许缺货模型等确定性需求的库存决策模型，能够熟练应用。

3. 掌握离散需求一次性订货模型与连续需求一次性订货模型两类随机性需求库存决策模型。

案例导引

EOQ 方程式的创始人

库存控制研究的是在什么时间、以什么数量、从什么来源补充库存，使得库存和补充订货的总费用最少。早在 1915 年，哈里斯（Harris F. W.）对银行货币的储备进行了详细的研究，建立了一个确定型的库存费用模型，并确定了最优解，即最佳批量。1934 年，威尔逊（Wilson R. H.）独立再创，重新得出了哈里斯的公式，即经济订货批量 EOQ 公式，并把它引入市场，因此，人们往往把威尔逊视为 EOQ 方程式的创始人。经过后人的发展和完善，经济订货批量模型及其变形已形成较为完善的库存控制体系，并在实践中得到了广泛应用。经济订货批量模型研究如何从经济的角度确定最佳的库存数量，从根本上改变了人们对库存问题的传统认识，是对库存理论研究的一个重大突破，可以说，是现代库存理论的奠基石。

（资料来源：张晓华. 采购与库存控制［M］. 武汉：华中科技大学出版社，2011.）

阅读以上案例，请思考 EOQ 模型如何应用。

库存往往占用大量的资金，持有这些库存每年耗费的成本约占产品价值的 20% ~ 40%，因此，尽可能有效和精确地对库存进行控制具有重要的经济意义。不同的库存系统甚至对同一仓库的不同货物会采取不同的库存控制方法。库存控制重点集中于三个问题：采取何种订货策略（确定如何订货）、订购量的确定及何时订货。对库存控制而言，决定何时补货，以及决定每次补货数量的策略称之为库存策略。目前，广泛采用的主要有定量订购控制法、定期订购控制法等补货策略。

11.1 基本库存控制策略

11.1.1 库存控制相关的基本概念

最低库存量（s）：为了保证消费的供应，同时考虑企业自身的条件，确定的库存数量应维持的最低界限。

理想最低库存量：从开始请购商品到订购商品送达仓库为止的时间内，维持企业正常运营所需商品的数量。实际最低库存量为理想最低库存量加上安全库存量。

最高库存量（S）：为了防止库存商品过多，浪费资金，仓库应限定各种商品的最高库存水平。

平均库存：包括储存于物流设施中的物料、零件、半成品及成品。一般组成包括周期库存、安全库存、在途库存。

订货点（R）：库存量下降到某一数量时，应立即提出请购的补充点。

订货批量（Q）：库存量已达到订货点时，应订购商品的数量。

补货绩效周期（T）：也称为提前时间，从补货订单发出开始至该订单货品进库能够使用所需的时间。

【例 11.1】 某产品的补货绩效周期为 20 天，每日需求量为 10，订购量为 200，且一旦收到产品即取得产品所有权，如图 11-1 所示。

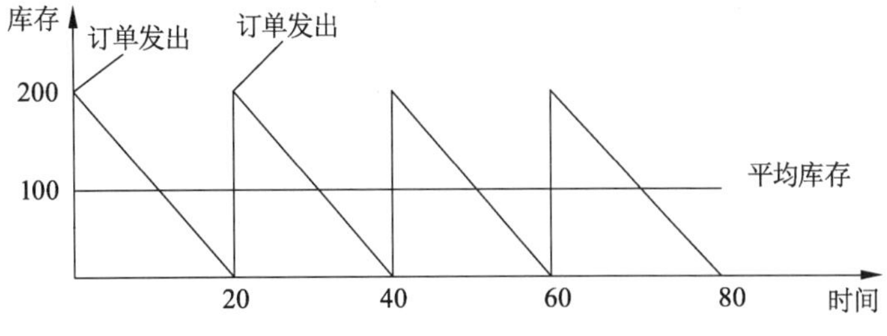

图 11-1 订购量为 200 的情形

则有：

再订购点：当（现有库存 + 订购量）小于 200 个时。

平均库存：订购量/2 = 100。

库存周转：假设一年工作 240 天，则全年需求 2 400，全年需订购 12 次。

库存周转：全年需求/平均库存 = 2 400/100 = 24。

【例 11.2】 将例 11.1 的订购量改为 100，会有哪些影响（少量、多频率）？如图 11-2 所示。

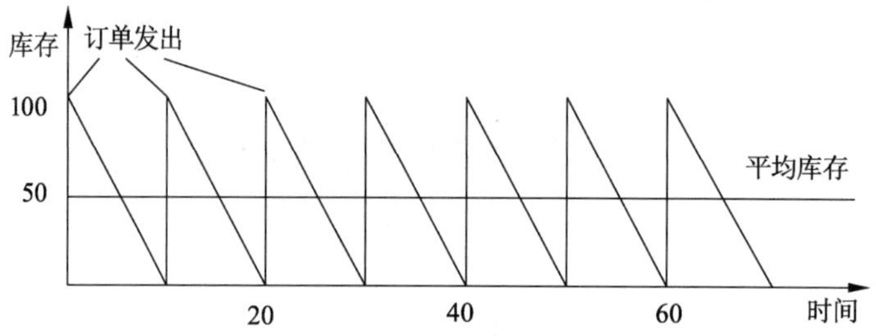

图 11-2　订购量为 100 的情形

再订购点：当（现有库存 + 订购量）小于 200 个时。

平均库存：订购量/2 = 50。

库存周转：假设一年工作 240 天，则全年需求 2 400，全年需订购 24 次。

库存周转：全年需求/平均库存 = 2 400/50 = 48 次。

【例 11.3】 将例 11.1 的订购量改为 600，会有什么影响（大批量、低频率）？如图 11-3 所示。

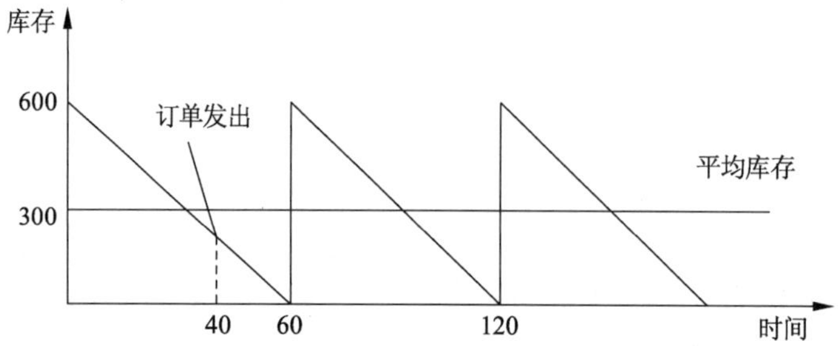

图 11-3　订购量为 600 的情形

再订购点：当（现有库存 + 订购量）小于 200 个时。

平均库存：订购量/2 = 300。

库存周转：假设一年工作 240 天，则全年需求 2 400，全年需订购 4 次。

库存周转：全年需求/平均库存 = 2 400/300 = 8 次。

11.1.2　定量订购库存控制法

定量订购库存控制法要求对库存物资进行动态盘点，即对发生收发变化的物资随时盘点，当物资储备量降到规定的订购点时，就提出订购，如果发现储备量高于订购点，则暂时置之不理。这种方法的特征是设置一个固定的再订购点，并且每次订购的数量是固定不变的，但是订购时间或者进货时间不定。

订购点即提出订购时的物料储备量，它等于从提出订购到物资进库并能够投入使用这段时间（即提前时间）的物资需要量加安全库存量。但在实际中，每次的提前时间由于订购、运输等一些不可控制的原因，往往会发生变化，我们取其平均数，称为平均提前时间。它包括办理订购手续需要的时间、供货单位发运物资需要的时间、在途运输的时间、到货验收的时间及使用前的准备时间等。

比较分析【例 11.1】、【例 11.2】、【例 11.3】，可以看出，在需求及绩效周期固定不变的条件下，再订货点计算公式为

$$R = D \times T$$

式中，R 为再订货点的库存量，D 为平均每日需求量，T 为平均绩效周期。

当需求或绩效周期具有不确定性时，再订货点计算公式为

$$R = D \times T + SS$$

式中，SS 为安全库存量。

定量订购控制法的优点有：

1）能够经常地掌握库存储备状态，及时提出订购，不易出现缺货现象。

2）保险储备量少。

3）订购量固定，故能够采用经济订货批量模型，以便于包装运输和保管作业的开展。

定量订购控制法的缺点有：

1）必须不断检查仓库的库存量；

2）订购时间不定，难于编制作业计划。

定量订购控制法还有一种简化的方法，即分存控制法，又可称为双堆法。该方法不用随时盘点，而是将储备物资分为两堆，一堆为订购点量，另一堆为余量，当余量发放完后，就提出订购，以补充库存。

11.1.3　定期订购库存控制法

定期订购库存控制法采用定期盘点，按照固定时间间隔来检查储备量并提出订购，订购量根据盘点时的实际储备量和下一个进货周期的预计需求量而定。

这种方法的特征是盘点时间和订购时间固定。其订购量的计算公式为

$$订购量 = 订购周期需求量 + 安全库存量 - 现有库存量 - 已订未到量$$

式中，现有库存量为提出订购时盘点的实际储存量，已订未到量为已经订购、预计在本订购周期内会到达的期货数量。

有的企业在利用定期订购控制法的时候，为了方便，会设置最高储备量，每次的订购量都以达到最高储备量为限。

定期订购控制法的优点有：

1）由于定期订购，可以将多种物品合并订购，这样可以降低订购和运输等费用。

2）由于多种物品一起订购，可以编制较为实用的采购计划。

定期订购控制法的缺点有：

1）不利于使用经济订购批量模型，有时的储备定额不是最佳的。

2）要花费一定的时间来进行盘点。

定期订购控制法一般适用于发料频繁、难于进行连续储备登记核算的物资、需要量可以进行预测的物资及有保管期限的物资。

11.1.4　定量订购库存控制法与定期订购库存控制法的区别

1. 提出订购请求时点的标准不同

定量订购库存控制法提出订购请求时点的标准是，当库存量下降到预定的订货点时，即提出订购请求；而定期订购库存控制法提出订购请求时点的标准则是，按预先规定的订货间隔周期，到了该订货的时点即提出订购请求。

2. 请求订购的商品批量不同

定量订购库存控制法每次请购商品的批量相同，都是事先确定的经济批量；而定期订购库存控制法每到规定的请求订购期，订购的商品批量都不相同，可根据库存的实际情况计算后确定。

3. 库存商品管理控制的程度不同

定量订购库存控制法要求仓库作业人员对库存商品进行严格的控制和精心的管理，经常检查、详细记录、认真盘点；而定期订购库存控制法对库存商品只要求进行一般的管理，简单的记录，不需要经常检查和盘点。

4. 适用的商品范围不同

定量订购库存控制法适用于品种数量少、平均占用资金大、需重点管理的 A 类商品；而定期订购库存控制法适用于品种数量大、平均占用资金少、只需一般管理的 B，C 类商品。

11.1.5　需求特点

需求随时间变化的特点在很大程度上决定我们库存控制的方法。对需求特点的分类首先可以分为确定性需求和随机性需求，其次可分为持久性需求和一次性需求。

所谓确定性需求是指未来需求可看作确定的，或需求速度为常数。虽然假设条件相对苛刻，但事实上，在很多情形下对产品的需求可看作近似满足该条件，如市场对日常用品的需求及产量相对恒定。在确定性需求的假设下，对最优进货量的计算相对要简单，一些著名的库存控制模型就是基于确定性需求的假设。

随机性需求是指未来的需求是随机的、可变的。如考察一家电商空调的销售量，可能某一天销售量为 5 台，也可能是 8 台或一台也没有售出。从绝对意义上讲，任一产品未来市场的需求都是不确定的，若其需求的波动性不可忽视，则我们就需按随机性需求来处理。若需求量服从或近似服从某些已知的概率分布，我们仍然可以分析研究其需求的规律，进而确定合理的库存控制策略。

从另一个角度分析需求的特点，其中最常见的就是永远不断持续不变的需求，即所谓的持久性需求。尽管多数产品在生命周期的不同阶段需求都会有涨有落，但很多产品的销售期都非常长，从计划角度足以被看成是无限期的。

此外，某些产品的需求特点有很强的季节性或呈现出一次性或尖峰性特征，即一次性需求。如报纸、宣传活动用品等的需求就具有这种需求特点。

11.2 确定性需求的库存控制模型

11.2.1 三种主要的库存成本

有效的库存控制要求尽可能准确地估算以下三种主要的库存成本。

1. 保存成本 C_1

保存成本有以下几个主要的发生来源：

1）所占用资金的机会成本。通常确定库存占用资金的机会成本是根据投资报酬率，在简化的情况下，可以用银行相应期限的利息率代之。

2）仓储保管费用。包括仓储作业费、仓库设施的折旧费、保险费等。

3）库存的失效、损坏和丢失费用等。这部分费用因库存的性质不同可能有很大的差别，例如电子产品的失效（过时）费用就很高，而食品的损坏费用可能更高。

由于资金的机会成本，以及损坏、失效成本往往占保存成本的较大比率，因此，习惯上将保存成本表示为与库存单位的购买价格呈正比的形式，或是表示成百分比的形式。

2. 缺货成本 C_2

缺货成本是指由于缺货造成的损失。在销售过程中，缺货会造成订单的丢失，导致顾客转向其他企业订货，以及企业声誉的无形损失等，其数额的估算带有一定的主观性。在生产过程中，缺货会造成停工待料、在制品积压、交货期延迟或加班等，其成本可从相应的活动影响中分别估算。

3. 订货成本 C_3

订货成本是处理一笔订货业务的平均成本，包括簿记、通信、谈判、必要的产品技术资料和订货人员工资等，其特点是与订货的数量无关。在生产领域，C_3 是表示更换零件或作业时的生产准备和机器调整成本，称为作业更换成本或设置成本（setup cost）。

库存控制主要是在上述三种成本中做出抉择。例如，一方面，如果我们增加订货量 Q，则周转库存量就会上升；但另一方面，每次的订货量增加，使得每年订货次数减少，从而使订货成本下降。类似地，如果安全库存和订货点水平定得比较高，缺货成本就会减少，但保存成本就会上升。所以，库存控制就是要在这些相互矛盾的因素中做出折中。

11.2.2 经济订货批量模型

经济订货批量模型（Economic Order Quality，EOQ），就是通过平衡订货成本和保管仓储成本，即通过费用分析求得在库存总费用最低，确定一个最佳的订货批量。它可以根据需求和订货、到货间隔时间等条件是否处于确定状态分为确定条件下的模型和概率统计条件下的模型。由于概率统计条件下的经济订货批量模型较为复杂，因此，只介绍确定条件下的经济订货批量模型，在实际应用中可以比较方便地找到有关概率统计条件下的经济订货批量的计算方法。

1. 模型的假设条件

经济订货批量模型最早由 Harris F. W. 于 1915 年提出，该模型有如下假设：

1）用户的需求是恒定的和确定的，需求速度 D 可看作常数。

2）单位时间单位货物的库存保存成本为 C_1。

3）订货提前期为零。从订单发出至货到补充库存的提前期是已知的和固定的，为了简化推导，暂时假定其为零。

4）不允许出现缺货现象，即缺货成本 C_2 为无穷大。由于需求和提前期是常数，因此，可以准确地确定什么时候应发出订单及时补充库存。

5）以批量的形式订货或生产，所订货全部一次到货入库。

6）订货成本 C_3 固定不变。订货成本与订货量无关，没有折扣，且保存成本与平均库存水平成比例。

2. 经济订货批量的计算公式

最优的库存控制应该是既能满足生产需要，保证生产的正常进行，又最经济。经济订货批量即总库存成本最小时的每次订货数量（见图 11-4）。

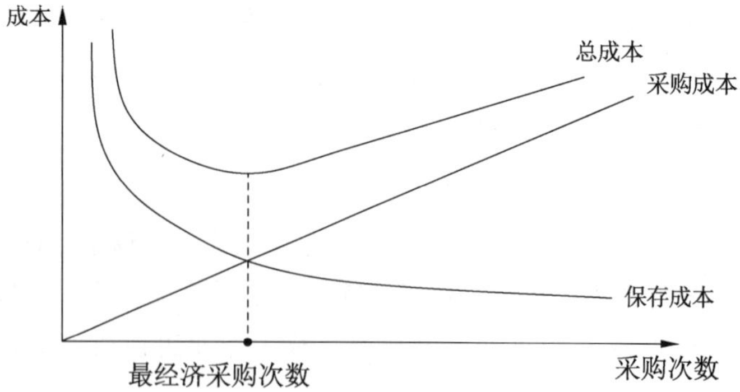

图 11-4　费用曲线

通常，总库存成本的计算公式为

总库存成本 = 采购成本 + 保存成本 + 缺货成本

假设不允许缺货的条件下，总库存成本 = 采购成本 + 保存成本，即

$$C(t) = C_0(t) + C_S(t)$$

式中，$C(t)$ 为 t 时间内平均总库存成本；

$C_0(t)$ 为 t 时间内的平均订购费；

$C_S(t)$ 为 t 时间内的平均库存费用。

图 11-5 为库存水平随时间变化的特征图，从图中可以看出，需求速度 D（图中斜线向下的速度）越快，每次订货量应越大；同样，一次订货量越大，订货成本越节省，但保存成本却越高。它通过平衡采购成本和保管成本两方面得到。

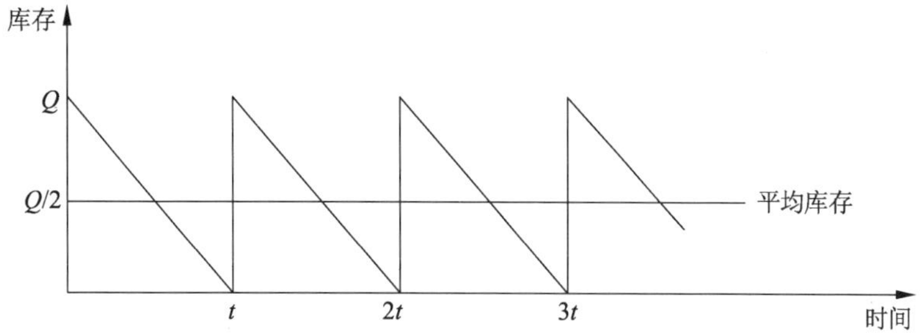

图 11-5　库存水平随时间变化的特征

由图 11-5 可知，t 时间内的平均订购费为

$$C_0(t)=\frac{C_3}{t}$$

t 时间内的平均库存费用为

$$C_S(t)=\frac{C_1\cdot Dt\cdot t}{2t}=\frac{C_1Dt}{2}$$

所以，t 时间内的平均总成本为

$$C(t)=C_0(t)+C_S(t)=\frac{C_3}{t}+\frac{C_1Dt}{2}$$

对上式求导，得

$$\frac{\mathrm{d}C(t)}{\mathrm{d}t}=-\frac{C_3}{t^2}+\frac{C_1D}{2}$$

令 $\frac{\mathrm{d}C(t)}{\mathrm{d}t}=0$，于是有

$$t^*=\sqrt{\frac{2C_3}{C_1D}}$$

即，每隔 t^* 时间订货一次，可使平均总费用最为节省。t^* 称为最佳订货周期，而最佳订购批量为

$$Q^*=Dt^*=\sqrt{\frac{2C_3D}{C_1}}$$

【例 11.4】 某公司某商品年需求量为 2 000 单位，单位商品的购买价格为 60 元，每次订货成本为 270 元，单位商品的年保管费为商品价格的 20%，求该商品的经济订货批量。

解：经济订货批量 $EOQ = \sqrt{2 \times 270 \times \frac{2\ 000}{60 \times 20\%}} = 300$ 单位

将 EOQ 和 t^* 代入总成本 TRC 的表达式，得到在经济订货批量下，t 时间内的平均总库存成本 TC，即

$$TC\ (Q^*) = \frac{C_3}{\sqrt{\frac{2C_3}{C_1 D}}} + \frac{C_1 \sqrt{\frac{2C_3 D}{C_1}}}{2} = \sqrt{2C_1 C_3 D}$$

【例 11.5】 某公司库存单元 A 的需求量为 2 400 单位/年，订货成本 3.2 元/次，保存成本为每单位每年 0.096 元。试求：

（1）EOQ；TC（EOQ）。

（2）假设因为运输原因，每次订货量为 550 单位，求在此情况下的年库存总成本比采用经济订货批量的年度库存总成本高出的百分比。

解：（1）$EOQ = (2DC_3/C_1)^{1/2} = (2 \times 2\ 400 \times 3.2/0.096)^{1/2} = 400$ 单位

$TC(EOQ) = (2DC_1C_3)^{1/2} = (2 \times 2\ 400 \times 0.096 \times 3.20)^{1/2} = 38.4$（元/年）

（2）$Q = 550$ 单位

$(Q - EOQ)/EOQ = (550 - 400)/400 = 37.5\%$

$TC(Q) = C_1Q/2 + C_3D/Q = 0.096 \times 550/2 + 3.20 \times 2\ 400/550 = 40.36$（元/年）

$[TC(Q) - TC(EOQ)]/TC(EOQ) = (40.36 - 38.4)/38.4 = 5.1\%$

从例 11.5 中（2）的计算结果来看，当订货量的变化幅度为 37.5% 时，年库存总成本仅增加了 5.1%，这并非偶然。也就是说当实际订货量偏离 EOQ 时，只要这种偏离不超过某个合理的范围，对年库存总成本的影响就很小，这个性质称为 EOQ 的强壮性（或不灵敏性）。事实上，我们从 EOQ 的总成本特性曲线也可以看出，在 EOQ 附近一个相当宽的区段上，曲线的变化十分平缓。

11.2.3 经济生产批量模型

在经济订货批量模型中，当存储量降至零时订货，所订货物非瞬间到货，而是开始生产，设生产速度 P 为常数（$P > D$），则最优生产批量即为经济生产批量。

设到货持续时间为 T（如图 11-6），在 $[0,\ T]$ 时间区间内，库存以 $(P - D)$ 的速度增加，在 $[T,\ t]$ 时间区间内，库存以 D 的速度递减，直至库存为零。此时，显然有

$$(P - D)T = D(t - T)$$

于是得：

$$T = \frac{D}{P}t$$

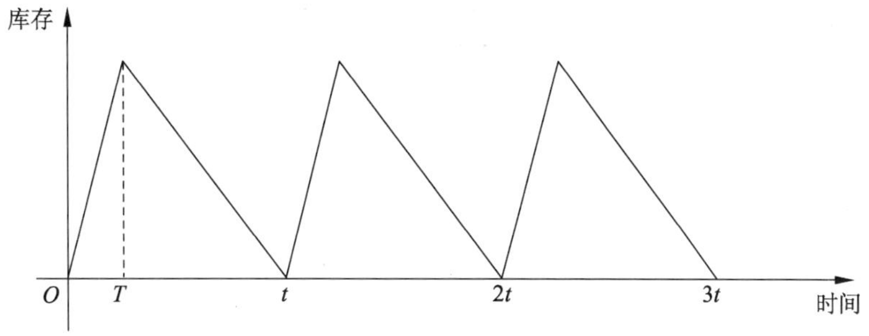

图 11-6　库存量的变化规律

本模型不再考虑货物成本费，而 t 时间内的平均订购费为

$$C_0(t)=\frac{C_3}{t}$$

平均库存费为

$$C_S(t)=\frac{C_1(P-D)Tt}{2t}$$

所以，在 t 时间内的平均总成本为

$$C(T)=C_0(t)+C_S(t)=\frac{C_3}{t}+\frac{C_1(P-D)Dt}{2P}$$

对上式求导得到

$$\frac{\mathrm{d}C(t)}{\mathrm{d}t}=-\frac{C_3}{t^2}+\frac{C_1(P-D)D}{2P}$$

令$\frac{\mathrm{d}C(t)}{\mathrm{d}t}=0$，于是有

$$t^*=\sqrt{\frac{2C_3P}{C_1D(P-D)}}$$

t^* 为最佳订货周期，则最佳生产周期 T^* 为

$$T^*=\frac{D}{P}t^*=\sqrt{\frac{2C_3D}{C_1P(P-D)}}$$

而最佳生产批量 Q^* 为

$$Q^*=Dt^*=\sqrt{\frac{2C_3DP}{C_1(P-D)}}=\sqrt{\frac{2C_3D}{C_1}}\sqrt{\frac{P}{P-D}}$$

【例 11.6】 某电视机厂自行生产扬声器用以装配本厂生产的电视机。该厂每周生产 100 台电视机，每台电视机需要 1 套扬声器，扬声器生产车间每周可以生产 500 套。已知该厂每批扬声器的生产准备费为 5 000 元，每套扬声器在一周内的保管费为 0.2 元。假定 1 周按 7 天计算，试确定该厂扬声器的最佳生产批量、生产时间和电视机的安装周期。

解：根据题意，扬声器的需求量 D 为 100 套；扬声器生产速度 P 为 500 套每周，扬声器的生产准备费 C_3 为5 000元，保存费 C_1 为每套每周0.2元。根据最佳生产批量的计算公式，可得扬声器的最佳生产批量为

$$Q^* = \sqrt{\frac{2C_3DP}{C_1\ (P-D)}} = \sqrt{\frac{2\times 5\ 000\times 100\times 500}{0.2\times\ (500-100)}} = 2\ 500\text{套}$$

最佳生产周期为

$$T^* = \sqrt{\frac{2C_3D}{C_1P\ (P-D)}} = \frac{Q^*}{P} = 5\text{周}$$

电视机的安装周期为

$$t^* = \sqrt{\frac{2C_3P}{C_1D\ (P-D)}} = \frac{Q^*}{D} = 25\text{周}$$

11.2.4 允许缺货模型

在经济生产批量模型中，若允许缺货，设单位货物缺货费为 C_2，同样设生产速度 P 为常数（$P>D$），求最佳订货周期及最佳生产批量（如图11-7）。

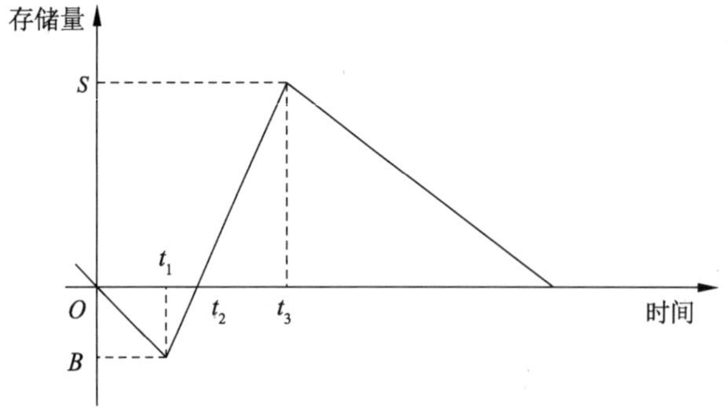

图11-7 库存量的变化规律

在［0，t_1］时间区间内，最大缺货量为

$$B = Dt_1$$

在［t_1，t_2］时间区间内，最大缺货量为

$$B = (P-D)(t_2-t_1)$$

由此解得

$$t_1 = \frac{P-D}{P}t_2$$

同样，在［t_2，t_3］时间区间内，最大存储量为

$$S = (P-D)(t_3-t_2)$$

在［t_3，t］时间区间内，最大存储量为

$$S = D(t-t_3)$$

由此解得

$$t_3 - t_2 = \frac{D}{P}(t-t_2)$$

故在一个时间周期$[0,t]$内，t 时间内的平均订购费为

$$C_O(t)=\frac{C_3}{t}$$

t 时间内的平均缺货费为

$$C_B(t)=\frac{C_2 D t_1 t_2}{2}$$

t 时间内的平均库存费为

$$C_S(t)=\frac{C_1(P-D)(t_3-t_2)(t-t_2)}{2t}$$

所以，t 时间内的平均总成本为

$$C(t,t_2)=\frac{(P-D)D}{2P}\left[C_1 t-2C_1 t_2+(C_1+C_2)\frac{t_2^2}{t}\right]+\frac{C_3}{t}$$

令

$$\begin{cases}\dfrac{\partial C(t,t_2)}{\partial t}=0\\[2ex]\dfrac{\partial C(t,t_2)}{\partial t_2}=0\end{cases}$$

由此解得

$$t^*=\sqrt{\frac{2C_3}{C_1 D}}\sqrt{\frac{P}{P-D}}\sqrt{\frac{C_1+C_2}{C_2}}$$

$$t_2^*=\frac{C_1}{C_1+C_2}t^*$$

于是，最佳订货周期为

$$t^*=\sqrt{\frac{2C_3}{C_1 D}}\sqrt{\frac{P}{P-D}}\sqrt{\frac{C_1+C_2}{C_2}}$$

最佳订货批量为

$$Q^*=Dt^*=\sqrt{\frac{2C_3 D}{C_1}}\sqrt{\frac{P}{P-D}}\sqrt{\frac{C_1+C_2}{C_2}}$$

11.3　随机性需求的库存决策模型

在很多情况下对库存的实际需求并不是固定不变的常量，若准备的期初库存量正好等于需求量则最为理想，若期初库存量小于实际需求量则会造成失销费用，若期初库存量大于实际需求量则会造成商品价值损失或产生库存费用。虽然需求量是不确定的，但我们可以通过历史数据来统计分析其取值的分布规律，于是，可以借助随机变量来描述及分析这种模型。

所谓随机性需求就是指需求量是随机的，但其概率分布已知。在该情况下，确定性需求的库存控制模型就不再适用了，我们需要研究基于随机性需求条件下库存量变化的新特点，建立新的模型。随机性库存策略的优劣，通常以库存费用期望值大小作为衡量的标准，追求的目标是该期望费用最小化；也可以以期望利润作为衡量标准，追求期望利润最大化。

对随机性需求的库存决策模型主要讨论一次性订货模型。一次性订货的特点是货物在该次订货后，不管销售期末的剩余库存为多少，都要全部处理掉，而不留待后期作为起始库存。许多实际存在的库存问题往往涉及时鲜产品或一次性需求产品，如报纸、时装、新鲜水果、鲜花等。

11.3.1 离散需求一次性订货模型

对于离散需求一次性订货模型，我们主要讨论经典的报童问题。

问题描述：报童每天销售的报纸数量是一个随机变量，设销售量 r 的概率为 $P(r)$，根据以往的经验，概率是已知的。另设报童每卖出一份报纸赚 k 元，若报纸未能售出，则每份赔 h 元，问报童每天最好准备多少份报纸？

问题分析：该问题即求报童的一次性订购报纸的最优数量，以使其一天的损失期望值最小（或盈利的期望值最大）。

假设报童的订购数量为 Q，根据市场的实际需求量情况，我们分别对以下两种情况进行讨论：

1）若市场的实际需求量小于或者等于 Q（供过于求），则当天不能售出的报纸只能处理掉，其损失的期望值为

$$\sum_{r=0}^{Q} h(Q-r)P(r)$$

2）若市场的实际需求量大于 Q（供不应求），这时会因缺货而失去销售机会，造成缺货成本，其损失的期望值为

$$\sum_{r=Q+1}^{\infty} k(r-Q)P(r)$$

综合以上两种情况可得，当报童的订购数量为 Q 时，损失的期望值为

$$C(Q) = \sum_{r=0}^{Q} h(Q-r)P(r) + \sum_{r=Q+1}^{\infty} k(r-Q)P(r)$$

若要确定使上式取得最小值的最优订货量 Q^*，则需满足

$$\begin{cases} C(Q^*) \leqslant C(Q^*+1) & (11.1) \\ C(Q^*) \leqslant C(Q^*-1) & (11.2) \end{cases}$$

由式（11.1），有

$$\sum_{r=0}^{Q^*} h(Q^*-r)P(r) + \sum_{r=Q^*+1}^{\infty} k(r-Q^*)P(r)$$

$$\leqslant \sum_{r=0}^{Q^*+1} h(Q^* + 1 - r)P(r) + \sum_{r=Q^*+2}^{\infty} k(r - Q^* - 1)P(r)$$

将不等式两端的相同项约去，得

$$kP(Q^* + 1) \leqslant \sum_{r=0}^{Q^*} hP(r) - \sum_{r=Q^*+2}^{\infty} kP(r)$$

即

$$\sum_{r=Q^*+1}^{\infty} kP(r) \leqslant \sum_{r=0}^{Q^*} hP(r)$$

由于 $\sum_{r=0}^{Q^*} P(r) + \sum_{r=Q^*+1}^{\infty} P(r) = 1$，所以

$$k(1 - \sum_{r=0}^{Q^*} P(r)) \leqslant h\sum_{r=0}^{Q^*} P(r)$$

于是得到

$$\frac{k}{k+h} \leqslant \sum_{r=0}^{Q^*} P(r)$$

同理，由式（11.2）可得

$$\sum_{r=0}^{Q^*=1} P(r) \leqslant \frac{k}{k+h}$$

最后，报童应订购的最优数量 Q^* 可由以下不等式确定

$$\sum_{r=0}^{Q^*-1} P(r) \leqslant \frac{k}{k+h} \leqslant \sum_{r=0}^{Q^*} P(r)$$

【例 11.7】 某熟食店销售百味鸡，已知每只百味鸡进价 22 元，售价 35 元，当天晚上八点前若没有售出则处理价为 15 元。根据以往经验，销售数量服从一定的概率分布，其取值如表 11-1 所示。

表 11-1　销售数量的概率分布

需求量 r（十只）	2	3	4	5	6	7
概率 $P(r)$	0.05	0.15	0.25	0.25	0.20	0.10

试求该店订购百味鸡多少只可使盈利的期望值最大。

解：由题设，每售出十只百味鸡的利润为：$k =$（35 − 22）×10 = 130 元；若当天未售出，每十只百味鸡的损失为：$h =$（22 − 15）×10 = 70 元，于是

$$\frac{k}{k+h} = \frac{130}{130+70} = 0.65$$

显然

$$\sum_{r=0}^{4} P(r) = P(2) + P(3) + P(4) = 0.05 + 0.15 + 0.25 = 0.45$$

$$\sum_{r=0}^{5} P(r) = P(2) + P(3) + P(4) + P(5) = 0.05 + 0.15 + 0.25 + 0.25 = 0.70$$

故有

$$\sum_{r=0}^{4} P(r) \leqslant \frac{k}{k+h} \leqslant \sum_{r=0}^{5} P(r)$$

于是得到该店最优的订购数量应为 50 只。

11.3.2 连续需求一次性订货模型

以上我们讨论的一次性订货模型假设需求数量是离散的，但若需求量可以近似看作连续变化时，我们就可假设需求量服从连续型的分布。此时，我们可以采用连续需求一次性订货模型。

设某商品在某个时期内的需求量 x 为连续性随机变量，其分布函数为 $F(x)$，概率密度函数为 $f(x)$，销售此商品的单位利润为 k，若未能售出商品，单位损失为 h，实际进货量为 Q。设商家的利润为 Y，则

$$Y(Q)=\begin{cases} kQ & x \geqslant 0 \\ kx-h(Q-x) & x<Q \end{cases}$$

于是有

$$EY(Q) = \int_0^Q [kx - h(Q-x)]f(x)\,\mathrm{d}x + \int_Q^\infty kQf(x)\,\mathrm{d}x$$

可以证明上式为凸函数，将上式对 Q 求导，并令其等于 0，则有

$$(k+h)Qf(Q) - h\left[Qf(Q) + \int_0^Q f(x)\,\mathrm{d}x\right] + k\left[-Qf(Q) + \int_Q^\infty f(x)\,\mathrm{d}x\right] = 0$$

根据上式可以得出

$$\int_0^Q f(x)\,\mathrm{d}x = \frac{k}{k+h}$$

上式的意义为：对计算得到的$\frac{k}{k+h}$，我们通过查 $f(x)$ 的概率分布表可以得到相应的 Q 值，即为最优订货量 Q^*。

【例 11.8】 某食品店每天要以 0.95 元/千克的成本制作豆制品若干，售价为 1.2 元/千克，但若当天没有售完，则剩余的豆制品只能在晚上 9 点下班前以 0.8 元/千克的价格处理掉。假设该店每天豆制品的销售量近似服从均值 200，标准差 40 的正态分布，试求该食品店每天豆制品的最佳生产量。

解：首先，求得豆制品每千克的利润为：$k=1.2-0.95=0.25$ 元；而当天未售出豆制品每千克的损失为：$h=0.95-0.8=0.15$，于是可以得到

$$F(Q) = \int_0^Q f(x)\,\mathrm{d}x = \frac{k}{k+h} = \frac{0.25}{0.25+0.15} = 0.625$$

式中，$F(X)$ 为均值 200，标准差 40 的正态分布函数，所以有

$$P(x \leqslant Q) = F(Q) = \Phi\left(\frac{Q-200}{40}\right) = 0.625$$

式中，$\Phi(x)$ 为标准正态分布函数。

经查标准正态分布表，得到

$$\Phi(0.32)=0.625$$

由此得到

$$\frac{Q-200}{40}=0.32$$

所以可计算得到最优生产量为

$$Q^{*}=200+40\times0.32=212.8\approx213 \text{ 千克}$$

因此，该食品店每天豆制品的最佳生产量为213千克。

案例分析

南方液压件供应公司的库存控制

南方液压件供应公司是一家专门批发和销售液压配件的公司，公司批发和销售的液压件被用于卡车、工程机械和机床的制造，由于品种齐全和快捷的上门服务，因此，在顾客中享有盛誉。尽管公司的利润连年增长，但销售利润率从原来的11.3%逐年下降到6.4%，公司管理当局认识到问题的严重性，决定对影响利润率的关键领域，包括产品结构、销售方式、库存管理和采购方式等进行全面的审查，其中对库存管理的研究是这次审查的重点。

按照过去的库存管理惯例，采购订单都集中在一起，每周发出一次，到货的单据和出库的单据也都是积累起来每周集中处理一次，这意味着库存状况是每周检查一次。处理到货的手续、检验和搬运入库、登账和更新库存记录，以及准备发出采购订单的成本，加起来每份订单约为12.5元，保存成本包括资金成本、过期失效成本、保险费、税金和库存管理费，根据过去的资料，可以大致估计出这些成本项目占平均库存价值的比例如表11-2所示。

表11-2　成本项目占平均库存价值的比例

成本项目	占库存物资价值的百分比/%
资本成本	11
过期失效损失	4
保险费	3
税金	2
管理费	10
总计	30

选作分析库存成本的典型零件之一的一种液压阀件的购入价格是14元，售出价格是19.5元。生产这种零件的制造商不提供批量折扣优惠，而且一次的采购量必须不少

于50件，否则每份订单再加收25元的管理费。对于这种液压件，本地区还有其他的批发商供应来自别的制造商的同种零件，因此，如果南方液压件供应公司的这种零件缺货，顾客就会到其他的供应商那里去采购，这份顾客订单就损失了。这种液压件的制造商远在1 500 km以外，故从发出订单到零件到货一般要4～15个工作日，有关这种零件提前期的统计资料如表11-3所示。

表11-3　液压阀件采购提前期统计

采购提前期（工作日）					
8	12	6	5	7	8
8	9	13	9	10	8
11	7	8	5	7	6
9	7	11	14	9	8
9	7	6	8	13	10
7	7	12	10	9	10
7	8	14	6	5	9

一年中（260个工作日）每个工作日都有顾客上门订货，每日顾客订购这种液压件的数量如表11-4所示。对历史资料的进一步分析表明，公司每次采购这种液压件的批量平均为750件，每次发出采购订单时的库存水平平均为115件。

表11-4　每日顾客订购量统计

每日顾客订购液压阀的数量												
35	0	0	17	36	6	0	5	11	18	0	14	14
16	25	0	19	14	32	15	0	17	18	10	30	0
15	0	12	21	23	15	12	0	19	37	0	13	0
0	18	20	14	19	18	0	14	5	9	8	0	38
17	0	28	0	29	9	0	0	0	23	0	17	3
8	13	31	8	0	25	11	0	43	9	0	12	17
22	15	0	7	15	10	33	26	0	6	20	13	0
7	0	0	39	19	16	17	4	28	25	27	20	21
0	7	0	8	0	18	28	20	22	0	0	16	15
31	24	16	0	0	14	36	11	0	3	30	12	0
0	10	0	20	14	21	0	17	37	19	0	0	9
35	16	13	16	0	11	16	0	13	24	11	0	14
27	26	0	6	0	26	13	0	21	17	22	0	0

续表

每日顾客订购液压阀的数量												
10	42	0	18	0	12	27	4	19	17	0	34	6
17	21	0	18	13	24	33	26	0	18	0	16	23
20	0	13	7	0	14	0	10	41	8	0	9	12
22	0	0	44	24	0	7	40	9	0	0	0	22
21	16	0	23	19	25	0	2	15	12	0	32	0
8	0	5	15	20	30	23	0	11	0	19	29	4
18	11	29	14	0	19	31	10	16	0	27	18	5

问题讨论

1. 假定仍然每周采购一次该种液压件，使总成本最低的订货批量是多少?

2. 如果采用经济订货批量 EOQ，则每次的采购数量和相应的年采购次数是多少?

3. 还可以采用什么采购策略改进该种液压件的库存管理? 试将其效果与传统方法和 EOQ 方法进行比较。

思考题

1. 解释常用的几种库存成本。

2. 简述 EOQ 在库存控制过程中的应用。

3. 某企业经销电源插座，预计年需求量为 1 250 箱，每次的订货成本为 50 元，每箱插座的价格为 800 元，每箱每年的保存成本为价格的 30%。根据 EOQ 模型，最佳订货批量应该是多少箱?

第五篇 仓储管理信息技术

第12章 仓储管理信息技术

本章导读

1. 了解仓储管理系统的功能、作用及操作流程，仓储信息系统的设计原则。

2. 在仓储与仓储管理的信息应用中，了解EDI信息的应用、EDI系统的模型及功能；掌握条形码的分类、优缺点、应用领域及设备；了解射频技术RFD技术系统的类型及其在仓储相关领域的应用。

案例导引

揭秘顺丰快递“巴枪”背后的“快诀窍”

如果你细心观察，就会发现每个顺丰快递收派员，都有一个电子巴枪。当我们发送快递时，快递员就用它扫描快件条码，进行资料的同步传递，这个工作细节极大程度上保证了快件的安全送达，也用无声的行为拉开了顺丰速运和其他快递公司的服务差距。

“巴枪”系统利用中国移动成熟的网络平台，以手机或掌上电脑（PDA）终端作为数据存储的载体，连接条码扫描枪，形成一套数据采集传输系统。实现方式是通过将外置扫描枪用数据线或直连的方式连接到支持“巴枪”功能的手机上，在物品配送至客户处后，外勤人员对运单号上的条码进行扫描，由PDA或手机作为数据收集的载体，将相关信息进行存储，如客户姓名、签收时间、货物状态、异常信息等，并可使用客户电子签名签收功能，及时更新后台系统货物签收，电子签名保留的笔记可便于识别客户身份，提高了安全性。

快件一旦开始递送，每个环节的工作人员都需要用巴枪扫描快件上的条形码，以便系统和消费者随时跟踪。此外，它还有运费结算、查询收派件范围和拍照等功能。

为了确保一线收派员能在1小时内到达所属区域内的任何地点，顺丰速运规划部会根据数学模型计算出不同客户数量与不同商业流通频率下的服务半径，比如二线城市市区的服务半径一般是7 km。也就是说，按照最优拓扑结构，结合街区的房租成本，进行合理选址。有些CBD区域的点部布局稍微密集，而在郊区则可能远远大于7 km的服务半径。

除了点部的分布要满足“1小时交通圈”要求，在上一级中转站，也要按照时效要求，设置2小时交通圈。这样，只要是在同一个区部，也就是说同一个电话区号范围内，都能做到4小时到达。

（资料来源：搜狐网 https：//www. sohu. com/a/285444186_ 120078003）

阅读以上案例，请思考顺丰快递的“快诀窍”与“巴枪”使用之间的关系。

12.1 仓储管理系统

12.1.1 仓储管理系统及其组成

仓储管理系统（Warehouse Management System，WMS）是现代仓储企业进行货物管理和处理的业务操作系统。它可以实现本地一个仓库的精细化管理，也可实现制造企业、物流企业、连锁业在全国范围内、异地多点仓库的管理；它可以对货物存储和出货等进行动态安排，也可以对仓储作业流程的全过程进行电子化操作；它可以与客服中心建立数据接口使客户通过互联网实现远程货物管理，也可以与企业的ERP系统实现无缝连接。

仓储管理是物流作业管理的核心。仓储管理系统的建设历来受到人们的重视。特别是随着配送理念的推广及仓储中心的建设，WMS系统已经突破原有的范畴，成为仓储中心物流管理信息系统的代名词。

现代仓储管理已经转变成履行中心，它的功能包括传统的仓储管理、交叉转运/在途合并、增值服务流程、退货、质量保证和动态客户服务。

WMS系统由许多功能的子系统组合构成，其基本情况及构成如表12-1所示。

表12-1 仓库管理系统及其组成

WMS	入库管理子系统	入库单数据处理（录入） 条码打印及管理 货物装盘及托盘数据登录注记（录入） 货位分配及入库指令的发出 占用货位的重新分配 入库成功确认 入库单据打印
	出库管理子系统	出库单数据处理（录入） 出库品项内容生成及出库指令发出 错误货物或倒空的货位重新分配 出库成功确认 出库单据打印

续表

WMS	数据管理子系统	货位管理查询 货物编码查询库存 入库时间查询库存 盘点作业 货物编码管理 安全库存量管理 供应商数据管理 使用部门数据管理 未被确认操作的查询和处理 数据库与实际不符记录的查询和处理
	系统管理子系统	使用者及其权限设置 数据库备份操作 系统通信的开始和关闭 系统的登录和退出

1. 入库管理子系统

1）入库单数据处理（录入）。入库单可包含多份入库分单，每份入库分单又可包含多份托盘数据。入库单的基本结构是在每个托盘上放一种货物，因为这样会使仓储的效率更高，流程更清晰。

2）条码打印及管理。条码打印及管理的目的仅是为了避免条码的重复，以使仓库内的每一个托盘货物的条码都是唯一的标志。

3）货物装盘及托盘数据登录注记（录入）。入库单的库存管理系统可支持大批量的一次性到货，这个管理系统的运作过程大体是：批量到货后，先分别装盘，然后进行托盘数据的登录注记。所谓托盘数据是指对每个托盘货物分别给予一个条码标记，登录注记时将每个托盘上装载的货物种类、数量、入库单号、供应商、使用部门等信息与该唯一的条码标记联系起来。注记完成后，条码标记即成为一个在库管理的关键，可以通过扫描该条码得到该盘货物的相关库存信息及动作状态信息。

4）货位分配及入库指令的发出。托盘资料注记完成后，该托盘即进入待入库状态，系统将自动根据存储规则（如货架使用区域的划分）为每一个托盘分配一个适合的空货位，并向手持终端发出入库操作的要求。

5）占用货位的重新分配。当所分配的货位实际已有货物时，系统会指出新的可用货位，通过手持终端指挥完成操作。

6）入库成功确认。从注记完成至手持终端返回入库成功的确认信息前，该托盘的货物始终处于入库状态，直至收到确认信息，系统才会把该盘货物的状态改为正常库存，并相应更改数据库的相关记录。

7）入库单据打印。打印实际收货入库单。

2. 出库管理子系统

1）出库单数据处理（录入）。是指制作出库单的操作，每份出库单可包括多种、多数量的货物，出库单分为出库单和出库分单，均由手工输入生成。

2）出库品项内容生成及出库指令发出。系统可根据出库内容以一定规律（如先入先出、就近等）生成出库内容，并发出出库指令。

3）错误货物或倒空的货位重新分配。当操作者通过取货位置扫描图确认货物时，如果发现货物错误或货位实际上无货，只要将信息反馈给系统，系统就会自动生成下一个取货位置，指挥完成操作。

4）出库成功确认。手持终端确认货物无误后，发出确认信息，该托盘货物即进入出库运行中的状态。在出库区现场终端确认出库成功完成后，即可取出数据库的托盘条码，并修改相应数据库的记录。

5）出库单据打印。打印与托盘相对应的出库单据。

3. 数据管理子系统

（1）存库管理

1）货位管理查询。查询货位使用情况（空、占用、故障等）。

2）货物编码查询库存。查询某种货物的库存情况。

3）入库时间查询库存。查询以日为单位的在库库存。

4）盘点作业。进入盘点状态，实现全库盘点。

（2）数据管理

1）货物编码管理。提供与货物编码相关信息的输入界面，包括编码、名称、所属部门、单位等的输入。

2）安全库存量管理。提供具体到某种货物的最大库存、最小库存参数设置，从而实现库存量的监控预警。

3）供应商数据管理。录入供应商编号、名称、联系方法，供出入库单使用。

4）使用部门数据管理。录入使用部门、编号、名称等，供出入库单使用。

5）未被确认操作的查询和处理。提供未被确认操作的查询并逐条核对处理功能。

6）数据库与实际不符记录的查询和处理。逐条提供选择决定是否更改为实际记录或手工输入记录。

4. 系统管理子系统

1）使用者及其权限设置。使用者名称、代码、密码、可使用程序模块的选择。

2）数据库备份操作。提供存储过程中每日定时备份的数据库或日志。

3）系统通信的开始和关闭。提供对通信的开始和关闭的操作功能。

4）系统的登录和退出。提供系统登录和退出界面的相关信息。

12.1.2 WMS 系统的功能及作用

仓储管理系统有计划和执行两个功能。计划功能包括订货管理、运送计划、员工管理和仓库面积管理等。执行功能包括进货接收、分拣配货、发货运送等，在供应链管理中仓储管理系统技术的作用表现为配货、发货运送等。

1. WMS 系统的功能

（1）计划功能

订货管理是顾客订货和顾客询问的登录点，通过使用 WMS 技术可以登录和维护顾客订货。当收到订货或询问时，订货管理就会存取所需要的信息，编辑适当的计算结果，然后对保留的可接受的订货进行处理。订货管理还能提供有关存货可行性的信息和交付日期，以获悉和确认顾客的期望。订货管理，连同顾客服务代表一起，形成了顾客和企业物流信息系统之间最基本的界面。运送作业结合 WMS 技术来指导配送中心的实际活动，其中包括物料搬运、储存和订货选择等。

在批量作业环境下，通过 WMS 技术开出一份指示清单或任务清单，来指导仓库内的每一位物料搬运人员。在实时作业的环境下，诸如条形码、无线电射频通信，以及自动搬运设备等信息导向技术交互作业，以减少决策和行动之间的时间。当综合物流变成现实时，继续在单一的作业组织结构中集中功能的压力就减小了，随着信息网络的出现，正式分组已变得越来越不重要。人员组织被信息技术逐步分化，形成一种扁平结构时，信息技术就达到了指导组织结构调整的目的。同样，WMS 技术对规划仓库库容管理方面和搬运装卸的组织计划等，都有十分重要的指导意义。

（2）执行功能

对于厂商或批发商来讲，尽管以前物流中心都分散建立在营业支店等经营场所附近，而随着近年来制造业和流通业物流活动的广泛开展及高度化物流服务的出现，物流中心越来越具有集约化、综合化的倾向。在这类中心里，伴随着订发货业务的开展，物资检验作业也在集约化的中心内进行。条形码的广泛普及和便携式终端性能的不断提高，使得物流作业效率得到大幅度提高。即在客户订货信息的基础上，在进货物资上贴付条形码，物资进入中心时用扫描仪读取条形码检验物资；或在企业发货信息的基础上，在检验发货物资时同时加贴条形码，这样企业的仓库保管及发货业务都在条形码管理的基础上进行。

随着零售企业的不断崛起，不少大型零售企业都建立了自己的配送中心，由自己的配送中心将物资直接运送到本企业的各支店或店铺。采用这种配送形态的企业，一般都在物资上贴付含有配送对象店铺名称的条形码，从而在保证物资检验作业合理化的同时，实现企业配送作业的高效率。

利用 WMS 技术事先做好销售账单、发货票等单据的制作和发送工作，即使批发商自己进行物资分拣再按订货要求配送，也都采取这种办法。与此同时，将备货清单传送到用户指定的店铺。备货作业按照不同的配送用户在物资上贴付条形码，分拣作业时只要用扫描装置读取条形码，便能自动按不同的配送场所进行分拣。

2. WMS 系统在库存管理中的作用

WMS 技术能精确地反映当前状况和定期活动，这样可以衡量存货水平。平稳的物流作业要求实际的存货与物流信息系统报告中的存货相吻合的精确性最好在 99% 以上。当实际存货和信息系统中的存货之间存在较低的一致性时，就有必要采取缓冲存货或安全存货的方式来适应这种不确定性，增加信息的精确性，减少存货需要量。

WMS 技术能及时提供快速的管理反馈。不及时是指活动发生时与该活动在信息系统内可见时间的耽搁。例如，在某些情况下，系统要花费几个小时或几天才能将一个新订货看成实际需求，因为该订货并不会始终直接进入现行需求量数据库。这样就导致在认识实际需求量时出现了耽搁，这种耽搁会使计划制订的有效性降低，使存货量增加。另一个有关及时性的例子涉及当产品从“在制品”进入“制成品”状态时存货量的更新。尽管实际存在着连续的产品流，但是，信息系统中的存货状况是按每小时、每工班，或按每天进行更新的。显然，实际更新或立即更新更具有及时性，但是它们也会导致记账工作量的增加。编制条形码、扫描和 EDI 均有助于及时有效地记录。

及时的管理控制是在还有时间采取正确的行动或使损失减少到最低程度的时候能够提供信息。概括地说，及时的信息减少了不确定性，并识别了种种问题，于是减少了存货需求量，增加了决策的精确性。

WMS 技术必须以异常情况为基础，突出问题和机会。物流作业通常要满足大量的顾客、产品、供应商和服务公司的不同需求。例如，必须定期检查每一个产品选址组合的存货状况，以便制订补充订货计划。另一个重复性活动是对于非常突出的补货订货状况的检查。通常，这种检查过程需要问两个问题，一是是否应该对产品或补充订货采取行动，如果这个问题的答案是肯定的，那么，第二个问题就涉及应该采取哪一种行动。许多物流信息系统要求手工完成检查，尽管这类检查正越来越趋向自动化，而仍然使用手工处理的依据是有许多决策在结构上是松散的，并且是需要经过用户的参与才可做出判断的。

物流信息系统结合了决策规划，去识别这些要求管理部门注意并做出决策的“异常”情况。于是，计划人员或经理人员就能够把他们的精力集中在最需要引起注意的情况或者能提供的最佳机会来改善服务或降低成本。

12.1.3 WMS 系统的操作流程

仓储管理系统最重要的操作流程应该是入库和出库操作流程。

1. 入库操作流程

入库操作流程如图 12-1 所示，入库后首先生成入库单，每份入库单可包含多种货物，按货物的不同，将入库单分单并装盘。装盘完毕，在经人工检验认为外观尺寸等合格的托盘上贴条码标记。通过扫描托盘条码标记（或人工键入），确认货物种类和数量的输入后，即完成托盘条码与所载货物信息的注记，亦即入库数据的登录注记。此时该托盘货物即进入“待入库状态”，注记完成的货物托盘所处的状态会一直被管理系统跟踪和监控，直至出库成功取消该注记为止。注记完成的货物托盘由管理系统分配一个目的储存货位，同时该操作需求被发送到 HD，HD 接受需求，扫描托盘条码，即可得到该托盘的目的操作货位和货物信息。然后根据 HD 指示，由操作人员驾驶堆垛机行驶至目的货位。如果一切正常，操作人员将用 HD 扫描确认目的货位，操作成功后做确认反馈，管理系统收到操作成功确认后，即修改数据库相关记录，最终完成一次入库操作。

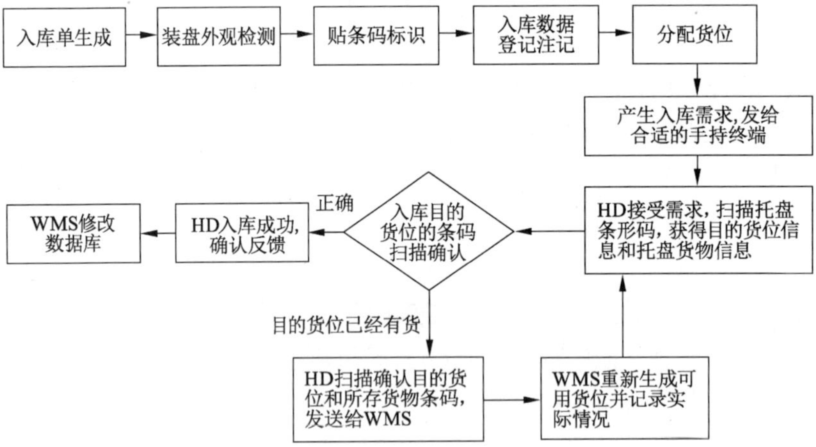

图 12-1　入库操作流程图

如果目的货位已有货物，HD 将扫描现有货物条码，并发送给管理系统。管理系统将该异常情况记入数据库，并生成新的推荐目的货位，指挥重新开始操作，直至成功完成本次操作。

2. 出库操作流程

出库操作流程如图 12-2 所示。出库流程始于出库单的生成，接着管理系统将根据出库单内容以一定规律（如先入先出等）生成出库品项和内容，即出库货位和货位信息。HD 接到操作目的货位信息后，还须由操作人员驾驶堆垛机驶至目的货位，扫描确认货位货物信息。经确认无误，操作人员即取出货物并送至待出库区。此时货物的状态为“位于待出库区”，最终由出货终端扫描确认后，发送操作完成确认信息给系统，管理系统收到此确认信息后才修改数据库的相关记录。

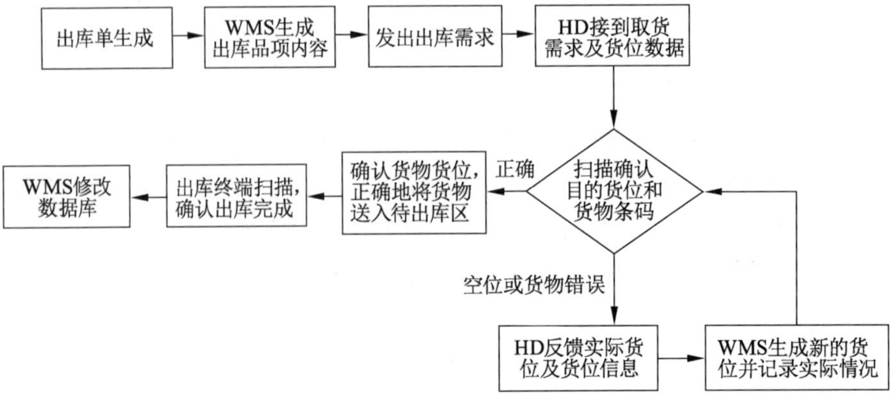

图 12-2　出库操作流程图

堆垛机驶至取货货位，扫描确认发现异常（空货位或货物错误）时，HD 即将此信息发送给管理系统，管理系统将该异常情况记录数据库并生成新的推荐货位，指挥重新开始操作，直至成功完成此操作。

12.2 仓储管理信息技术的应用

12.2.1 电子数据交换技术 EDI 的应用

1. EDI 的概念

电子数据交换（Electronic Data Interchange，EDI）是一种在公司之间传输订单、发票等作业文件的电子化手段。它通过计算机通信网络将贸易、运输、保险、银行和海关等行业信息，用一种国际公认的标准格式，实现各有关部门或公司与企业之间的数据交换与处理，并完成以贸易为中心的全部过程，它是20 世纪80 年代发展起来的一种新颖的电子化贸易工具，是计算机、通信和现代管理技术相结合的产物。国际标准化组织（International Organization for Standardization，ISO）将 EDI 描述成“将贸易（商业）或行政事务处理按照一个公认的标准变成结构化的事务处理或信息数据格式，从计算机到计算机的电子传输”。而国际电联电信委员会将 EDI 定义为“从计算机到计算机之间的结构化的事务数据互换”。由于使用 EDI 还可以减少甚至消除贸易过程中的纸面文件，因此，EDI 又被人们通俗地称为“无纸贸易”。

从上述 EDI 的定义不难看出，EDI 包含了三个方面的内容，即计算机应用、通信网络和数据标准化。其中计算机应用是 EDI 的条件，通信网络是 EDI 应用的基础，数据标准化是 EDI 的特征。这三方面相互衔接、相互依存，构成了 EDI 的基础框架。

2. EDI 系统的基本模块

在 EDI 中，EDI 参与者所交换的信息客体称为邮包。在交换过程中，如果接收者从发送者所得到的全部信息包括在所交换的邮包中，则认为语义完整，并称该邮包为完整语义单元（Complete Semantic Unit，CSU），CSU 的生产者和消费者统称为 EDI 的终端用户。在 EDI 的工作过程中，所交换的报文都是结构化的数据，整个过程都是由 EDI 系统完成的。

（1）用户接口模块

业务管理人员可用此模块进行输入、查询、统计、中断、打印等，及时地了解市场变化，调整策略。

（2）内部接口模块

这是 EDI 系统和本单位内部其他信息系统及数据库的接口，一份来自外部的 EDI 报文，经过 EDI 系统处理之后，大部分相关内容都需要经内部接口模块送往其他信息系统，或查询其他信息系统后才能给对方 EDI 报文以确认的答复。

（3）报文生成及处理模块

1）接收来自用户接口模块和内部模块的命令和信息。按照 EDI 标准生成订单、发票等各种 EDI 报文和单证，经格式转换模块处理之后，由通信模块经 EDI 网络发给其他 EDI 用户。

2）自动处理由其他 EDI 系统发来的报文。在处理过程中要与本单位信息系统相连，获取必要信息并给其他 EDI 系统答复，同时将有关信息送给本单位其他信息系统。

如因特殊情况不能满足堆放的要求，经双方 EDI 系统多次交涉后不能妥善解决的，则把这一类信息提交至用户接口模块，由人工干预决策。

（4）格式转换模块

所有的 EDI 单证都必须转换成标准的交换格式，转换过程包括语法上的压缩、嵌套、代码的替换及必要的 EDI 语法控制字符。在格式转换过程中要进行语法检查，对于语法出错的 EDI 报文应拒收并通知对方重发。

（5）通信模块

该模块是 EDI 系统与 EDI 通信网络的接口，包括执行呼叫、自动重发、合法性和完整性检查、出错报警、自动应答、通信记录、报文拼装和拆卸等功能。

3. EDI 的基本功能

（1）命名和寻址功能

EDI 的终端用户在共享的名字当中必须是唯一可标识的。命名和寻址功能包括通信和鉴别两个方面。

在通信方面，EDI 是利用地址而不是名字进行通信的，因而要提供按名字寻址的方法，这种方法应建立在开放系统目录服务 IOS9594（对应 ITU—TX，500）的基础上。在鉴别方面，有若干级必要的鉴别，即通信实体鉴别、发送者与接收者之间的相互鉴别等。

（2）安全功能

EDI 的安全功能应包含在上述所有模块中。它包括以下一些内容：

1）终端用户及所有 EDI 参与方之间的相互验证。

2）数据完整性。

3）EDI 参与方之间的电子（数字）签名。

4）否定 EDI 操作活动的可能性。

5）密钥管理。

（3）语义数据管理功能

完整语义单元（CSU）是由多个信息单元（Information Unit，IU）组成的，其 CSU 和 IU 的管理服务功能包括：

1）IU 应该是可标识和可区分的。

2）IU 必须支持可靠的全局参考。

3）应能够存取指明 IU 属性的内容，如语法、结构语义、字符集和编码等。

4）应能够跟踪和对 IU 定位。

5）对终端用户提供方便和始终如一的访问方式。

4. EDI 在物流中的应用

EDI 最初由美国企业应用在企业间的订货业务活动中，其后 EDI 的应用范围从订货业务向其他的业务扩展，如 POS 销售信息传送业务、库存管理业务、发货送货信息和支持信息的传送业务等。近年来，EDI 在物流中广泛应用，被称为物流 EDI。所谓物流 EDI，是指货主、承运业主及其他相关的单位之间，通过 EDI 系统进行物流数据交换，并以此为基础实施物流作业活动的方法。物流 EDI 参与单位有货主（如生产厂家、贸易商、批发商、零售商等）、承运业主（如独立的物流承运企业等）、实际运送货物的交通运输企业（铁路企业、水运企业、航空企业、公路运输企业等）、协助单位（政府有关部门、金融企业等）和其他的物流相关单位（如仓库业者、专业报关业者等）。

下面介绍一个应用物流 EDI 系统的实例，一个由发送货物业主、物流运输业主和接收货物业主组成的物流模型。这个物流模型的运作步骤如下：

1）发送货物业主（如生产厂家）在接到订货后制订货物运送计划，并把运送货物的清单及运送时间安排等信息通过 EDI 发送给物流运输业主和接收货物业主（如零售商），以便物流运输业主预先制订车辆调配计划和接收货物业主制订货物接收计划。

2）发送货物业主依据顾客订货的要求和货物运送计划下达发货指令、分拣配货、打印出物流条形码的货物标签（Shipping Carton Marking，SCM）并贴在货物包装箱上，同时把运送货物品种、数量、包装等信息通过 EDI 发送给物流运输业主和接收货物业主，依据请示下达车辆调配指令。

3）物流运输业主在向发货货物业主取运货物时，利用车载扫描读数仪读取货物标签的物流条形码，并与先前收到的货物运输数据进行核对，确认运送货物。

4）物流运输业主在物流中心对货物进行整理、集装，做成送货清单并通过 EDI 向收货业主发送发货信息。在货物运送的同时进行货物跟踪管理，并在货物交纳给收货业主之后，通过 EDI 向发货业主发送完成运送业务信息和运费请示信息。

5）收货业主在货物到达时，利用扫描读数仪读取货物标签的物流条形码，并与先前收到的货物运输数据进行核对确认，开出收货发票，货物入库。同时通过 EDI 向物流运输业主和发送货物业主发送收货确认信息。

物流 EDI 的优点在于供应链组成各方基于标准化的信息格式和处理方法通过 EDI 共同分享信息，提高了流通效率，降低了物流成本。例如，对零售商来说，应用 EDI 系统可以大大降低进货作业的出错率，节省进货商品检验的时间和成本，能迅速核对订货与到货的数据，易于发现差错。

应用传统的 EDI 成本较高，一是因为通过 VAN（加值网络）进行通信的成本高，二是制定和满足 EDI 标准较为困难，因此，过去仅仅只有大企业因得益于规模经济能从 EDI 中得到利益而应用 EDI。近年来，互联网的迅速普及为物流信息活动提供了快速、简便、廉价的通信方式，从这个意义来说，互联网为企业进行有效的物流活动提供了坚实的基础。

12.2.2 条形码技术的应用

1. 条形码技术的概述

条形码技术作为物流信息系统中的数据自动采集单元技术，是实现物流信息自动采集与输入的重要技术。条形码最早出现于20世纪40年代，但是得到实际应用和迅速发展还是在最近20年。在20世纪40年代后期，美国的乔·伍德兰（Joe Wood Land）和贝尼·西欠弗（Beny Silver）两位工程师开始研究用代码表示食品项目和相应的自动识别设备，并于1949年获得了美国专利；20世纪60年代后期，西尔沃尼亚（Sylvania）发明的一个系统被北美铁路系统采纳，这两项可以说是条形码技术最早期的应用。

1970年，美国超级市场Ad Hoc委员会制定出通用商品代码UPC码；1972年，蒙那奇·马金（Monarch Marking）等研制出库德巴码（Code Bar），至此，美国的条形码技术进入新的发展阶段。1973年，美国统一编码协会（Uniform Code Council，UCC）建立了UPC条形码系统；1974年，戴维·阿利尔（Dayide Allair）博士研制出39码；1976年，在美国和加拿大的超级市场上，UPC码成功应用；次年，欧洲共同体在UPC-A码基础上制定出欧洲物品编码EAN-13码和EAN-8码；日本从1974年开始着手建立POS系统，研究标准化及信息输入方式、印制技术等，并在EAN基础上，于1978年制定出日本物品编码JAN。同年加入了国际物品编码协会，开始进行厂家登记注册，并全面转入条形码技术及其系列产品的开发工作，10年之后成为EAN的最大用户。

20世纪80年代初，人们围绕提高条形码符号的信息密度，开展了多项研究。128码和93码就是其中的研究成果。128码于1981年被推荐使用，而93码于1982年使用，这两种码的优点是条形码符号密度比39码高出近30%。随着条形码技术的发展，条形码码制种类不断增加，因而标准化问题越发突出。为此先后出现了军用标准1189、交叉25码、39码和库德巴码ANSI标准MH10. 8M等。同时一些行业也开始建立行业标准，以适应发展需要。到目前为止，共有40多种条形码码制，相应的自动识别设备和印刷技术也得到了长足的发展。从20世纪80年代中期开始，我国一些高等院校、科研部门及出口企业，把条形码技术的研究和推广应用逐步提到议事日程。一些行业如图书、邮电、物料管理部门和外贸部门已开始使用条形码技术。

2. 条形码的工作原理

条形码是由一组规则排列的条、空及字符组成的，用以表示一定信息的代码，即条形码是一组粗细不同，按照一定的规则安排间距的平行线条图形。常见的条形码是由反射率相差很大的黑条（简称条）和白条（简称空）组成的。图12-3所示为条形码符号的组成结构图。

图 12-3 条形码符号的组成

条形码系统是由条形码符号设计、制作及扫描阅读组成的自动识别系统。它由光电扫描设备识读完成对条形码数据的自动采集和光电信号的自动转换。进一步而言，它利用光学系统读取条形码符号，由光电转换器将光信号转换为电信号，通过电路系统对电信号进行放大和整形，最后以二进制脉冲信号输出至译码器进行译码。

3. 条形码的分类

条形码的种类有很多，多达40余种，常见的也有20多种码制。目前应用最为广泛的有交叉二五码、39码、UPC码、EAN码、128码等。近年来又出现了按矩阵方式或堆栈方式排列信息的二维条形码。若从印制条形码的材料、颜色分类，可将条形码分为黑白条形码、彩色条形码、发光条形码（荧光条形码、磷光条形码）和磁性条形码等。

不论哪一种条形码，在设计上都有一些共同点：

1）条形码符号图形结构简单。

2）每个条形码字符由一定的条符组成，占有一定的宽度和印制面积。

3）每种编码方案均有自己的字集。

4）每种编码方案与对应的阅读装置的性能要求密切配合。

下面介绍一些常用的条形码。

（1）EAN码

EAN码是国际物品编码协会制定的一种商品用条形码，全球通用。EAN码符号有标准版（EAN-13，GB/T12904—91）和缩短版（EAN-8）两种，我国通用的商品条形码与其等效。我们日常购买的商品包装上所印的条形码一般就是EAN码。

（2）UPC码

UPC码是美国统一代码委员会制定的一种商品用条形码，主要用于美国和加拿大地区。

（3）39码

39码是一种可表示数字、字母等信息的条形码，主要用于工业、图书及票证的自动化管理，目前使用极为广泛。

（4）UCC/EAN-128码

UCC/EAN-128码是目前可用的最完整的、高密度的、可靠的、应用灵活的字母数字型一维码制之一。它允许表示可变长度的数据，并且能将若干个信息编码在一个条形码符号中。系列货运包装箱代码（Serial Shipping Container Code，SSCC）和相关的

EAN. UCC 应用标识符及属性数据都可用 UCC/EAN－128 码制表示。我们可以根据需要采用条形码应用标识符的不同部分来表示需要的信息，如图 12-4 所示的条形码标签表示了系列货运包装箱代码、保质期、批号等信息。

图 12-4　条形码标签

（5）二维条形码

一维条形码所携带的信息量有限，如商品上的条形码仅能容纳 13 位（EAN－13 码）阿拉伯数字，更多的信息只能依赖商品数据库的支持，离开了预先建立的数据库，这种条形码就没有意义了，因此，在一定程度上也限制了条形码的应用范围。基于这个原因，在 20 世纪 90 年代发明了二维条形码。二维条形码除了具有一维条形码的优点外，同时还有信息量大、可靠性高、保密性强、防伪性强等优点。

目前二维条形码主要有 PDF417 码、Code49 码、16K 码、Data Matrix 码、Maxi－Code 码等，主要分为堆积式（或层排式）和棋盘式（或矩阵式）两大类，如图 12-5 所示。

(a) 堆积式　　(b) 棋盘式

图 12-5　二维条形码系统的种类

二维条形码作为一种新的信息存储和传递的技术，从诞生之时起就受到了国际社会的广泛关注。经过几年的努力，现已应用在国防、公共安全、交通运输、医疗保健、工业、商业、金融、海关及政府管理等多个领域。

二维条形码依靠其庞大的信息携带量，能够把过去使用一维条形码时存储于后台数据库中的信息包含在条形码中，可以直接通过阅读条形码得到相应的信息，并且二维条形码还有错误修正技术及防伪功能，增加了数据的安全性。二维条形码可把照片、指纹编制于其中，可有效地解决证件的可机读和防伪问题。因此，二维条形码可广泛应用于护照、身份证、行车证、军人证、健康证、保险卡等。

4. 条形码技术的优点

条形码是迄今为止最经济、最实用的一种自动识别技术，具有以下几个方面的优点。

（1）输入速度快

与键盘输入相比，条形码输入的速度是键盘输入的 5 倍，并且能实现“即时数据输入”。

（2）可靠性高

键盘输入数据出错率为三百分之一，利用光学字符识别技术出错率为万分之一，而采用条形码技术的误码率低于百万分之一。

（3）采集信息量大

利用传统的一维条形码一次可采集几十位字符的信息，二维条形码可以携带数千个字符的信息，并有一定的自动纠错能力。

（4）灵活实用

条形码标识既可以作为一种识别手段单独使用，也可以和有关识别设备组成一个系统实现自动化识别，还可以和其他控制设备连接起来实现自动化管理。另外，条形码标签易于制作，对设备和材料没有特殊要求，识别设备操作容易，不需要特殊培训班，且设备也相对轻便。

5. 条形码技术在物流信息系统中的应用

条形码作为一种及时、准确、可靠、经济的数据输入手段已被物流系统广泛采用。在工业发达的国家已经普及应用，成为商品独有的世界通用的“身份证”。

条形码技术为我们提供了一种对物流中的物品进行识别和描述的方法，借助自动识别技术、POS 系统、EDI 等现代技术手段，企业可以随时了解有关产品在供应链上的位置，并及时做出反应。在欧美等发达国家兴起的连锁供应系统（Efficient Consumer Response，ECR）、快速反应（Quick Response，QR）、自动连续补货（Automatic Continual Replenishment，ACEP）等供应链管理策略，都离不开条形码技术的应用。条形码是实现 POS 系统、EDI、电子商务和供应链管理的技术基础，是物流管理现代化、提高企业管理水平和竞争能力的重要技术手段。

条形码技术应用的领域包括以下方面：

1）条形码技术应用于物流信息系统中，实现计算机的信息采集与输入，这将大大提高许多计算机管理系统的实用性。条形码的应用和推广首先源于商品管理现代化，即 POS 系统的应用。目前不仅 POS 系统得到了广泛的应用，很多国家还建立了市场数据交换中心，沟通产、供、销之间的信息并及时反馈给制造厂家。这样生产厂家可及时、准确地了解商品销售、购买情况和价格等，可分析消费者的心理，预测市场、及时组织货源。零售商可根据情况及时调整销售、进货情况等。

2）在交通运输方面，国际运输协会已做出规定，货物运输中，物品的包装上必须贴上条形码符号，以便所运物品进行自动化统计管理。此外，铁路、公路的旅客车票自动化售票及检票系统，公路收票站的自动化，货运仓库自动化管理等，都需利用条形码技术来实时采集数据。条形码作为一种及时、准确、可靠、经济的数据输入手段已被物流信息系统所采用。

3）在邮电通信领域，邮件的分拣、登单是非常繁重的工作，占用了邮电职工的绝大部分工作时间。在邮件上贴上或印制上条形码符号，就能用条形码阅读设备输入相应的信息，实施分拣、登单的自动化管理。例如，6 位数的邮政编码用条形码符号代替，就可以利用计算机实现函件的自动识别和分类，用条形码阅读设备读取这些信息，通过计算机实现挂号函件的自动登单等。

4）在物料入库、分类、出库、盘点和运输等方面，可以全面实现条形码管理。通用商品流通销售方面除抓好出口商品条形码自动化管理外，还应着手研制适合中国情况的专用收款机和商场综合管理系统，并经各商场试用，逐步进行推广。POS 系统由若干个子系统组成，其中现金收款机（又叫“收银机”）集个人电脑和译码器为一身，既能自动识别条形符号，又能进行数据处理，而且能打印出购物清单，内容包括商品名称、价格、数量、总金额及日期等，顾客可把它作为购物收据。系统中的计算机是用来对数据进行综合处理的，为此应事先建立数据库和应用软件。这样有利于根据各终端的当日报告情况，进行商品销售综合分析，及时提供市场动态，并据此确定订货计划，以保证经营活动的正常进行。由于使用了条形码技术，因此，既方便迅速，又能保证信息准确。

5）条形码技术可以在海关用于商品报关单管理和海关商品检验等；在公安系统用于出入签证管理及护照、身份证、管理等；在企事业单位用于人事档案管理、设备管理、会务管理、考勤管理、高等教育自学考试管理和各种票证、票据管理等。条形码技术为商品管理和各国间贸易往来及各领域的自动化管理，提供了极简便的共同语言。

条形码技术是实现自动化管理的有力武器，有利于进货、销售和仓储管理一体化，是实现 EDI、节约资源的基础，是及时沟通产、供、销的纽带和桥梁，是提高市场竞争的有力工具。

12.2.3 射频技术 RFID 的应用

1. 射频技术的概述

射频识别技术 RFID（Radio Frequency Identification）的基本原理是电磁理论。射频系统的优点是不局限于视线，识别距离比光学系统远，射频识别卡具有读写能力，可携带大量数据，难以伪造，且智能。RFID 适用于物料跟踪、运载工具和货架识别等要求非接触数据采集和交换的场合，由于 RFID 标签具有可读写能力，因此，对于需要频繁改变数据内容的场合尤为适用。

美国和北大西洋公约组织（North Atlantic Treaty Organization，NATO）在波斯尼亚的“联合作战行动”中，不但建成了能够投入战场的最复杂的通信网，还完善了识别跟踪用物料的新型后勤系统。该系统途中运输部分的功能就是靠贴在集装箱和设备上的射频识别标签实现的。射频（RF）接收转发装置通常安装在运输线的一些检查点上（如门框上、桥墩旁等），以及仓库、车站、码头、机场等关键点。接收装置收到 RF 标签信息后，连通接收地的位置信息，上传至通信卫星，再由通信卫星传送给运输调度中心，送入中心数据库中。

我国 RFID 的应用也已经开始，一些高速公路的收费站口使用 RF 可以不停车收费，铁路系统使用 RFID 记录货车车厢编号的试点已运行了一段时间，一些物流公司也开始将 RFID 用于物流管理中。

2. RFID 系统的主要硬件设备

(1) Transponder（应答机）/Tag（标签、卡）

对于被动型 RFID 系统而言，以往我们将非主动型读写装置传送 RF 信号的 RFID 单元称为 Tag，而将主动向读写器进行 RF 信号传送的 RFID 单元称为 Transponder，现在业界已经不再严格区分这两类名称，而将 Tag 与 Transponder 相互通用。这里将主动传输 RF 信号的 RFID 单元称为“主动式” Tag，将仅进行 RF 信号反射或反向散射传输的 RFID 单元称为“被动式” Tag。

Tag 载有可用于认证识别其所附着的目标物的相关信息数据。Tag 可以是只读的，也可以是读写兼具的或写一个/读多个的形式；可以是“主动式”，也可以是“被动式”的。通常，“主动式” Tag 需要专用电池支持其传输器及接收器的工作，但 RAM 区不一定很大。为避免干扰，“主动式” Tag 要求能接收与转发多个频点的信号，以避免邻道干扰，其卡的组成复杂，而且功耗也大。由此，“主动式” Tag 一般比“被动式” Tag 在形体上要大一些，而且价格也更昂贵。另外，“主动式” Tag 的使用寿命与其电池寿命直接相关。

“被动式” Tag 根据其应用的不同，可以分为“有电源”和“无电源”工作模式。“被动式” Tag 把从读写器或传输接收机（Transceiver）传来的 RF 信号反向调制解码，并将调制解码后的相关信息加入其所反射的 RF 信号中。对于“被动式” Tag 而言，它无须电池来放大反向信号的载波能量，有的“被动式” Tag 使用电池仅是用于支持 Tag

中存储器的工作或支持 Tag 中对反射信号进行调制解码的元件的工作。

（2）天线

任何一个 RFID 系统都至少应包含一根天线（不管是内置还是外置）以发射和接收 RF 信号。有些 RFID 系统由一根天线来同时完成发射和接收，而另一些 RFID 系统则由一根天线完成发射，另一根天线来承担接收，所采用天线的形式及数量视具体应用而定。

（3）RF Transceiver（收发器）

RF Transceiver 是 RF 的能量之源。它产生 RF 信号及 RF 能量，以激活并支持（供能给）“被动式” RFID Tag 的工作。RF Transceiver 可以集成封装在读写器内，也可以作为独立设备存在。当作为独立设备时，一般被列为 RF 模块。RF Transceiver 的任务是对由天线发射和接收的电频进行控制及调制解码，对从“被动式” RFID Tag 上反射或后向反射来的 RF 信号进行过滤及放大。

（4）读写器

RFID 读写器的任务是控制 RF Transceiver 发射 RF 信号。通过 RF Transceiver 接收来自 Tag 上已编码的 RF 信号，对 Tag 的认证识别信息进行解码，将认证识别信息连带 Tag 上其他相关信息传输到主机以供处理。有些读写器还具备其他功能，如在 ETC（电子收费）应用中，就包含采集车辆检测器、驱动道闸、交通灯等其他设备的数字输入输出信息。读写器中的硬件部分控制着读写器的工作。用户可以通过控制主机或本地终端发布命令以改变或订制其工作模式，适应具体应用的需求。

3. RFID 系统的类型

根据 RFID 系统完成的功能不同，可以粗略地把 RFID 系统分成四种类型：EAS 系统、便携式数据采集系统、物流控制系统和定位系统。

（1）EAS 系统

Electronic Article Surveillance（EAS）是一种设置在需要控制物品出入门口的 RFID 技术。这种技术的典型应用场合是商店、图书馆、数据中心等地方，当未被授权的人从这些地方非法取走物品时，EAS 系统会发出警告。在应用 EAS 技术时，首先在物品上黏附 EAS 标签，当物品被正常购买或者合法移出时，在结算处通过一定的装置使 EAS 标签失活，物品就可以取走。物品经过装有 EAS 系统的门口时，EAS 装置能自动检测标签的活动性，发现活动性标签时 EAS 系统会发出警告。EAS 技术的应用可以有效防止物品被盗，不管是大件的商品，还是很小的物品。应用 EAS 技术，物品不用再锁在玻璃橱柜里，可以让顾客自由地观看、检查商品，这在自选日益流行的今天有非常重要的现实意义。

典型的 EAS 系统一般由三部分组成：附着在商品上的电子标签、电子传感器；电子标签灭活装置，以便授权商品能正常出入；监视器，在出口造成一定区域的监视空间。

EAS 系统的工作原理是：在监视区，发射器以一定的频率向接收器发射信号。发射器与接收器一般安装在零售店、图书馆的出入口，形成一定的监视空间。当具有特殊特征的标签进入该区域时，会对发射器发出的信号产生干扰，这种干扰信号也会被接收器接收，再经过微处理器的分析判断，就会控制警报器的鸣响。根据发射器所发出的信号不同及标签对信号干扰原理的不同，EAS 可以分成许多种类型。关于 EAS 技术最新的研究方向是标签的制作，人们正在讨论 EAS 标签能不能像条形码一样，在产品的制作或包装过程中加进产品，成为产品的一部分。

（2）便携式数据采集系统

便携式数据采集系统是使用带有 RFID 阅读器的手持式数据采集器采集 RFID 标签上的数据。这种系统具有比较大的灵活性，适用于不宜安装固定式 RFID 系统的应用环境。手持式阅读器（数据输入终端）可以在读取数据的同时，通过无线电波数据传输方式（RFDC）实时地向主计算机系统传输数据，也可以暂时将数据存储在阅读器中，再一批一批地向主计算机系统传输数据。

（3）物流控制系统

在物流控制系统中，固定布置的 RFID 阅读器分散布置在给定的区域，并且阅读器直接与数据管理信息系统相连，信号发射机是移动的，一般安装在移动的物体和人上面，当物体和人经过阅读器时，阅读器会自动扫描标签上的信息并把数据信息输入数据管理信息系统存储、分析、处理，以达到控制物流的目的。

（4）定位系统

定位系统用于对自动化加工系统定位及对车辆、轮船等运行定位提供支持。阅读器放置在移动的车辆、轮船上或者自动化流水线中移动的物料、半成品、成品上，信号发射机嵌入到操作环境的地表下面。信号发射机上存储有位置识别信息，阅读器一般通过无线的方式或者有线的方式连接到主信息管理系统。

4. 射频识别技术在仓储管理中的应用

将 RFID 系统与条形码系统结合，用于智能仓库货物管理，能有效解决仓库与货物流动有关的信息管理，不但可增加一天内处理货物的件数，还能监视这些货物的一切流动信息。一般而言，射频卡贴在货物要通过的仓库大门边上，读写器天线放在叉车上，每个货物都贴有条形码，所有条形码信息都被存储在仓库的中心计算机里，该货物的有关信息都能在计算机查到。当货物被装走运往别地时，由另一读写器识别并告知计算中心它被放在哪个拖车上。这样管理中心就可以实时地了解到已经生产了多少产品和发送了多少产品，并可自动识别货物，确定货物的位置。当叉车通过门禁系统时，射频阅读器会自动识读装载托盘上的射频标签。

案例分析1

沃尔玛的快速补货

1. 背景介绍

据《美国托运人》杂志报道，货物供不应求和产品脱销在全球零售业中的平均发生率为8%，其中不少零售商货架上的某些种类的产品干脆就长期不见踪影，令消费者十分不满，当然零售商的经济损失和市场信誉也会遭遇重创。而美国零售巨头沃尔玛（Wal－Mart）在全球零售业中享有的最大优势无非就是其配送系统效率最高。射频识别技术标签（以下简称RFID）是其不断更新和持续快速地补充货架的物流战略的杀手锏，以确保货架持续保持商品的数量、种类和质量，避免了货物无故脱销和短缺的问题。毫无疑问，按照沃尔玛的要求实施快速补充货架物流战略必然会使货运成本增加，但是通过RFID等零售市场供应链技术功能效益和投资回报率的提高，可以降低存货成本，再加上供货商和制造商等合伙人的紧密合作，在RFID标签技术普遍运用下，扩大信息技术在供应链管理中的作用，从供货源头开始就致力于物流成本的降低，最终达到零售行业整体利润的提高。

2. 问题提出

沃尔玛零售集团的这项商场货架快速补充物流战略的最大优势就是通过缩短供货周期，增加小批量、多品种和大范围产品的供货频率，进一步大幅度降低存货成本，提高货架供应的经济效益，沃尔玛在其美国和世界各地的零售商场和配送中心积极而又普遍地采用RFID标签技术以后，货物短缺和货架上的产品脱销发生率降低了16%，从而大幅度提高了客户服务满意度。RFID标签的技术含量远远超过条形码，并且信息是独一无二的。在需要的时候，或者在货物进出通道口的时候，RFID标签就能够发出无线信号，把信息立即传递给无线射频识读器，并传递到供应链经营管理部门的各个环节上，于是仓库、堆场、配送中心，甚至商场货架上的有关商品的存货动态一目了然。在RFID标签技术和其他电子产品代码技术的大力支持下，产品在商场、仓库、运输甚至制造业中的动态也全部一目了然，避免订货和货物发送的重复操作和遗漏，更不会出现产品或者商品供应链经营操作规程中的死角和黑箱。仅在2005年，沃尔玛在原来的基础上又增加使用5 000余万件RFID标签，到2006年年底把RFID技术的使用范围扩大到1 000余家，也就是说，凡是沃尔玛零售商集团名下的所有店铺货架上的商品，供货商的产品包装箱和货物托盘等必须全部使用RFID标签，与其配套的扫描跟踪屏幕显示识读器也必须到位，那么RFID技术标签在货物管理中是怎么实现的？发挥的作用和优势又是什么呢？

3. 解决方案

RFID技术标签的操作方式其实相当简便，而且只需要少数人管理，其货物跟踪和存货搜索效率高得惊人，大幅度提高了存货管理水平，减少了库存并降低了物流成本。沃尔玛商场的工作人员手持射频识别标签技术识读器定时走进商场销售大厅或者货物仓库，用其发射天线对着所有的货物一扫，货架上的、仓库中的，甚至还没有来得及装卸留在卡车上的各种货物的数量、存量等动态信息，全部自动出现在识读器的荧光屏幕上，已经缺货和即将发生短缺的货物栏目会发出提示警告声光信号，没有任何缺漏，必要的时候还可以随即打印出来。RFID标签技术确实能够提高零售行业的生产率，尤其是在提高供应链经济效益方面的作用确实相当明显，过去要花上几个小时，商场工作人员几乎全体出动才能查对商场货架上的货物，现在仅仅需要若干人手持带有无线信号接收天线的RFID射频识别技术标签阅读器在30分钟内就可以全部完成，而且数据精确，一目了然。于是加入沃尔玛的RFID技术队伍，改善零售行业存货和货架物流效率的全球供货商越来越多。沃尔玛零售商场货架上的各种产品一般不会无故短缺，在突发事件或意外事故不可避免时，也可以向消费者发出提前告示、解释原因、表示道歉，并且预先通知货物补充的日期。更加神奇的是，分布在美国和世界各地的沃尔玛零售商场的RFID网络可以通过卫星通信网络技术实施全球一体化经营管理，也就是说沃尔玛集团的各个零售商场，各家供货商、制造商、运输服务商和中间商等的存货，销售和售后服务，还有金融管理等信息动态均被美国沃尔玛零售商总部全面掌握。通过射频识别技术标签和电子信息网络，在第一时间和第一现场全面掌握有关沃尔玛商场货架上、托盘上、仓库中和运输途中的货物动态，其商场或者连锁店货架物流服务战略的操作规程精确度可以达到99%以上。

4. 小结

射频识别技术标签的普遍使用，大幅度提高了沃尔玛零售商形形色色商品的供应链经营管理的透明度和工作效率，从而缩短了订货周期，减少了库存节约，降低了物流成本，扩大了货物销售量，增加了年收益和纯利润，消除了人力物力资源浪费，避免了货架上的商品腐烂变质，或者意外断档等必然导致供销双方经济损失的事故。而且有利于节约能源，减少污染，保护环境，减少货物的额外包装材料，扩大包装材料再生资源的利用率，保护森林资源。

（资料来源：宋方．现代物流案例教学与实例［M］．中国物资出版社，2007）

问题讨论

1. 沃尔玛RFID标签技术是怎么实现的？
2. 沃尔玛RFID标签技术的实现对零售业有什么作用和优势？

案例分析2

Logizard－Plus 仓储管理系统的引进

1. 背景介绍

株式会社 SANEI 物流（东京都三鹰市）拥有员工 250 名，业务范围以纤维制品的检品和入出库业务为中心，主要致力于对商社等的产品库存进行管理。该公司除了出入库业务之外，还同时经营流通加工业务，利用货车运输向全国配送货品，一年的出库量超过 1 000 万件。

2. 问题提出

SANEI 物流所采用的系统是 Logizard－Plus ASP 服务。所谓的 ASP 服务，是指一种在互联网上利用共享软件构筑系统的方法。原则上无须购入系统，使用时支付使用费用即可。利用系统来管理库存，一直以来都是 SANEI 物流的强项。基于主要的客户多为大型企业的缘故，SANEI 一直以来采用的都不是自购系统，而是通过运用货主企业的系统为中心的模式。

基于以上原因，由于小规模的货主多数没有自己的系统，因此通常是以不利用系统的目视化管理为主。因为在把握保管场所、即时抽取库存及制作付款请求数据时，必须通过手工作业进行统计，所以错误多、效率低，时常因为精度太低、成本增加而烦恼。虽然曾经也考虑建立起自己的库存管理系统，但苦于找不到与货主的销售额相匹配的投资额的合适产品，特别是与纤维制品的商品特性相符的系统，与经营内容相比普遍过高，在当前很难签订长期合约的情况下，使投资处于进退两难的境地。此项系统解决了小规模企业资金短缺的问题，那么 Logizard－Plus ASP 服务是怎么操作的，具体有什么优势与特点呢？

3. 解决方案

Logizard－Plus ASP 服务是一种支付月度使用费便可使用的系统，初期的引进费用不高，无须购买，仅在有货主的期间签订短期合约支付必要的使用费即可。Logizard－Plus ASP 服务不仅只是充实了仓储管理功能，它的一大特征还在于可以通过互联网瞬时与货主的作业轻松地链接起来。除了库存检索以外，标准配备中还包括面向供应商的订货管理功能及对接收到的客户订单进行管理的功能，可以帮助货主有条不紊地向 SANEI 物流发出出库指示。

SANEI 物流则会依据货主所发出的指示数据，从建立关联、打印拣选清单一直到出货检查都无须再向货主询问，一切作业都可以建立在系统上独立完成，从而使出库作业效率得到飞跃性的提高。而且可以适时地把握货主预定要进仓的货物，灵活地制订人员计划，最小限度地运用人力成本。

如上所述的协作业务，按照通常来说需要特别的机构及高额的投资，但如果选用了 SANEI 物流，则只需支付约 50 万日元的初装费，再加上每月 5 万日元左右的使用费，便可使用高效的物流业务系统了。而且系统的构建可以在约 30 天的时间内完成，同样可以满足有紧迫需要的货主要求，在实现现场作业的效率化的同时，还可充分享受系统外包的优点。

目前，对 7 家货主提供了 Logizard – Plus ASP 服务，实现了相同的操作，并改变了针对每个货主的固定人员配置，根据当天的现场繁忙度及闲散度进行最适当的人员配置，使其控制在小时单位上。此外，Logizard – Plus ASP 服务的另一个优点是：采用互联网技术的同时，还可以与多个物料搬运设备进行联动作业。

4. 小结

鉴于以上如此多的优点与便利，特别是成本上的优势对于中小企业来说吸引力很大，那么物流公司应该认识本公司的短处，并与 Logizard – Plus ASP 系统的优势结合，提高企业的竞争力。

（案例来源：宋方．现代物流案例教学与实例［M］．北京：中国物资出版社，2007）

问题讨论

1. SANEI 物流为什么要引进 Logizard – Plus 仓储管理系统？
2. Logizard – Plus 仓储管理系统的引进为 SANEI 物流带来了哪些便利？

思考题

1. 简述 WMS 在库存管理中的作用。
2. 简述仓储信息管理系统设计的主要原则。
3. 简述 EDI 基本模块及功能。
4. 常用的条形码有哪几种？
5. 简述条形码技术的优缺点。
6. 什么是 RFID 技术？在仓储作业中有何应用？

参考文献

[1] 白世贞，李腾．现代仓储管理［M］.2 版．北京：科学出版社，2016.
[2] 霍红，李腾．仓储与配送管理［M］．北京：科学出版社，2018.
[3] 田源．仓储管理［M］．北京：机械工业出版社，2015.
[4] 舒文，邹海．仓储与配送管理［M］．成都：西南交通大学出版社，2016.
[5] 金汉信，王亮，霍焱．仓储与库存管理［M］．重庆：重庆大学出版社，2008.
[6] 王皓．仓储管理［M］．北京：电子工业出版社出版，2013.
[7] 张远昌．仓储管理与库存控制［M］．北京：中国纺织出版社，2004.
[8] 王晓平．物流信息技术［M］.2 版．北京：清华大学出版社，2017.
[9] 李晓媚．物流信息技术［M］．北京：电子工业出版社，2018.
[10] 何杰．物流信息技术［M］.2 版．南京：东南大学出版社，2017.
[11] 宋丽娟，马骏．仓储管理与库存控制［M］．北京：对外经济贸易大学出版社，2009.
[12] 陈胜利，李楠．仓储管理与库存控制［M］．北京：经济科学出版社，2015.
[13] 郭三勇，张勇．仓储管理基础［M］．北京：中国财富出版社，2015.
[14] 范学谦．仓储管理理论与实务［M］．北京：经济科学出版社，2014.
[15] 傅莉萍．仓储管理［M］．北京：清华大学出版社，2015.
[16] 周兴建，蔡丽华．现代仓储管理与实务［M］.2 版．北京：北京大学出版社，2017.
[17] 周兴建，蔡丽华．物流案例分析与方案设计［M］.2 版．北京：电子工业出版社，2018.
[18] 唐连生，李滢棠．库存控制与仓储管理［M］．北京：中国财富出版社，2011.
[19] 王道平，侯美玲．供应链库存管理与控制［M］．北京：北京大学出版社，2011.
[20] 张旭凤．库存管理［M］．北京：北京大学出版社，2013.
[21] 李婧．库存管理［M］．长沙：湖南师范大学出版社，2016.
[22] 耿富德．仓储管理与库存控制［M］．北京：中国财富出版社，2015.
[23] 王仲君，王臣昊．物流学导论：概念、技术与应用［M］.2 版．镇江：江苏大学出版社，2016.
[24] 蒋长兵，白丽君，吴承健．仓储管理与库存控制案例习题与解答［M］．北京：中国物资出版社，2010.
[25] 宋方，蒋长兵，黄顺泉，等．现代物流案例教学与实例［M］．北京：中国财富出版社，2007.